ZUIGAORENMINJIANCHAYUAN
SIFA JIESHI ZHIDAOXING ANLI LIJIE YU SHIYONG

2017

最高人民检察院
司法解释 指导性案例
理解与适用

最高人民检察院法律政策研究室 编著

【权威解读·要旨提示·析案答疑·应用指南】

中国检察出版社

出版说明

最高人民检察院就检察工作中具体应用法律的问题制定的司法解释，是司法实践中司法人员办理案件的重要法律依据。2015年12月修订的《最高人民检察院关于案例指导工作的规定》提出，人民检察院参照指导性案例办理案件，充分发挥指导性案例规范司法办案的作用。最高人民检察院司法解释和指导性案例对促进检察机关严格公正司法，保障法律统一正确实施，具有重要意义。

同时，最高人民检察院还发布了为数不少的事实上对法律适用活动产生重大乃至决定性影响的司法文件，这些司法文件包括但不限于"意见""办法"等。

为帮助读者准确理解和适用最高人民检察院发布的司法解释、指导性案例及司法文件，以指导司法实践，我们特别编辑出版了《最高人民检察院司法解释指导性案例理解与适用（2017）》一书，本书全面收录了2017年最高人民检察院及最高人民检察院与最高人民法院等部门联合制定发布的司法解释（含重要司法文件）及指导性案例，并补充收录2016年部分司法解释及司法文件。部分文件附有司法解释起草者或指导性案例选编者撰写的理解与适用文章。同时，为了便于读者收集整理，我们今后将每年出版一册，敬请期待。

2018年3月

目　　录

一、司法解释及规范性文件

最高人民法院、最高人民检察院、公安部、司法部

关于进一步加强社区矫正工作衔接配合管理的意见

（2016 年 8 月 30 日）………………………………………（ 3 ）

最高人民检察院

关于全面履行检察职能为推进健康中国建设提供有力司法保障的意见

（2016 年 9 月 29 日）………………………………………（ 8 ）

最高人民法院、最高人民检察院

关于建立法官、检察官惩戒制度的意见（试行）

（2016 年 10 月 12 日）……………………………………（ 15 ）

最高人民检察院、国家档案局

人民检察院诉讼档案管理办法

（2016 年 10 月 18 日）……………………………………（ 18 ）

最高人民检察院、国家档案局

人民检察院诉讼文书材料立卷归档细则

（2016 年 10 月 18 日）……………………………………（ 27 ）

最高人民法院、最高人民检察院、公安部、国家安全部、司法部
  关于在部分地区开展刑事案件认罪认罚从宽制度试点工作的办法
    （2016年11月11日） ································· （56）
最高人民法院、最高人民检察院、公安部
  关于办理电信网络诈骗等刑事案件适用法律若干问题的意见
    （2016年12月19日） ································· （61）
破解打击电信网络诈骗犯罪的五大难题
    ——《关于办理电信网络诈骗等刑事案件适用法律若干问题的意见》解读
    ·························· 黄 河 张庆斌 刘 涛（68）
全国老龄办、最高人民法院、最高人民检察院等
  关于进一步加强老年法律维权工作的意见
    （2016年12月28日） ································· （83）
最高人民法院、最高人民检察院、司法部
  关于共同开展减刑假释信息化办案平台建设的通知
    （2017年5月17日） ································· （87）
最高人民法院、最高人民检察院
  关于民事执行活动法律监督若干问题的规定
    （2017年1月1日） ································· （90）
《最高人民法院、最高人民检察院关于民事执行活动法律监督
  若干问题的规定》的理解与适用
    ······································· 郑新俭（93）
最高人民法院、最高人民检察院
  关于适用犯罪嫌疑人、被告人逃匿、死亡案件违法所得没收程序
  若干问题的规定
    （2017年1月5日） ································· （102）

最高人民检察院

    关于充分履行检察职能加强产权司法保护的意见

        （2017年1月6日） ················· （109）

最高人民法院、最高人民检察院

    关于办理组织、利用邪教组织破坏法律实施等刑事案件适用法律

    若干问题的解释

        （2017年2月1日） ················· （115）

最高人民检察院

    未成年人刑事检察工作指引（试行）

        （2017年3月2日） ················· （119）

最高人民检察院

    关于完善检察官权力清单的指导意见

        （2017年3月28日） ················ （164）

最高人民法院、最高人民检察院、司法部

    关于逐步实行律师代理申诉制度的意见

        （2017年4月1日） ················· （166）

最高人民法院、最高人民检察院、公安部、国家安全部、

司法部、中华全国律师协会

    关于建立健全维护律师执业权利快速联动处置机制的通知

        （2017年4月14日） ················ （170）

最高人民检察院

    关于做好全面开展公益诉讼有关准备工作的通知

        （2017年5月25日） ················ （174）

最高人民法院、最高人民检察院

    关于办理侵犯公民个人信息刑事案件适用法律若干问题的解释

        （2017年6月1日） ················· （177）

《最高人民法院、最高人民检察院关于办理侵犯公民个人信息
　　刑事案件适用法律若干问题的解释》的理解和适用
　　　…………………………………………… 缐　杰　宋　丹（180）

最高人民检察院

检察机关意识形态工作问责办法（试行）
　　（2017年6月27日）………………………………………（190）

最高人民法院、最高人民检察院、公安部、国家安全部、司法部

关于办理刑事案件严格排除非法证据若干问题的规定
　　（2017年6月27日）………………………………………（193）

《关于办理刑事案件严格排除非法证据若干问题的规定》理解与适用
　　　………………………………… 万　春　吴孟栓　高翼飞（199）

最高人民检察院

关于实行检察官以案释法制度的规定
　　（2017年6月28日）………………………………………（225）

《最高人民检察院关于实行检察官以案释法制度的规定》的解读
　　　…………………………………………… 缐　杰　张　杰（230）

最高人民法院、最高人民检察院

关于办理扰乱无线电通讯管理秩序等刑事案件适用法律若干问题的解释
　　（2017年7月1日）…………………………………………（235）

《最高人民法院、最高人民检察院关于办理扰乱无线电通讯管理秩序等
　　刑事案件适用法律若干问题的解释》理解与适用
　　　………………………………… 缐　杰　卢宇蓉　杨建军（238）

最高人民法院、中央综治办、最高人民检察院等

关于建立家事审判方式和工作机制改革联席会议制度的意见
　　（2017年7月19日）………………………………………（244）

最高人民检察院

关于加强检察法律文书说理工作的意见

（2017 年 7 月 20 日） ………………………………………… （251）

关于《最高人民检察院关于加强检察法律文书说理工作的意见》的解读

……………………………………………… 缐　杰　张　杰（255）

最高人民法院、最高人民检察院

关于办理组织、强迫、引诱、容留、介绍卖淫刑事案件适用法律

若干问题的解释

（2017 年 7 月 25 日） ………………………………………… （260）

《最高人民法院、最高人民检察院关于办理组织、强迫、引诱、容留、

　　介绍卖淫刑事案件适用法律若干问题的解释》理解与适用

………………………………………… 缐　杰　卢宇蓉　吴飞飞（264）

最高人民检察院

关于贪污养老、医疗等社会保险基金能否适用《最高人民法院、

最高人民检察院关于办理贪污贿赂刑事案件适用法律若干问题的解释》

第一条第二款第一项规定的批复

（2017 年 8 月 7 日） …………………………………………… （274）

《最高人民检察院关于贪污养老、医疗等社会保险基金能否适用

　　〈最高人民法院、最高人民检察院关于办理贪污贿赂刑事案

　　件适用法律若干问题的解释〉第一条第二款第一项规定的

　　批复》理解与适用………………………… 卢宇蓉　杨建军（275）

最高人民法院、最高人民检察院、公安部、国家安全部、司法部

关于开展法律援助值班律师工作的意见

（2017 年 8 月 28 日） ………………………………………… （279）

最高人民法院、最高人民检察院

关于办理药品、医疗器械注册申请材料造假刑事案件适用法律
若干问题的解释

  （2017 年 9 月 1 日）……………………………………………（282）

  《最高人民法院、最高人民检察院关于办理药品、医疗器械注册
   申请材料造假刑事案件适用法律若干问题的解释》理解与适用
   ………………………………………缐　杰　卢宇蓉　吴飞飞（285）

最高人民检察院

关于建立未成年人检察工作评价机制的意见（试行）

  （2017 年 11 月 8 日）……………………………………………（293）

最高人民法院、最高人民检察院

关于利用网络云盘制作、复制、贩卖、传播淫秽电子信息牟利行为
定罪量刑问题的批复

  （2017 年 12 月 1 日）……………………………………………（299）

  《最高人民法院、最高人民检察院关于利用网络云盘制作、复制、
   贩卖、传播淫秽电子信息牟利行为定罪量刑问题的批复》
   理解与适用……………………………………缐　杰　吴峤滨（300）

最高人民检察院

人民检察院刑事申诉案件异地审查规定（试行）

  （2017 年 12 月 7 日）……………………………………………（303）

  《人民检察院刑事申诉案件异地审查规定（试行）》解读
   ………………………………………尹伊君　罗庆东　高锋志（306）

最高人民检察院、国土资源部

关于加强协作推进行政公益诉讼促进法治国土建设的意见

  （2017 年 12 月 27 日）…………………………………………（315）

最高人民检察院、公安部

关于公安机关办理经济犯罪案件的若干规定

（2018年1月1日） ……………………………………………（320）

关于《最高人民检察院、公安部关于公安机关办理经济犯罪案件的若干规定》的理解与适用

………………………………………… 高　峰　万　春（335）

最高人民法院

关于印发《人民法院办理刑事案件庭前会议规程（试行）》《人民法院办理刑事案件排除非法证据规程（试行）》《人民法院办理刑事案件第一审普通程序法庭调查规程（试行）》的通知

（2018年1月1日） ……………………………………………（363）

最高人民检察院

人民检察院案件质量评查工作规定（试行）

（2018年1月1日） ……………………………………………（385）

《人民检察院案件质量评查工作规定（试行）》的理解与适用

………………………………………… 董桂文　石献智（392）

最高人民法院、最高人民检察院、公安部、司法部

关于依法严厉打击黑恶势力违法犯罪的通告

（2018年2月2日） ……………………………………………（402）

最高人民检察院

关于全面加强未成年人国家司法救助工作的意见

（2018年2月27日） …………………………………………（404）

最高人民法院、最高人民检察院

关于检察公益诉讼案件适用法律若干问题的解释

（2018年3月2日） ……………………………………………（408）

最高人民法院、最高人民检察院

关于涉以压缩气体为动力的枪支、气枪铅弹刑事案件定罪量刑问题的批复

（2018年3月30日） ………………………………………………（412）

二、指导性案例

最高人民检察院

关于印发最高人民检察院第九批指导性案例的通知

（2017年10月12日） ………………………………………………（415）

检例第33号　李丙龙破坏计算机信息系统案 …………………（416）

关键词　破坏计算机信息系统　劫持域名

检例第34号　李骏杰等破坏计算机信息系统案 ………………（418）

关键词　破坏计算机信息系统　删改购物评价　购物网站评价系统

检例第35号　曾兴亮、王玉生破坏计算机信息系统案 …………（420）

关键词　破坏计算机信息系统　智能手机终端　远程锁定

检例第36号　卫梦龙、龚旭、薛东东非法获取计算机信息系统

数据案 …………………………………………………（422）

关键词　非法获取计算机信息系统数据　超出授权范围登录　侵入计算机信息系统

检例第37号　张四毛盗窃案 ……………………………………（425）

关键词　盗窃　网络域名　财产属性　域名价值

检例第38号　董亮等四人诈骗案 ………………………………（426）

关键词　诈骗　自我交易　打车软件　骗取补贴

关于《最高人民检察院第九批指导性案例》的解读

……………………………………万　春　缐　杰　张　杰（429）

一、司法解释及规范性文件

最高人民法院、最高人民检察院、公安部、司法部关于进一步加强社区矫正工作衔接配合管理的意见

(2016年8月30日公布并施行　司发通〔2016〕88号)

为进一步加强社区矫正工作衔接配合，确保社区矫正依法适用、规范运行，根据刑法、刑事诉讼法以及最高人民法院、最高人民检察院、公安部、司法部《社区矫正实施办法》等有关规定，结合工作实际，制定本意见。

一、加强社区矫正适用前的衔接配合管理

1. 人民法院、人民检察院、公安机关、监狱对拟适用或者提请适用社区矫正的被告人、犯罪嫌疑人或者罪犯，需要调查其对所居住社区影响的，可以委托其居住地县级司法行政机关调查评估。对罪犯提请假释的，应当委托其居住地县级司法行政机关调查评估。对拟适用社区矫正的被告人或者罪犯，裁定或者决定机关应当核实其居住地。

委托调查评估时，委托机关应当发出调查评估委托函，并附下列材料：

（1）人民法院委托时，应当附带起诉书或者自诉状；

（2）人民检察院委托时，应当附带起诉意见书；

（3）看守所、监狱委托时，应当附带判决书、裁定书、执行通知书、减刑裁定书复印件以及罪犯在服刑期间表现情况材料。

2. 调查评估委托函应当包括犯罪嫌疑人、被告人、罪犯及其家属等有关人员的姓名、住址、联系方式、案由以及委托机关的联系人、联系方式等内容。

调查评估委托函不得通过案件当事人、法定代理人、诉讼代理人或者其他利害关系人转交居住地县级司法行政机关。

3. 居住地县级司法行政机关应当自收到调查评估委托函及所附材料之日起10个工作日内完成调查评估，提交评估意见。对于适用刑事案件速裁程序的，居住地县级司法行政机关应当在5个工作日内完成调查评估，提交评估意见。评估意见同时抄送居住地县级人民检察院。

需要延长调查评估时限的，居住地县级司法行政机关应当与委托机关协商，并在协商确定的期限内完成调查评估。

调查评估意见应当客观公正反映被告人、犯罪嫌疑人、罪犯适用社区矫正

对其所居住社区的影响。委托机关应当认真审查调查评估意见，作为依法适用或者提请适用社区矫正的参考。

4. 人民法院在作出暂予监外执行决定前征求人民检察院意见时，应当附罪犯的病情诊断、妊娠检查或者生活不能自理的鉴别意见等有关材料。

二、加强对社区服刑人员交付接收的衔接配合管理

5. 对于被判处管制、宣告缓刑、假释的罪犯，人民法院、看守所、监狱应当书面告知其到居住地县级司法行政机关报到的时间期限以及逾期报到的后果，并在规定期限内将有关法律文书送达居住地县级司法行政机关，同时抄送居住地县级人民检察院和公安机关。

社区服刑人员前来报到时，居住地县级司法行政机关未收到法律文书或者法律文书不齐全，可以先记录在案，并通知人民法院、监狱或者看守所在5日内送达或者补齐法律文书。

6. 人民法院决定暂予监外执行或者公安机关、监狱管理机关批准暂予监外执行的，交付时应当将罪犯的病情诊断、妊娠检查或者生活不能自理的鉴别意见等有关材料复印件一并送达居住地县级司法行政机关。

7. 人民法院、公安机关、司法行政机关在社区服刑人员交付接收工作中衔接脱节，或者社区服刑人员逃避监管、未按规定时间期限报到，造成没有及时执行社区矫正的，属于漏管。

8. 居住地社区矫正机构发现社区服刑人员漏管，应当及时组织查找，并由居住地县级司法行政机关通知有关人民法院、公安机关、监狱、居住地县级人民检察院。

社区服刑人员逃避监管、不按规定时间期限报到导致漏管的，居住地县级司法行政机关应当给予警告；符合收监执行条件的，依法提出撤销缓刑、撤销假释或者对暂予监外执行收监执行的建议。

9. 人民检察院应当加强对社区矫正交付接收中有关机关履职情况的监督，发现有下列情形之一的，依法提出纠正意见：

（1）人民法院、公安机关、监狱未依法送达交付执行法律文书，或者未向社区服刑人员履行法定告知义务；

（2）居住地县级司法行政机关依法应当接收社区服刑人员而未接收；

（3）社区服刑人员未在规定时间期限报到，居住地社区矫正机构未及时组织查找；

（4）人民法院决定暂予监外执行，未通知居住地社区矫正机构与有关公安机关，致使未办理交接手续；

（5）公安机关、监狱管理机关批准罪犯暂予监外执行，罪犯服刑的看守

所、监狱未按规定与居住地社区矫正机构办理交接手续；

（6）其他未履行法定交付接收职责的情形。

三、加强对社区服刑人员监督管理的衔接配合

10. 社区服刑人员在社区矫正期间脱离居住地社区矫正机构的监督管理下落不明，或者虽能查找到其下落但拒绝接受监督管理的，属于脱管。

11. 居住地社区矫正机构发现社区服刑人员脱管，应当及时采取联系本人、其家属亲友，走访有关单位和人员等方式组织追查，做好记录，并由县级司法行政机关视情形依法给予警告、提请治安管理处罚、提请撤销缓刑、撤销假释或者对暂予监外执行的提请收监执行。

12. 人民检察院应当加强对社区矫正监督管理活动的监督，发现有下列情形之一的，依法提出纠正意见：

（1）社区服刑人员报到后，居住地县级司法行政机关未向社区服刑人员履行法定告知义务，致使其未按照有关规定接受监督管理；

（2）居住地社区矫正机构违反规定批准社区服刑人员离开所居住的市、县，或者违反人民法院禁止令的内容批准社区服刑人员进入特定区域或者场所；

（3）居住地县级司法行政机关对违反社区矫正规定的社区服刑人员，未依法给予警告、提请治安管理处罚；

（4）其他未履行法定监督管理职责的情形。

13. 司法行政机关应当会同人民法院、人民检察院、公安机关健全完善联席会议制度、情况通报制度，每月通报核对社区服刑人员人数变动、漏管脱管等数据信息，及时协调解决工作中出现的问题。

14. 司法行政机关应当建立完善社区服刑人员的信息交换平台，推动与人民法院、人民检察院、公安机关互联互通，利用网络及时准确传输交换有关法律文书，根据需要查询社区服刑人员脱管漏管、被治安管理处罚、犯罪等情况，共享社区矫正工作动态信息，实现网上办案、网上监管、网上监督。对社区服刑人员采用电子定位方式实施监督，应当采用相应技术，防止发生人机分离，提高监督管理的有效性和安全性。

15. 社区服刑人员被依法决定行政拘留、司法拘留、收容教育、强制隔离戒毒等或者因涉嫌犯新罪、发现判决宣告前还有其他罪没有判决被采取强制措施的，决定机关应当自作出决定之日起3日内将有关情况通知居住地县级司法行政机关和居住地县级人民检察院。

四、加强对社区服刑人员收监执行的衔接配合管理

16. 社区服刑人员符合收监执行条件的，居住地社区矫正机构应当及时按

照规定，向原裁判人民法院或者公安机关、监狱管理机关送达撤销缓刑、撤销假释建议书或者对暂予监外执行的收监执行建议书并附相关证明材料。人民法院、公安机关、监狱管理机关应当在规定期限内依法作出裁定或者决定，并将法律文书送达居住地县级司法行政机关，同时抄送居住地县级人民检察院、公安机关。

17. 社区服刑人员因违反监督管理规定被依法撤销缓刑、撤销假释或者暂予监外执行被决定收监执行的，应当本着就近、便利、安全的原则，送交其居住地所属的省（区、市）的看守所、监狱执行刑罚。

18. 社区服刑人员被裁定撤销缓刑的，居住地社区矫正机构应当向看守所、监狱移交撤销缓刑裁定书和执行通知书、撤销缓刑建议书以及原判决书、裁定书和执行通知书、起诉书副本、结案登记表以及社区矫正期间表现情况等文书材料。

社区服刑人员被裁定撤销假释的，居住地社区矫正机构应当向看守所、监狱移交撤销假释裁定书和执行通知书、撤销假释建议书、社区矫正期间表现情况材料，原判决书、裁定书和执行通知书、起诉书副本、结案登记表复印件等文书材料。罪犯收监后，居住地社区矫正机构通知罪犯原服刑看守所、监狱将罪犯假释前的档案材料移交撤销假释后的服刑看守所、监狱。

暂予监外执行社区服刑人员被人民法院决定收监执行的，居住地社区矫正机构应当向看守所、监狱移交收监执行决定书和执行通知书以及原判决书、裁定书和执行通知书、起诉书副本、结案登记表、社区矫正期间表现等文书材料。

暂予监外执行社区服刑人员被公安机关、监狱管理机关决定收监执行的，居住地社区矫正机构应当向看守所、监狱移交社区服刑人员在接受矫正期间的表现情况等文书材料。

19. 撤销缓刑、撤销假释裁定书或者对暂予监外执行罪犯收监执行决定书应当在居住地社区矫正机构教育场所公示。属于未成年或者犯罪的时候不满十八周岁被判处五年有期徒刑以下刑罚的社区服刑人员除外。

20. 被裁定、决定收监执行的社区服刑人员在逃的，居住地社区矫正机构应当在收到人民法院、公安机关、监狱管理机关的裁定、决定后，立即通知居住地县级公安机关，由其负责实施追捕。

撤销缓刑、撤销假释裁定书和对暂予监外执行罪犯收监执行决定书，可以作为公安机关网上追逃依据。公安机关根据案情决定是否实施网上追逃。

21. 社区服刑人员被行政拘留、司法拘留、收容教育、强制隔离戒毒等行政处罚或者强制措施期间，人民法院、公安机关、监狱管理机关依法作出对其撤销缓刑、撤销假释的裁定或者收监执行决定的，居住地社区矫正机构应当将人民法院、公安机关、监狱管理机关的裁定书、决定书送交作出上述决定的机关，由有关部门依法收监执行刑罚。

22. 人民检察院应当加强对社区矫正收监执行活动的监督，发现有下列情形之一的，依法提出纠正意见：

（1）居住地县级司法行政机关未依法向人民法院、公安机关、监狱管理机关提出撤销缓刑、撤销假释建议或者对暂予监外执行的收监执行建议；

（2）人民法院、公安机关、监狱管理机关未依法作出裁定、决定，或者未依法送达；

（3）居住地县级司法行政机关、公安机关未依法将罪犯送交看守所、监狱，或者未依法移交被收监执行罪犯的文书材料；

（4）看守所、监狱未依法收监执行；

（5）公安机关未依法协助送交收监执行罪犯，或者未依法对在逃的收监执行罪犯实施追捕；

（6）其他违反收监执行规定的情形。

23. 对社区服刑人员实行社区矫正，本意见未明确的程序和事项，按照有关法律法规以及最高人民法院、最高人民检察院、公安部、司法部《社区矫正实施办法》，最高人民法院、最高人民检察院、公安部、司法部、国家卫生计生委《暂予监外执行规定》等执行。

24. 本意见自发布之日起施行。

最高人民检察院
关于全面履行检察职能为推进健康中国建设提供有力司法保障的意见

(2016年9月29日公布并施行　高检发〔2016〕12号)

党和国家历来高度重视人民健康，党的十八届五中全会提出推进健康中国建设。习近平总书记在全国卫生与健康大会上发表重要讲话，从实现"两个一百年"奋斗目标、实现中华民族伟大复兴中国梦的战略高度，深刻阐述了建设健康中国的大政方针、总体要求、目标任务，为党和国家卫生与健康事业长远发展指明了方向，提供了基本遵循。全国各级检察机关要深入学习贯彻这次大会特别是习近平总书记重要讲话精神，深刻认识推进健康中国建设的重大意义，始终坚持以人民为中心，把人民健康放在突出位置，立足检察职能，全面加强检察工作，努力为推进健康中国建设提供有力司法保障。

一、充分认识健康中国建设的重大意义，切实增强检察机关为推进健康中国建设提供司法保障的责任感和使命感

1. 深刻认识健康中国建设在全面建成小康社会进程中的重要地位和作用。各级检察机关要深刻认识推进健康中国建设是我们党立党为公、执政为民，着眼于全面建成小康社会，实现社会主义现代化和中华民族伟大复兴"五位一体"总体布局的重要举措和重大战略任务，把思想和行动统一到党中央决策部署上来，找准检察机关服务、保障和促进健康中国建设的工作定位和切入点，善于运用法治思维和法治方式，把党中央关于卫生与健康事业的各项部署要求落实到检察工作中。

2. 充分发挥检察职能，依法保障和促进健康中国建设。各级检察机关要树立大卫生、大健康理念，围绕服务中心和大局，积极应对健康中国建设对检察工作带来的新机遇和新挑战，及时回应人民群众对健康中国建设的新期待、新要求，综合发挥惩治、预防、监督、教育、保护等检察职能，依法维护人民群众身体健康和生命安全，保障卫生与健康事业发展环境，促进健康中国建设顺利进行。

二、依法惩治食品药品领域犯罪，维护人民群众身体健康和生命安全

3. 依法惩治危害食品安全犯罪，保障人民群众"舌尖上的安全"。深入贯彻新修订的食品安全法，依法惩治制售含有严重超标致病性微生物、农药兽药残留、生物毒素、重金属等污染物质的食品，病死或者死因不明的禽、畜、兽、水产动物肉类及其制品，国家为防病等特殊需要明令禁止生产经营的食品，以及超范围、超限量滥用食品添加剂、农药兽药等生产、销售不符合安全标准食品的犯罪；依法惩治使用有毒、有害的非食品原料加工食品，使用禁用农药兽药种植、养殖食用农产品，在食品中非法添加国家禁用药物等生产、销售有毒、有害食品的犯罪；依法惩治制售不符合安全标准的食品添加剂、食品相关产品，制售国家禁用的非食品原料、农药兽药以及私屠滥宰等生产、销售伪劣产品、非法经营的犯罪。重点打击、从严惩处危害食品安全犯罪活动比较集中的"黑作坊""黑工厂""黑市场""黑窝点"，长期以来高发多发的涉及"地沟油""瘦肉精""病死猪""毒奶粉"等严重危害食品安全的犯罪，以及走私冷冻肉品、利用互联网实施危害食品安全的犯罪。强化对食品生产、加工、销售、运输、贮存等各个环节犯罪的打击力度，着力切断犯罪利益链条，始终保持对危害食品安全犯罪的高压严打态势。

4. 依法惩治危害药品安全犯罪，促进解决医药领域乱象。依法惩治生产、销售假药劣药，生产、销售不符合标准的医用器材等犯罪。重点打击、从严惩处具有以孕产妇、婴幼儿、儿童或者危重病人为主要使用对象，属于疫苗、血液制品、急救药品、注射剂药品，在自然灾害、事故灾难、公共卫生事件、社会安全事件等突发事件期间制售假药劣药，以及医疗机构及其工作人员明知是假药劣药而有偿提供给他人使用等恶劣情节的危害药品安全犯罪。严肃查处药物临床试验数据造假涉及的相关犯罪。严肃查办药品流通领域的商业贿赂、虚开发票、洗钱、非法经营等经济犯罪。办案中要严格落实罪刑法定原则，贯彻宽严相济刑事政策，对于销售少量根据民间传统配方私自加工的药品，或者销售少量未经批准进口的国外、境外药品，没有造成他人伤害后果或者延误诊治的行为，以及病患者实施的不以营利为目的带有自救、互助性质的制售药品行为，不作为犯罪处理。对于认定罪与非罪争议较大的案件，及时向上级检察机关请示报告。

5. 依法惩治损害人民群众生命健康的其他犯罪，确保人民群众生活安全、放心。依法惩治打着健康健身招牌严重危害人民群众健康的犯罪，以及相关的诈骗、虚假广告、非法集资、组织传销等犯罪。加强对妇女、儿童、老年人、残疾人、流动人口、低收入人群等重点人群生命健康安全的司法保护力度。继续加大对毒品犯罪特别是走私、制造毒品、大宗贩卖毒品等源头性毒品犯罪，以及职业毒犯、累犯、毒品再犯等人身危险性大的毒品犯罪分子的打击力度。从严打击引诱、教唆、欺骗或者强迫未成年人吸食、注射毒品，以及组织利用未成年人、孕妇走私、贩卖、运输毒品的犯罪，教育群众特别是青少年远离毒品。

三、依法惩治破坏生态环境等犯罪，打造绿色安全健康环境

6. 依法惩治破坏环境资源和危害生态安全的犯罪，守护好绿水青山。依法惩治偷排偷放有毒有害污染物、非法排放严重超标污染物、篡改伪造环境监测数据、无证为他人处置危险废物、故意提供虚假环境影响评价意见等环境污染犯罪；妨害国境卫生检疫、妨害动植物防疫检疫等危害生态安全犯罪。从严惩处在医院、学校、居民区等人口集中地区以及饮用水水源保护区、沙漠、滩涂、盐碱地、沼泽地等非法排放有毒有害污染物的犯罪；在重污染天气预警期间、突发环境事件期间、限期整改期间恶意排放超标污染物的犯罪；重点排污单位篡改伪造环境监测数据、干扰环境监测设施，致使监测数据严重失真的犯罪；非法采矿采砂破坏航道交通、影响河势稳定、危害防洪安全的犯罪，以及具有阻挠环境保护等行政主管部门监督检查、擅自闲置拆除污染防治设施、非法排放有毒有害污染物危害公共安全等恶劣情形的犯罪。办案中，应当贯彻恢复性司法理念，根据案件情况可以要求行为人修复环境、赔偿损失，降低环境污染的损害程度。行为人主动采取补救措施，消除污染，积极赔偿，防止损失扩大的，依法从宽处理。

7. 依法惩治危害生产安全、公共安全等犯罪，努力减少公共安全事件对人民生命健康的威胁。依法惩治重大责任事故、强令违章冒险作业、重大劳动安全事故，不报、谎报安全事故等危害生产安全犯罪。从严惩处具有故意阻挠开展事故抢救、遗弃事故受害人等恶劣情节的犯罪，切实保障职工生命健康。依法惩治追逐竞驶、醉酒驾车、超员超速、交通肇事等危害道路交通安全的犯罪，着力构筑公共安全的司法保护屏障。

四、加大对涉医犯罪的打击力度，保障正常医疗秩序和医务人员人身安全

8. 依法惩治扰乱医疗机构正常秩序的犯罪，为创建"平安医院"提供司法保障。依法惩治聚众打砸、任意损毁占用医疗机构财物，在医疗机构起哄闹事，致使医疗无法进行的犯罪；依法惩治在医疗机构私设灵堂、违规停尸、摆放花圈、焚烧纸钱、悬挂横幅、封堵大门、阻塞交通，严重扰乱公共场所秩序的犯罪；非法携带枪支、弹药、管制器具或者爆炸性、放射性、毒害性、腐蚀

性物品进入医疗机构危及公共安全的犯罪;非法行医、非法采供血液、妨害传染病防治等严重扰乱医疗秩序的犯罪。重点打击、从严惩处在医疗机构进行寻衅滋事、敲诈勒索、扰乱医疗秩序等犯罪行为的职业"医闹",专门捏造、寻找、介入他人医患矛盾,故意扩大事态,挑动、教唆他人实施违法犯罪的首要分子和积极参加者,从事非法行医、组织出卖人体器官、非法采供血液违法犯罪活动的游医、假医、"黑诊所""血头",以及具有幕后组织、网络策划、涉黑涉恶、内外勾结等恶劣情节的犯罪分子或者团伙。对上述重点打击对象,应当依法提出从严处理、不适用缓刑、适用禁止令等量刑建议。

9. 依法惩治侵害医务人员合法权益的犯罪,维护医务人员的执业安全。加强与卫生计生委、公安等部门的协作配合,深入开展严厉打击涉医违法犯罪专项行动,坚决从严查处涉医突发案件,维护正常医疗秩序,保护医务人员安全。正确区分医疗纠纷与医疗事故、医疗事故罪与非罪界限,依法维护医患双方合法权益与社会和谐稳定,保障医疗服务环境。依法惩治故意伤害、杀害医务人员,公然侮辱或者捏造事实诽谤、诬告陷害医务人员,以及在医疗机构内殴打、追逐、拦截、辱骂、恐吓医务人员或者非法限制医务人员人身自由的犯罪。从严惩处无端猜疑、蓄意发泄,手段残忍、情节恶劣的犯罪;以不特定的医务人员、就诊患者为侮辱、威胁、殴打、伤害、杀害对象,危害医疗场所公共安全的犯罪;利用互联网等媒体恶意炒作,侮辱、诽谤、诬告陷害医务人员,挑拨医患矛盾,引发涉医突发案件、群体性事件或者造成恶劣社会影响的犯罪。

五、积极发挥查办和预防职务犯罪职能,为健康中国建设营造风清气正的环境

10. 依法查办医疗、医保、医药和食品等重点领域的贪污贿赂犯罪。突出查办药品、医疗设备采购活动中,医疗机构及工作人员索取、收受销售方财物,为他人谋取利益的犯罪;残疾人公益事业、健康养老服务、健康扶贫工程、医疗保险特别是新型农村合作医疗领域的职务犯罪;贪污、挪用医疗救助补助资金、防疫资金等特定款物的犯罪;发生在贫困地区青少年营养餐或营养包行动中的贪污、挪用犯罪;医药卫生、食药安全、安全生产等领域,为谋取不正当利益或者寻求庇护,拉拢腐蚀围猎国家工作人员,大搞利益输送,情节严重、性质恶劣的行贿犯罪。

11. 依法查办食品药品安全、环境资源保护、安全生产等领域的失职渎职犯罪。突出查办人民群众反映强烈、危害后果严重、社会影响恶劣的危害食品药品安全和破坏环境资源等恶性事件背后的滥用职权、玩忽职守、徇私舞弊等犯罪;医保管理和支付结算、医疗设备和医药产品招标、采购等领域审批、监管环节发生的失职渎职犯罪；以罚代刑，对依法应当移交司法机关处理的危害食品药品安全和破坏环境资源犯罪案件不移交，帮助犯罪分子逃避处罚的犯罪；徇私舞弊，伪造食品检验结果及动植物检疫结果，或者严重不负责任，对应当检验检疫的不检验检疫以及延误出证、错误出证的犯罪；重点生态功能区建设、山水林田湖生态保护修复工程等环节不作为、乱作为，环评和治理工作中失职渎职，以及突破生态保护红线、主体功能区定位、城镇开发边界，违反城乡土地利用、生态环境保护规划等规定的职务犯罪。积极参与安全生产专项治理，完善同步介入生产安全责任事故调查和处理机制，严肃查办安全责任事故所涉职务犯罪，最大程度减少公共安全事件对人民群众生活和生命健康的不利影响。

12. 加强协作配合，切实做好相关职务犯罪预防工作。要加强与食品药品、卫生、环境资源、安全生产、动植物检验检疫、公安等监管执法部门的工作联系和协作配合，加强案例剖析，认真排查相关领域职务犯罪风险点，通过检察建议督促相关单位纠正改进，努力将各类风险隐患消除在萌芽阶段。通过举办展览、讲座、开展预防咨询等形式，对相关监管执法部门和医疗、医保等行业工作人员进行法治宣传和警示教育，筑牢防范犯罪的思想防线，提高防腐拒变的能力。深入查摆食品药品安全、环境资源保护、安全生产监管等机制体制的漏洞和问题，从完善制度、严格管理、加强监督等方面，形成高质量的预防专题调查报告，促进行业监管部门细化职责分工、堵塞监管漏洞和解决监管空白、边界不清等问题。研究提出完善食品安全法、药品管理法、环境保护法等实施的配套法规规章和规范性文件的建议，为建立科学完善的食品药品安全、环境治理体系建言献策。

六、立足检察职能，促进健康中国法治环境建设

13. 加强批捕、起诉工作，确保依法、准确、及时、有效打击犯罪。对于严重危害食品药品安全、破坏环境资源、扰乱医疗场所秩序等破坏健康中国建设、损害广大人民群众生命健康的犯罪，要实行挂牌督办，及时介入侦查引导取证。要全面审查案件证据，在依法查明犯罪事实的基础上，对于符合逮捕、起诉条件的，依法从严从快批捕、起诉，体现打击力度，确保办案质量。

14. 强化刑事诉讼监督，促进公正司法。继续深化破坏环境资源和危害食品药品安全犯罪专项立案监督活动，积极配合行政执法机关、公安机关对辖区内污染水域、排污企业、基本功能丧失的耕地、制售假药劣药的高发区域、生产销售不合格食品的作坊等进行拉网式排查，形成打击合力。依法监督行政执法机关移送、公安机关立案侦查破坏环境资源和危害食品药品安全涉嫌犯罪的案件，营造依法严惩犯罪的执法氛围。会同相关行政执法机关、公安机关建立

行政执法与刑事司法衔接的长效机制,推进执法司法信息共享平台建设,提升打击犯罪的能力和水平。加强侦查活动监督,促进解决侦查质量不高,收集证据不合法以及适用强制措施、查封扣押冻结款物不当等问题,保证查处犯罪的合法性、有效性。加强刑事审判监督,对于认定事实或者适用法律错误、量刑畸轻畸重、严重违反法定诉讼程序可能影响公正裁判的案件,依法提出抗诉。加强刑事执行监督,强化对刑罚执行、刑事强制措施执行和强制医疗执行的监督,切实维护司法公正,维护社会和谐稳定。

15. 依法办理环境、医疗、食品药品等领域民事行政诉讼监督案件,维护健康中国法治秩序。依法办理环境污染民事行政诉讼监督案件,正确行使调查核实权,准确把握事实认定和法律适用标准,符合法定条件的案件,依法提出抗诉或者再审检察建议;依法办理医疗损害责任民事行政诉讼监督案件,准确理解和适用侵权责任法关于医疗损害责任的专门规定,化解医患矛盾,促进医疗纠纷依法妥善解决;依法办理食品药品、医疗器械等产品责任民事行政诉讼监督案件,正确把握缺陷产品、因果关系等认定标准,促进司法统一规范。办理案件中,要积极借鉴医疗纠纷专业化管理解决机制,借助专业力量化解社会矛盾。充分发挥行政检察职能,加强对环境、卫生、食品药品领域行政违法行为的法律监督。

16. 积极稳妥开展民事行政公益诉讼试点工作,着力营造绿色安全的健康环境。要重点关注生态环境和资源保护、食品药品安全等领域造成国家和社会公共利益严重侵害的案件;生态环境和资源保护领域负有监督管理职责的行政机关违法行使职权或者不作为,致使国家和社会公共利益受到严重侵害的案件。要充分运用调查核实权,切实发挥鉴定机构和专家辅助人的作用,查清违法行为、损害后果及其因果关系。要充分利用诉前程序,依法科学运用检察建议、支持起诉、公益诉讼等监督方式,促使行政机关纠正违法行为或者依法正确履行职责。要实现行政公益诉讼与民事公益诉讼的有效衔接,增强监督实效,使违法者承担相应的行政责任和民事责任。

17. 全面发挥检察职能,促进健康产业创新发展。依法惩治医药、医疗器械、医疗服务等健康产业领域的侵犯财产和侵犯知识产权犯罪,加大对自主知识产权、关键核心技术和科研成果转化的保护力度。强化对涉及健康养老产业、健康旅游产业、智慧健康产业、健身休闲运动产业、健康食品产业领域相关案件的法律监督,维护有关单位和从业人员的合法权益。认真听取来自健康产业领域对检察工作的意见和建议,努力为健康产业创新发展提供更好的法律服务。

七、加强组织领导，将健康中国建设的司法保障落到实处

18. 加强组织领导。各级检察机关要把为推进健康中国建设提供有力司法保障作为当前的一项重要任务，切实加强领导，强化措施，严格责任，狠抓落实。利用检察一体化工作机制的优势，统筹办案力量，排除干扰阻力，突出查办大案要案和窝案串案，打好整体战。侦查监督、公诉、民事行政检察等部门在行使职能中发现职务犯罪线索的，要及时向职务犯罪侦查部门移送，形成打击犯罪合力。积极参与健康中国建设相关领域的社会治安综合治理，主动争取和依靠当地党委、人大、政府的领导、监督和支持，与行政执法机关、公安机关和人民法院加强联系与协作配合，努力解决办案中遇到的困难和问题，创造良好的办案环境。

19. 加强业务指导。最高人民检察院和省级检察机关对有重大影响的案件实行挂牌督办，要加强对办案工作的统筹和指导，及时分析犯罪规律，总结办案经验，帮助下级检察机关解决办案中的困难和问题；地市级检察机关要充分发挥办案龙头作用，带头查办大案要案，进一步加强对办案工作的组织指挥；基层检察机关要充分发挥办案主体作用，进一步增强办理相关案件的能力和水平。下级检察机关对于办案中遇到的困难和问题要及时向上级检察机关请示报告，必要时层报最高人民检察院；最高人民检察院应当加强法律政策研究和案件指导工作。

20. 加强普法宣传。落实"谁执法谁普法"的普法责任制，认真实行检察官以案释法制度，结合人民群众关注的典型案例，向社会公众释法说理，及时回应社会关切。充分利用检察机关宣传主阵地、"两微一端"、微电影、微视频等媒体平台，加强与主流媒体、重点商业媒体和自媒体的联系协作，广泛宣传党和国家关于健康中国建设的理念和方针政策，宣传检察机关服务和保障健康中国建设的重大举措和成果，引导广大人民群众尊法、学法、守法、用法，积极营造推进健康中国建设的法治环境和氛围。

最高人民法院、最高人民检察院关于建立法官、检察官惩戒制度的意见（试行）

（2016年10月12日公布并施行　法发〔2016〕24号）

为促进法官、检察官依法行使职权，落实法官、检察官办案责任制，建立法官、检察官惩戒制度，根据党的十八届三中、四中、五中全会精神和相关法律规定，制定本意见。

一、法官、检察官惩戒工作，应当坚持党管干部原则，尊重司法规律，体现司法职业特点，坚持实事求是、客观公正，坚持责任与过错相适应，坚持惩戒与教育相结合。

二、法官、检察官在审判、检察工作中违反法律法规，实施违反审判、检察职责的行为，应当依照相关规定予以惩戒。

认定法官、检察官是否违反审判、检察职责，适用《关于完善人民法院司法责任制的若干意见》《关于完善人民检察院司法责任制的若干意见》的有关规定。

三、法官、检察官惩戒工作由人民法院、人民检察院与法官、检察官惩戒委员会分工负责。

人民法院、人民检察院负责对法官、检察官涉嫌违反审判、检察职责行为进行调查核实，并根据法官、检察官惩戒委员会的意见作出处理决定。

四、在省（自治区、直辖市）一级设立法官、检察官惩戒委员会。

惩戒委员会由政治素质高、专业能力强、职业操守好的人员组成，包括来自人大代表、政协委员、法学专家、律师的代表以及法官、检察官代表。法官、检察官代表应不低于全体委员的50%，从辖区内不同层级人民法院、人民检察院选任。

惩戒委员会主任由惩戒委员会全体委员从实践经验丰富、德高望重的资深法律界人士中推选，经省（自治区、直辖市）党委对人选把关后产生。

法官惩戒工作办公室设在高级人民法院，检察官惩戒工作办公室设在省级人民检察院。

五、惩戒委员会的工作职责：

（一）制定和修订惩戒委员会章程；

（二）根据人民法院、人民检察院调查的情况，依照程序审查认定法官、检察官是否违反审判、检察职责，提出构成故意违反职责、存在重大过失、存在一般过失或者没有违反职责的意见；

（三）受理法官、检察官对审查意见的异议申请，作出决定；

（四）审议决定法官、检察官惩戒工作的其他相关事项。

惩戒委员会不直接受理对法官、检察官的举报、投诉。如收到对法官、检察官的举报、投诉材料，应当根据受理权限，转交有关部门按规定处理。

六、人民法院、人民检察院在司法管理、诉讼监督和司法监督工作中，发现法官、检察官有涉嫌违反审判、检察职责的行为，需要认定是否构成故意或者重大过失的，应当在查明事实的基础上，提请惩戒委员会审议。

除前款规定应报请惩戒委员会审议情形外，法官、检察官的其他违法违纪行为，由有关部门调查核实，依照法律及有关纪律规定处理。

七、惩戒委员会审议惩戒事项时，有关人民法院、人民检察院应当向惩戒委员会提供当事法官、检察官涉嫌违反审判、检察职责的事实和证据，并就其违法审判、检察行为和主观过错进行举证。当事法官、检察官有权进行陈述、举证、辩解。

八、惩戒委员会经过审议，应当根据查明的事实、情节和相关规定，经全体委员的三分之二以上的多数通过，对当事法官、检察官构成故意违反职责、存在重大过失、存在一般过失或者没有违反职责提出审查意见。

惩戒委员会的审查意见应当送达当事法官、检察官和有关人民法院、人民检察院。

九、当事法官、检察官或者有关人民法院、人民检察院对审查意见有异议的，可以向法官、检察官惩戒委员会提出。

法官、检察官惩戒委员会应当对异议及其理由进行审查，作出决定，并回复当事法官、检察官或者有关人民法院、人民检察院。

十、法官、检察官违反审判、检察职责的行为属实，惩戒委员会认为构成故意或者因重大过失导致案件错误并造成严重后果的，人民法院、人民检察院应当依照有关规定作出惩戒决定，并给予相应处理。

（一）应当给予停职、延期晋升、免职、责令辞职、辞退等处理的，按照干部管理权限和程序依法办理；

（二）应当给予纪律处分的，依照有关规定和程序办理。

法官、检察官违反审判、检察职责的行为涉嫌犯罪的，应当将违法线索移送有关司法机关处理。

免除法官、检察官职务，应当按法定程序提请人民代表大会常务委员会作出决定。

十一、当事法官、检察官对惩戒决定不服的，可以向作出决定的人民法院、人民检察院申请复议，并有权向上一级人民法院、人民检察院申诉。

十二、本意见所称法官、检察官，是指实行法官、检察官员额制后进入员额的法官、检察官。

对司法辅助人员违法违纪行为的责任追究，依照有关法律和人民法院、人民检察院的有关规定办理。

十三、最高人民法院、最高人民检察院根据本意见，结合实际，分别制定法官、检察官惩戒工作办法。

最高人民检察院、国家档案局
人民检察院诉讼档案管理办法

(2016年9月14日最高人民检察院第十二届检察委员会第五十四次会议通过 2016年10月18日最高人民检察院、国家档案局公布并施行 高检会〔2016〕11号)

第一章 总 则

第一条 为了加强人民检察院诉讼档案（以下简称诉讼档案）科学规范管理，根据《中华人民共和国刑事诉讼法》《中华人民共和国民事诉讼法》《中华人民共和国行政诉讼法》《中华人民共和国档案法》《中华人民共和国档案法实施办法》等有关规定，制定本办法。

第二条 诉讼档案是指各级人民检察院在依法办理案件过程中形成的具有保存价值的各种形式和载体的诉讼文书材料。

第三条 诉讼档案实行集中统一管理。任何单位和个人不得据为己有或者拒绝归档。

第四条 诉讼档案工作实行统一领导，分级管理。最高人民检察院负责组织领导，地方各级人民检察院接受上级人民检察院和同级地方档案行政管理部门监督指导。

第二章 管理机构与职责

第五条 各级人民检察院应当成立档案工作领导小组，设立档案工作机构统一管理诉讼档案，并根据实际需要配备专职档案工作人员。

第六条 各级人民检察院应当配备具有档案专业知识和法律知识的人员从事诉讼档案管理工作。省、自治区、直辖市人民检察院应当根据工作需要配备信息化技术人员。

各级人民检察院应当保持档案队伍相对稳定，加强业务培训，提高人员素质。档案工作人员离岗时，应当做好交接手续。

第七条　各级人民检察院档案部门（以下简称档案部门）管理诉讼档案的主要职责是：

（一）贯彻执行国家有关档案管理的法律、法规、技术规范和人民检察院诉讼档案管理相关规定；

（二）制定和完善诉讼档案各项规章制度；

（三）监督指导各部门诉讼档案的收集、整理；

（四）开展诉讼档案保管与鉴定、开发与提供利用；

（五）开展诉讼档案统计与研究工作；

（六）负责诉讼档案信息化管理工作。

上级人民检察院档案部门负责对下级人民检察院诉讼档案工作进行指导、监督与检查。

第三章　收集与整理

第八条　各级人民检察院在办案过程中形成的各类诉讼档案，以及由于人民检察院撤销、分立、合并等原因由本院接管的诉讼档案，均属于本院诉讼档案范围。

第九条　办案部门在案件办理完毕后，应当依据《人民检察院诉讼文书材料立卷归档细则》要求，及时整理归档。

第十条　档案部门应当严格审查归档质量。对符合要求的档案，应当履行交接手续；对不符合要求的档案，应当退回办案部门重新整理。

第十一条　诉讼档案应当按照结案年度—保管期限—组织机构的方法进行排列，按照一卷一号的原则编制档号。

档号结构为：诉讼档案代码（SS）—结案年度—保管期限代码（1为永久、2为60年、3为30年）—顺序号（一般为5位数）。如：2016年永久保管的第1号案卷档号表述为：SS-2016-1-00001。

第十二条　档案部门应当根据年度编制诉讼档案案卷目录。

第十三条　同一案件分别形成纸质、电子、音像、实物等不同载体档案的，应当按照载体性质归入相应的档案门类，根据相关规定进行整理、编目、上架，并在案卷目录上相互注明参见号。

第四章 保管与利用

第十四条 各级人民检察院应当设立专门库房保管诉讼档案。库房面积要与现有档案数量及增量相适应。

档案库房建设应当符合国家标准,不宜设在建筑物顶层或者地下室。库房要保持恒温恒湿,适宜温度为 14~24℃,相对湿度为 45~60%,每昼夜波动幅度变化温度不得大于 ±2℃,相对湿度不得大于 ±5%。

第十五条 档案库房内禁止存放易燃、易爆及与档案无关物品。库房周边不得存放危害档案安全的物品。

第十六条 档案库房、阅览室、数字化处理室、办公室和机房等应当分开设置。

第十七条 各级人民检察院应当配置档案管理必需的装具和设施设备,以满足档案管理基本需要。

第十八条 诉讼档案应当排列有序、标识清晰,便于查找利用。

第十九条 纸质诉讼档案,应当进行数字化加工。电子诉讼档案应当按照国家有关规定进行异质异地备份。

第二十条 档案部门应当定期对诉讼档案进行检查清点,确保不丢失,不损坏。对破损、虫蛀、褪色或者字迹模糊的档案,应当及时修补、托裱、复制或者进行其他技术处理。

第二十一条 各级人民检察院应当积极开发利用诉讼档案,充分发挥诉讼档案服务检察事业、服务社会的作用。

第二十二条 档案部门应当建立诉讼档案利用制度。根据利用主体和诉讼档案涉密程度,确定诉讼档案的利用范围、利用方式和利用程序。

第二十三条 各级人民检察院工作人员因工作需要,可以利用本院诉讼档案。

其他人民检察院和人民法院以及公安、国家安全、纪检监察等机关工作人员因工作需要查阅、借阅诉讼档案的,应当持单位介绍信、工作证件到档案所在人民检察院档案部门或者办案部门提出申请。档案部门征得办案部门书面意见并报分管检察长审批后办理。

人民检察院与人民法院等有关单位已有借阅规定的,按照规定办理。

第二十四条 依据相关规定需要查阅、摘抄、复制诉讼档案的,律师可以持律师执业证书、律师事务所证明和委托书或者法律援助公函,其他辩护人或者诉讼代理人可以持身份证明和委托书,向档案所在人民检察院案件管理部门提出申请。案件管理部门通知办案部门根据情况到档案部门办理相关手续。

第二十五条 对已有电子版本的诉讼档案,原则上不提供纸质原件,只提供复制件。复制件加盖档案证明专用章后,与档案原件具有同等效力。

第二十六条 非本院工作人员利用诉讼档案的,原则上只提供检察正卷相关内容。没有正卷的,可以按规定提供相关材料复制件。

第二十七条 档案部门应当充分利用档案管理系统和现代信息技术手段,提供诉讼档案在线利用。积极开展诉讼档案著录、检索和编研工作,深入挖掘诉讼档案潜在价值。

第二十八条 档案工作人员应当严格遵守诉讼档案利用制度,不得违反规定提供诉讼档案或者扩大利用范围。

第五章 鉴定与销毁

第二十九条 各级人民检察院办案部门和档案部门应当依据《人民检察院诉讼档案保管期限表》,准确鉴定诉讼档案保管期限。

第三十条 诉讼档案保管期限分为永久和定期,定期分为60年和30年两种。

第三十一条 诉讼档案保管期限应当从结案后下一年起算。因涉及累犯、申诉、加(减)刑等先后形成的多本案卷,其保管期限应当从最后审理结案的下一年起算,并适用其中最长期限。

第三十二条 各级人民检察院应当根据国家有关规定对保管期限届满的诉讼档案进行鉴定工作。鉴定工作领导小组由办公厅(室)负责人、相关业务人员和档案工作人员组成。

第三十三条 经鉴定仍有保存价值的诉讼档案,应当根据其实际价值适当延长保管期限继续保存。

经鉴定确无继续保存价值的诉讼档案,应当清点核对,登记造册,经分管检察长批准后送指定销毁机构,由两名以上工作人员全程监销。监销人员应当在销毁清册上签字。销毁报告和销毁清册应当存档,永久保存。

销毁前,应当将其中由人民检察院制作、能说明全案基本情况的结论性法律文书取出一份整理装订后,列入原案卷归档年度永久保存。

第六章 统计与移交

第三十四条 各级人民检察院应当建立健全档案统计制度,准确统计档案的收进、移出、保管、利用等情况，填写档案工作基本情况统计报表。

地方各级人民检察院及时将统计报表报送上级人民检察院档案部门和同级档案行政管理部门。

第三十五条　人民检察院撤销、分立或者合并时，应当将诉讼档案移交相关人民检察院，并办理移交手续。

第三十六条　各级人民检察院应当按照国家有关规定，根据实际情况，向有关档案馆移交诉讼档案。

第七章　附　则

第三十七条　各省、自治区、直辖市人民检察院可以根据本办法，结合本辖区实际情况制定实施细则，并报最高人民检察院办公厅备案。

第三十八条　电子诉讼档案管理办法另行规定。

第三十九条　本办法自发布之日起施行。原《人民检察院诉讼档案管理办法》和《关于人民检察院诉讼档案保管期限的规定》（高检会〔2000〕3号）同时废止。

附件：人民检察院诉讼档案保管期限表

附件

人民检察院诉讼档案保管期限表

序号	内容	保管期限
一、刑事诉讼案卷		
（一）直接受理立案侦查案件		
1. 移送起诉案件		
	重要的	永久
	一般的	60 年
2. 撤销或者不起诉案件		60 年
3. 初查不立案案件		30 年
（二）审查逮捕、审查起诉案件		
1. 批准（决定）逮捕或者决定起诉案件		
	重要的	永久
	一般的	60 年
2. 不批准（不予）逮捕案件		
	重要的	60 年
	一般的	30 年
3. 决定不起诉案件		
	重要的	永久
	一般的	60 年
4. 移送上级人民检察院批捕或者起诉后留存案件		30 年
5. 退回公安机关补充侦查案件		30 年
6. 对下级检察院不批准逮捕或者决定不起诉复议、复核案件		
	改变原不批准逮捕或者不起诉决定	60 年
	维持原不批准逮捕或者不起诉决定	30 年
7. 核准追诉案件		
	重要的	永久
	一般的	60 年
8. 不予核准追诉案件		30 年
9. 没收违法所得案件		60 年
10. 强制医疗案件		60 年
（三）刑事诉讼监督案件		

1. 通知（建议）立案或者撤案案件
     重要的   60 年
     一般的   30 年
2. 要求行政机关移送案件的案件
     重要的   60 年
     一般的   30 年
3. 对下级人民检察院报请延长羁押期限案件   30 年
4. 提出抗诉案件   永久
5. 撤回抗诉案件   60 年
6. 提请抗诉案件
     重要的   永久
     一般的   60 年
7. 最高人民法院通报的死刑复核案件   永久
8. 申请（提请）监督死刑复核案件
     提出检察意见的   永久
     函转最高人民法院的   30 年
     审理后直接结案的   30 年
9. 刑事执行监督案件
（1）羁押必要性审查   30 年
（2）指定居所监视居住执行检察   30 年
（3）临场监督执行死刑   60 年
（4）财产刑执行监督
     重要的   60 年
     一般的   30 年
（5）纠正超期羁押   30 年
（6）被监管人死亡与事故检察
     构成犯罪，依法立案侦查   永久
     制发纠正违法通知书   60 年
     不构成犯罪，提出处理建议   60 年
     发出检察建议   30 年
（7）办理减刑、假释或者暂予监外执行或者收监执行
     重要的   60 年
     一般的   30 年
（四）未成年人检察案件

参照"审查逮捕、审查起诉的刑事案件"确定保管期限

（五）司法协助案件　　　　　　　　　　　　　　　30 年

二、控告申诉案卷

（一）受理的控告、申诉、举报案件

1. 立案案件

　　　　　　重要的　　　　　　　　　　　　　　　60 年

　　　　　　一般的　　　　　　　　　　　　　　　30 年

2. 纠正违法行为或者提出检察建议案件　　　　　　 60 年

3. 不受理或者不立案或者不支持申诉案件　　　　　 30 年

4. 举报失实案件　　　　　　　　　　　　　　　　 30 年

5. 维持原决定案件　　　　　　　　　　　　　　　 30 年

6. 转本院其他部门处理或者移送其他单位案件　　　 30 年

7. 控告申诉终结决定案件　　　　　　　　　　　　 60 年

（二）申诉审查、复查案件

1. 提出抗诉案件　　　　　　　　　　　　　　　　 永久

2. 提出再审检察建议案件　　　　　　　　　　　　 60 年

3. 纠正原决定案件　　　　　　　　　　　　　　　 60 年

4. 不予抗诉或者维持原决定案件　　　　　　　　　 30 年

5. 审查结案案件　　　　　　　　　　　　　　　　 30 年

（三）刑事赔偿案件　　　　　　　　　　　　　　　60 年

（四）赔偿监督案件

1. 提出监督意见案件　　　　　　　　　　　　　　 60 年

2. 不提出监督意见或者不立案案件　　　　　　　　 30 年

（五）司法救助案件　　　　　　　　　　　　　　　60 年

三、民事行政检察案卷

（一）提出抗诉或者提出再审检察建议案件　　　　　永久

（二）公益诉讼案件　　　　　　　　　　　　　　　永久

（三）提出检察建议或者提出纠正违法通知案件　　　永久

（四）提请抗诉案件　　　　　　　　　　　　　　　60 年

（五）终结审查案件　　　　　　　　　　　　　　　60 年

（六）不支持监督申请案件　　　　　　　　　　　　30 年

（七）支持或者督促起诉案件　　　　　　　　　　　30 年

四、其他

（一）指定管辖案件

重要的	60年
一般的	30年
（二）交办或者转办下级人民检察院处理案件	30年
（三）下级人民检察院按照法定程序上报的备案材料	
1. 有重大影响的案件	60年
2. 纠正案件	60年
3. 其他案件	30年
（四）上级人民检察院对疑难或者分歧案件的指导材料	60年
（五）检察长列席人民法院审判委员会会议，带回人民法院案件材料（检察机关未形成材料）	30年

说明

本期限表中表述"重要的"内容，主要包括以下案件：

1. 判处死刑、无期徒刑、十年以上有期徒刑的案件；
2. 省部级以上领导干部犯罪的案件；
3. 与本院同级及以上人大代表、政协委员犯罪的案件；
4. 与本院同级党委、人大、政府、政协领导及各组成部门负责人以上干部犯罪的案件；
5. 高级技术职称人员、社会知名人士犯罪的案件；
6. 邪教组织、恐怖组织骨干分子犯罪的案件；
7. 单位犯罪的案件；
8. 外国人、港澳台居民、民族宗教人士犯罪的案件；
9. 本辖区内具有较大社会影响的案件；
10. 其他具有长远查考利用价值的案件。

最高人民检察院、国家档案局
人民检察院诉讼文书材料立卷归档细则

(2016年9月14日最高人民检察院第十二届检察委员会第五十四次会议通过 2016年10月18日最高人民检察院、国家档案局公布并施行 高检会〔2016〕11号)

第一条 为了加强人民检察院诉讼文书材料（以下简称诉讼文书材料）立卷归档工作，根据《人民检察院刑事诉讼规则》（试行）《人民检察院民事诉讼监督规则》（试行）《人民检察院行政诉讼监督规则》（试行）及《人民检察院诉讼档案管理办法》等有关规定，制定本细则。

第二条 诉讼文书材料，包括人民检察院在依法办理案件过程中形成的法律文书、证据材料及其他相关材料。

第三条 归档的诉讼文书材料，可以分别立卷为刑事诉讼类案卷、控告申诉类案卷、民事行政检察类案卷和其他类案卷。

第四条 诉讼文书材料，由案件承办人在案件办结的年度归档。归档时间最迟不超过下一年第二季度。

办案部门负责人应当对本部门诉讼文书材料立卷归档工作进行监督、检查。

第五条 案件承办人应当从受理案件开始收集有关诉讼文书材料，结案后及时整理，确保材料齐全、完整，符合归档要求。发现遗漏或者不符合要求的，应当补齐或者补正。

第六条 人民检察院在办案过程中形成的下列文书材料应当立卷归档：

（一）法律文书的正式件、签发稿（包括统一业务应用系统中法律文书的审批表）及领导同志重要修改稿；

（二）受理案件的相关文书；

（三）表明案件来源的立案线索、举报、控告、申诉材料，领导交办材料等；

（四）关于案件的请示、批复（包括电报、电话记录、口头指示记录等）和讨论案件记录、阅卷笔录等材料；

（五）证据材料（包括作为证据的视听资料、电子数据）；

（六）处理结果；

（七）赃款赃物清单；

（八）其他具有保存价值的材料。

第七条 下列文书材料不应当立卷归档：

（一）与本案无关的材料；

（二）重份材料；

（三）未定稿的法律文书（特殊、重大案件除外）；

（四）定罪量刑时援引法律及法规性文件；

（五）办案过程中借阅的人事档案和前科材料（应归还原单位）；

（六）其他没有保存价值的材料。

第八条 摘录、复制的材料应当注明来源、名称、日期、经办人姓名等以备查考。

第九条 归档的纸质诉讼文书材料，应当采用字迹耐久的蓝黑、碳素、黑色钢笔或者签字笔书写和签发；电子诉讼文书材料，应当采用打印机打印。

第十条 卷内材料应当按照实际办案程序和文书材料形成时间、兼顾文书之间相互联系的原则依次排列。

（一）证据材料可以先按照材料名称、问题特征分类，再按照时间先后顺序排列。

（二）单一犯罪嫌疑人案件的讯问笔录，按照讯问时间先后顺序排列。共同犯罪案件的讯问笔录，先按照犯罪嫌疑人在犯罪中主次地位、再按照时间先后顺序排列。

（三）材料多的共同犯罪案卷，可以分立总卷和分卷。总卷存放综合性的材料，分卷存放犯罪嫌疑人个人材料。

第十一条 刑事诉讼案卷中的立案侦查、审查起诉案卷和民事行政检察案卷根据情况可以分立正卷和副卷。正卷主要存放诉讼过程中依法应当提供的法律文书、主要证据及其他材料；副卷主要存放其他法律文书、证据以及在办案过程中产生的请示、报告、讨论意见等内部材料。

第十二条 诉讼案卷应当配有卷皮、卷内目录和备考表，并且工整、清晰、规范填写或者打印。

卷皮、卷内目录填写内容应当与卷内材料相符；卷内目录应当详细填写卷内每份材料名称或者事由。

第十三条 卷内材料除卷内目录、备考表外，均应当使用铅笔从"1"开始逐页编写页码。页码编写在有文字和图表材料正面的右上角、反面的左上角。

第十四条 案件承办人应当以案卷材料中标注的最高密级确定案卷的密

级，并在卷皮右上角"密级专用章"处加盖密级印章或者打印相应的密级。

第十五条 案件承办人应当依据《人民检察院诉讼档案保管期限表》，结合案件性质、情节、刑期、社会影响和史料价值等因素，填写案卷保管期限意见。档案部门审核后，加盖保管期限专用章予以确认。

第十六条 归档诉讼文书材料，一般以A4办公纸尺寸为标准。纸张残缺破损、过小或者过大以及字迹偏左、装订后影响阅卷的，应当进行修补、粘贴衬纸或者折叠等。附有金属物的应当剔除。

需要归档的信封，根据其大小粘贴衬纸或者折叠，邮票应当保留。

第十七条 卷内材料应当右齐下齐，一般使用蜡线"三孔双线"装订，确保整齐、美观、牢固。每本案卷一般不超过200页或者厚度不超过20毫米，超过时可以分卷装订。

第十八条 侦查机关移送的案卷，应当保持其原样，并编制档号。

第十九条 需要封存的未成年人检察案卷，应当由办案部门在卷皮密级专用章左侧加盖未检案卷封存印章。

第二十条 电子诉讼文书材料，应当打印纸质版本一同归档。两个版本在内容及描述上应当相互印证，保持一致。

第二十一条 外文和少数民族文字的诉讼文书材料，有汉语译文的，应当一并归档。

第二十二条 诉讼档案不得擅自增减材料。确需增减的，案件承办人应当经过案件负责人审批，并征得档案部门同意后，在备考表中注明材料增减情况，并共同签字。

第二十三条 归档目录应当制作一式两份，一份留归档部门备查，一份交档案部门留存。移交时，档案部门应当清点案卷，符合归档质量要求的，予以接收，归档部门和档案部门同时在移交凭证上签字，办理交接手续。不符合归档质量要求的，应当退回归档部门重新整理。

第二十四条 各省、自治区、直辖市人民检察院可以根据本细则，结合本辖区实际情况制定实施细则，并报最高人民检察院办公厅备案。

第二十五条 本细则自发布之日起施行。原《人民检察院诉讼文书立卷归档办法》（高检会〔2000〕3号）同时废止。

附件：诉讼案卷卷内主要材料排列顺序

附件

诉讼案卷卷内主要材料排列顺序

刑事诉讼案卷

一、直接受理立案侦查案卷

正卷

（一）法律文书部分

1. 提请批准直接受理书，批准直接受理决定书；
2. 指定管辖决定书，交办案件决定书；
3. 移送函；
4. 立案决定书；
5. 补充立案决定书；
6. 申请批准或者驳回回避决定书；
7. 回避复议决定书；
8. 提讯、提解证，传唤证或者传唤通知书；
9. 犯罪嫌疑人诉讼权利义务告知书；
10. 委托诉讼代理人、辩护人通知书；
11. 辩护律师会见犯罪嫌疑人应当经过许可通知书；
12. 拘传证；
13. 拘留决定书，拘留通知书（包括拘留人大代表、政协委员的相关材料）；
14. 拘留证；
15. 逮捕决定书，逮捕通知书（包括逮捕人大代表、政协委员的相关材料）；
16. 逮捕证；
17. 决定释放通知书；
18. 取保候审、监视居住决定书，被监视居住人、被取保候审人义务告知书，指定居所监视居住通知书；
19. 解除取保候审、监视居住决定书；
20. 保证书；
21. （不）批准延长羁押期限决定书，（不）批准延长羁押期限通知书；

22. 重新计算侦查羁押期限决定书；
23. 搜查证；
24. 扣押决定书，查封/扣押财物、文件清单；
25. 解除扣押决定书；
26. 扣押邮件、电报通知书；
27. 解除扣押邮件、电报通知书；
28. 处理查封/扣押财物、文件决定书及清单；
29. 退还、返还查封/扣押/调取财物、文件决定书及清单；
30. 移送查封/扣押、冻结财物、文件决定书及清单；
31. 处理扣押非赃证财物清单及依法转交纪检监察部门处理款物的回执；
32. 查询、冻结、解除冻结犯罪嫌疑人金融财产通知书；
33. 协助查询、协助冻结、解除冻结金融财产通知书；
34. 协助查询、协助冻结、解除冻结债券、股票、基金份额通知书；
35. 随案移送的财物、文件清单；
36. 询问通知书，诉讼权利义务告知书；
37. 调取证据通知书及清单；
38. 聘请书（鉴定聘请书、鉴定委托书）；
39. 技术性鉴定材料；
40. 授权委托书和律师申请会见的书面材料（侦查阶段、审查起诉阶段委托辩护人、申请法律援助告知书）；
41. （不）许可会见犯罪嫌疑人决定书；
42. 驳回申请决定书；
43. （不）批准会见在押犯罪嫌疑人通知书；
44. 移送审查（不）起诉意见书，撤销案件决定书；
45. 送达回证；
46. 其他需要入卷材料。

（二）证据部分
1. 综合讯问笔录（最后一次）；
2. 讯问犯罪嫌疑人笔录（按时间顺序排列）；
3. 犯罪嫌疑人自首材料；
4. 犯罪嫌疑人亲笔供词；
5. 物证；
6. 书证；
7. 证人证言；

8. 被害人陈述；

9. 鉴定意见；

10. 搜查、勘验、检查、辨认、侦查实验等笔录；

11. 视听资料、电子数据；

12. 出入境记录；

13. 家庭财产信息；

14. 其他需要入卷材料。

副卷

（一）法律手续部分

1. 接收案件通知书，受理案件登记表，案件材料移送清单；

2. 上级机关交办或者报案、控告、举报、自首或者其他案件来源材料；

3. 发现案件、破案经过材料；

4. 线索审查报告；

5. 提请初查报告（初查计划、安全防范预案、接触初查对象审批表）；

6. 初查结论报告；

7. 提请立案报告；

8. 不立案通知书；

9. 移送案件通知书；

10. 提请补充立案报告；

11. 立案请示报告；

12. 立案决定书；

13. 补充立案决定书；

14. 侦查计划；

15. 委托辩护人申请法律援助告知书；

16. 辩护律师会见犯罪嫌疑人应当经过许可通知书；

17. （不）许可会见犯罪嫌疑人通知书；

18. 有关强制措施的请示、报告、批复、决定等材料；

19. 采取强制措施的法律文书（包括对人大代表、政协委员采取强制措施）；

20. （不）批准延长侦查羁押期限决定书；

21. 延长侦查羁押期限通知书；

22. 重新计算羁押期限材料；

23. 有关侦查措施的请示、报告、批复、决定等材料；

24. 同步录音录像委托书；

一、司法解释及规范性文件

25. 委托检验文书，检验鉴定材料；
26. 侦查终结前工作汇报及讨论记录；
27. 人民监督员监督事项告知书；
28. 人民监督员表决意见书；
29. 征求律师意见表；
30. 提请中止侦查报告，提请恢复侦查报告；
31. 侦查终结报告；
32. 讨论案件记录；
33. 检委会会议研究意见（纪要及决定事项通知书）；
34. 报送、移送、交办案件材料；
35. 移送审查（不）起诉意见书；
36. 案件侦查终结移送审查起诉告知书；
37. 移送涉案财物清单；
38. 退回补充侦查意见书；
39. 补充侦查形成的材料；
40. 撤销案件决定书；
41. 提请复议书，复议决定书；
42. 来信来访材料；
43. 解除扣押通知书；
44. 退还扣押财物、文件清单；
45. 刑事判决书；
46. 纠正违法通知书；
47. 检察建议书；
48. 个案预防材料；
49. 涉案财物出、入库手续清单；
50. 案件质量评查表；
51. 其他需要入卷材料。

（二）证据部分

1. 讯（询）问笔录、亲笔供词、调查笔录；
2. 检察卷中重要证据材料摘录；
3. 其他需要入卷材料。

二、审查逮捕案卷

（一）审查逮捕案卷

1. 接收案件通知书，受理案件登记表，案件材料移送清单；

2. 侦查机关提请批准逮捕书；

3. 阅卷笔录；

4. 提讯、提解证，传唤证或者传唤通知书；

5. 讯问犯罪嫌疑人提纲，犯罪嫌疑人诉讼权利义务告知书，讯问笔录；

6. 听取犯罪嫌疑人意见书；

7. 询问证人、被害人提纲、通知书，证人、被害人诉讼权利义务告知书，询问笔录；

8. 调取证据通知书及清单；

9. 不予收集、调取证据决定书；

10. 审查逮捕意见书；

11. 讨论案件记录；

12. 检委会会议研究意见（纪要及决定事项通知书）；

13. （不）批准逮捕决定书；

14. （不）批准逮捕决定执行情况；

15. 逮捕案件继续侦查取证意见书；

16. 不批准逮捕案件补充侦查提纲；

17. 不批准逮捕理由说明书；

18. 侦查机关变更逮捕措施情况审查表；

19. 撤销逮捕决定书；

20. 撤销逮捕理由说明书；

21. 撤销不批准逮捕决定书、通知书；

22. 准予撤回决定书；

23. 通报逮捕外国犯罪嫌疑人的函；

24. 通报逮捕政协委员的函；

25. 审查逮捕案件备案报告书；

26. 适用监视居住建议书；

27. 撤销强制措施决定书、通知书；

28. 应当逮捕犯罪嫌疑人建议书；

29. 侦查机关撤回提请批准逮捕书；

30. 准予撤回决定书；

31. 纠正违法通知书；

32. 侦查机关的回复和纠正整改情况；

33. 案件质量评查表；

34. 其他需要入卷材料。

人民检察院自侦部门移送审查逮捕的案卷,参照以上材料排列顺序。

(二) 对不批准逮捕决定进行复议、复核案卷

1. 接收案件通知书,受理案件登记表,案件材料移送清单;
2. 不批准逮捕决定书;
3. 侦查机关要求复议意见书;
4. 提讯、提解证,传唤证或者传唤通知书;
5. 犯罪嫌疑人诉讼权利义务告知书;
6. 讯问犯罪嫌疑人笔录;
7. 询问证人、被害人的提纲、通知书,证人、被害人诉讼权利义务告知书,询问笔录;
8. 案件审查报告(审查意见书);
9. 讨论案件记录;
10. 检委会会议研究意见(纪要及决定事项通知书);
11. 复议决定书;
12. 侦查机关提请上级人民检察院复核意见书;
13. 检察长决定或者检委会会议研究意见(纪要及决定事项通知书);
14. 复核决定书;
15. 案件质量评查表;
16. 其他需要入卷材料。

下级人民检察院报请上一级人民检察院重新审查逮捕的案卷,参照以上材料排列顺序。

(三) (不)核准追诉案卷

1. 侦查机关报请核准追诉报告书;
2. 下级检察院报请(不)核准追诉案件报告书;
3. 报请(不)核准追诉案件意见书;
4. 检委会会议研究意见(纪要及决定事项通知书);
5. 省级院报请(不)核准追诉案件报告书;
6. 高检院(不)核准追诉决定书;
7. 案件质量评查表;
8. 其他需要入卷材料。

三、审查起诉案卷

(一) 起诉案卷

正卷

1. 起诉书;

2. 新认定、补充的证据材料；

3. 证据目录，证人名单；

4. 向人民法院移送赃款、赃物及其他物证清单；

5. 人民检察院办理共同犯罪案件中，对同案犯已作不起诉决定的法律文书；

6. 其他需要入卷材料。

二审或者再审案卷参照以上材料排列顺序。

副卷

1. 接收案件通知书，受理案件登记表，案件材料移送清单；

2. 起诉意见书，移送起诉意见书，交（转）办案件材料；

3. 换押证；

4. 委托辩护人告知书/申请法律援助告知书；

5. 委托诉讼代理人告知书/申请法律援助告知书；

6. 审查起诉期限告知书，重新计算审查起诉期限通知书；

7. 律师事务所授权委托书，当事人授权委托书及律师事务所介绍信；

8. 取保候审决定书；

9. 保证人保证书；

10. 律师申请对犯罪嫌疑人取保候审的请求及检察机关的决定；

11. 阅卷笔录；

12. 参加侦查机关侦查、勘验、检查的记录；

13. 提讯、提解证，传唤证或者传唤通知书；

14. 讯问犯罪嫌疑人提纲，犯罪嫌疑人诉讼权利义务告知书，讯问笔录；

15. 询问证人、被害人的提纲、通知书，证人、被害人诉讼权利义务告知书，询问笔录；

16. 听取辩护人意见情况；

17. 询问鉴定人提纲、通知书、笔录；

18. 听取意见笔录，和解协议书；

19. 人民检察院补充侦查（勘验、检查、鉴定、复核记录）材料；

20. 委托技术性证据审查书；

21. 案件审查报告（审查意见书）；

22. 讨论案件记录；

23. 检委会会议研究意见（纪要及决定事项通知书）；

24. 补充移送起诉通知书；

25. 补充侦查决定书、提纲；

26. 逮捕犯罪嫌疑人意见书或者逮捕决定书（起诉阶段决定逮捕的）；

27. 侦查机关补充侦查材料；

28. 侦查机关起诉意见书；

29. 重新计算期限或者延长审查起诉期限通知书；

30. 起诉书；

31. 送达回证；

32. 量刑建议书；

33. 换押证；

34. 适用简易（速裁）程序建议书；

35. 人民法院（不）同意适用简易（速裁）程序意见书；

36. 适用简易（速裁）程序意见书；

34－36 适用于简易、速裁程序案卷。

37. 庭前会议通知书及会议记录；

38. 出庭通知书；

39. 派员出庭通知书；

40. 出庭预案（讯问或者询问提纲、举证质证提纲、答辩提纲、公诉意见书）；

41. 出庭笔录；

42. 延期审理建议书；

43. 提供法庭审判所需证据材料通知书；

44. 恢复庭审建议书；

45. 换押证；

46. 刑事裁定书（中止审理）；

47. 撤回起诉决定书，不起诉决定书；

48. 变更、追加起诉相关材料；

49. 一审判决书、裁定书及对判决、裁定书审查表；

50. 被害人提请抗诉申请书；

51. 抗诉请求答复材料；

52. 抗诉书；

53. 检察建议书，纠正违法通知书；

54. 侦查机关的回复和纠正整改情况；

55. 二审法院终审判决书、裁定书；

56. 处理查封/扣押财物、文件决定书；

57. 涉案财物出、入库手续；

58. 案件质量评查表；

59. 其他需要入卷材料。

（二）不起诉案卷

受理、审查的材料参照起诉案卷 1-31 的排列顺序，此外还应增加以下材料：

1. 不起诉公开审查材料；

2. 人民监督员监督事项告知书；

3. 人民监督员表决意见书；

4. 检委会会议研究意见（纪要及决定事项通知书）；

5. 人民监督员要求复议决定书；

6. 下级人民检察院的请示及上级人民检察院的批复；

7. 不起诉决定书；

8. 宣布笔录；

9. 送达回证；

10. 检察意见书及处理结果；

11. 涉案财物出、入库手续；

12. 案件质量评查表；

13. 其他需要入卷材料。

（三）对不起诉决定进行复议、复核案卷

1. 接收案件通知书，受理案件登记表，案件材料移送清单；

2. 侦查机关要求复议意见书及被不起诉人、被害人的申诉书；

3. 阅卷笔录；

4. 讯问被不起诉人提纲、笔录；

5. 询问证人提纲、通知书，证人诉讼权利义务告知书，询问笔录；

6. 案件审查报告（审查意见书）；

7. 讨论案件记录；

8. 检察长决定或者检委会会议研究意见（纪要及决定事项通知书）；

9. 复议决定书；

10. 侦查机关向上级人民检察院提请复核意见书；

11. 复核决定书；

12. 不起诉复核理由说明书；

13. 撤销不起诉决定书；

14. 指定纠正决定书；

15. 案件质量评查表；

16. 其他需要入卷材料。

10-14 适用于复核案卷。

(四) 没收违法所得案卷

正卷

参照起诉案卷排列顺序，此外还应按照实际办案程序插入以下材料：
没收违法所得申请书。

副卷

参照起诉案卷排列顺序，此外还应按照实际办案程序插入以下材料：

1. 没收违法所得意见书；
2. 要求说明不启动违法所得没收程序理由通知书；
3. 要求启动违法所得没收程序通知书；
4. 启动违法所得没收程序决定书；
5. 补充证据通知书；
6. 没收违法所得申请书及送达回证；
7. 终止审查决定书；
8. 不提出没收违法所得申请决定书；
9. 刑事裁定书；
10. 抗诉书。
11. 案件质量评查表；
12. 其他需要入卷材料。

(五) 强制医疗案卷

正卷

参照起诉案卷排列顺序，此外还应按照实际办案程序插入以下材料：
强制医疗申请书。

副卷

参照起诉案卷排列顺序，此外还应按照实际办案程序插入以下材料：

1. 要求说明不启动强制医疗程序理由通知书；
2. 要求启动强制医疗程序通知书；
3. 强制医疗意见书；
4. 采取临时保护性约束措施建议书；
5. 启动强制医疗程序决定书；
6. 补充证据通知书；
7. 强制医疗申请书及送达回证；
8. 不提出强制医疗申请决定书；

9. 复议决定书、复核决定书；

10. 终止审查决定书（涉案精神病人死亡）；

11. 不公开审理建议书；

12. 强制医疗决定书；

13. 驳回强制医疗申请决定书；

14. 纠正强制医疗案件不当决定意见书；

15. 案件质量评查表；

16. 其他需要入卷材料。

（六）（不）核准追诉案卷

参照审查逮捕案卷（不）核准追诉案卷排列顺序。

四、刑事诉讼监督案卷

（一）立案监督案卷

1. 接收案件通知书，受理案件登记表，案件材料移送清单；

2. 要求立案申请材料；

3. 行政执法机关未移送涉嫌犯罪案件材料、侦查机关不立案材料；

4. 要求侦查机关说明不立案理由通知书；

5. 侦查机关不立案理由说明书；

6. 审查报告（审查意见书）；

7. 讨论案件记录；

8. 检察长决定或者检委会会议研究意见（纪要及决定事项通知书）；

9. 不立案理由审查意见通知书；

10. 通知立案书；

11. 建议侦查部门立案的函；

12. 建议行政执法机关移送的检察意见函；

13. 立案决定书；

14. 送达情况记录；

15. 案件质量评查表；

16. 其他需要入卷材料。

不应当立案而立案案卷、"两法"衔接案卷参照以上材料排列顺序。

（二）上级人民检察院审查下级人民检察院报送的批准（决定）延长侦查羁押期限案卷

1. 接收案件通知书，受理案件登记表，案件材料移送清单；

2. 侦查机关要求延长羁押期限意见书和简要案情；

3. 下级人民检察院提请报告书；

4. 批准延长羁押期限审批表；

5. 上级人民检察院（不）批准延长羁押期限决定书；

6. 侦查机关要求第二次延长羁押期限的报告及决定材料；

7. 其他需要入卷材料。

（三）抗诉案卷

〈一〉二审程序抗诉案卷

1. 接收案件通知书、受理案件登记表、案件材料移送清单；

2. 阅卷通知书；

3. 上诉状；

4. 刑事抗诉书；

5. 一审判决书、裁定书；

6. 阅卷笔录；

7. 提讯、提解证，传唤证或者传唤通知书；

8. 讯问被告人提纲、笔录；

9. 询问证人、被害人提纲、通知书，证人、被害人诉讼权利义务告知书，询问笔录；

10. 听取辩护人意见情况；

11. 审查报告（审查意见书）；

12. 讨论案件记录；

13. 检委会会议研究意见（纪要及决定事项通知书）；

14. 通知下级人民检察院的电话记录或者书面通知；

15. 支持刑事抗诉意见书；

16. 撤回抗诉决定书；

17. 出席二审法庭通知书；

18. 派员出席二审法庭通知书；

19. 出庭方案（询问讯问提纲、举证质证提纲、答辩提纲、出庭检察员意见书）；

20. 出庭笔录；

21. 人民法院判决书、裁定书及对判决、裁定书的审查表；

22. 纠正违法通知书、纠正审理违法意见书；

23. 人民法院的答复；

24. 涉案财物出、入库手续；

25. 案件质量评查表；

26. 其他需要入卷材料。

二审程序其他案卷参照二审程序抗诉案卷排列顺序。

〈二〉审判监督程序抗诉案卷

1. 接收案件通知书，受理案件登记表，案件材料移送清单；
2. 提请抗诉报告书；
3. 终审判决书、裁定书；
4. 阅卷笔录；
5. 审查报告（审查意见书）；
6. 刑事抗诉书；
7. 案件质量评查表；
8. 其他需要入卷材料。

出庭材料参照二审程序抗诉案卷排列顺序。

（四）死刑复核检察案卷

1. 最高人民法院移送、省级人民检察院报送、控告部门移交的案件材料；
2. 调阅省级院二审材料的函及相关材料；
3. 调阅案卷函；
4. 延长案件审查期限函；
5. 调查笔录；
6. 征求意见函及回复意见；
7. 案件审查报告；
8. 讨论案件记录；
9. 检委会会议研究意见（纪要及决定事项通知书）；
10. 给最高人民法院的复函（检察意见书）、给省级人民检察院的回函；
11. 送达回证（退回案卷）；
12. 最高人民法院回函（附刑事判决书、裁定书）；
13. 其他需要入卷材料。

（五）刑事执行检察案卷

〈一〉羁押必要性审查案卷

1. 羁押必要性审查申请、交办材料及登记审批表；
2. 证明不需要继续羁押的证据或者其他材料；
3. 立案报告书、立案决定书；
4. 调查核实身体健康状况材料；
5. 听取办案机关、办案人员、看守所监管人员和派驻检察人员意见笔录；
6. 听取犯罪嫌疑人、被告人及其法定代理人、近亲属、辩护人，被害人及其诉讼代理人或者其他人员意见的笔录；

7. 公开审查材料；

8. 审查报告（审查意见书）；

9. 讨论案件记录；

10. 检委会会议研究意见（纪要及决定事项通知书）；

11. 对犯罪嫌疑人、被告人予以释放或者变更强制措施的建议书、建议函；

12. 有关单位的回复材料；

13. 变更强制措施的决定书和释放证明；

14. 其他需要入卷材料。

〈二〉指定居所监视居住执行检察案卷

1. 指定居所监视居住受理案件登记表；

2. 指定居所监视居住决定书及相关法律文书；

3. 对指定居所监视居住场所、执行工作人员检察材料；

4. 对被指定居所监视居住人执行情况首次检察记录；

5. 被指定居所监视居住人权利义务告知书；

6. 被指定居所监视居住人谈话记录；

7. 询问执行机关民警笔录或者工作记录；

8. 指定监视居住执行后续检察情况表；

9. 审查报告（审查意见书）；

10. 讨论案件记录；

11. 检委会会议研究意见（纪要及决定事项通知书）；

12. 纠正违法通知书；

13. 检察建议书；

14. 检察纠正违法情况登记表；

15. 严重违法情况登记表；

16. 执行单位整改情况；

17. 案件质量评查表；

18. 其他需要入卷材料。

〈三〉临场监督执行死刑案卷

1. 最高人民法院执行死刑命令或者检察此法律文书记录；

2. 最高人民法院判决书、裁定书；

3. 临场监督执行死刑通知书或者相关电话记录；

4. 家属会见检察情况；

5. 法院宣告时检察人员与死刑犯的谈话笔录；

6. 审查报告（审查意见书）；

7. 讨论案件记录；

8. 检委会会议研究意见（纪要及决定事项通知书）；

9. 停止执行死刑建议书及回复；

10. 撤销停止执行死刑建议通知书；

11. 死亡确认书；

12. 临场监督执行死刑笔录；

13. 监督工作情况；

14. 纠正违法通知书、检察建议书及其回复；

15. 被执行死刑罪犯的遗嘱、信札（复印件）；

16. 相关照片等工作材料；

17. 其他需要入卷材料。

停止执行后再次执行的，需将1—3按顺序置于前次停止执行死刑裁定书之后。

〈四〉财产刑执行监督案卷

1. 控告、举报和申诉等材料；

2. 涉及财产刑的刑事判决书、裁定书；

3. 人民法院对财产刑立案执行的法律文书；

4. 人民法院收缴财产、将罚没财产上缴国库的手续；

5. 其他应当入卷的人民法院法律文书和手续；

6. 询问笔录等证据材料；

7. 审查报告（审查意见书）；

8. 讨论案件记录；

9. 检委会会议研究意见（纪要及决定事项通知书）；

10. 检察建议书，纠正违法通知书；

11. 被监督单位的回复及纠正整改情况；

12. 其他需要入卷材料。

〈五〉纠正超期羁押案卷

1. 控告、转交办函等线索材料；

2. 人民检察院调取的认定案件超期羁押材料；

3. 审查报告（审查意见书）；

4. 羁押期限即将届满通知书，纠正违法通知书；

5. 被监督单位回复及纠正整改情况；

6. 在押人员情况检察台账，严重违法情况登记表；

7. 上报上级人民检察院的材料及后续办理情况；

8. 其他需要入卷材料。

〈六〉被监管人死亡与事故检察案卷

1. 重大事故登记表、被监管人死亡情况登记表；

2. 事故调查形成的相关材料；

3. 文证审查意见；

4. 事故调查报告；

5. 相关责任人处理情况及被追究刑事责任人立案决定书、起诉书、判决书等相关文书；

6. 审查报告（审查意见书）；

7. 讨论案件记录；

8. 检委会会议研究意见（纪要及决定事项通知书）；

9. 检察建议书、纠正违法通知书；

10. 被监督单位回复及纠正整改情况；

11. 复议、复核情况材料；

12. 调查处理情况综合报告；

13. 其他需要入卷材料。

〈七〉办理减刑、假释案卷

1. 刑罚执行机关拟提请减刑、假释意见；

2. 阅卷笔录；

3. 调查核实材料；

4. 列席刑罚执行机关审核拟提请减刑、假释会议（监狱减刑假释评审委员会会议）笔录；

5. 刑罚执行机关拟提请减刑、假释的公示名单；

6. 审查报告（审查意见书）；

7. 讨论案件记录；

1-7适用于减刑、假释提请监督案件。

8. 刑罚执行机关减刑、假释建议书；

9. 对减刑、假释建议书的审查意见；

10. 监狱提请减刑不当情况登记表、监狱提请假释情况登记表或者看守所办理减刑、假释、暂予监外执行情况登记表；

11. 减刑提请检察意见书、假释提请检察意见书；

12. 出庭通知书；

13. 派员出席法庭通知书；

14. 法庭调查提纲；

15. 出庭意见书；

16. 出庭笔录；

17. 减刑、假释裁定书；

18. 对减刑、假释裁定书的审查意见；

19. 纠正不当减刑裁定意见书、纠正不当假释裁定意见书；

20. 其他需要入卷材料。

〈八〉办理暂予监外执行案卷

1. 刑罚执行机关拟提请暂予监外执行意见或者人民法院拟决定暂予监外执行意见；

2. 人民法院在作出暂予监外执行决定前，向人民检察院征求意见的文书及有关材料；

3. 人民检察院对人民法院的回复意见等有关材料；

4. 对罪犯的病情诊断、检查资料等材料；

5. 社区矫正机构评估材料；

6. 调查核实材料；

7. 委托检察技术部门文证审查材料；

8. 列席刑罚执行机关审核拟提请暂予监外执行会议笔录；

9. 审查报告（审查意见书）；

10. 讨论案件记录；

11. 监狱呈报暂予监外执行情况登记表或者看守所办理减刑、假释、暂予监外执行情况登记表；

12. 暂予监外执行提请检察意见书；

13. 出席人民法院听证、庭审材料；

14. 暂予监外执行决定书；

15. 对暂予监外执行决定书的审查意见；

16. 纠正不当暂予监外执行决定意见书；

17. 其他需要入卷材料。

〈九〉收监执行检察案卷

1. 社区服刑人员适用社区矫正的判决、裁定和决定等法律文书；

2. 刑罚执行机关提出的撤销缓刑、假释建议书等有关材料；

3. 人民法院关于是否撤销缓刑、假释的裁定书；

4. 刑罚执行机关提出的对暂予监外执行罪犯收监执行的建议书等有关材料；

5. 对暂予监外执行罪犯病情诊断、妊娠检查或者生活不能自理的鉴别等有关材料;

6. 决定或者批准机关的收监执行决定书等法律文书;

7. 委托检察技术部门进行文证审查的函件文书,以及检察技术部门的书面审查结论;

8. 人民检察院的检察建议、纠正违法通知书、书面意见、审查意见书(审查报告)等有关材料;

9. 其他需要入卷的材料。

(十)办理控告申诉案卷

参照控告申诉案卷排列顺序。

五、未成年人检察案卷

(一)审查逮捕案卷

参照成年人审查逮捕案卷排列顺序,此外还应按照实际办案程序插入以下材料:

1. 未成年人法定代理人、成年亲属、合适成年人到场通知书;

2. 未成年人证人、被害人法定代理人代表到场通知书;

3. 听取辩护人意见材料;

4. 听取律师意见材料;

5. 社会调查报告;

6. 侦查机关执行情况;

7. 案件质量评查表;

8. 其他需要入卷材料。

(二)审查起诉案卷

参照成年人审查起诉案卷排列顺序,此外还应按照实际办案程序插入以下材料:

1. 听取被害人、未成年人被害人法定代理人、律师意见材料;

2. 附条件不起诉案件听取犯罪嫌疑人、法定代理人、侦查机关意见材料;

3. 附条件不起诉决定书;

4. 附条件不起诉监督考察工作委托函;

5. 附条件不起诉考察意见书;

6. 撤销附条件不起诉决定书;

7. 帮教材料;

8. 案件质量评查表;

9. 其他需要入卷材料。

六、司法协助案卷

（一）为境外有关司法执法机构办理的司法协助案卷

1. 境外司法执法机构请求函或者国内有关单位转办函；
2. 案件材料（可以附有关法律文书和中文译本）；
3. 交办通知或者转办函；
4. 案件协查情况的报告或者复函；
5. 对境外有关机构的回复函；
6. 其他需要入卷材料。

（二）向境外有关司法执法机构请求办理的司法协助案卷

1. 省级人民检察院请示；
2. 赴境外取证批复；
3. 向境外司法执法机构提出司法协助请求书；
4. 境外有关机构对协查请求的回复；
5. 对国内有关部门的答复函；
6. 赴境外取证的组团通知（任务批件、任务通知书）；
7. 其他需要入卷材料。

控告申诉案卷

一、控告、申诉、举报案卷

（一）受理控告、申诉、举报案卷

1. 控告申诉举报登记表；
2. 接谈笔录；
3. 交办案件的批示、函；
4. 控告申诉举报材料及证据；
5. 交办、转办、首办移送函；
6. 阅卷笔录；
7. 调查提纲；
8. 各种查证材料或者下级院结案报告；
9. 讨论案件记录；
10. 检委会会议研究意见（纪要及决定事项通知书）；
11. 审查结案报告；
12. 案件审查结果的复函；
13. 答复函（答复来信来访人员）；

14. 送达情况记录;

15. 案件质量评查表;

16. 其他需要入卷材料。

(二) 民事行政诉讼监督案件审查受理(立案) 案卷

1. 民事行政诉讼监督案件登记表;

2. 接谈笔录;

3. 申请登记表、申请监督(控告申诉) 材料收取清单及材料;

4. 法院判决书、裁定书;

5. 当事人身份证明;

6. 证据材料;

7. 民事行政诉讼监督审查报告(审查意见书);

8. 受理通知书或者不予受理通知书;

9. 转民行部门办理的函;

10. 移送材料清单目录;

11. 送达情况记录;

12. 案件办理情况(民行部门审查结果);

13. 案件质量评查表;

14. 其他需要入卷材料。

(三) 举报线索不立案审查案卷

1. 不立案举报线索审查登记表;

2. 侦查部门决定不立案材料;

3. 阅卷笔录;

4. 讨论案件记录;

5. 检委会会议研究意见(纪要及决定事项通知书);

6. 审查报告(审查意见书);

7. 移送侦查部门重新初查意见书;

8. 移送侦查部门立案侦查通知书;

9. 立案决定书;

10. 不立案线索审查备案表;

11. 案件质量评查表;

12. 其他需要入卷材料。

(四) 举报初核案卷

1. 初核审批表;

2. 举报材料;

3. 初核方案；

4. 调查材料；

5. 审查报告（审查意见书）；

6. 讨论案件记录；

7. 检委会会议研究意见（纪要及决定事项通知书）；

8. 初核结案报告；

9. 初核移送函；

10. 初核备案表；

11. 案件质量评查表；

12. 其他需要入卷材料。

（五）人民检察院违法办案及对公检法三机关及其工作人员阻碍辩护人、诉讼代理人依法行使诉讼权利控告或者申诉的审查办理案卷

1. 控告申诉登记表；

2. 控告申诉材料；

3. 调查方案；

4. 调查情况；

5. 审查报告（审查意见书）；

6. 讨论案件记录；

7. 检察长决定或者检委会会议研究意见（纪要及决定事项通知书）；

8. 纠正违法通知书，检察建议书；

9. 有关单位的回复和纠正整改情况；

10. 答复函（答复控告申诉人）；

11. 案件质量评查表；

12. 其他需要入卷材料。

（六）控告申诉终结决定案卷

1. 控告申诉登记表；

2. 下级人民检察院上报的案件终结申报报告及材料；

3. 控告部门移送单；

4. 办理案件部门审查报告（审查意见书）；

5. 检察长决定或者检委会会议研究意见（纪要及决定事项通知书）；

6. 控告申诉案件终结决定书；

7. 送达情况记录；

8. 控告申诉案件终结情况备案表；

9. 案件质量评查表；

10. 其他需要入卷材料。

二、申诉审查、复查案卷

1. 刑事申诉审查登记表，接收案件通知书，受理案件登记表，案件材料移送清单；

2. 案件来源相关文书（控告部门移送函等）；

3. 申诉材料，人民检察院原处理决定和人民法院生效判决书、裁定书；

4. 刑事申诉提请立案复查报告；

5. 调（借）阅案卷通知书；

6. 阅卷笔录；

7. 调查提纲；

8. 调查笔录；

9. 各种查证材料；

10. 刑事申诉复查终结报告；

11. 讨论案件记录；

12. 检委会会议研究意见（纪要及决定事项通知书）；

13. 刑事申诉审查结果通知书；

14. 刑事申诉中止审查通知书；

15. 刑事申诉恢复审查通知书；

16. 刑事申诉终止审查通知书；

17. 刑事申诉复查决定书；

18. 纠正案件错误通知书；

19. 刑事申诉复查通知书；

20. 检察建议书；

21. 整改意见书；

22. 委托送达通知；

23. 宣布笔录；

24. 送达回证；

25. 案件质量评查表；

26. 其他需要入卷材料。

抗诉案件参照审判监督程序抗诉案卷的顺序排列。

三、刑事赔偿案卷

1. 接收案件通知书，受理案件登记表，案件材料移送清单；

2. 刑事赔偿提请立案呈批表；

3. 刑事赔偿申请书或者口头申请笔录；

4. 刑事赔偿立案请示报告；

5. 刑事赔偿立案决定书；

6. 刑事赔偿立案通知书；

7. 审查刑事赔偿申请通知书；

8. 赔偿请求人提供的证据材料；

9. 阅卷笔录；

10. 调查笔录；

11. 询问受害人、证人笔录；

12. 询问承办人笔录；

13. 勘验、鉴定结论报告；

14. 审查报告（审查意见书）；

15. 讨论案件记录；

16. 检委会会议研究意见（纪要及决定事项通知书）；

17. 刑事赔偿决定书；

18. 刑事赔偿复议申请；

19. 刑事赔偿复议决定书；

20. 送达情况记录；

21. 人民法院赔偿委员会赔偿决定书；

22. 支付赔偿金申请书；

23. 国家赔偿金支付申请书；

24. 刑事赔偿复议申请；

25. 赔偿请求人提供的证据材料；

26. 赔偿请求人向赔偿义务机关提出的刑事赔偿申请书或者口头申请笔录；

27. 赔偿义务机关作出的刑事赔偿决定书；

28. 人民法院赔偿委员会赔偿决定书（改变原复议决定或者重新作出赔偿决定）；

29. 人民检察院赔偿义务机关执行情况；

30. 案件质量评查表；

31. 其他需要入卷的材料。

24-29 适用于赔偿复议机关办理复议案件。

四、赔偿监督案卷

1. 受理赔偿监督申请登记表；

2. 赔偿监督提请立案呈批表；

3. 赔偿监督申请审查结果通知书；
4. 赔偿监督立案通知书；
5. 赔偿监督案审查终结报告；
6. 赔偿监督案件中止审查通知书；
7. 赔偿监督案件终止审查决定书；
8. 重新审查意见书；
9. 建议提请赔偿监督报告书；
10. 提请赔偿监督报告书；
11. 赔偿监督案件审查结果通知书；
12. 案件质量评查表；
13. 其他需要入卷的材料。

五、司法救助案卷
1. 受理国家司法救助申请登记表；
2. 提请审批国家司法救助意见书；
3. 国家司法救助资金发放登记表；
4. 国家司法救助金追回决定书；
5. 国家司法救助金追回决定执行情况登记表；
6. 案件质量评查表；
7. 其他需要入卷的材料。

民事行政检察案卷

正卷
适用于提出监督意见的案件。
1. 民事（行政）抗诉书、再审检察建议书、检察建议书等；
2. 监督申请书（依职权监督案件除外）、其他当事人的答辩意见；
3. 当事人联系方式确认书；
4. 人民法院历次判决书、裁定书、调解书；
5. 证据材料；
6. 其他需要入卷材料。

副卷
适用于提出监督意见（提出抗诉、再审检察建议、检察建议）、未提出监督意见、提请抗诉案件。
1. 案件流程审批表；

2. 案件来源相关文书（受理通知书或者控告部门移送函、依职权监督案件受理审批表、提请抗诉报告书、交办通知书、转办通知书等）；

3. 监督申请书；

4. 当事人身份证明、授权委托书、当事人联系方式确认书；

5. 其他当事人的答辩意见；

6. 人民法院历次判决书、裁定书、调解书；

7. 通知书（告知办案人员姓名和法律职务用）；

8. 回避决定书或者驳回回避申请决定书、回避复议决定书；

9. 调阅案卷单；

10. 通知书（告知参加听证用）、听证笔录；

11. 指令、协助调查通知书，协助查询金融财产通知书；

12. 委托调查函、委托鉴定（评估、审计、翻译）函；

13. 调查、询问笔录；

14. 中止审查决定书，通知书（告知恢复审查用）；

15. 证据材料（包括原审、当事人提供及人民检察院调查取得的证据材料）；

16. 审查终结报告；

17. 讨论案件记录；

18. 检委会会议研究意见（纪要及决定事项通知书）；

19. 民事（行政）抗诉书，（再审）检察建议书，提请抗诉报告书，不支持监督申请决定书，终结审查决定书等；

20. 通知书（告知当事人审查结果类）；

21. （指令）撤回监督意见决定书，撤销监督意见决定书；

22. 出庭通知书，指令出庭通知书；

23. 派员出庭通知书；

24. 出庭笔录；

25. 出庭意见；

26. 人民法院再审判决书、裁定书、调解书或者其他回函；

27. 犯罪线索移送登记表；

28. 送达回证、邮局的回执；

29. 案件质量评查表；

30. 其他需要入卷材料。

司法改革中形成的公益诉讼等新型案卷材料参照以上材料顺序依据实际办案程序排列。

其他案卷

一、上级人民检察院办理下级人民检察院请示案卷

1. 接收案件通知书，受理案件登记表，案件材料移送清单；
2. 下级人民检察院的案件请示报告及附件；
3. 审查报告（审查意见书）；
4. 讨论案件记录；
5. 检委会会议研究意见（纪要及决定事项通知书）；
6. 对下级人民检察院请示案件的批复；
7. 下级人民检察院的执行情况；
8. 其他需要入卷材料。

下级人民检察院归档向上级人民检察院的请示案卷，参照以上材料内容，根据实际办案程序排列。

二、下级人民检察院办理上级人民检察院交办、转办、督办案卷

1. 接收案件通知书，受理案件登记表，案件材料移送清单；
2. 上级领导机关交（转）办函、督办函；
3. 受理案件登记审查表；
4. 审查报告（审查意见书）；
5. 讨论案件记录；
6. 检委会会议研究意见（纪要及决定事项通知书）；
7. 案件处理结果情况的报告；
8. 其他需要入卷材料。

上级人民检察院归档向下级人民检察院交办、转办、督办的案卷，参照以上材料内容，根据实际办案程序排列。

最高人民法院、最高人民检察院、公安部、国家安全部、司法部关于在部分地区开展刑事案件认罪认罚从宽制度试点工作的办法

（2016年11月11日公布并施行　法〔2016〕386号）

为确保刑事案件认罪认罚从宽制度试点工作依法有序开展，根据刑法、刑事诉讼法和《全国人民代表大会常务委员会关于授权最高人民法院、最高人民检察院在部分地区开展刑事案件认罪认罚从宽制度试点工作的决定》，结合司法工作实际，制定本办法。

第一条　犯罪嫌疑人、被告人自愿如实供述自己的罪行，对指控的犯罪事实没有异议，同意量刑建议，签署具结书的，可以依法从宽处理。

第二条　具有下列情形之一的，不适用认罪认罚从宽制度：

（一）犯罪嫌疑人、被告人是尚未完全丧失辩认或者控制自己行为能力的精神病人的；

（二）未成年犯罪嫌疑人、被告人的法定代理人、辩护人对未成年人认罪认罚有异议的；

（三）犯罪嫌疑人、被告人行为不构成犯罪的；

（四）其他不宜适用的情形。

第三条　办理认罪认罚案件，应当遵循刑法、刑事诉讼法的基本原则，以事实为根据，以法律为准绳，保障犯罪嫌疑人、被告人依法享有的辩护权和其他诉讼权利，保障被害人的合法权益，维护社会公共利益，强化监督制约，确保无罪的人不受刑事追究，有罪的人受到公正惩罚，确保司法公正。

第四条　办理认罪认罚案件，应当坚持下列原则：

贯彻宽严相济刑事政策，充分考虑犯罪的社会危害性和犯罪嫌疑人、被告人的人身危险性，结合认罪认罚的具体情况，确定是否从宽以及从宽幅度，做到该宽则宽，当严则严，宽严相济，确保办案法律效果和社会效果。

坚持罪责刑相适应，根据犯罪的事实、性质、情节、后果，依照法律规定提出量刑建议，准确裁量刑罚，确保刑罚的轻重与犯罪分子所犯罪行和应当承担的刑事责任相适应。

坚持证据裁判，依照法律规定收集、固定、审查和认定证据。

第五条 办理认罪认罚案件，应当保障犯罪嫌疑人、被告人获得有效法律帮助，确保其了解认罪认罚的性质和法律后果，自愿认罪认罚。

法律援助机构可以根据人民法院、看守所实际工作需要，通过设立法律援助工作站派驻值班律师、及时安排值班律师等形式提供法律帮助。人民法院、看守所应当为值班律师开展工作提供便利工作场所和必要办公设施，简化会见程序，保障值班律师依法履行职责。

犯罪嫌疑人、被告人自愿认罪认罚，没有辩护人的，人民法院、人民检察院、公安机关应当通知值班律师为其提供法律咨询、程序选择、申请变更强制措施等法律帮助。

人民法院、人民检察院、公安机关应当告知犯罪嫌疑人、被告人申请法律援助的权利。符合应当通知辩护条件的，依法通知法律援助机构指派律师为其提供辩护。

第六条 人民法院、人民检察院、公安机关应当将犯罪嫌疑人、被告人认罪认罚作为其是否具有社会危害性的重要考虑因素，对于没有社会危险性的犯罪嫌疑人、被告人，应当取保候审、监视居住。

第七条 办理认罪认罚案件，应当听取被害人及其代理人意见，并将犯罪嫌疑人、被告人是否与被害人达成和解协议或者赔偿被害人损失，取得被害人谅解，作为量刑的重要考虑因素。

第八条 在侦查过程中，侦查机关应当告知犯罪嫌疑人享有的诉讼权利和认罪认罚可能导致的法律后果，听取犯罪嫌疑人及其辩护人或者值班律师的意见，犯罪嫌疑人自愿认罪认罚的，记录在案并附卷。

犯罪嫌疑人向看守所工作人员或辩护人、值班律师表示愿意认罪认罚的，有关人员应当及时书面告知办案单位。

对拟移送审查起诉的案件，侦查机关应当在起诉意见中写明犯罪嫌疑人自愿认罪认罚情况。

第九条 犯罪嫌疑人自愿如实供述涉嫌犯罪的事实，有重大立功或者案件涉及国家重大利益，需要撤销案件的，办理案件的公安机关应当层报公安部，由公安部提请最高人民检察院批准。

第十条 在审查起诉过程中，人民检察院应当告知犯罪嫌疑人享有的诉讼权利和认罪认罚可能导致的法律后果，就下列事项听取犯罪嫌疑人及其辩护人或者值班律师的意见，记录在案并附卷：

（一）指控的罪名及适用的法律条款；

（二）从轻、减轻或者免除处罚等从宽处罚的建议；

（三）认罪认罚后案件审查适用的程序；

（四）其他需要听取意见的情形。

犯罪嫌疑人自愿认罪，同意量刑建议和程序适用的，应当在辩护人或者值班律师在场的情况下签署具结书。

第十一条 人民检察院向人民法院提起公诉的，应当在起诉书中写明被告人认罪认罚情况，提出量刑建议，并同时移送被告人的认罪认罚具结书等材料。

量刑建议一般应当包括主刑、附加刑，并明确刑罚执行方式。可以提出相对明确的量刑幅度，也可以根据案件具体情况，提出确定刑期的量刑建议。建议判处财产刑的，一般应当提出确定的数额。

第十二条 对适用速裁程序的案件，人民检察院一般应当在受理后十日内作出是否提起公诉的决定；对可能判处的有期徒刑超过一年的，可以延长至十五日。

第十三条 犯罪嫌疑人自愿如实供述涉嫌犯罪的事实，有重大立功或者案件涉及国家重大利益的，经最高人民检察院批准，人民检察院可以作出不起诉决定，也可以对涉嫌数罪中的一项或者多项提起公诉。

具有法律规定不起诉情形的，依照法律规定办理。

第十四条 最高人民检察院批准不起诉的，或者经公安部提请批准撤销案件的，人民检察院、公安机关对查封、扣押、冻结的财物及其孳息，应当调查权属情况，查明是否属于违法所得或者依法应当追缴的其他涉案财物。案外人对查封、扣押、冻结的财物及其孳息提出权属异议的，应当进行审查。

确认查封、扣押、冻结的财物及其孳息属于违法所得、违禁品或者供作案所用的本人财物，除依法返还被害人的以外，应当在撤销案件或者作出不起诉决定后三十日内予以收缴，一律上缴国库。对查封、扣押、冻结的财物及其孳息不能确认属于违法所得或者依法应当追缴的其他涉案财物的，不得收缴。

第十五条 人民法院审理认罪认罚案件，应当告知被告人享有的诉讼权利和认罪认罚可能导致的法律后果，审查认罪认罚的自愿性和认罪认罚具结书内容的真实性、合法性。

第十六条 对于基层人民法院管辖的可能判处三年有期徒刑以下刑罚的案件，事实清楚、证据充分，当事人对适用法律没有争议，被告人认罪认罚并同意适用速裁程序的，可以适用速裁程序，由审判员独任审判，送达期限不受刑事诉讼法规定的限制，不进行法庭调查、法庭辩论，当庭宣判，但在判决宣告前应当听取被告人的最后陈述。

适用速裁程序审理案件，人民法院一般应当在十日内审结；对可能判处的有期徒刑超过一年的，可以延长至十五日。

第十七条 具有下列情形之一的，不适用速裁程序审理：

（一）被告人是盲、聋、哑人的；

（二）案件疑难、复杂，或者有重大社会影响的；

（三）共同犯罪案件中部分被告人对指控事实、罪名、量刑建议有异议的；

（四）被告人与被害人或者其代理人没有就附带民事赔偿等事项达成调解或者和解协议的；

（五）其他不宜适用速裁程序的情形。

第十八条 对于基层人民法院管辖的可能判处三年有期徒刑以上刑罚的案件，被告人认罪认罚的，可以依法适用简易程序审判，在判决宣告前应当听取被告人的最后陈述，一般应当当庭宣判。

第十九条 人民法院适用速裁程序或者简易程序审查的认罪认罚案件，有下列情形之一的，应当转为普通程序审理：

（一）被告人违背意愿认罪认罚的；

（二）被告人否认指控的犯罪事实的；

（三）其他不宜适用速裁程序或者简易程序审理的情形。

第二十条 对于认罪认罚案件，人民法院依法作出判决时，一般应当采纳人民检察院指控的罪名和量刑建议，但具有下列情形的除外：

（一）被告人不构成犯罪或者不应当追究刑事责任的；

（二）被告人违背意愿认罪认罚的；

（三）被告人否认指控的犯罪事实的；

（四）起诉指控的罪名与审理认定的罪名不一致的；

（五）其他可能影响公正审判的情形。

第二十一条 人民法院经审理认为，人民检察院的量刑建议明显不当，或者被告人、辩护人对量刑建议提出异议的，人民法院可以对建议人民检察院调整量刑建议，人民检察院不同意调整量刑建议或者调整量刑建议后被告人、辩护人仍有异议的，人民法院应当依法作出判决。

第二十二条 对不具有法定减轻处罚情节的认罪认罚案件，应当在法定刑的限度以内从轻判处刑罚，犯罪情节轻微不需要判处刑罚的，可以依法免予刑事处罚，确实需要在法定刑以下判处刑罚的，应当层报最高人民法院核准。

第二十三条 第二审人民法院对被告人不服适用速裁程序作出的第一审判决提起上诉的案件，可以不开庭审理。经审理认为原判认定事实和适用法律正确、量刑适当的，应当裁定驳回上诉，维持原判；原判认定事实没有错误，但适用法律有错误，或者量刑不当的，应当改判；原判事实不清或者证据不足的，应当裁定撤销原判，发回原审人民法院适用普通程序重新审判。

  第二十四条 人民法院、人民检察院、公安机关工作人员在办理认罪认罚案件中，有刑讯逼供、暴力取证或者权钱交易、放纵罪犯等滥用职权、徇私枉法情形，构成犯罪的，依法追究刑事责任；尚不构成犯罪的，依法给予行政处分或者纪律处分。

  第二十五条 国家安全机关依法办理认罪认罚案件，适用本办法中有关公安机关的规定。

  第二十六条 办理犯罪嫌疑人、被告人认罪认罚案件，本办法有规定的，按照本办法执行；本办法没有规定的，适用刑法、刑事诉讼法等有关规定。

  第二十七条 原刑事案件速裁程序试点相关规定可以参照执行，本办法另有规定的除外。

  第二十八条 本办法在北京、天津、上海、重庆、沈阳、大连、南京、杭州、福州、厦门、济南、青岛、郑州、武汉、长沙、广州、深圳、西安试行。

  第二十九条 本办法自发布之日起试行二年。

最高人民法院、最高人民检察院、公安部关于办理电信网络诈骗等刑事案件适用法律若干问题的意见

(2016年12月19日公布　法发〔2016〕32号)

为依法惩治电信网络诈骗等犯罪活动，保护公民、法人和其他组织的合法权益，维护社会秩序，根据《中华人民共和国刑法》《中华人民共和国刑事诉讼法》等法律和有关司法解释的规定，结合工作实际，制定本意见。

一、总体要求

近年来，利用通讯工具、互联网等技术手段实施的电信网络诈骗犯罪活动持续高发，侵犯公民个人信息，扰乱无线电通讯管理秩序，掩饰、隐瞒犯罪所得、犯罪所得收益等上下游关联犯罪不断蔓延。此类犯罪严重侵害人民群众财产安全和其他合法权益，严重干扰电信网络秩序，严重破坏社会诚信，严重影响人民群众安全感和社会和谐稳定，社会危害性大，人民群众反映强烈。

人民法院、人民检察院、公安机关要针对电信网络诈骗等犯罪的特点，坚持全链条全方位打击，坚持依法从严从快惩处，坚持最大力度最大限度追赃挽损，进一步健全工作机制，加强协作配合，坚决有效遏制电信网络诈骗等犯罪活动，努力实现法律效果和社会效果的高度统一。

二、依法严惩电信网络诈骗犯罪

(一) 根据《最高人民法院、最高人民检察院关于办理诈骗刑事案件具体应用法律若干问题的解释》第一条的规定，利用电信网络技术手段实施诈骗，诈骗公私财物价值三千元以上、三万元以上、五十万元以上的，应当分别认定为刑法第二百六十六条规定的"数额较大""数额巨大""数额特别巨大"。

二年内多次实施电信网络诈骗未经处理，诈骗数额累计计算构成犯罪的，应当依法定罪处罚。

(二) 实施电信网络诈骗犯罪，达到相应数额标准，具有下列情形之一的，酌情从重处罚：

1. 造成被害人或其近亲属自杀、死亡或者精神失常等严重后果的；

2. 冒充司法机关等国家机关工作人员实施诈骗的；

3. 组织、指挥电信网络诈骗犯罪团伙的；

4. 在境外实施电信网络诈骗的；

5. 曾因电信网络诈骗犯罪受过刑事处罚或者二年内曾因电信网络诈骗受过行政处罚的；

6. 诈骗残疾人、老年人、未成年人、在校学生、丧失劳动能力人的财物，或者诈骗重病患者及其亲属财物的；

7. 诈骗救灾、抢险、防汛、优抚、扶贫、移民、救济、医疗等款物的；

8. 以赈灾、募捐等社会公益、慈善名义实施诈骗的；

9. 利用电话追呼系统等技术手段严重干扰公安机关等部门工作的；

10. 利用"钓鱼网站"链接、"木马"程序链接、网络渗透等隐蔽技术手段实施诈骗的。

（三）实施电信网络诈骗犯罪，诈骗数额接近"数额巨大""数额特别巨大"的标准，具有前述第（二）条规定的情形之一的，应当分别认定为刑法第二百六十六条规定的"其他严重情节""其他特别严重情节"。

上述规定的"接近"，一般应掌握在相应数额标准的百分之八十以上。

（四）实施电信网络诈骗犯罪，犯罪嫌疑人、被告人实际骗得财物的，以诈骗罪（既遂）定罪处罚。诈骗数额难以查证，但具有下列情形之一的，应当认定为刑法第二百六十六条规定的"其他严重情节"，以诈骗罪（未遂）定罪处罚：

1. 发送诈骗信息五千条以上的，或者拨打诈骗电话五百人次以上的；

2. 在互联网上发布诈骗信息，页面浏览量累计五千次以上的。

具有上述情形，数量达到相应标准十倍以上的，应当认定为刑法第二百六十六条规定的"其他特别严重情节"，以诈骗罪（未遂）定罪处罚。

上述"拨打诈骗电话"，包括拨出诈骗电话和接听被害人回拨电话。反复拨打、接听同一电话号码，以及反复向同一被害人发送诈骗信息的，拨打、接听电话次数、发送信息条数累计计算。

因犯罪嫌疑人、被告人故意隐匿、毁灭证据等原因，致拨打电话次数、发送信息条数的证据难以收集的，可以根据经查证属实的日拨打人次数、日发送信息条数，结合犯罪嫌疑人、被告人实施犯罪的时间、犯罪嫌疑人、被告人的供述等相关证据，综合予以认定。

（五）电信网络诈骗既有既遂，又有未遂，分别达到不同量刑幅度的，依照处罚较重的规定处罚；达到同一量刑幅度的，以诈骗罪既遂处罚。

（六）对实施电信网络诈骗犯罪的被告人裁量刑罚，在确定量刑起点、基准刑时，一般应就高选择。确定宣告刑时，应当综合全案事实情节，准确把握从重、从轻量刑情节的调节幅度，保证罪责刑相适应。

（七）对实施电信网络诈骗犯罪的被告人，应当严格控制适用缓刑的范围，严格掌握适用缓刑的条件。

（八）对实施电信网络诈骗犯罪的被告人，应当更加注重依法适用财产刑，加大经济上的惩罚力度，最大限度剥夺被告人再犯的能力。

三、全面惩处关联犯罪

（一）在实施电信网络诈骗活动中，非法使用"伪基站""黑广播"，干扰无线电通讯秩序，符合刑法第二百八十八条规定的，以扰乱无线电通讯管理秩序罪追究刑事责任。同时构成诈骗罪的，依照处罚较重的规定定罪处罚。

（二）违反国家有关规定，向他人出售或者提供公民个人信息，窃取或者以其他方法非法获取公民个人信息，符合刑法第二百五十三条之一规定的，以侵犯公民个人信息罪追究刑事责任。

使用非法获取的公民个人信息，实施电信网络诈骗犯罪行为，构成数罪的，应当依法予以并罚。

（三）冒充国家机关工作人员实施电信网络诈骗犯罪，同时构成诈骗罪和招摇撞骗罪的，依照处罚较重的规定定罪处罚。

（四）非法持有他人信用卡，没有证据证明从事电信网络诈骗犯罪活动，符合刑法第一百七十七条之一第一款第（二）项规定的，以妨害信用卡管理罪追究刑事责任。

（五）明知是电信网络诈骗犯罪所得及其产生的收益，以下列方式之一予以转账、套现、取现的，依照刑法第三百一十二条第一款的规定，以掩饰、隐瞒犯罪所得、犯罪所得收益罪追究刑事责任。但有证据证明确实不知道的除外：

1. 通过使用销售点终端机具（POS机）刷卡套现等非法途径，协助转换或者转移财物的；

2. 帮助他人将巨额现金散存于多个银行账户，或在不同银行账户之间频繁划转的；

3. 多次使用或者使用多个非本人身份证明开设的信用卡、资金支付结算账户或者多次采用遮蔽摄像头、伪装等异常手段，帮助他人转账、套现、取现的；

4. 为他人提供非本人身份证明开设的信用卡、资金支付结算账户后，又帮助他人转账、套现、取现的；

5. 以明显异于市场的价格，通过手机充值、交易游戏点卡等方式套现的。

实施上述行为，事前通谋的，以共同犯罪论处。

实施上述行为，电信网络诈骗犯罪嫌疑人尚未到案或案件尚未依法裁判，但现有证据足以证明该犯罪行为确实存在的，不影响掩饰、隐瞒犯罪所得、犯罪所得收益罪的认定。

实施上述行为，同时构成其他犯罪的，依照处罚较重的规定定罪处罚。法律和司法解释另有规定的除外。

（六）网络服务提供者不履行法律、行政法规规定的信息网络安全管理义务，经监管部门责令采取改正措施而拒不改正，致使诈骗信息大量传播，或者用户信息泄露造成严重后果的，依照刑法第二百八十六条之一的规定，以拒不履行信息网络安全管理义务罪追究刑事责任。同时构成诈骗罪的，依照处罚较重的规定定罪处罚。

（七）实施刑法第二百八十七条之一、第二百八十七条之二规定之行为，构成非法利用信息网络罪、帮助信息网络犯罪活动罪，同时构成诈骗罪的，依照处罚较重的规定定罪处罚。

（八）金融机构、网络服务提供者、电信业务经营者等在经营活动中，违反国家有关规定，被电信网络诈骗犯罪分子利用，使他人遭受财产损失的，依法承担相应责任。构成犯罪的，依法追究刑事责任。

四、准确认定共同犯罪与主观故意

（一）三人以上为实施电信网络诈骗犯罪而组成的较为固定的犯罪组织，应依法认定为诈骗犯罪集团。对组织、领导犯罪集团的首要分子，按照集团所犯的全部罪行处罚。对犯罪集团中组织、指挥、策划者和骨干分子依法从严惩处。

对犯罪集团中起次要、辅助作用的从犯，特别是在规定期限内投案自首、积极协助抓获主犯、积极协助追赃的，依法从轻或减轻处罚。

对犯罪集团首要分子以外的主犯，应当按照其所参与的或者组织、指挥的全部犯罪处罚。全部犯罪包括能够查明具体诈骗数额的事实和能够查明发送诈骗信息条数、拨打诈骗电话人次数、诈骗信息网页浏览次数的事实。

（二）多人共同实施电信网络诈骗，犯罪嫌疑人、被告人应对其参与期间该诈骗团伙实施的全部诈骗行为承担责任。在其所参与的犯罪环节中起主要作用的，可以认定为主犯；起次要作用的，可以认定为从犯。

上述规定的"参与期间"，从犯罪嫌疑人、被告人着手实施诈骗行为开始起算。

（三）明知他人实施电信网络诈骗犯罪，具有下列情形之一的，以共同犯罪论处，但法律和司法解释另有规定的除外：

1. 提供信用卡、资金支付结算账户、手机卡、通讯工具的；
2. 非法获取、出售、提供公民个人信息的；
3. 制作、销售、提供"木马"程序和"钓鱼软件"等恶意程序的；
4. 提供"伪基站"设备或相关服务的；
5. 提供互联网接入、服务器托管、网络存储、通讯传输等技术支持，或者提供支付结算等帮助的；
6. 在提供改号软件、通话线路等技术服务时，发现主叫号码被修改为国内党政机关、司法机关、公共服务部门号码，或者境外用户改为境内号码，仍提供服务的；
7. 提供资金、场所、交通、生活保障等帮助的；
8. 帮助转移诈骗犯罪所得及其产生的收益，套现、取现的。

上述规定的"明知他人实施电信网络诈骗犯罪"，应当结合被告人的认知能力，既往经历，行为次数和手段，与他人关系，获利情况，是否曾因电信网络诈骗受过处罚，是否故意规避调查等主客观因素进行综合分析认定。

（四）负责招募他人实施电信网络诈骗犯罪活动，或者制作、提供诈骗方案、术语清单、语音包、信息等的，以诈骗共同犯罪论处。

（五）部分犯罪嫌疑人在逃，但不影响对已到案共同犯罪嫌疑人、被告人的犯罪事实认定的，可以依法先行追究已到案共同犯罪嫌疑人、被告人的刑事责任。

五、依法确定案件管辖

（一）电信网络诈骗犯罪案件一般由犯罪地公安机关立案侦查，如果由犯罪嫌疑人居住地公安机关立案侦查更为适宜的，可以由犯罪嫌疑人居住地公安机关立案侦查。犯罪地包括犯罪行为发生地和犯罪结果发生地。

"犯罪行为发生地"包括用于电信网络诈骗犯罪的网站服务器所在地，网站建立者、管理者所在地，被侵害的计算机信息系统或其管理者所在地，犯罪嫌疑人、被害人使用的计算机信息系统所在地，诈骗电话、短信息、电子邮件等的拨打地、发送地、到达地、接受地，以及诈骗行为持续发生的实施地、预备地、开始地、途经地、结束地。

"犯罪结果发生地"包括被害人被骗时所在地，以及诈骗所得财物的实际取得地、藏匿地、转移地、使用地、销售地等。

（二）电信网络诈骗最初发现地公安机关侦办的案件，诈骗数额当时未达到"数额较大"标准，但后续累计达到"数额较大"标准，可由最初发现地公安机关立案侦查。

（三）具有下列情形之一的，有关公安机关可以在其职责范围内并案侦查：

1. 一人犯数罪的；
2. 共同犯罪的；
3. 共同犯罪的犯罪嫌疑人还实施其他犯罪的；
4. 多个犯罪嫌疑人实施的犯罪存在直接关联，并案处理有利于查明案件事实的。

（四）对因网络交易、技术支持、资金支付结算等关系形成多层级链条、跨区域的电信网络诈骗等犯罪案件，可由共同上级公安机关按照有利于查清犯罪事实、有利于诉讼的原则，指定有关公安机关立案侦查。

（五）多个公安机关都有权立案侦查的电信网络诈骗等犯罪案件，由最初受理的公安机关或者主要犯罪地公安机关立案侦查。有争议的，按照有利于查清犯罪事实、有利于诉讼的原则，协商解决。经协商无法达成一致的，由共同上级公安机关指定有关公安机关立案侦查。

（六）在境外实施的电信网络诈骗等犯罪案件，可由公安部按照有利于查清犯罪事实、有利于诉讼的原则，指定有关公安机关立案侦查。

（七）公安机关立案、并案侦查，或因有争议，由共同上级公安机关指定立案侦查的案件，需要提请批准逮捕、移送审查起诉、提起公诉的，由该公安机关所在地的人民检察院、人民法院受理。

对重大疑难复杂案件和境外案件，公安机关应在指定立案侦查前，向同级人民检察院、人民法院通报。

（八）已确定管辖的电信诈骗共同犯罪案件，在逃的犯罪嫌疑人归案后，一般由原管辖的公安机关、人民检察院、人民法院管辖。

六、证据的收集和审查判断

（一）办理电信网络诈骗案件，确因被害人人数众多等客观条件的限制，无法逐一收集被害人陈述的，可以结合已收集的被害人陈述，以及经查证属实的银行账户交易记录、第三方支付结算账户交易记录、通话记录、电子数据等证据，综合认定被害人人数及诈骗资金数额等犯罪事实。

（二）公安机关采取技术侦查措施收集的案件证明材料，作为证据使用的，应当随案移送批准采取技术侦查措施的法律文书和所收集的证据材料，并对其来源等作出书面说明。

（三）依照国际条约、刑事司法协助、互助协议或平等互助原则，请求证据材料所在地司法机关收集，或通过国际警务合作机制、国际刑警组织启动合作取证程序收集的境外证据材料，经查证属实，可以作为定案的依据。公安机关应对其来源、提取人、提取时间或者提供人、提供时间以及保管移交的过程等作出说明。

对其他来自境外的证据材料,应当对其来源、提供人、提供时间以及提取人、提取时间进行审查。能够证明案件事实且符合刑事诉讼法规定的,可以作为证据使用。

七、涉案财物的处理

(一)公安机关侦办电信网络诈骗案件,应当随案移送涉案赃款赃物,并附清单。人民检察院提起公诉时,应一并移交受理案件的人民法院,同时就涉案赃款赃物的处理提出意见。

(二)涉案银行账户或者涉案第三方支付账户内的款项,对权属明确的被害人的合法财产,应当及时返还。确因客观原因无法查实全部被害人,但有证据证明该账户系用于电信网络诈骗犯罪,且被告人无法说明款项合法来源的,根据刑法第六十四条的规定,应认定为违法所得,予以追缴。

(三)被告人已将诈骗财物用于清偿债务或者转让给他人,具有下列情形之一的,应当依法追缴:

1. 对方明知是诈骗财物而收取的;
2. 对方无偿取得诈骗财物的;
3. 对方以明显低于市场的价格取得诈骗财物的;
4. 对方取得诈骗财物系源于非法债务或者违法犯罪活动的。

他人善意取得诈骗财物的,不予追缴。

最高人民法院
最高人民检察院
公安部
2016 年 12 月 19 日

破解打击电信网络诈骗犯罪的五大难题

——《关于办理电信网络诈骗等刑事案件适用法律若干问题的意见》解读

黄 河　张庆彬　刘 涛*

近年来，电信网络诈骗犯罪活动持续高发，十分猖獗，社会危害性极大，几乎人人都成为了电信网络诈骗犯罪的受害者。为依法严厉惩治电信网络诈骗犯罪及其关联刑事犯罪，2016年12月19日，最高人民法院、最高人民检察院、公安部联合下发《关于办理电信网络诈骗等刑事案件适用法律若干问题的意见》（法发〔2016〕32号，以下简称《意见》），有效破解了打击电信网络诈骗犯罪的五大难题。《意见》出台后，再加上各种综合治理手段，电信网络诈骗犯罪的高发蔓延势头得到了较好的遏制。

一、电信网络诈骗犯罪的社会危害和打击五大难题

电信网络诈骗本质上是诈骗的"互联网+"形态，其特点是一种典型的非接触式犯罪（犯罪人与被害人不见面，甚至共同犯罪人都不见面），突破了传统犯罪的时空、地域、国别和法律的限制，造成侦查取证、定罪量刑、案件管辖诸多法律难题。

（一）社会危害性更加严重

犯罪分子结成团伙，精心设计骗局，利用话术针对不特定群众跨区域乃至跨境大肆实施诈骗活动，较传统诈骗犯罪迷惑性更强，普通群众防不胜防，容易上当受骗。在互联网金融快速发展和互联网、手机、电话、电视"四网融合"背景下，借助于互联网和电子银行系统，电信网络诈骗犯罪的数额可能非常巨大，有的案件诈骗金额达到几百万、几千万甚至上亿元[①]，造成被害人严重财产损失，远非传统诈骗犯罪可比。除了侵犯财产权，电信网络诈骗还可能造成被害人死亡等其他严重后果，侵犯公民人身权利，如山东徐玉玉被电信

---

* 作者单位：黄河：国家检察官学院；张庆彬、刘涛：最高人民检察院侦查监督厅。
① 如2015年发生在贵州都匀的"12·29"特大电信网络诈骗案中，犯罪分子冒充银行、公安机关和检察机关工作人员，以涉嫌信用卡恶意透支需要清查资金为由，诱骗都匀市经济技术开发区建设局财务主管将单位资金1.17亿元人民币存入所谓的安全账户，随后这些资金被迅速转入数千个下级账户后提现，造成重大经济损失。

诈骗致死案。更深层次看,电信网络诈骗损害社会公众的安全感。人类已经进入风险社会,其中的"风险"核心意义可以概括为一种不安全感或者说焦虑感①。随着电信网络诈骗及其关联犯罪的蔓延,我国每天发生的电信网络诈骗及其关联犯罪总量极大②,在日益猖獗的电信网络诈骗及其关联犯罪环境中,每个人都是潜在的被害人,银行账户、个人信息、生活隐私处于不安全的状态,增加了不安和焦虑感,长远来看削弱社会信任基础,抬高市场交易成本,挑战国家治理能力。

(二) 打击电信网络诈骗犯罪的五大难题

从犯罪源头看,随着云计算和大数据技术的发展运用,犯罪分子通过网络大肆非法获取、出售公民个人信息,极大地便利了电信网络诈骗犯罪。从作案手段看,电信网络诈骗即呈现出明显的"脱域"特点,是一种典型的非接触式犯罪。犯罪分子通过电信网络技术,可以隐藏在世界上的任何国家和地区,借助改号软件伪装电话号码,大大增加了诈骗的迷惑性,提高了诈骗的成功率。从犯罪成本看,借助网络信息技术,犯罪分子不再单纯依靠人工拨打电话,可以通过计算机程序批量发送诈骗短信、语音包和木马程序,借助电子银行系统快速转移赃款,实施远程、非接触、点对点精准诈骗、地毯式集中诈骗,犯罪成本极低。

通过分析电信网络诈骗犯罪的特点可以看出,电信网络诈骗犯罪手段花样翻新,侦查技术和司法认识不可避免地存在一定滞后性,各地司法部门普遍反映存在电子证据调取难、侦查破案难、案件管辖难、认定处理难、关联犯罪和共同犯罪认定难等五大难题。一是电子证据调取难。犯罪分子利用"伪基站"发送诈骗短信,设置专门程序将发送日志即时清零,或者租用境外网络服务器,被发现或查处后即刻关闭服务器,导致公安机关很难提取到系统数据证实发送信息数量。二是侦查破案难。电信网络诈骗犯罪的被害人遍布全国甚至全球各地,公安机关要收集全部证言非常困难,也难以将被害人陈述、犯罪嫌疑人供述等证据与待证事实完全一一对应。近年来,为了逃避司法打击,犯罪分子往往隐匿在在境外设置诈骗窝点,主要证据均在境外,需要跨境取证、抓捕和引渡。三是案件管辖难。犯罪分子借助网络平台发布诈骗信息,利用网络支

---

① 参见劳东燕:《风险社会中的刑法》,北京大学出版社2015年版,第26页。
② 以2016年8月360手机卫士各项安全数据为基础形成的《2016年中国电信诈骗形势分析报告》显示,仅360手机卫士当月拦截的诈骗电话就高达4.45亿次,平均每天1435万次,主要针对中国境内公民实施电信诈骗。参见梁根林:《传统犯罪网络化:归责障碍、刑法应对与教义限缩》,载《法学》2017年第2期。

付工具转移赃款，"犯罪行为发生地"和"犯罪结果发生地"均区别于传统犯罪，容易引起管辖争议。四是认定处理难。大多数电信网络诈骗犯罪单笔数额不大，有的报案数额只有几百、几千元，是否定罪处理很困难。五是关联犯罪和共同犯罪认定难。围绕电信网络诈骗犯罪已经形成了一条灰色产业链和利益链，其上下游犯罪涉及侵犯公民个人信息犯罪、信用卡犯罪、扰乱无线电通讯关联秩序犯罪等多个犯罪行为，既可能多个行为损害多个法益，也可能一个行为同时损害不同法益，电信网络诈骗犯罪及其关联犯罪罪数和罪名认定处断难。

为形成对电信网络诈骗犯罪打击合力，高检院侦监厅与有关部门先后开展了五个联合行动：与公安部在北京联合召开典型电信网络诈骗案件剖析调研会，与公安部在成都召开电信网络诈骗犯罪重点整治地区、突出地区督导会，与公安部联合挂牌督办 2 批 62 起重大电信网络诈骗案件，与最高人民法院、公安部共同制定《关于办理电信网络诈骗等刑事案件适用法律若干问题的意见》，与最高人民法院、公安部等部门共同发布《关于防范和打击电信网络诈骗犯罪的通告》。这五个"组合拳"和联合行动，有力地震慑和遏制了电信网络犯罪猖獗蔓延势头，特别是《意见》着眼于信息网络环境下如何对电信诈骗犯罪实施全链条、全方位打击，从入罪门槛、刑罚处罚、合理适用刑事推定、关联犯罪及帮助犯打击、依法确定案件管辖等方面予以全方位规定，是我国第一个对办理电信网络诈骗及相关刑事案件进行全面指导的刑事司法文件，有助于依法有力打击电信网络诈骗等犯罪活动，切实维护人民群众的合法权益，实现法律效果和社会效果的统一。

二、从严密刑事法网入手，在定罪上降低电信网络诈骗犯罪的入罪门槛

电信网络诈骗犯罪社会危害性大，人民群众反映强烈，必须坚决依法严惩，《意见》第二部分第（一）条和第（四）条明确了电信网络诈骗犯罪的入罪门槛，严密了刑事法网，弥补了处罚漏洞。

（一）采用全国统一的诈骗罪最低数额入罪标准

最高人民法院、最高人民检察院《关于办理诈骗刑事案件具体应用法律若干问题的解释》（以下简称《诈骗解释》）明确规定：诈骗公私财物价值三千元至一万元以上，三万元至十万元以上的，应分别认定为诈骗"数额较大"和"数额巨大"，各地可在此幅度内确定具体数额标准。《意见》针对电信网络诈骗犯罪的性质和特点，在《诈骗解释》规定的范围内，实行全国统一的诈骗罪最低的入罪数额标准，第二部分第（一）条规定：电信网络诈骗犯罪

数额在三千元以上、三万元以上的，应当分别认定为诈骗罪"数额较大""数额巨大"。如此规定有两点理由：一是目前电信网络诈骗犯罪高发，有必要在法律规定的诈骗罪入罪标准范围内，降低入罪标准，提高量刑幅度，体现严厉惩处的态度。二是《诈骗解释》允许各省在规定幅度内制定不同的入罪标准，主要是考虑到各地经济社会发展的不平衡。电信网络诈骗犯罪采用非接触式方法作案，突破了传统犯罪地理空间范畴，基本属于跨区域犯罪，被害人遍布全国各地，如果各省采用不同入罪标准将导致同一案件因管辖不同而判决不同，引起诉讼争议，不利于全案总体评价和整体打击。

（二）采用犯罪数额和行为次数相结合的入罪标准

《诈骗解释》第五条规定："利用发送短信、拨打电话、互联网等电信技术手段对不特定多数人实施诈骗，诈骗数额难以查证，但发送诈骗信息五千条以上的，拨打电话五百人次以上的，或者诈骗手段恶劣、危害严重的，以诈骗罪（未遂）定罪处罚"。《意见》第二部分第（四）条与之相比，沿用了关于发送诈骗诈骗短信5000条和拨打电话500人次以诈骗罪（未遂）定罪处罚的规定，但有三点不同：一是根据犯罪分子利用网络实施诈骗的特点，规定在互联网上发布诈骗信息，页面浏览量达到5000次以上的，也应当以诈骗罪（未遂）定罪处罚。《意见》在此采用的是页面浏览量而非点击量，是对以往司法经验的总结，从最终用户端入手，减少由于服务器不正确处理请求、文件在用户机器上打开失败或用户终止服务而产生的夸大计数的问题，更准确地评价犯罪行为的社会危害性。二是阐释了"拨打诈骗电话"的数量计算方式，不仅包括拨出诈骗电话次数，还包括接听被害人回拨电话次数，反复拨打、接听同一电话号码，以及反复向同一被害人发送诈骗信息的，拨打、接听电话的次数，发送信息条数累计计算。三是没有"诈骗手段恶劣、危害严重的"规定。《诈骗解释》将"诈骗手段恶劣、危害严重的"也作为诈骗未遂的入罪标准，但由于《意见》在第二部分第（二）条将诈骗手段、危害后果等作为从重处罚量刑情节，为了避免双重评价，在此没有再作为入罪标准予以规定。

电信网络诈骗犯罪采用犯罪数额和行为相结合入罪标准，主要是基于风险社会中网络犯罪的特点和保护社会安全的目的。采用何种定罪量刑标准需要足以反映犯罪行为的法益侵害性和犯罪分子的主观恶性，并且在司法实践中根据现有的技术条件具有可操作性。[①] 诈骗罪是财产犯罪，诈骗未遂并未实际侵犯财产法益，故传统刑法理论以犯罪数额为中心的定罪量刑标准，一般情况下并

---

① 参见于志刚、郭旨龙：《网络刑法的逻辑与经验》，中国法制出版社2015年版，第159页。

不处罚普通的诈骗未遂，除非以数额巨大的财物为诈骗目标或者具有其他严重情节。但在网络"2.0"时代中，电信网络诈骗却具有了不同于传统财产犯罪的特点，可以利用计算机网络设置木马链接，利用"伪基站"群发诈骗短信，利用拨号软件自动发送语音包、反复拨打电话，诈骗行为数量动辄几千上万，远非传统工业社会可比，即使只有百分之一的诈骗成功率，但却给社会带来了巨大的不安全感，也具有财产法益侵害的现实可能性，加之有的案件诈骗数额难以查证，如果仅仅按照诈骗数额难以完整评价犯罪行为的社会危害性，必须对诈骗行为数量也予以评价。

三、从依法从严惩处入手，在量刑上明确加重处罚情节

根据罪刑均衡原则，刑罚的轻重，应当与犯罪分子所犯罪行和承担的刑事责任相适应。当前，电信网络诈骗犯罪日益猖獗，危害巨大，《意见》第二部分确定了较重的量刑原则，与此类犯罪社会危害性相适应，也符合宽严相济的刑事司法政策，有助于充分运用刑事法律开展反电信网络诈骗犯罪斗争。

（一）就高确定量刑起点

《意见》第二部分第（六）条规定："对实施电信网络诈骗犯罪的被告人裁量刑罚，在确定量刑起点、基准刑时，一般应就高选择。确定宣告刑时，应当综合全案事实情节，准确把握从重、从轻量刑情节的调解幅度，保证罪责刑相适应。"诈骗罪属于应当按照最高人民法院《关于常见犯罪的量刑指导意见》审理的案件，《意见》如此规定遵循了量刑规范化的基本要求，也体现了从严惩处的态度。

（二）增加了部分酌定从重处罚情节

《诈骗解释》第二条第（一）项规定对于"通过发送短信、拨打电话或者利用互联网、广播电视、报刊杂志等发布虚假信息，对不特定多数人实施诈骗的"，酌情从重处罚。《意见》第二部分第（二）条将此进一步具体化，规定电信网络诈骗达到相应数额标准，具有所列十种情形之一的，酌情从重处罚。《意见》是对《诈骗解释》的继承和发展，既沿袭了其主要精神和从重处罚的主要内容，也反映了电信网络诈骗的特点。

第1项较之《诈骗解释》有两点不同，一是保护对象不仅包括被害人，还包括被害人近亲属，范围更广。二是不仅包括自杀，还包括造成死亡情形。这主要是针对电信网络诈骗犯罪导致被害人突发疾病等原因而非正常死亡的情况，如山东徐玉玉被诈骗后猝死案。《意见》将此放在了第1项加以规定，体现了对人民群众生命权的保护。第2项规定，冒充司法机关等国家工作人员实施诈骗的，酌情从重处罚。主要是针对实践中一些犯罪分子肆无忌惮，冒充公

安机关、检察机关、审判机关及其他国家机关工作人员实施诈骗，不仅容易使人上当受骗，而且严重损害国家机关的形象和权威，也破坏了正常的司法、行政秩序，必须严厉惩处。

第3项突出对组织、指挥电信网络诈骗犯罪团伙主犯和首要分子的打击。目前电信网络诈骗犯罪基本都是团伙作案，犯罪分子之间形成犯罪团伙甚至组成犯罪集团，一、二、三线之间相互分工配合，上下游犯罪相互协作，环环相扣，有人负责获取公民个人信息，有人负责获取被害人初步信任，有人负责冒充司法机关人员完成最后的骗取财物，组织性极强，欺骗性极强，必须体现对主犯和首要分子的从严惩处。第4项突出对在境外实施的电信网络诈骗犯罪分子的打击。近年来，犯罪分子聚集在境外窝点，对我国境内公民实施电信网络诈骗，成为此类犯罪的突出特点和发展趋势。这些犯罪分子盘踞在国外，在抓捕、引渡、侦查取证、司法处理等方面均较普通刑事案件更为困难，不仅耗费大量司法和外交资源，而且国际影响极其恶劣，必须给予严厉打击。2016年，我国相继从肯尼亚、马来西亚、柬埔寨、老挝以及亚美尼亚等国成功抓捕归案电信网络诈骗犯罪嫌疑人数百人，有力地打击了犯罪分子的嚣张气焰。第5项关注于犯罪分子的前科劣迹情况，从严惩处屡教不改者。第6项是对《诈骗解释》的进一步深化，将特殊被骗对象增加未成年人、在校学生以及重病患者及其亲属。主要是针对电信网络诈骗犯罪分子肆无忌惮，对诈骗对象无所顾忌，而未成年人、在校学生以及重病患者及其亲属的防骗意识和抗打击能力往往较差，财物被骗对其伤害更大，应当予以严厉打击。第7项与《诈骗解释》规定相同，突出对特殊公共财物的保护。第8项对《诈骗解释》作了进一步细化，防止电信网络诈骗不仅侵犯公私财产，还伤害社会公益事业。第9项、第10项是针对犯罪分子所采取的特殊技术，相应加大了处罚力度。

《意见》也有从宽一面的规定，对于犯罪集团中起次要、辅助作用的从犯，特别是在规定期限内投案自首、积极协助抓获主犯、积极协助追赃的，依法从轻或减轻处罚。

（三）增加"犯罪数额"加"行为次数"的加重处罚情节

传统的侵财犯罪一般以犯罪数额为主要量刑依据，但如果仅关注犯罪数额而忽视了其他犯罪情节，可能导致罪责刑失衡。我国刑法对诈骗罪规定了三档量刑幅度，分别以犯罪数额和犯罪情节作为认定标准。以往司法解释并未对"情节严重""情节特别严重"作出解释，有的犯罪分子犯罪数额接近"数额巨大""数额特别巨大"标准，且具有从重处罚的情节，但如果按照"数额较大""数额巨大"在相应档次量刑，罪责刑不相适应。为了完整评价电信网络诈骗犯罪的社会危害性，做到罚当其罪、不枉不纵，不能将犯罪数额和犯罪情节完全切割分别看待。因此,《意见》沿用了盗窃罪等司法解释规定,对于诈骗数额接近"数额巨大""数额特别巨大",即达到相应标准百分之八十以上,同时具有十种从重量刑情节之一的,应当分别认定为诈骗罪规定的"其他严重情节""其他特别严重情节",在上一个量刑档次定罪处罚。

(四) 严格限制缓刑适用

《意见》第二部分第(七)条规定:"对实施电信网络诈骗犯罪的被告人,应当严格控制适用缓刑的范围,严格掌握适用缓刑的条件。"我国对于某些特殊的严重犯罪也有类似限制缓刑规定,如最高人民法院2015年《全国法院毒品犯罪审判工作座谈会纪要》规定,对于毒品再犯一般不得适用缓刑[①]。电信网络诈骗犯罪具有智能化、专业化色彩,有的犯罪分子长期从事这类违法犯罪活动,有的在受过打击处理后仍不收手,继续实施电信网络诈骗犯罪,且手法隐蔽,反侦查能力更强,传染面更大,必须防止犯罪分子利用缓刑期间再次实施电信网络诈骗犯罪。与之相应,检察机关在审查逮捕办案中,对于社会危险性评价,应当把握以下几点:一是要综合考量。要结合犯罪嫌疑人作案时间、次数、金额、前科劣迹、同案犯到案情况、认罪悔罪态度、在共同犯罪中的地位作用、再犯可能性等综合认定。二是要结合电信网络诈骗犯罪特点。此类犯罪通常是团伙作案、跨区域异地作案,侦查取证难度大,犯罪嫌疑人在当地多没有稳定的工作、收入和住处,难以提供保证人,尤其是对于诈骗集团的首要分子和骨干成员、"专业技术人员"、惯犯、职业犯,一般情况下可以认为社会危险性较大,考虑予以逮捕,以确保诉讼的顺利进行并防止发生新的社会危险。三是要宽严相济。对于初犯、从犯等,要与犯罪集团、犯罪团伙的首要分子、主犯、惯犯有所区分,根据现有证据证实确实没有社会危险性的,依法适用非羁押强制措施。

(五) 重视财产刑适用

近年来的刑事立法都表现出加重对犯罪分子财产刑处罚力度的趋势,如《刑法修正案(八)》对组织、领导、参加黑社会性质组织罪增加规定了没收财产和罚金刑,《刑法修正案(九)》对介绍贿赂罪、单位行贿罪增加罚金刑。《意见》贯彻和延续了这一立法思路,在第二部分第(八)条规定:"对实施电信网络诈骗犯罪的被告人,应当更加注重依法适用财产刑,加大经济上的惩罚力度,最大限度剥夺被告人再犯的能力。"一方面,诈骗罪是财产犯罪,财

---

① 该司法解释还规定,对于不能排除多次贩毒嫌疑的零包贩毒被告人,因认定构成贩卖毒品犯罪的证据不足而认定非法持有毒品罪的被告人,实施引诱、教唆、欺骗、强迫他人吸毒犯罪及制毒物品犯罪的被告人,也应当严格限制缓刑适用。

产利益是犯罪的最大动因。另一方面，电信网络诈骗犯罪需要购置一定的设备，购买公民个人信息，有的还需要将窝点设置在境外，均需要一定的财产基础。通过加大对电信网络诈骗犯罪的经济惩罚力度，能够有效降低犯罪分子实施犯罪的动力，也可以最大限度剥夺其再犯的能力，减少再犯罪的可能性。检察机关在对电信网络诈骗犯罪案件提起公诉时，也应当依法提出适用财产刑的量刑建议。

四、合理运用刑事推定原则，解决电信网络诈骗犯罪的证明难题

刑事推定是根据所掌握的基础事实来推定事实成立的方法，常被用来解决某些特殊刑事案件司法证明的困难，如巨额财产来源不明罪中的财产来源，毒品犯罪中的主观明知，以及金融诈骗犯罪中非法占有目的认定等等。与司法证明一样，推定也是一种认定案件事实的方法。通过适用推定，由证明待证事实转换为首先证明比较容易的基础事实，然后再从基础事实推定待证事实，以降低公诉机关证明的难度，打破证明僵局①。《意见》为了解决电信网络诈骗犯罪的证据证明问题，在不降低证明标准的前提下，多处采用了刑事推定方法认定案件事实。

（一）对拨打电话次数、发送短信条数的认定

在犯罪未遂的情况下，拨打电话次数和发送短信条数是认定犯罪嫌疑人是否构成犯罪、罪轻罪重的重要考量因素。实践中，因部分犯罪嫌疑人故意隐匿、毁灭拨打电话的手机、电脑等客观证据，致使拨打电话次数、发送短信条数难以查证。对此，《意见》第二部分第（四）条明确："可以根据经查证属实的日拨打人次数、日发送信息条数，结合犯罪嫌疑人、被告人实施犯罪的时间、犯罪嫌疑人、被告人的供述等相关证据，综合予以认定。"

我们认为，在适用《意见》上述规定时应当注意以下三点：一是拨打电话次数、发送短信条数证据难以收集是因为犯罪嫌疑人、被告人故意隐匿、毁灭证据等原因，而不能是侦查机关怠于侦查取证。有的犯罪嫌疑人采用先进犯罪技术，导致伪基站发送诈骗短信、拨打诈骗电话后数据即刻清零，也属于《意见》规定的适用推定的前提条件。二是推定的基础是已经查证属实的日拨打人次数、日发送信息数，不能凭主观臆断。三是还必须结合犯罪嫌疑人、被告人实施犯罪的时间、供述等情况予以综合认定，确定合理的数值。

（二）对电信网络诈骗犯罪数额的认定

由于采取非接触式作案方式，有的被害人采用ATM汇款，难以查证身份

---

① 参见樊崇义主编：《证据法学》，法律出版社2012年版，第388页、第392页。

信息,或者被害人数量太大,遍布于全国各地,要逐一取证存在困难,甚至有的被害人因害怕名誉受损不愿指证。总之,由于种种原因,电信网络诈骗犯罪区别于传统诈骗犯罪的一个重要特点,就是难以获得所有被害人的陈述。如果按照传统的办案标准,每一起诈骗事实都需要有被害人陈述、犯罪嫌疑人供述,以及其他主客观证据相印证才能定案,将导致电信网络诈骗犯罪办案成本过高,部分取证工作难以完成,最终放纵了犯罪分子。对此,《意见》在第六部分第(一)条明确:"办理电信网络诈骗案件,确因被害人人数众多等客观条件的限制,无法逐一核对收集被害人陈述的,可以结合已收集的被害人陈述,以及经查证属实的银行账户交易记录、第三方支付结算账户交易记录、通话记录、电子数据等证据,综合认定被害人人数及诈骗资金数额等犯罪事实。"

我们认为,这其中有两个要点:一是必须有一定数量的被害人对被害事实作出详细陈述,与犯罪嫌疑人供述的作案过程、银行转账记录、通话记录等相互印证,证实发生了电信网络诈骗犯罪的事实及被骗数额,这是推定的基础。二是必须高度重视客观证据来认定诈骗金额,包括银行账户交易记录、第三方支付结算账户交易记录、通话记录、电子数据、工资绩效支付记录等,而不能仅依靠犯罪嫌疑人供述等主观证据。

(三)对电信网络诈骗违法所得的认定

涉案银行账户或者涉案第三方支付账户内的款项,对于权属明确的被害人财产,应当及时返还被害人。实践中,有的涉案账户仅能证明被用于电信网络诈骗犯罪,但无法将账户内的款项与具体被害人相对应,既不能认定诈骗金额,也难以返还被害人,财物处理成为难题。对此,《意见》第七部分第(二)条规定:"确因客观原因无法查实全部被害人,但有证据证明该账户系用于电信网络诈骗犯罪,且被告人无法说明款项合法来源的,根据刑法第六十四条的规定,应认定为违法所得,予以追缴。"

(四)对转移赃款赃物者主观明知的认定

对赃款赃物迅速转移是电信网络诈骗犯罪链条上的关键一环,不仅为案件侦查带来困难,而且往往导致被害人财物损失被"做实",难以追回。实践中,赃款赃物转移者常对主观明知提出辩解,否认"明知是电信网络诈骗犯罪及其产生的收益"。根据主客观相一致的原则,在犯罪嫌疑人拒不供认,又缺乏上家或同案犯指证等其他证据情况下,司法机关要直接证明转赃者主观明知存在一定的困难。《意见》第二部分第(五)条规定了以五种明显异常的行为方式转账、套现、取现的,一般可以认定具有主观明知直接以掩饰、隐瞒犯罪所得、犯罪所得收益罪追究刑事责任。以"多次采用遮蔽摄像头、伪装等异常手段,帮助他人转账、套现、取现的"为例,司法实践中,这类取款人(车手)处于犯罪链条的最底层,要获取其他证据对其进行指证存在困难,但其多次采用遮蔽摄像头、伪装等异常方式,帮助他人转账等行为本身就足以说明对赃款性质有一定认知。

在适用刑事推定认定犯罪事实时,应当严格按照刑事推定的基本原理和要求,全面把握其内涵和适用条件,实现打击犯罪和保障人权的统一,即推定依赖于基础事实,推定的运用要符合经验法则和逻辑法则,且推定事实只有在缺乏有效反证时才成立[1]。例如,对于涉案账户款项是否属于电信网络诈骗犯罪所得的认定,需要有一定证据证实该账户被用于电信网络诈骗犯罪,如有一定被骗款项进出该账户的银行记录,以及被告人供述等,也应当允许被告人提出辩解,如果能够说明合法来源并提供相应证据的,应当及时返还被告人及其家属。

五、运用共同犯罪理论新发展,准确评价电信网络诈骗的关联犯罪和帮助行为

在风险社会中,基于积极的一般预防目的,刑法介入早期化[2],刑事法网日益严密,在立法层面,预备行为实行化,未遂行为既遂化以及共犯行为正犯化都是其重要表现。近年来我国刑法修正案体现出了上述立法思路,如《刑法修正案(八)》将生产销售假药罪由具体危险犯改为行为犯,《刑法修正案(九)》新增了准备实施恐怖活动罪、帮助信息网络犯罪活动罪等罪名,将预备行为实行化、帮助行为正犯化。在司法层面,如何准确贯彻立法精神、运用立法成果是重要问题。为实现对电信网络诈骗犯罪的全链条、全方位打击,《意见》第三、四部分分别对电信网络诈骗的上下游关联犯罪和共同犯罪作出了全面规定。

(一)严厉打击上下游关联犯罪

围绕电信网络诈骗犯罪,已经形成了一条灰色产业链和犯罪利益链,从公民个人信息的非法获取和提供,到"伪基站""黑广播"设备的制造、销售和使用,再到批量购买他人身份证、银行卡以及未实名登记的电话卡,最后诈骗得手后由专业化团伙转账汇款 POS 机套现,这些不法行为构成了电信网络诈骗犯罪得以实施、犯罪所得及其收益得以转移的完整链条。要有效遏制电信网

---

[1] 参见龙宗智:《推定的界限及适用》,载《法学研究》2008年第1期。
[2] 参见张道许:《风险社会的刑法危机及其应对》,知识产权出版社2016年版,第156页。

络诈骗犯罪活动，就必须对电信网络诈骗犯罪及其关联犯罪实施全方位的打击，斩断利益输送链条，铲除电信网络违法犯罪滋生、蔓延的环境和土壤。《意见》在对电信网络诈骗行为通常所构成的核心罪名进行规制之外，对伴随诈骗行为的周边行为以及上下游行为予以全面规制，其中既包括"伪基站""黑广播"、侵犯公民个人信息、信用卡犯罪等上游犯罪，也包括掩饰、隐瞒犯罪所得、犯罪所得收益罪等下游犯罪，科学构筑了电信网络诈骗犯罪的罪名体系，对于精准打击电信网络诈骗关联犯罪具有重要意义。

《意见》第三部分第（一）条、第（三）条规定：非法使用"伪基站""黑广播"，干扰无线电通讯秩序，冒充国家机关工作人员实施电信网络诈骗犯罪，构成扰乱无线电通讯管理秩序罪、招摇撞骗罪，"同时构成诈骗罪的，依照处罚较重的规定定罪处罚"。根据想象竞合犯从一重罪处断的原则，《意见》的规定属于注意规定，对司法人员办案起提示作用。另有一类情况有所不同，《意见》第三部分第（二）条规定："使用非法获取的公民个人信息，实施电信网络诈骗犯罪行为，构成数罪的，应当依法予以并罚。"这主要是考虑非法获取公民个人信息的行为后利用该信息进行电信网络诈骗，实际上实施了非法获取公民个人信息和电信网络诈骗了两个犯罪行为，但并非类型化的手段行为与目的行为之间的牵连关系，不属于牵连犯，应当数罪并罚。

（二）准确认定帮助行为的性质

电信网络诈骗离不开资金流、信息流和其他帮助，不仅要依靠他人提供"木马"程序、"钓鱼软件"作为诈骗工具，也要获得"伪基站"设备和相关发送短信服务，离不开他人提供银行卡、支付宝账号转移诈骗资金，还要依赖于金融机构、网络服务提供者、电信业务经营者提供的银行卡、第三方支付平台、电话短信、即时通讯等服务。缺少了上述任何一个环节，电信网络诈骗犯罪都无法顺利完成，因此必须加大对电信网络诈骗帮助行为的打击。对此，有司法实践中三种定罪思路，在《意见》中均有体现：

一是以诈骗罪的帮助犯论处。以往司法解释对于帮助行为或者资助行为主要采用以共犯（帮助犯）打击的方法，如最高人民法院、最高人民检察院2005年《关于办理赌博刑事案件具体应用法律若干问题的解释》第四条规定："明知他人实施赌博犯罪活动，而为其提供资金、计算机网络、通讯、费用计算等直接帮助的，以赌博罪共犯论处。"《意见》沿用了以往司法解释中以帮助犯定罪的思路，第四部分第（三）条规定：明知是电信网络诈骗犯罪所得及其产生的收益而予以转账、套现、取现，如果行为人与电信网络诈骗犯罪分子具有事前通谋的，或者明知他人实施电信网络诈骗犯罪，而以《意见》第四部分第（三）条列举的八种行为方式之一予以外围支持或者帮助的，除法律和司法解释另有规定的以外，以诈骗罪的共同犯罪论处。

以共犯论处解决了大部分帮助行为的定罪问题，但也有其明显的局限性。按照传统刑法理论共犯从属性说，共犯的处断应当以正犯的成立和处罚为基础，如果正犯不构成犯罪或者正犯在逃导致无法认定刑事责任，将导致共犯追究的不可能。另外，有的帮助行为的危害性已经不亚于正犯，如果按照共犯处断可能需要适用从犯的规定予以从轻、减轻处罚，不利于对犯罪的严厉打击。因此，《意见》也同时采取了其他的定罪思路，包括以正犯定罪处罚和认定其他罪名两种途径。

二是以诈骗罪正犯定罪处罚。《意见》第三部分第（六）条规定，网络服务提供者构成拒不履行信息网络安全管理义务罪，"同时构成诈骗罪的，依照处罚较重的规定定罪处罚"。也就是按照想象竞合的处断原则择一重罪处断，但此时应当认定的是诈骗罪不作为的实行犯，而并非是诈骗罪不作为的帮助犯，因为：其一是诈骗罪不作为的帮助犯与诈骗罪不作为的正犯二者并不必然冲突，可以同时构成，并存在竞合关系；其二是认定诈骗罪帮助犯要依法适用从犯从轻、减轻处罚，而按照不作为的正犯处罚更重，与其社会危害性匹配；其三是如果认定帮助犯，仍然没有解决主犯不到案情况下帮助犯难以定罪以及罪责性不适应等难题。

对于以正犯定罪处罚，以往的司法解释已有先例，如最高人民法院、最高人民检察院 2010 年《关于办理利用互联网、移动通讯终端、声讯台制作、复制、出版、贩卖、传播淫秽电子信息案件具体应用法律若干问题的解释（二）》第 4 条、第 5 条规定，网站建立者、直接负责的管理者明知他人制作、复制、出版、贩卖的是淫秽电子信息，允许或者放任他人在自己所有、管理的网站或者网页上发布的行为，达到一定数量或者数额的，以传播淫秽物品牟利罪或者传播淫秽物品罪定罪处罚。此司法解释的定罪逻辑是，网站建立者对自己建立的网站具有管理、维护的监管义务，明知他人在自己所有、管理的网站上发布淫秽电子信息，有能力履行而拒不履行监管义务，构成不作为的传播淫秽物品罪或传播淫秽物品牟利罪。这实际上也是快播案判决的定罪逻辑[①]。

三是以其他罪名定罪处罚。与普通的帮助行为相比，网络服务提供者基于其特殊的市场地位和技术能力，提供金融服务、网络支撑、通信支持，对电信网络诈骗犯罪具有不可或缺的作用。《意见》在第三部分第（六）规定："网络服务提供者不履行法律、行政法规规定的信息网络安全管理义务，经监管部

---

① 关于快播案的判决理由及分析，可参见高艳东：《不纯正不作为犯的中国命运》，载《中外法学》2017 年第 1 期。

门责令采取改正措施而拒不改正,致使诈骗信息大量传播,或者用户信息泄露造成严重后果的,依法以拒不履行信息网络安全管理义务罪追究刑事责任。"由于该罪名是纯正不作为犯,能避免对于网络服务提供者行为是否属于中立的帮助行为的争论,也能化解作为共犯论处时正犯不到案共犯往往难以定罪处罚的难题,对于打击电信网络诈骗犯罪中的网络服务提供者具有明显优势。相似的规定还有《意见》第三部分第(八)条:"金融机构、网络服务提供者、电信业务经营者等在经营活动中,违反国家有关规定,被电信网络诈骗犯罪分子利用,使他人遭受财产损失的,依法承担相应责任。构成犯罪的,依法追究刑事责任。"

六、构建适用于电信网络诈骗犯罪的刑事管辖规则体系

在传统刑事管辖原则中,属地管辖是最基础和优先适用的原则。风险社会中,同大多数网络犯罪一样,电信网络诈骗犯罪典型特点就是跨时空性,具有非接触性、跨地域性、分工合作、被害人众多且分散等特点,传统犯罪属地管辖原则已不可能完全适用于电信网络诈骗犯罪,侦查机关之间,侦查机关与检察机关、审判机关之间常常产生管辖争议,不利于犯罪打击,需要做出调整。对此,《意见》沿用了最高人民法院、最高人民检察院、公安部2014年《关于办理网络犯罪案件适用刑事诉讼程序若干问题的意见》(以下简称《网络犯罪诉讼程序意见》)中关于网络犯罪案件管辖的规定,在犯罪行为发生地、犯罪结果发生地、并案侦查案件范围、指定管辖等方面都予以继承。《意见》还结合电信网络诈骗犯罪特点有所创新发展,并从一般管辖、并案管辖、指定管辖三个层级完整规定了侦查管辖体系。

(一)关于一般管辖

电信网络诈骗犯罪是电信与网络技术相结合的犯罪,关于"犯罪行为发生地",《意见》第五部分第(一)条以电信流和网络信息流为两条基本主线作了完整列举:"包括用于电信网络诈骗犯罪的网站服务器所在地,网站建立者、管理者所在地,被侵害的计算机信息系统或其管理者所在地,犯罪嫌疑人、被害人使用的计算机信息系统所在地,诈骗电话、短信息、电子邮件等的拨打地、发送地、到达地、接受地,以及诈骗行为持续发生的实施地、预备地、开始地、途经地、结束地。"针对犯罪分子通常通过分布全国各地甚至境外的职业"车手"转移赃款的现状,《意见》规定犯罪结果发生地"包括被害人被骗时所在地,以及诈骗所得财物的实际取得地、藏匿地、转移地、使用地、销售地等。《意见》明确"被害人被骗时所在地"为刑事案件管辖所在地,由该地公安机关立案侦查,主要是针对电信网络诈骗犯罪跨地域的特点,

被害人报案时大部分案件还难以确定犯罪嫌疑人及其所在地，由被害人被骗时所在地管辖更为合理，对司法机关予以提示，不能拒绝被害人报案，应当予以受理，后续可再根据案件侦查情况并案处理或者移送管辖。

（二）通过并案处理解决管辖争议

电信网络诈骗犯罪基本都是团伙作案，上下游、团伙之间分工明确，形成了错综复杂的关系。为了便于整体上侦查打击，《意见》沿用了2012年《关于实施刑事诉讼法若干问题的规定》和《网络犯罪诉讼程序意见》规定，明确对于一人犯数案的，共同犯罪的，共同犯罪的犯罪嫌疑人还实施其他犯罪的，以及多个犯罪嫌疑人实施的犯罪存在直接关联，并案处理有利于查明案件事实的，可以并案侦查。例如，对于犯罪嫌疑人A、B共同针对甲市被害人实施了一笔电信诈骗犯罪事实，公安机关据此在乙市抓获了包括A、B在内的数十名电信诈骗犯罪嫌疑人，但其中部分犯罪嫌疑人实施诈骗行为的被害人在外地，与甲市没有任何关联，按照《意见》第五部分第（三）条、第（七）条之规定，可以并案侦查。

（三）用指定管辖解决管辖冲突

通过对"犯罪行为发生地""犯罪结果发生地"的合理解释以及"并案处理"的运用，实践中电信网络诈骗犯罪可能会因多个公安机关均有管辖权而产生管辖权冲突，有必要运用给指定管辖解决。《意见》对此确立了三种指定管辖的情形。一是对于因网络交易、技术支持、资金支付结算等关系形成多层级链条、跨区域的电信网络诈骗等犯罪案件；二是多个公安机关都有权立案侦查的电信网络诈骗犯罪案件，管辖有争议的；三是在境外实施的电信网络诈骗犯罪案件。其中前两类由共同的上级公安机关，第三类由公安部按照有利于查清犯罪事实、有利于诉讼的原则，指定有关公安机关立案侦查。

（四）对公安机关本没有管辖权因指定获得管辖权的案件，检察机关、审判机关受理后仍需要指定管辖

《网络犯罪诉讼程序意见》第八条规定："为保证及时结案，避免超期羁押，人民检察院对于公安机关提请批准逮捕、移送审查起诉的网络犯罪案件，第一审人民法院对于已经受理的网络犯罪案件，经审查发现没有管辖权的，可以依法报请共同上级人民检察院、人民法院指定管辖。"对此《意见》第五部分第（七）条的规定有所不同："公安机关立案、并案侦查，或因有争议，由共同上级公安机关指定立案侦查的案件，需要提请批准逮捕、移送审查起诉、提起公诉的，由该公安机关所在地的人民检察院、人民法院受理。"可见，《意见》对于经审查发现没有管辖权的，并没有规定是否还需要人民检察院、

人民法院报请指定管辖。据此，有观点认为，根据新法优于旧法的原理，应当采用《意见》的规定，只要公安机关对电信网络诈骗犯罪立案侦查，无论其所在地的检察机关、审判机关是否对该案具有法定管辖权，都应当对公安机关移送的案件受理、审查起诉和审判。

我们认为，这种看法并不准确。首先，《意见》与《网络犯罪诉讼程序意见》并不矛盾。如果新法与旧法有矛盾的规定，按照新法优于旧法原则，应当适用新法，但如果是新法没有规定，则仍然应当适用旧法。从《意见》的条文看，对人民检察院、人民法院是否还需要报请指定管辖没有明确，也无法得出无须报请指定管辖的结论，所以仍然应当适用《网络犯罪诉讼程序意见》第八条的规定。其次，适用管辖应当符合刑事诉讼法规定。我国对于犯罪管辖的基本原则是属地管辖和属人管辖，一般情况下公安机关基于犯罪所在地或者被告人居住地而获得刑事案件管辖权，特殊情况下如果没有管辖权的则需要指定管辖，否则既不能立案侦查更不能对其他案件并案侦查。因此，《意见》第五部分第（七）条仅针对公安机关本身具有管辖权的案件，对于公安机关本没有管辖权而通过指定管辖获得管辖权的，在提请审查起诉和审判时，仍然需要根据刑事诉讼法关于审判管辖的规定，由人民检察院、人民法院报请指定管辖为宜。[1]

---

[1] 参见李占州：《无法定管辖权案件提起公诉仍需指定管辖》，载《检察日报》2017年3月3日。

全国老龄办、最高人民法院、最高人民检察院等关于进一步加强老年法律维权工作的意见

（2016年12月28日公布并施行　全国老龄办发〔2016〕102号）

各省、自治区、直辖市老龄工作委员会办公室、高级人民法院、人民检察院、公安厅（局）、民政厅（局）、司法厅（局），新疆生产建设兵团老龄工作委员会办公室、新疆高院兵团分院、人民检察院、公安局、民政局、司法局：

为贯彻落实党中央、国务院关于应对人口老龄化的决策部署，根据《中华人民共和国老年人权益保障法》（以下简称《老年人权益保障法》），为进一步加强老年法律维权工作，特提出本意见：

一、进一步加强老年法律维权工作的重要意义

党的十八大和十八届三中、四中、五中全会，以及国民经济和社会发展"十三五"规划纲要对应对人口老龄化提出明确要求。以习近平同志为核心的党中央对加强老龄工作、推动老龄事业发展作出一系列重要指示批示，对老年人权益保障工作提出了新的更高要求。截至2015年底，我国60岁以上老年人口达到2.22亿，占总人口的16.1%。到2020年，老年人口将达到2.55亿，占总人口的17.8%。随着老年人口不断增多，老年人利益诉求呈多元化趋势，依法维权意识愈发强烈。近年来，各地贯彻落实《老年人权益保障法》，老年法律维权工作取得显著成绩。

同时，针对老年人的财产、赡养、婚姻、诈骗和非法集资等侵权案件时有发生，老年人合法权益保护工作仍需加强。面对新形势、新要求，进一步加强老年法律维权工作，是贯彻落实党中央、国务院决策部署的积极行动，是加强老龄工作的重要举措，是推进老龄事业全面协调可持续发展的有力保障，有利于提高老年人生活和生命质量，有利于促进家庭和睦社会和谐，有利于实现社会公平正义，对全面建成小康社会具有重要意义。

二、总体要求

（一）指导思想。深入贯彻党的十八大和十八届三中、四中、五中、六中全会精神，以马克思列宁主义、毛泽东思想、邓小平理论、"三个代表"重要思想、科学发展观为指导，全面落实习近平总书记关于加强老龄工作的重要指

示和重要讲话精神，按照全面推进依法治国要求，弘扬社会主义法治精神，做好普法宣传教育，加强工作创新，加大老年人合法权益保护力度，努力开创老年法律维权工作新局面，促进老年人共享改革发展成果。

（二）基本原则。坚持以人为本，强化服务。围绕老年人广泛关注和亟待解决的财产、赡养、婚姻等问题，为老年人提供优先、及时、便利、高效的法律维权服务。坚持学用结合，普治并举。坚持法治宣传教育与依法治理有机结合，把法治宣传教育融入老年法律维权工作实践，引导司法人员依法维护老年人合法权益。坚持创新发展，注重实效。总结经验，把握规律，推动老年法律维权工作理念、机制和方式方法的创新，提高工作的针对性和实效性。

三、主要任务分工

（一）各级人民法院要为老年维权案件开辟绿色通道，对老年人因追索赡养费、扶养费、养老金、退休金、抚恤金、医疗费等提出的诉讼要通过繁简分流，严格遵守审限要求，缩短涉老案件审理时间，实行快立、快审、快结。加大对老年人的举证指导，积极提供帮助，提高老年人应诉、参诉能力。加强对经济困难老年人的司法救助，及时办理案件受理费的减、缓、免审批手续。对行动不便的老年人，提供预约立案、上门立案等服务，开展就近开庭、巡回审判等工作。在有条件的中基层人民法院设立"老年维权合议庭"，对老年人常见的婚姻、赡养、合同等纠纷，加大调解力度和教育引导，对于调解不成的，要在司法裁判中依法重点保护老年人合法权益。对虐待、遗弃老年人构成犯罪的，严格依法追究刑事责任。

（二）各级检察机关要在刑事、民事、行政检察工作中加强对老年人合法权益的保护，综合发挥惩治、预防、监督、教育、保护等职能作用。改进办案方式方法，对老年人控告、举报、申诉案件，要依法快速办理，缩短办理周期。进一步加大对侵害老年人合法权益的各类职务犯罪行为查办力度。贯彻宽严相济的刑事政策，在履行审查逮捕、审查起诉职能时，体现对老年人的特殊保护，做到依法少捕、慎诉、少羁押。依法保障老年犯罪嫌疑人的合法诉讼权利，逐步探索老年人强制辩护制度。积极发挥基层检察室作用，通过检察建议和纠正违法通知书等手段，督促派出法庭、派出所等加强老年法律维权工作。

（三）各级公安机关对老年人的申诉、报警和求助，要做到反映迅速、处置妥当。加大打击力度，依法惩处盗窃、诈骗、抢夺、敲诈勒索老年人财物和针对老年人的非法集资、电信网络诈骗、传销等违法犯罪行为。在交管、治安、户政、出入境等窗口单位完善老年人扶助举措，配置适老化设施设备，提供预约等照顾性服务。关注辖区内养老机构和服务设施，指导做好安全防范工作。依托基层派出所和警务室，大力宣传防火、防盗、防诈骗等常识，提高老年人风险防范意识和能力。

（四）各级民政部门要在社会救助体系和养老服务体系建设中逐步提高老年人保障水平。完善城乡最低生活保障、特困人员救助供养、医疗救助和临时救助制度，确保符合条件的老年人应保尽保、应养尽养、应救尽救。建立和完善老年人福利制度，全面建立针对经济困难高龄、失能老年人的补贴制度。加快建设居家为基础、社区为依托、机构为补充、医养相结合的多层次养老服务体系。建立健全养老机构分类管理和养老服务评估制度，规范养老服务收费项目和标准。大力发展老年社会工作，通过政府购买服务等方式，支持引导社会工作专业力量在老年法律维权工作中发挥积极作用。发展志愿服务组织，壮大志愿者队伍，在城乡社区建立志愿服务站点，开展面向老年人的志愿服务。

（五）各级司法行政机关要把老年人作为法律援助工作的重点人群，推动进一步降低门槛，扩大老年人法律援助事项范围，逐步将法律援助对象扩展到低收入、高龄、"空巢"、失能等老年人。完善法律援助便民服务机制，简化手续、程序，加快办理速度。建立健全老年人法律援助服务网络，加强基层老年人法律援助工作站、联络点建设。加强"12348"法律服务热线建设，有条件的地方开设针对老年人的维权热线，实行电话和网上预约、上门服务等，方便老年人咨询和申请法律援助。加强对律师事务所、公证处、基层法律服务所、司法鉴定机构的管理和业务指导，积极为老年人提供诉讼代理及法律咨询、代书、调解、公证、司法鉴定等诉讼和非诉讼法律服务。发挥人民调解化解民间纠纷的作用，组织、指导广大人民调解组织及时化解涉及老年人的婚姻、继承、赡养等矛盾纠纷。

（六）各级老龄工作机构要充分发挥综合协调职能，组织相关部门共同做好老年法律维权工作。要结合《老年人权益保障法》的实施，积极协调相关部门加快推动出台或修订地方性法规和配套政策。要深入调查研究，积极建言献策，加大政策创制力度。要会同有关部门做好入住医养机构和接受居家医养服务老年人的合法权益维护工作。要进一步加强老年人优待工作，依法维护老年人享受社会优待的权利，逐步拓展同等优待范围。要进一步规范基层老年协会建设，强化其自我管理、自我教育、自我服务功能，发挥基层老年协会在调处家庭赡养等涉老矛盾纠纷方面的积极作用。

四、保障措施

（一）注重宣传引导。要把老年法律维权相关内容融入到人口老龄化国情教育和普法宣传教育之中，大力弘扬敬老养老助老社会风尚。各级老龄工作机构、人民法院、检察机关、公安机关、民政部门、司法行政机关要结合自身职责，依托各类媒体平台加大老年法律维权宣传力度。在敬老月、老年节期间，要广泛开展老年人维权、法律援助服务等现场咨询或宣传活动。要重视宣传《老年人权益保障法》等法律法规、优待政策和典型案例，提高全民法治意识和广大老年人依法维权意识。

（二）深化协作配合。要加强联系沟通，建立健全信息交流和定期沟通机制，安排有关人员负责老年法律维权工作的信息联络，有条件的地方可以建立联席会议制度和重大事项会商制度。要聚焦工作难点，探索开展老年人监护工作，推动农村留守老年人关爱服务体系建设，研究加强农村留守老年人法律维权工作的有效机制，深入开展老年公益维权服务示范站创建活动。有条件的基层组织和单位要指定专人或设立专门小组负责老年法律维权工作。

（三）加强调查研究。要坚持问题导向，通过调查研究梳理老年人维护自身权益的合理诉求，排查盲区和薄弱环节，明晰工作目标，改进工作方式，提升工作成效。要关注老年人的现实需求，不断拓宽信息获取渠道，广泛了解社情民意，发现苗头性、倾向性问题，及时回应社会关切。

（四）强化监督检查。要建立定期督查制度，经常对本系统、本单位开展老年法律维权工作情况进行检查并提出改进措施。各级老龄工作机构要按照《老年人权益保障法》相关要求，协同相关部门做好本地区老年法律维权工作的指导、督促、检查工作。各级人民法院、检察机关、公安机关、民政部门、司法行政机关要全力配合，确保监督检查不走过场、产生实效。

（五）完善激励措施。国家和省一级老龄工作机构要积极协调，组织开展老年法律维权工作先进集体或先进个人评选表彰。发挥榜样模范的示范引领作用，树立为老年人提供法律服务、法律援助和开展法治宣传的先进典型，激发和调动司法行政干部和法律服务工作者参与老年法律维权工作的积极性、主动性，形成全社会关心老年人、尊重老年人、扶助老年人的良好氛围。

全国老龄办
最高人民法院
最高人民检察院
公安部
民政部
司法部
2016 年 12 月 28 日

最高人民法院、最高人民检察院、司法部关于共同开展减刑假释信息化办案平台建设的通知

(2017年5月17日公布 法〔2017〕149号)

各省、自治区、直辖市高级人民法院、人民检察院、司法厅（局），解放军军事法院、军事检察院，新疆维吾尔自治区高级人民法院生产建设兵团分院、新疆生产建设兵团人民检察院、司法局、监狱管理局：

为贯彻落实中央政法委《关于严格规范减刑、假释、暂予监外执行切实防止司法腐败的意见》关于"推进刑罚执行机关、审判机关、检察机关减刑、假释网上协同办案平台建设，对执法办案和考核奖惩中的重要事项、重点环节，实行网上录入、信息共享、'全程留痕'，从制度和技术上确保监督到位"要求，现就共同开展减刑假释信息化办案平台建设有关事项通知如下：

一、平台建设的总体要求和基本结构

减刑假释信息化办案平台建设的总体要求是2018年底前，全国减刑假释信息化办案平台全面建成，做到全面互联互通、全面网上办案、全面依法公开、全面智能支撑，实现减刑假释案件全覆盖、办案部门全覆盖、办案人员全覆盖、案件数据全覆盖。

减刑假释信息化办案平台的基本结构是"三纵三横"。"三纵"为：最高人民法院与各高级人民法院以及各高级人民法院与本地承担减刑假释办案任务的中级人民法院之间实现互联互通；司法部与各省级监狱管理机关以及各省级监狱管理机关与所辖监狱之间实现互联互通；最高人民检察院与各省级人民检察院以及各省级人民检察院与本地承担减刑假释法律监督职责的人民检察院之间实现互联互通。"三横"为：最高人民法院、各高级人民法院和相关中级人民法院与同级检察机关、相关刑罚执行机关之间实现互联互通。

二、办案平台的主要功能

减刑假释信息化办案平台建成后，在减刑假释案件办理中至少应具备以下主要功能：

1. 监狱网上报送。监狱减刑假释案件的审核及审查等均在网上进行，评审委员会会议和监狱长办公会议全程留痕。监狱向人民法院报送减刑假释案

件，一律将相关材料以电子数据形式通过网上传输，原则上不再移送纸质卷宗材料。为保障该功能发挥，人民法院在对罪犯交付执行时，应当同时将相关裁判文书及财产性判项履行情况以电子数据形式移送给监狱。

2. 法院网上审理。法院对减刑假释案件的立案、分案、阅卷、审查、文书起草及审签等活动全部在网上进行，审理活动全程留痕，开庭审理可以采用视频方式进行，必要时可以网上直播，法律文书一律电子签章并通过网上流转送达。

3. 检察院网上监督。监狱在决定报送减刑假释案件前，可以通过平台征求检察院意见，同时将相关材料通过平台移送检察院，检察院可以通过平台将意见回复给监狱；监狱向人民法院报送减刑假释案件时，应当通过平台将建议书副本及相关材料抄送检察院（已经提供的可不再提供），检察院可以通过平台向人民法院提出检察意见；人民法院采用视频形式开庭审理减刑假释案件时，检察院可以采用视频方式参加庭审，发表检察意见；人民法院作出减刑假释裁定后，应当通过平台送达检察院，检察院认为裁定不当的，可以通过平台提出纠正意见。

4. 规范、高效办案和依法公开的多种智能服务。办案平台依托各地的办案系统，设计开发各种规范、高效办案和依法公开的多种智能服务：利用节点提示防控、庭审规范巡查等功能，进一步提高案件办理的规范化水平；利用法律条文自动推送、裁判文书辅助生成、庭审语言自动识别、法律文书智能纠错等功能，进一步提高案件办理质效；利用数据统计分析、自动生成报表等功能，进一步提高司法数据的应用能力和水平。同时，办案平台与审判流程、庭审活动、裁判文书、执行信息等公开平台及全国法院"减假暂"信息网联通，对审判阶段需要公开的信息自动抓取、一键推送，切实做到立案公示、开庭公告、庭审公开、文书公布。

三、平台建设的时间安排

1. 2017年9月底前，各高级人民法院及减刑假释年办案数在5000件以上的中级人民法院原则上实现与同级检察机关、相关刑罚执行机关之间的互联互通。

最高人民法院将于9月底与最高人民检察院、司法部共同召开平台建设新闻发布会。

2. 2017年底前，各相关法院、检察院、刑罚执行机关原则上都必须实现互联互通、网上办案。

3. 2018年底前，全国各相关法院、检察院、刑罚执行机关全面完成减刑假释信息化办案平台建设各项工作。

四、组织领导与协调机制

各相关法院、检察院及刑罚执行机关要及时将平台建设工作情况向当地党委政法委汇报，自觉将平台建设工作置于当地党委政法委统一领导之下。

最高人民法院、最高人民检察院、司法部成立由最高人民法院牵头的平台建设工作协调领导小组。各相关地方法院、检察院及刑罚执行机关均应成立由主要领导同志担任组长的办案平台建设领导小组，并设立负责日常联络协调的领导小组办公室，全面加强平台建设的研究部署，确定总体方案，掌握进展情况，加强督促检查，及时解决建设过程中遇到的困难和问题。

相关法院、检察院及刑罚执行机关之间应加强领导层面、业务层面及信息化管理层面的全面对接与沟通，未完成办案平台建设的，应当按照时间安排加快推进，确保按时完成；已完成办案平台建设的，应当加强沟通，做好改造升级、数据对接等工作，避免重复建设，确保办案平台顺利运行。

最高人民法院、最高人民检察院、司法部将加大督促检查力度，建立平台建设进度通报制度和专项检查制度，及时对各地平台建设进展情况进行专项检查并将通报结果。各地法院、检察院及刑罚执行机关应当将在平台建设中遇到的重大困难和问题，及时分别层报最高人民法院、最高人民检察院、司法部。

最高人民法院
最高人民检察院
司法部
2017年5月17日

最高人民法院、最高人民检察院关于民事执行活动法律监督若干问题的规定

(2016年11月2日公布 2017年1月1日施行 法发〔2016〕30号)

为促进人民法院依法执行,规范人民检察院民事执行法律监督活动,根据《中华人民共和国民事诉讼法》和其他有关法律规定,结合人民法院民事执行和人民检察院民事执行法律监督工作实际,制定本规定。

第一条 人民检察院依法对民事执行活动实行法律监督。人民法院依法接受人民检察院的法律监督。

第二条 人民检察院办理民事执行监督案件,应当以事实为依据,以法律为准绳,坚持公开、公平、公正和诚实信用原则,尊重和保障当事人的诉讼权利,监督和支持人民法院依法行使执行权。

第三条 人民检察院对人民法院执行生效民事判决、裁定、调解书、支付令、仲裁裁决以及公证债权文书等法律文书的活动实施法律监督。

第四条 对民事执行活动的监督案件,由执行法院所在地同级人民检察院管辖。

上级人民检察院认为确有必要的,可以办理下级人民检察院管辖的民事执行监督案件。下级人民检察院对有管辖权的民事执行监督案件,认为需要上级人民检察院办理的,可以报请上级人民检察院办理。

第五条 当事人、利害关系人、案外人认为人民法院的民事执行活动存在违法情形向人民检察院申请监督,应当提交监督申请书、身份证明、相关法律文书及证据材料。提交证据材料的,应当附证据清单。

申请监督材料不齐备的,人民检察院应当要求申请人限期补齐,并明确告知应补齐的全部材料。申请人逾期未补齐的,视为撤回监督申请。

第六条 当事人、利害关系人、案外人认为民事执行活动存在违法情形,向人民检察院申请监督,法律规定可以提出异议、复议或者提起诉讼,当事人、利害关系人、案外人没有提出异议、申请复议或者提起诉讼的,人民检察院不予受理,但有正当理由的除外。

当事人、利害关系人、案外人已经向人民法院提出执行异议或者申请复

议,人民法院审查异议、复议期间,当事人、利害关系人、案外人又向人民检察院申请监督的,人民检察院不予受理,但申请对人民法院的异议、复议程序进行监督的除外。

第七条 具有下列情形之一的民事执行案件,人民检察院应当依职权进行监督:

(一)损害国家利益或者社会公共利益的;

(二)执行人员在执行该案时有贪污受贿、徇私舞弊、枉法执行等违法行为、司法机关已经立案的;

(三)造成重大社会影响的;

(四)需要跟进监督的。

第八条 人民检察院因办理监督案件的需要,依照有关规定可以调阅人民法院的执行卷宗,人民法院应当予以配合。

通过拷贝电子卷、查阅、复制、摘录等方式能够满足办案需要的,不调阅卷宗。

人民检察院调阅人民法院卷宗,由人民法院办公室(厅)负责办理,并在五日内提供,因特殊情况不能按时提供的,应当向人民检察院说明理由,并在情况消除后及时提供。

人民法院正在办理或者已结案尚未归档的案件,人民检察院办理民事执行监督案件时可以直接到办理部门查阅、复制、拷贝、摘录案件材料,不调阅卷宗。

第九条 人民检察院因履行法律监督职责的需要,可以向当事人或者案外人调查核实有关情况。

第十条 人民检察院认为人民法院在民事执行活动中可能存在怠于履行职责情形的,可以向人民法院书面了解相关情况,人民法院应当说明案件的执行情况及理由,并在十五日内书面回复人民检察院。

第十一条 人民检察院向人民法院提出民事执行监督检察建议,应当经检察长批准或者检察委员会决定,制作检察建议书,在决定之日起十五日内将检察建议书连同案件卷宗移送同级人民法院。

检察建议书应当载明检察机关查明的事实、监督理由、依据以及建议内容等。

第十二条 人民检察院提出的民事执行监督检察建议,统一由同级人民法院立案受理。

第十三条 人民法院收到人民检察院的检察建议书后,应当在三个月内将审查处理情况以回复意见函的形式回复人民检察院,并附裁定、决定等相关法律文书。有特殊情况需要延长的，经本院院长批准，可以延长一个月。

回复意见函应当载明人民法院查明的事实、回复意见和理由并加盖院章。不采纳检察建议的，应当说明理由。

第十四条 人民法院收到检察建议后逾期未回复或者处理结果不当的，提出检察建议的人民检察院可以依职权提请上一级人民检察院向其同级人民法院提出检察建议。上一级人民检察院认为应当跟进监督的，应当向其同级人民法院提出检察建议。人民法院应当在三个月内提出审查处理意见并以回复意见函的形式回复人民检察院，认为人民检察院的意见正确的，应当监督下级人民法院及时纠正。

第十五条 当事人在人民检察院审查案件过程中达成和解协议且不违反法律规定的，人民检察院应当告知其将和解协议送交人民法院，由人民法院依照民事诉讼法第二百三十条的规定进行处理。

第十六条 当事人、利害关系人、案外人申请监督的案件，人民检察院认为人民法院民事执行活动不存在违法情形的，应当作出不支持监督申请的决定，在决定之日起十五日内制作不支持监督申请决定书，发送申请人，并做好释法说理工作。

人民检察院办理依职权监督的案件，认为人民法院民事执行活动不存在违法情形的，应当作出终结审查决定。

第十七条 人民法院认为检察监督行为违反法律规定的，可以向人民检察院提出书面建议。人民检察院应当在收到书面建议后三个月内作出处理并将处理情况书面回复人民法院；人民法院对于人民检察院的回复有异议的，可以通过上一级人民法院向上一级人民检察院提出。上一级人民检察院认为人民法院建议正确的，应当要求下级人民检察院及时纠正。

第十八条 有关国家机关不依法履行生效法律文书确定的执行义务或者协助执行义务的，人民检察院可以向相关国家机关提出检察建议。

第十九条 人民检察院民事检察部门在办案中发现被执行人涉嫌构成拒不执行判决、裁定罪且公安机关不予立案侦查的，应当移送侦查监督部门处理。

第二十条 人民法院、人民检察院应当建立完善沟通联系机制，密切配合，互相支持，促进民事执行法律监督工作依法有序稳妥开展。

第二十一条 人民检察院对人民法院行政执行活动实施法律监督，行政诉讼法及有关司法解释没有规定的，参照本规定执行。

第二十二条 本规定自 2017 年 1 月 1 日起施行。

《最高人民法院、最高人民检察院关于民事执行活动法律监督若干问题的规定》的理解与适用

郑新俭[*]

2016年11月2日，最高人民法院、最高人民检察院会签了《关于民事执行活动法律监督若干问题的规定》（以下简称《执行监督规定》），于2017年1月1日起施行。12月19日，最高人民法院、最高人民检察院共同召开新闻发布会，发布了该规定。《执行监督规定》是修改后民事诉讼法实施以来最高人民法院、最高人民检察院关于民事检察监督活动会签的第一个司法文件，也是自2011年最高人民法院、最高人民检察院决定在部分地方开展民事执行活动法律监督的试点工作之后就全面开展民事执行活动法律监督工作达成的新共识。《执行监督规定》弥补了现有法律规定的不足，对于加强和规范执行检察工作、促进人民法院依法执行具有十分重要的意义。

一、《执行监督规定》的制定背景和主要框架

修改后的《民事诉讼法》第235条规定："人民检察院有权对民事执行活动实行法律监督。"根据该规定，人民检察院依法对民事执行活动实施法律监督，人民法院依法接受检察监督，这项工作取得了长足的进展。但是三年多的实践表明，这一工作既需要继续加强，也有必要进一步加以规范。

一是加强对执行活动的监督，促进依法执行。执行环节是保证生效裁判顺利实现的重要环节，直接关系当事人诉讼权利的最后实现。不规范的执行行为不仅直接损害了当事人的利益，也会损害司法权威和司法公信力，激化社会矛盾，影响社会稳定。近年来，人民法院高度重视执行工作，全力解决"执行难"问题，对加强和规范执行工作进行总体部署，所取得的成绩有目共睹。但执行难、执行不规范仍是人民群众反映比较集中的问题，民事诉讼法修改增加了"人民检察院有权对民事执行活动实行法律监督"这一规定，党的十八届四中全会明确要求"加强对司法活动的监督"，孟建柱书记在全国法院执行工作会议上指出，各级人民检察院、人民法院要从维护社会主义法制统一尊严权威高度，依法履行职责，相互配合，相互制约，共同推进解决执行难问题，

---

[*] 郑新俭，最高人民检察院检察委员会委员、民事行政检察厅原厅长，现任未成年人检察工作办公室主任。

尤其强调"检察院要加强监督,依法履行好执行检察的作用"。作为国家法律监督机关的检察机关,应切实履行好法定监督职责,加强对执行工作的监督。

二是法律的原则性规定需要补充完善和细化,增强可操作性。为全面贯彻落实修改后民事诉讼法关于民事执行检察监督的规定,最高人民检察院在《人民检察院民事诉讼监督规则(试行)》(以下简称《民诉监督规则》)征求意见稿中曾对民事执行检察监督的范围、程序等作了细化规定,但考虑到民事执行监督积累的实践经验还不够丰富,在尊重最高人民法院意见的基础上,《民诉监督规则》最终仅对民事执行检察监督的范围、方式和程序作了较为原则的规定。随着民事执行检察监督工作的全面开展,民事诉讼法规定过于原则、检察建议效力不明确等问题越来越突出,亟须进一步规定予以明确。

三是原有的一些规定已不能适应当前司法的需求。对民事执行活动实行法律监督,早在2011年最高人民检察院、最高人民法院就在部分地方启动了试点,并确立了监督范围、方式和程序等,但随着民事执行监督工作的深入推进,实践中出现一些新情况、新问题,给司法实践带来了新的法律适用问题。特别是民事诉讼法规定了对民事执行的检察监督后,试点时期关于监督范围等的一些规定已不符合法律规定,也不能适应当前司法需求。

为促进人民法院依法执行,规范人民检察院民事执行法律监督行为,最高人民检察院、最高人民法院就会签执行监督文件达成共识。自2012年年底以来,最高人民检察院、最高人民法院有针对性地加强了联系,通过召开座谈会和开展联合调研等多种形式进行沟通交流。2013年10月,正式启动《执行监督规定》的起草会签工作。

《执行监督规定》共有22条,主要包括四个方面的内容:一是完善了检察监督的规定,二是规范了法院接受监督工作,三是对当事人申请监督给予指引,四是建立了检法两院相关工作机制。

二、制定《执行监督规定》的指导思想

一是坚持从维护司法公正和司法权威的高度进行制度设计。加强和规范执行监督工作,促进人民法院依法执行,既是维护当事人合法权益的现实需要,更是规范司法行为,提高司法公信力,维护司法公正和司法权威的必然要求。《执行监督规定》的制定过程始终坚持这一指导思想,紧紧围绕执行检察监督的监督范围、监督方式、监督效力等关键问题进行条文设计,明确了对执行行为全面监督、采取检察建议的方式进行监督、人民法院限期回复等核心问题。同时又从规范检察监督的角度对执行监督案件的审查期限、管辖、受理程序等问题进行了细化规定,既规范了一般执行监督案件的办案流程,又针对具体实践中容易产生争议的问题进行了明确规定,体现了《执行监督规定》为切实

维护司法公正和司法权威而制定的初衷。

二是注重吸收已有司改成果。制定过程中重视吸收已有司改成果，特别是最高人民法院、最高人民检察院已经达成共识并且经过实践检验、证明行之有效的司改成果。如采取检察建议这一监督方式、跟进监督的有关规定等，就参考了最高人民法院、最高人民检察院2011年制定的《关于在部分地方开展民事执行活动法律监督试点工作的通知》中的部分规定，并根据实际情况作了调整。

三是坚持问题导向，强调可操作性。执行检察监督虽然已经开展多年，也有民事诉讼法的原则规定，但因缺乏具体规定，司法实践中对一些具体问题存在一定争议，制约了工作的发展。《执行监督规定》在制定过程中紧紧围绕争议问题进行条文设计，务求明确具体，可操作、可执行，《规定》中的内容基本上是经过实践证明行之有效的、检法两院均认同的做法。如确立同级管辖的一般原则，即是对实践做法的确认。同时，坚持成熟的先出台，对那些还没有充分认识清楚或是检法两院还存在分歧的内容先不作规定。

三、《执行监督规定》的主要内容解读

（一）监督原则

《执行监督规定》第1条和第2条规定了民事执行监督的基本原则。其中第1条明确了依法监督原则，即"人民检察院依法对民事执行活动实行法律监督"。该条同时强调了人民法院"应当依法接受人民检察院的法律监督"。理解这一原则，应当注意把握两个问题：一是依法原则是开展民事执行活动法律监督最重要最核心的基本原则，是法律监督活动最基本的要求。一切法律监督活动，都应当在法律授权的范围内，依法开展活动，不能超越法律规定履行监督职能。二是依法原则包括两个方面，一方面是检察机关应当依法实行法律监督，另一方面是人民法院应当依法接受法律监督，二者相辅相成，缺一不可。

《执行监督规定》第2条明确了人民检察院办理民事执行监督案件应当遵循的另外四项原则：以事实为依据，以法律为准绳；坚持公开、公平、公正和诚实信用原则；尊重和保障当事人的诉讼权利；监督和支持人民法院依法行使执行权。这些原则是在《民诉监督规则》中即已确立的基本原则，其中以事实为依据，以法律为准绳和诚实信用原则，是我国民事诉讼的基本原则。公开、公平、公正，尊重和保障当事人的诉讼权利，监督和支持人民法院依法行使执行权，则是基于我国检察机关作为国家法律监督机关的性质和依法监督民事诉讼活动的职能，遵循民事诉讼的基本规律，所总结和提炼的重要原则。

关于监督原则，在制定过程中曾讨论研究过诸如事后监督、补充救济、尊

重当事人意思自治和平等、对事不对人等一些提法，但这些提法或与法律规定不符，或概念不清容易引起分歧，或虽有一定道理但不足以构成基本原则，最终未将这些确立为基本原则。

（二）监督范围

《执行监督规定》第3条规定了民事执行监督的范围。即"人民检察院对人民法院执行生效民事判决、裁定、调解书、支付令、仲裁裁决以及公证债权文书等法律文书的活动实施法律监督"。明确了人民检察院对人民法院民事执行行为实行全面监督。关于民事执行检察监督的范围，在2011年组织部分地方开展试点时曾有所限制，具体规定为"五种情形"，但随着修改后民事诉讼法对民事执行检察监督的明确规定，之前对监督范围的限制已不符合现在的法律规定。《民诉监督规则》中对监督范围表述为"人民法院在民事执行活动中违反法律规定的情形"。在制定《执行监督规定》过程中，为了引导各地规范有效开展监督工作，曾讨论研究过将监督范围分类为执行审查行为、执行实施行为和怠于履职行为，在三类行为中又具体列举需要监督的情形。但鉴于民事执行活动本身比较复杂，开展监督的经验和实例不够，采用列举规定的方式容易出现交叉、重复，且挂一漏万，难度较大，最终决定采用概括规定的方式予以明确。

（三）监督程序

《执行监督规定》第4、5、6、7、11、14条规定了民事执行监督的程序问题。

关于执行检察监督程序的规定，是《执行监督规定》中比重较高、分量较重的内容，共有六个条文，分别规定了案件的管辖、程序启动的两种途径、检察建议的制作及审批、对当事人申请监督的指引以及跟进监督等，这也充分反映了制定本规定中贯彻的问题导向及增强可操作性，通过完善关于检察监督程序的规定，进一步加强和规范这项工作。

第4条首先明确了同级管辖原则，即"由执行法院所在地同级人民检察院管辖"。同时继续沿用《民诉监督规则》第16条的规定，在坚持同级管辖为主的前提下，以上级管辖作为必要补充，即"上级人民检察院认为确有必要的"，或者"下级人民检察院认为需要由上级人民检察院办理的"，可以由上级人民检察院办理下级人民检察院管辖的民事执行监督案件。实践中，异地执行以及执行复议案件的管辖问题比较突出。在起草过程中曾设计有相关条文对上述两种情况进行规定，如"人民法院异地执行的，执行行为所在地人民检察院可以对该执行行为进行监督""当事人、利害关系人对复议程序不服的，由复议法院的同级人民检察院管辖"，经研究，这两类案件根据管辖的一般原则可以确定，最终未作特别规定。但对执行复议案件的管辖，如并非针对复议程序，而是针对复议指向的原执行行为，到底应由复议法院的同级人民检察院管辖还是由作出原执行行为和作出异议裁定的法院的同级人民检察院管辖，仍存在一定争议。有的意见认为只要经过复议程序就应由复议法院的同级人民检察院管辖，有的意见认为应区分不同情况，如果复议裁定维持了异议裁定，应由下级检察院管辖；如果复议裁定撤销了异议裁定，则应由上级检察院管辖。这一问题比较复杂，有待司法实践进一步总结研究。

关于执行监督程序的启动，《执行监督规定》规定了两种途径，分别是依申请和依职权，规定在第6条和第7条。第6条规定了依申请启动程序。根据该条规定，当事人、利害关系人和案外人认为民事执行活动存在违法情形，均可向检察机关申请监督。但检察机关应引导当事人依法寻求救济和发挥法院内部纠错功能，要求当事人首先选择向法院提出异议、复议等法律明确规定的救济途径，通过法院内部纠错机制解决问题，在法律规定的救济途径和内部纠错机制不能发挥有效作用时，检察监督会及时介入。另外，对于人民法院正在审查异议和复议的案件，人民检察院原则上也不要受理，即避免出现检法两院同时审查处理同一个案件，浪费有限的司法资源。理解本条时，还应把握好两个"例外"，一是当事人应当向法院提出异议、复议等相关权利主张但有正当理由未向法院提出而直接申请检察监督的，检察机关仍应受理；二是虽然法院正在审查处理异议或复议，但当事人认为异议或复议程序本身出现了违法情形并申请检察监督，检察机关应当受理。关于检察机关受理监督申请和当事人提出异议、复议的关系问题，是研究制定本规定时争议较大的问题之一。我们认为，提出异议、申请复议与申请检察监督都是当事人的权利，当事人向法院寻求救济和申请检察监督不存在顺位关系，当事人可以选择行使，法律并未作出限制，我们也无权剥夺或限制当事人的权利。但也有意见认为，《民诉监督规则》第33条及最高人民法院、最高人民检察院此前在试点工作中均对民事执行监督案件设置了应当先向法院寻求救济的程序，本规定应与《民诉监督规则》规定保持一致。经研究认为，从引导当事人积极向法院寻求救济，由法院自行发现和纠正其执行活动中存在的问题，避免司法资源浪费看，设置这样的程序有一定积极意义，因此本规定沿用了此前的做法和规定。但特别强调，对于有正当理由的，不应以此规定限制当事人申请监督的权利。

第7条规定了依职权启动监督程序。即"具有下列情形之一的民事执行案件，人民检察院应当依职权进行监督：（一）损害国家利益或者社会公共利益的；（二）执行人员在执行该案时有贪污受贿、徇私舞弊、枉法执行等违法行为、司法机关已经立案的；（三）造成重大社会影响的；（四）需要跟进监督的"。与《民诉监督规则》和《人民检察院行政诉讼监督规则（试行）》相比，本条规定有一定变化，一是将"执行人员在执行该案时有贪污受贿、徇私舞弊、枉法执行等违法行为"限定为"司法机关已经立案的"；二是将《人民检察院行政诉讼监督规则（试行）》中对于依职权监督的兜底条款调整为本规定中的"造成重大社会影响的"。关于执行人员有贪污受贿、徇私舞弊、枉法执行等违法行为的，虽然法律对此有明确规定，但检察机关以此为由依职权启动对民事执行案件的监督程序，确实需要把握一定的标准。我们认为，首先应将范围界定为"执行该案时"，如执行人员在执行案件中出现了贪贿等行为，检察机关有权依职权启动对该执行案件的审查，但不宜将该人员所办理的所有执行案件一并审查。其次，对于执行人员的贪贿等违法行为，应该有一定的掌握标准。最高人民法院《关于适用〈中华人民共和国民事诉讼法〉的解释》中曾对修改后《民事诉讼法》第200条第13项规定的"审判人员审理该案件时有贪污受贿、徇私舞弊、枉法裁判行为"解释为"是指已经由生效刑事法律文书或者纪律处分决定所确认的行为"，我们研究认为，该解释不适用于执行人员的违法行为，因执行人员的违法行为对于执行案件的影响一旦形成，会对当事人的利益造成现实的影响，如果需要等到违法行为最终确认后再启动对民事执行案件的监督程序，往往时过境迁，难以及时有效纠正违法情形。因此，本规定最终将执行人员的违法行为界定为司法机关已经立案。

关于检察建议的制作及审批，第11条作了明确规定。《执行监督规定》规定检察建议的提出应当经检察长批准或者检察委员会决定，这一规定与《民诉监督规则》中的规定有所不同。这一修改回应了司法实践的需要，有利于提高执行监督案件的办案效率，也符合当前正在进行的司法责任制改革精神。但是，无论是检察长批准还是检察委员会决定，都要求检察机关严格把握监督标准，提高监督质量，绝不应将审批权限的调整理解为标准的放宽或放松。对于疑难复杂案件或社会影响大、争议大的案件，仍应提交检察委员会研究决定。

第14条规定了跟进监督。《民诉监督规则》及"两高"在2011年会签的试点通知均明确了跟进监督问题。人民法院未采纳检察建议时，提出检察建议的检察院可以依职权向上一级检察院提请监督，上一级检察院认为应当跟进监督的，应当向其同级人民法院提出检察建议。《执行监督规定》沿用了这一规定。但是在期限上，与本规定第13条保持一致，明确人民法院审查处理期限为3个月。

（四）监督手段

关于监督手段，《执行监督规定》在第8、9、10条作了调阅卷宗、调查核实和向法院了解情况的规定。

关于调阅卷宗的问题，最高人民法院、最高人民检察院办公厅《关于调阅诉讼卷宗有关问题的通知》（法办〔2010〕255号）中有明确的相关规定，但在修改后的民事诉讼法中未就这一问题作出明确规定，实践中有的法院对检察机关正常的调卷要求不予配合，其理由主要是担心检察机关以调阅卷宗为借口干扰执行活动的正常进行，也有意见认为原有调卷规定中主要是指诉讼卷宗，是否包括执行卷宗不明确。经研究，我们根据原有调卷规定，结合执行工作实际，就执行监督中的调卷问题作出明确规定，首先明确"人民检察院因办理监督案件的需要，依照有关规定可以调阅人民法院的执行卷宗，人民法院应当予以配合"。同时在第8条第3款规定了调阅卷宗的具体程序，"人民检察院调阅人民法院卷宗，由人民法院办公室（厅）负责办理，并在五日内提供，因特殊情况不能按时提供的，应当向人民检察院说明理由，并在情况消除后及时提供"。在此基础上，规定以下两种情形不调阅卷宗：一是通过拷贝电子卷、查阅、复制、摘录等方式能够满足办案需要的，不调阅卷宗；二是人民法院正在办理或者已结案尚未归档的案件，人民检察院办理民事执行监督案件时可以直接到办理部门查阅、复制、拷贝、摘录案件材料，不调阅卷宗。

关于向法院了解情况，这是本规定新创设的一种制度，其来源于司法实践，也符合当前执行工作和执行检察监督工作实际。我们通过梳理分析当事人申请检察监督的案例发现，大量的监督申请针对的是法院消极执行和执行不作为的情况，有的反映法院超期不执行，有的反映法院未采取任何执行措施，有的反映法院选择性执行等。对于这些案件，检察机关通过听取申请人陈述和常规的调查核实，往往难以确认法院执行是否存在违法情形。实践中，检察机关一般有两种做法：第一种做法，直接发出检察建议，理由是法院违反有关规定超期不执行。针对这种建议，法院在回复中大多是说明已经采取了必要执行措施，只是因为被执行人无财产可供执行或其他原因，导致执行不能到位。这样的监督案件，效果并不理想。第二种做法是，检察机关选择先向法院发函或与执行人员沟通，充分了解法院对案件所作的工作，然后综合判断法院是否存在消极执行问题，再决定是否有监督必要，往往效果更好。为此，我们研究确立了向法院了解情况制度。理解和把握这一规定，需要注意两个问题：一是这一制度主要针对的是"人民法院在民事执行活动中可能存在怠于履行职责的情形"，也就是法院的消极执行、执行不作为等问题。二是为规范这一制度，一般应采取书面的方式，检察机关书面了解，人民法院书面回复。

《执行监督规定》第9条重申了修改后民事诉讼法和《民诉监督规则》关于调查核实工作的规定。虽然调查核实已有明确法律依据，但相对于民事审判监督而言，民事执行监督往往更需要加强调查核实，因此在本规定中作了重申。

（五）法院接受监督

关于法院接受检察监督，《执行监督规定》在第1、8、10、12、13条作了具体规定。

第1条开宗明义作出规定："人民检察院依法对民事执行活动实施法律监督。人民法院依法接受人民检察院的法律监督。"本条既规定了依法监督的原则，同时也明确了法院依法接受检察监督的义务。

第8条和第10条主要规定了法院在接受检察监督过程中的具体配合义务，主要包括两个方面：一是在检察机关需要调阅执行卷宗时，法院应当依法协助检察机关调阅执行卷宗或者查阅、复制、拷贝、摘录执行案件材料。二是在检察机关向法院书面了解执行案件的有关情况时，法院应当说明相关案件的执行情况及理由，并在15日内书面回复检察院。

第12条和第13条规定了法院如何办理检察建议案件。其中第12条规定了法院对于检察建议的立案问题。理解这一条文，要注意把握两个问题：一是对于执行检察建议，检察院和法院实行同级监督和同级受理，即由提出检察建议的人民检察院的同级人民法院受理案件。如果是上级检察机关依照有关规定办理应由下级检察机关管辖的案件，提出检察建议后，应由提出检察建议的检察院的同级法院受理。二是对于执行检察建议，法院应当立案受理。根据最高人民法院《关于执行案件立案、结案若干问题的意见》规定，执行案件统一由人民法院立案机构进行立案。立案后，再转执行部门审查。

第13条规定了检察建议的效力。修改后民事诉讼法实施后，执行检察建议效力不明确已成为制约民事执行检察监督职能发挥的瓶颈。法院对执行检察建议的处理缺少统一规范，从收案到处理再到答复，较为随意，严重损害检察权威。基于此，我们在研究起草本规定时对人民法院回复检察建议的内容、形式均作出规定，同时尊重最高人民法院的意见，将实践中适用的1个月的回复期限延长为3个月，有特殊情况仍需要延长的，经本院院长批准，可以延长1个月。需要注意的是，执行案件立案后，当前有多种结案文书，包括裁定、决定、通知、函等。针对检察建议，人民法院除制作回复意见函外，还要附上相应裁定、决定等文书。

（六）其他相关问题

一是规定了对特殊执行主体及拒不执行裁判、涉嫌犯罪的被执行人的监督问题。有关国家机关不依法履行生效法律文书确定的执行义务或者协助执行义务的，人民检察院可以向相关国家机关提出检察建议。人民检察院民事检察部门在办案中发现被执行人涉嫌构成拒不执行判决、裁定罪且公安机关不予立案侦查的,应当移送侦查监督部门处理。

二是规定了"两院"衔接机制问题。人民法院、人民检察院应当建立完善沟通联系机制,密切配合,互相支持,促进民事执行法律监督工作依法有序稳妥开展。人民法院认为检察监督行为违反法律规定的,可以向人民检察院提出书面建议。当事人在人民检察院审查案件过程中达成和解协议且不违反法律规定的,人民检察院应当告知其将和解协议送交人民法院,由人民法院依照《民事诉讼法》第230条的规定进行处理。

三是规定了行政执行监督的参照执行问题。人民检察院对人民法院行政执行活动实施法律监督,行政诉讼法及有关司法解释没有规定的,参照本规定执行。

最高人民法院、最高人民检察院关于适用犯罪嫌疑人、被告人逃匿、死亡案件违法所得没收程序若干问题的规定

(2016年12月26日最高人民法院审判委员会第1705次会议、最高人民检察院第十二届检察委员会第五十九次会议通过 2017年1月5日施行 法释〔2017〕1号)

为依法适用犯罪嫌疑人、被告人逃匿、死亡案件违法所得没收程序,根据《中华人民共和国刑事诉讼法》《中华人民共和国刑法》《中华人民共和国民事诉讼法》等法律规定,现就办理相关案件具体适用法律若干问题规定如下:

第一条 下列犯罪案件,应当认定为刑事诉讼法第二百八十条第一款规定的"犯罪案件":

(一)贪污、挪用公款、巨额财产来源不明、隐瞒境外存款、私分国有资产、私分罚没财物犯罪案件;

(二)受贿、单位受贿、利用影响力受贿、行贿、对有影响力的人行贿、对单位行贿、介绍贿赂、单位行贿犯罪案件;

(三)组织、领导、参加恐怖组织,帮助恐怖活动,准备实施恐怖活动,宣扬恐怖主义、极端主义、煽动实施恐怖活动,利用极端主义破坏法律实施,强制穿戴宣扬恐怖主义、极端主义服饰、标志,非法持有宣扬恐怖主义、极端主义物品犯罪案件;

(四)危害国家安全、走私、洗钱、金融诈骗、黑社会性质的组织、毒品犯罪案件。

电信诈骗、网络诈骗犯罪案件,依照前款规定的犯罪案件处理。

第二条 在省、自治区、直辖市或者全国范围内具有较大影响,或者犯罪嫌疑人、被告人逃匿境外的,应当认定为刑事诉讼法第二百八十条第一款规定的"重大"。

第三条 犯罪嫌疑人、被告人为逃避侦查和刑事追究潜逃、隐匿,或者在刑事诉讼过程中脱逃的,应当认定为刑事诉讼法第二百八十条第一款规定的"逃匿"。

犯罪嫌疑人、被告人因意外事故下落不明满二年，或者因意外事故下落不明，经有关机关证明其不可能生存的，依照前款规定处理。

第四条 犯罪嫌疑人、被告人死亡，依照刑法规定应当追缴其违法所得及其他涉案财产的，人民检察院可以向人民法院提出没收违法所得的申请。

第五条 公安机关发布通缉令或者公安部通过国际刑警组织发布红色国际通报，应当认定为刑事诉讼法第二百八十条第一款规定的"通缉"。

第六条 通过实施犯罪直接或者间接产生、获得的任何财产，应当认定为刑事诉讼法第二百八十条第一款规定的"违法所得"。

违法所得已经部分或者全部转变、转化为其他财产的，转变、转化后的财产应当视为前款规定的"违法所得"。

来自违法所得转变、转化后的财产收益，或者来自已经与违法所得相混合财产中违法所得相应部分的收益，应当视为第一款规定的"违法所得"。

第七条 刑事诉讼法第二百八十一条第三款规定的"利害关系人"包括犯罪嫌疑人、被告人的近亲属和其他对申请没收的财产主张权利的自然人和单位。

刑事诉讼法第二百八十一条第二款、第二百八十二条第二款规定的"其他利害关系人"是指前款规定的"其他对申请没收的财产主张权利的自然人和单位"。

第八条 人民检察院向人民法院提出没收违法所得的申请，应当制作没收违法所得申请书。

没收违法所得申请书应当载明以下内容：

（一）犯罪嫌疑人、被告人的基本情况；

（二）案由及案件来源；

（三）犯罪嫌疑人、被告人涉嫌犯罪的事实及相关证据材料；

（四）犯罪嫌疑人、被告人逃匿、被通缉、脱逃、下落不明、死亡的情况；

（五）申请没收的财产的种类、数量、价值、所在地以及已查封、扣押、冻结财产清单和相关法律手续；

（六）申请没收的财产属于违法所得及其他涉案财产的相关事实及证据材料；

（七）提出没收违法所得申请的理由和法律依据；

（八）有无利害关系人以及利害关系人的姓名、身份、住址、联系方式；

（九）其他应当载明的内容。

上述材料需要翻译件的，人民检察院应当将翻译件随没收违法所得申请书一并移送人民法院。

第九条　对于没收违法所得的申请，人民法院应当在三十日内审查完毕，并根据以下情形分别处理：

（一）属于没收违法所得申请受案范围和本院管辖，且材料齐全、有证据证明有犯罪事实的，应当受理；

（二）不属于没收违法所得申请受案范围或者本院管辖的，应当退回人民检察院；

（三）对于没收违法所得申请不符合"有证据证明有犯罪事实"标准要求的，应当通知人民检察院撤回申请，人民检察院应当撤回；

（四）材料不全的，应当通知人民检察院在七日内补送，七日内不能补送的，应当退回人民检察院。

第十条　同时具备以下情形的，应当认定为本规定第九条规定的"有证据证明有犯罪事实"：

（一）有证据证明发生了犯罪事实；

（二）有证据证明该犯罪事实是犯罪嫌疑人、被告人实施的；

（三）证明犯罪嫌疑人、被告人实施犯罪行为的证据真实、合法。

第十一条　人民法院受理没收违法所得的申请后，应当在十五日内发布公告，公告期为六个月。公告期间不适用中止、中断、延长的规定。

公告应当载明以下内容：

（一）案由、案件来源以及属于本院管辖；

（二）犯罪嫌疑人、被告人的基本情况；

（三）犯罪嫌疑人、被告人涉嫌犯罪的事实；

（四）犯罪嫌疑人、被告人逃匿、被通缉、脱逃、下落不明、死亡的情况；

（五）申请没收的财产的种类、数量、价值、所在地以及已查封、扣押、冻结财产的清单和相关法律手续；

（六）申请没收的财产属于违法所得及其他涉案财产的相关事实；

（七）申请没收的理由和法律依据；

（八）利害关系人申请参加诉讼的期限、方式以及未按照该期限、方式申请参加诉讼可能承担的不利法律后果；

（九）其他应当公告的情况。

第十二条　公告应当在全国公开发行的报纸、信息网络等媒体和最高人民法院的官方网站刊登、发布，并在人民法院公告栏张贴。必要时，公告可以在犯罪地、犯罪嫌疑人、被告人居住地或者被申请没收财产所在地张贴。公告最后被刊登、发布、张贴日期为公告日期。人民法院张贴公告的，应当采取拍照、录像等方式记录张贴过程。

人民法院已经掌握境内利害关系人联系方式的，应当直接送达含有公告内容的通知；直接送达有困难的，可以委托代为送达、邮寄送达。经受送达人同意的，可以采用传真、电子邮件等能够确认其收悉的方式告知其公告内容，并记录在案；人民法院已经掌握境外犯罪嫌疑人、被告人、利害关系人联系方式，经受送达人同意的，可以采用传真、电子邮件等能够确认其收悉的方式告知其公告内容，并记录在案；受送达人未作出同意意思表示，或者人民法院未掌握境外犯罪嫌疑人、被告人、利害关系人联系方式，其所在地国（区）主管机关明确提出应当向受送达人送达含有公告内容的通知的，受理没收违法所得申请案件的人民法院可以决定是否送达。决定送达的，应当将公告内容层报最高人民法院，由最高人民法院依照刑事司法协助条约、多边公约，或者按照对等互惠原则，请求受送达人所在地国（区）的主管机关协助送达。

第十三条 利害关系人申请参加诉讼的，应当在公告期间内提出，并提供与犯罪嫌疑人、被告人关系的证明材料或者证明其可以对违法所得及其他涉案财产主张权利的证据材料。

利害关系人可以委托诉讼代理人参加诉讼。利害关系人在境外委托的，应当委托具有中华人民共和国律师资格并依法取得执业证书的律师，依照《最高人民法院关于适用〈中华人民共和国刑事诉讼法〉的解释》第四百零三条的规定对授权委托进行公证、认证。

利害关系人在公告期满后申请参加诉讼，能够合理说明理由的，人民法院应当准许。

第十四条 人民法院在公告期满后由合议庭对没收违法所得申请案件进行审理。

利害关系人申请参加及委托诉讼代理人参加诉讼的，人民法院应当开庭审理。利害关系人及其诉讼代理人无正当理由拒不到庭，且无其他利害关系人和其他诉讼代理人参加诉讼的，人民法院可以不开庭审理。

人民法院对没收违法所得申请案件开庭审理的，人民检察院应当派员出席。

人民法院确定开庭日期后，应当将开庭的时间、地点通知人民检察院、利害关系人及其诉讼代理人、证人、鉴定人员、翻译人员。通知书应当依照本规定第十二条第二款规定的方式至迟在开庭审理三日前送达；受送达人在境外的，至迟在开庭审理三十日前送达。

第十五条 出庭的检察人员应当宣读没收违法所得申请书，并在法庭调查阶段就申请没收的财产属于违法所得及其他涉案财产等相关事实出示、宣读证据。

对于确有必要出示但可能妨碍正在或者即将进行的刑事侦查的证据，针对该证据的法庭调查不公开进行。

利害关系人及其诉讼代理人对申请没收的财产属于违法所得及其他涉案财产等相关事实及证据有异议的，可以提出意见；对申请没收的财产主张权利的，应当出示相关证据。

第十六条 人民法院经审理认为，申请没收的财产属于违法所得及其他涉案财产的，除依法应当返还被害人的以外，应当予以没收；申请没收的财产不属于违法所得或者其他涉案财产的，应当裁定驳回申请，解除查封、扣押、冻结措施。

第十七条 申请没收的财产具有高度可能属于违法所得及其他涉案财产的，应当认定为本规定第十六条规定的"申请没收的财产属于违法所得及其他涉案财产"。

巨额财产来源不明犯罪案件中，没有利害关系人对违法所得及其他涉案财产主张权利，或者利害关系人对违法所得及其他涉案财产虽然主张权利但提供的相关证据没有达到相应证明标准的，应当视为本规定第十六条规定的"申请没收的财产属于违法所得及其他涉案财产"。

第十八条 利害关系人非因故意或者重大过失在第一审期间未参加诉讼，在第二审期间申请参加诉讼的，人民法院应当准许，并发回原审人民法院重新审判。

第十九条 犯罪嫌疑人、被告人逃匿境外，委托诉讼代理人申请参加诉讼，且违法所得或者其他涉案财产所在地国（区）主管机关明确提出意见予以支持的，人民法院可以准许。

人民法院准许参加诉讼的，犯罪嫌疑人、被告人的诉讼代理人依照本规定关于利害关系人的诉讼代理人的规定行使诉讼权利。

第二十条 人民检察院、利害关系人对第一审裁定认定的事实、证据没有争议的，第二审人民法院可以不开庭审理。

第二审人民法院决定开庭审理的，应当将开庭的时间、地点书面通知同级人民检察院和利害关系人。

第二审人民法院应当就上诉、抗诉请求的有关事实和适用法律进行审查。

第二十一条 第二审人民法院对不服第一审裁定的上诉、抗诉案件，经审理，应当按照下列情形分别处理：

（一）第一审裁定认定事实清楚和适用法律正确的，应当驳回上诉或者抗诉，维持原裁定；

（二）第一审裁定认定事实清楚，但适用法律有错误的，应当改变原裁定；

（三）第一审裁定认定事实不清的，可以在查清事实后改变原裁定，也可以撤销原裁定，发回原审人民法院重新审判；

（四）第一审裁定违反法定诉讼程序，可能影响公正审判的，应当撤销原裁定，发回原审人民法院重新审判。

第一审人民法院对于依照前款第三项规定发回重新审判的案件作出裁定后，第二审人民法院对不服第一审人民法院裁定的上诉、抗诉，应当依法作出裁定，不得再发回原审人民法院重新审判。

第二十二条 违法所得或者其他涉案财产在境外的，负责立案侦查的公安机关、人民检察院等侦查机关应当制作查封、扣押、冻结的法律文书以及协助执行查封、扣押、冻结的请求函，层报公安、检察院等各系统最高上级机关后，由公安、检察院等各系统最高上级机关依照刑事司法协助条约、多边公约，或者按照对等互惠原则，向违法所得或者其他涉案财产所在地国（区）的主管机关请求协助执行。

被请求国（区）的主管机关提出，查封、扣押、冻结法律文书的制发主体必须是法院的，负责立案侦查的公安机关、人民检察院等侦查机关可以向同级人民法院提出查封、扣押、冻结的申请，人民法院经审查同意后制作查封、扣押、冻结令以及协助执行查封、扣押、冻结令的请求函，层报最高人民法院后，由最高人民法院依照刑事司法协助条约、多边公约，或者按照对等互惠原则，向违法所得或者其他涉案财产所在地国（区）的主管机关请求协助执行。

请求函应当载明以下内容：

（一）案由以及查封、扣押、冻结法律文书的发布主体是否具有管辖权；

（二）犯罪嫌疑人、被告人涉嫌犯罪的事实及相关证据，但可能妨碍正在或者即将进行的刑事侦查的证据除外；

（三）已发布公告的，发布公告情况、通知利害关系人参加诉讼以及保障诉讼参与人依法行使诉讼权利等情况；

（四）请求查封、扣押、冻结的财产的种类、数量、价值、所在地等情况以及相关法律手续；

（五）请求查封、扣押、冻结的财产属于违法所得及其他涉案财产的相关事实及证据材料；

（六）请求查封、扣押、冻结财产的理由和法律依据；

（七）被请求国（区）要求载明的其他内容。

第二十三条 违法所得或者其他涉案财产在境外，受理没收违法所得申请案件的人民法院经审理裁定没收的，应当制作没收令以及协助执行没收令的请求函，层报最高人民法院后，由最高人民法院依照刑事司法协助条约、多边公约，或者按照对等互惠原则，向违法所得或者其他涉案财产所在地国（区）的主管机关请求协助执行。

请求函应当载明以下内容：

（一）案由以及没收令发布主体具有管辖权；

（二）属于生效裁定；

（三）犯罪嫌疑人、被告人涉嫌犯罪的事实及相关证据，但可能妨碍正在或者即将进行的刑事侦查的证据除外；

（四）犯罪嫌疑人、被告人逃匿、被通缉、脱逃、死亡的基本情况；

（五）发布公告情况、通知利害关系人参加诉讼以及保障诉讼参与人依法行使诉讼权利等情况；

（六）请求没收违法所得及其他涉案财产的种类、数量、价值、所在地等情况以及查封、扣押、冻结相关法律手续；

（七）请求没收的财产属于违法所得及其他涉案财产的相关事实及证据材料；

（八）请求没收财产的理由和法律依据；

（九）被请求国（区）要求载明的其他内容。

第二十四条 单位实施本规定第一条规定的犯罪后被撤销、注销，单位直接负责的主管人员和其他直接责任人员逃匿、死亡，导致案件无法适用刑事诉讼普通程序进行审理的，依照本规定第四条的规定处理。

第二十五条 本规定自 2017 年 1 月 5 日起施行。之前发布的司法解释与本规定不一致的，以本规定为准。

最高人民检察院关于充分履行检察职能加强产权司法保护的意见

(2017年1月6日公布并施行 高检发〔2017〕1号)

党的十八大以来，以习近平同志为核心的党中央高度重视产权保护，提出加强对各种所有制组织和自然人财产权的保护。为深入贯彻党的十八大，十八届三中、四中、五中、六中全会精神和习近平总书记系列重要讲话精神，落实《关于完善产权保护制度依法保护产权的意见》和中央经济工作会议的部署要求，充分履行检察职能，加强产权司法保护，提出如下意见：

一、深刻认识产权制度重要意义，明确产权保护的总体要求

1. 充分认识加强产权司法保护的重要意义。依法保护产权是完善中国特色社会主义市场经济体制的内在要求，是坚持稳中求进工作总基调，促进经济转型升级、全面深化改革、全面建成小康社会的客观需要。各级检察机关要把思想和行动统一到党中央重要决策、部署和要求上来，牢固树立和贯彻落实新发展理念，主动适应经济发展新常态，切实把防控风险、服务发展摆在更加突出位置，为保护企业和个人合法产权、促进经济平稳健康发展和社会和谐稳定提供优质的司法服务。

2. 严格落实加强产权司法保护的总体要求。各级检察机关要坚持依法保护原则，充分发挥惩治、预防、监督、教育、保护等检察职能，加强对产权的司法保护。坚持平等保护原则，平等保护各种所有制组织和自然人的财产权，确保各类产权主体的诉讼地位和诉讼权利平等、法律适用和法律责任平等、法律保护和法律服务平等。坚持全面保护原则，全面保护物权、债权、股权、知识产权等各种类型的财产权，切实维护产权主体的合法权益。

二、准确把握法律政策界限，规范改进司法行为，注重产权司法保护实效

3. 严格把握产权案件罪与非罪的界限标准。各级检察机关办理有关产权刑事案件，要严格区分经济纠纷与经济犯罪的界限，企业正当融资与非法集资的界限，民营企业参与国有企业兼并重组中涉及的产权纠纷与恶意侵占国有资产的界限，执行和利用国家政策谋发展中的偏差与钻改革空子实施犯罪的界限。坚持主客观相一致原则，避免客观归罪。对民营企业生产、经营、融资等经济行为，除法律、行政法规明确禁止外，不以违法犯罪对待。对于正在办理的涉产权刑事案件，法律和司法解释规定不明确、法律界限不明、罪与非罪界限不清的，不作为犯罪处理。

4. 依法妥善处理历史形成的产权案件。以发展眼光客观看待和依法妥善处理改革开放以来各类企业，特别是民营企业经营发展过程中存在的不规范问题。办案中坚持罪刑法定、法不溯及既往、从旧兼从轻、疑罪从无原则，对于确属事实不清、证据不足、适用法律错误的错案冤案，坚决予以纠正。对于没有犯罪事实或者具有《刑事诉讼法》第十五条规定的情形之一的，或者犯罪情节轻微不需要判处刑罚的，或者经过补充侦查仍达不到起诉证据标准的，依法不起诉。对于构成犯罪但认罪认罚的，依法从宽处理。对于社会反映强烈、当事人长期申诉的历史形成的产权案件，要抓紧组织力量进行甄别，对确属错案冤案的，坚决依法纠正并赔偿当事人的损失。

5. 规范自身司法行为，改进办案方式方法，最大程度减少对产权主体合法权益和正常经济活动的损害及影响。严禁以刑事手段插手经济纠纷。严禁使用当事人的交通通讯工具、办公设备，或者以办案为名到发案单位吃、拿、卡、要、报。严禁干预涉案企业正常生产经营活动。慎重选择办案时机和方式，慎重使用搜查、查封、扣押、冻结、拘留、逮捕等强制性措施。对于涉嫌犯罪的各类产权主体主动配合调查，认罪态度好，犯罪情节较轻，且没有社会危险性的，一律不采取拘留、逮捕、指定居所监视居住等强制措施；对于不涉案的款物、账户，包括企业生产经营资料、涉案人员近亲属的合法财产等，一律不查封、扣押、冻结。对于涉及企业和投资、生产、经营者、科技创新人员犯罪的举报，经查证失实的，及时澄清事实。

三、依法履行刑事检察职能，加大惩治侵犯产权犯罪力度

6. 加强审查批捕、起诉工作，确保依法、准确、及时、有效打击侵犯产权犯罪。依法惩治破坏市场经济秩序、侵犯各类产权主体财产权的犯罪，突出打击非法吸收公众存款、集资诈骗、组织领导传销等涉众型经济犯罪，以商业贿赂、金融诈骗、虚假诉讼、强迫交易等不法手段破坏公平市场营商环境的犯罪，以及通过内幕交易、利用未公开信息交易、操纵证券期货市场等手段，严重损害公众投资者特别是中小投资者权益的犯罪。依法惩治侵犯知识产权和制售假冒伪劣商品犯罪，突出打击链条式、产业化侵犯知识产权犯罪，以及具有反复侵权、恶意侵权、网络侵权、有组织侵权等恶劣情节的犯罪，加大对涉外知识产权犯罪打击力度。对利用公权力严重侵害私有产权，勾结黑恶势力在特

定经济领域形成非法控制，受害者人数众多，引发群体性事件等严重侵犯产权的犯罪案件，要实行挂牌督办，第一时间介入侦查，引导侦查机关全面收集固定证据，确保办案效率和质量。

7. 正确适用法律和刑事政策，提升审查批捕、起诉工作质量。准确理解和适用法律，贯彻宽严相济刑事政策，严把事实关、证据关、程序关和法律适用关。细化涉产权犯罪案件审查逮捕质量标准，严格审查是否具备社会危险性条件，对构成犯罪但无社会危险性的一般不批准逮捕。建立涉产权犯罪案件审查逮捕质量分析评查制度，对逮捕后撤案、不起诉、判无罪和公安机关提请复议复核、当事人提出申诉的案件实时监控、及时分析，有针对性地改进工作。严格依法把握起诉条件，从经济安全、公共利益、市场秩序等方面准确认定社会危害性，综合考虑政策调整、经营不善、市场风险等市场主体意志以外的因素，对符合不起诉条件的，依法适用不起诉。保障涉案当事人及其委托人的诉讼权利，尊重犯罪嫌疑人、被告人的诉讼地位和人格尊严，保障律师依法履行职责。进一步推进刑事速裁程序、认罪认罚从宽制度的试点工作，对于轻微案件简化诉讼程序，加快诉讼进程，切实维护各类产权主体的合法权益。

8. 针对薄弱环节和突出问题，延伸审查批捕、起诉工作产权保护效果。结合审查批捕、起诉工作，加强对侵犯产权犯罪活动的分析研判，提高产权司法保护的精准度。积极参与社会治安防控体系建设，采取检察建议等形式，帮助各类产权主体强化产权保护意识，促进国有企业健全内部监督制度和内控机制、规范国有资产流转程序和交易行为，促进集体经济组织建立健全集体资产管理制度和财务管理监督制度，促进民营企业提高依法规范经营和维护自身合法权益的意识和能力，从源头上预防和治理侵犯产权犯罪。

四、加强侦查预防工作，依法惩治侵犯产权职务犯罪

9. 严肃查办侵犯产权的职务犯罪。重点惩治利用国有产权所有者和代理人关系不明晰，国有企业财务、采购、营销、投资等方面内部监督制度不健全实施的贪污、受贿、挪用公款、私分国有资产等犯罪，以及通过内部人控制、关联交易、利益输送、利益交换等方式，以市场行为掩盖非法目的，导致国有资产严重流失的犯罪。重点惩治发生在金融、土地、财税、能源、资源等重要领域行政审批、管理过程中侵犯产权的失职渎职犯罪。重点惩治发生在国有资产、集体资产清产核资、登记、保管、使用、处置过程中的职务犯罪，以及利用农村产权流转交易侵犯农村集体产权、侵犯农民权益的职务犯罪。

10. 严格规范涉案财产处置的法律程序，最大限度降低对产权主体正常生产经营活动的不利影响。对于涉案企业和人员正在投入生产运营或者正在用于科技创新、产品研发的设备、资金和技术资料等，能够采取非强制性措施即可

达到保障诉讼目的的，不使用强制性措施。加强查封、扣押、冻结涉案财产甄别审查工作，最大限度缩短甄别审查期限，确保合法财产不受牵连。办案中要注意听取有关行业主管、监管部门的意见，对争议大的案件及时向上级检察机关请示报告。

11. 通过查办职务犯罪发现产权保护制度机制的漏洞和风险点，从源头上减少涉产权职务犯罪。要结合办案开展职务犯罪预防工作，既支持企业和企业家创业创新谋发展，又引导企业和企业家依法规范经营。围绕国有产权、农村集体产权和自然资源资产产权等重点领域，深入剖析典型案件和发案规律，开展有针对性的职务犯罪预防工作。结合办案，对产权保护中存在的普遍性问题，组织开展专题预防活动，积极运用检察建议、年度报告、专项报告等方式，督促产权登记、审批、监管、保护等部门完善制度机制，加强改进产权保护工作，增强预防工作整体效果。

五、强化刑事诉讼监督，保障涉案产权主体的合法权益

12. 加强立案监督和侦查活动监督。加强对刑事立案活动的监督，重点监督侦查机关以刑事手段插手经济纠纷、选择性执法等妨害产权平等保护的问题，加大对该立不立、不该立乱立等执法不严、司法不公问题的监督纠正力度。加强对侦查活动的监督，贯彻落实非法证据排除等办案制度，坚决纠正刑讯逼供、非法取证、漏捕漏诉、滥用强制措施、查封扣押冻结财物不当等侦查违法行为。对于因涉嫌犯罪被逮捕的各种所有制组织的投资者、生产者、经营者、专业技术人员等，切实履行好羁押必要性审查职责，发现不需要继续羁押的，应当依法予以释放或者变更强制措施。

13. 加强刑事审判和刑事执行监督。加强对刑事审判活动的监督，重点监督判决、裁定在认定事实、采信证据、适用法律方面确有错误的案件，做到敢于监督、善于监督、依法监督和规范监督，对符合法定条件的案件依法提出抗诉。加强对刑事执行活动的监督，重点监督涉产权案件生效判决、裁定的执行活动，发现人民法院执行财产刑过程中，存在应当执行而不执行，不应当执行而执行，非法处置被执行人或者案外人财产等侵犯产权违法情形的，应当依法提出纠正意见，确保财产刑执行到位。依法保障各类产权主体在服刑期间的申诉权，防止其因申诉而被限制或者剥夺依法获得减刑的权利。对于犯罪的民营企业投资人，依法保障其在服刑期间行使财产权利等民事权利。

六、加强民事行政检察工作，形成多元化产权保护格局

14. 依法履行民事行政检察职责，加强对产权诉讼案件的法律监督。依法保障各类产权主体申请监督权，规范民事行政诉讼监督案件的受理和审查程

序,注重倾听当事人意见,畅通申请监督渠道,积极通过抗诉、提出检察建议等方式加强对涉产权民事、行政案件的审判监督,有效保障产权主体的合法权益。加强对民事、行政执行活动的监督,重点监督因不依法履行执行职责及错误采取执行措施、错误处置执行标的物、错误追加被执行人,致使当事人或利害关系人、案外人等财产权受到侵害的案件。加大对涉产权虚假诉讼、恶意诉讼监督力度,重点审查双方当事人恶意串通,通过以物抵债等方式损害案外人产权案件,督促人民法院依法惩治虚假诉讼行为,维护司法公正和司法权威。

15. 依法推进公益诉讼试点,积极探索开展对行政强制措施和履行职责中发现的行政违法行为的监督。稳步推进公益诉讼试点工作,以国有资产保护、国有土地使用权出让等产权领域为重点,积极运用诉前程序和提起公益诉讼的方式,维护被民事、行政违法行为侵害的国家和社会公共利益。积极探索对涉及人身、财产权益的行政强制措施和在履行职责中发现的行政机关违法行使职权或不行使职权行为的监督措施,防止和纠正违法行政行为对各类产权主体合法权益的侵害。

七、加强控告申诉检察工作,依法化解产权纠纷引发的社会矛盾

16. 畅通诉求表达渠道,依法受理历史形成产权案件的申诉,做到有错必纠。打造"信、访、网、电"四位一体的诉求表达体系,为产权人寻求法律咨询、权利救济提供更加便捷高效的服务。对社会反映强烈的涉及产权的刑事申诉案件,依法导入法律程序,按照诉求性质、案件管辖和法律程序及时审查办理。凡是违反法律政策侵犯产权、不利于经济发展的决定、判决、裁定,要依法监督纠正。

17. 依法办理涉产权保护的国家赔偿案件。坚持法定赔偿原则,保障符合赔偿条件的产权主体依法获得赔偿。支持人民法院对涉产权国家赔偿案件依法进行审理。依法办理检察机关作为赔偿义务机关的刑事赔偿案件,积极履行赔偿义务,保障符合法定赔偿条件的产权主体及时获得赔偿。依法受理和审查产权主体对人民法院作出的赔偿决定和行政赔偿判决、裁定提出申诉的案件,并依法提出监督意见。

18. 拓展控告申诉工作模式,有效化解社会矛盾。建立涉产权民事、行政申诉案件引导当事人和解机制,积极推动建立社会帮扶、政府扶贫等化解矛盾机制,推动建立健全与人民调解组织、行业调解组织的衔接联动机制,引导当事人向调解组织提出调解申请,并根据调解情况依法作出相应处理。推动律师参与代理和化解涉及产权纠纷信访案件工作,鼓励社会各界共同参与,有效解决产权纠纷。

八、加强组织领导和协调配合，确保产权保护措施落到实处

19. 加强组织领导。各级检察机关要把充分履行检察职能、加强产权司法保护作为当前一项重要政治任务，狠抓落实。切实加强对产权保护法律政策界限和工作措施的研究、协调和推进，加大保护和纠错力度。积极参与民法典编纂研究工作，推动产权保护法律制度的健全完善。及时对相关司法解释和规范性文件进行清理，凡是不符合依法保护产权的，应当废止或者修改。要深入研究分析产权司法保护中的新情况、新问题，发挥检察一体化优势，加强对下业务指导。对重大侵犯产权刑事犯罪案件、重大妨害产权保护职务犯罪案件，实行挂牌督办。下级人民检察院对办案中遇到的有关困难和问题，应当及时向上级人民检察院请示报告，必要时层报最高人民检察院。

20. 加强工作机制建设。各级检察机关要立足检察职能建立健全产权司法保护的长效机制。加强办理产权案件的能力建设和队伍建设，注重培养选拔专家型人才和业务骨干办理产权案件。严格落实司法责任制，完善办案质量终身负责制和错案责任倒查问责制。推进检务公开，及时回应社会关切，自觉接受人大监督、民主监督和社会监督，增强司法公信力，维护司法公正和权威。

21. 加强协调配合。积极参与党委牵头，人大、政府、司法机关共同参加的产权保护协调工作机制，形成工作合力。对办案中发现的体制性、政策性等重大问题和事项，及时向党委报告。加强与纪检、审判、公安、行政执法部门的协作配合，加强产权领域行政执法与刑事司法衔接机制建设。加强与各级工商联、相关行业协会的密切联系，建立健全联席会议、定期通报情况、共同开展调研等常态化机制，支持开展对涉及产权纠纷的中小企业维权援助工作。广泛听取人大代表、政协委员、专家学者、律师、企业人士等方面意见，增强产权司法保护的针对性和实效性。

22. 加强法治宣传。落实"谁执法谁普法"的普法责任制，把培育全社会尊重产权、保护产权意识作为以案释法、法治宣传教育的一项基础性工作。充分利用检察机关宣传主阵地、"两微一端"、微电影、微视频等媒体平台，加强与主流媒体、重点商业网络和自媒体的联系协作，深入宣传解读党和国家加强产权保护的政策和法律法规，及时报道检察机关工作部署、举措、进展和成效。选择检察机关依法纠正侵害企业产权的有重大影响的错案冤案典型，适时向社会公布，释放保护产权的积极信号，增强人民群众财产财富安全感，增强社会信心。着力宣传和营造法治、透明、公平的体制政策环境和社会舆论环境，保护企业家精神，支持企业家专心创新创业。

最高人民法院、最高人民检察院关于办理组织、利用邪教组织破坏法律实施等刑事案件适用法律若干问题的解释

(2017年1月4日最高人民法院审判委员会第1706次会议、2016年12月8日最高人民检察院第十二届检察委员会第五十八次会议通过 2017年2月1日施行 法释〔2017〕3号)

为依法惩治组织、利用邪教组织破坏法律实施等犯罪活动,根据《中华人民共和国刑法》《中华人民共和国刑事诉讼法》有关规定,现就办理此类刑事案件适用法律的若干问题解释如下:

第一条 冒用宗教、气功或者以其他名义建立,神化、鼓吹首要分子,利用制造、散布迷信邪说等手段蛊惑、蒙骗他人,发展、控制成员,危害社会的非法组织,应当认定为刑法第三百条规定的"邪教组织"。

第二条 组织、利用邪教组织,破坏国家法律、行政法规实施,具有下列情形之一的,应当依照刑法第三百条第一款的规定,处三年以上七年以下有期徒刑,并处罚金:

(一)建立邪教组织,或者邪教组织被取缔后又恢复、另行建立邪教组织的;

(二)聚众包围、冲击、强占、哄闹国家机关、企业事业单位或者公共场所、宗教活动场所,扰乱社会秩序的;

(三)非法举行集会、游行、示威,扰乱社会秩序的;

(四)使用暴力、胁迫或者以其他方法强迫他人加入或者阻止他人退出邪教组织的;

(五)组织、煽动、蒙骗成员或者他人不履行法定义务的;

(六)使用"伪基站""黑广播"等无线电台(站)或者无线电频率宣扬邪教的;

(七)曾因从事邪教活动被追究刑事责任或者二年内受过行政处罚,又从事邪教活动的;

(八)发展邪教组织成员五十人以上的;

（九）敛取钱财或者造成经济损失一百万元以上的；

（十）以货币为载体宣扬邪教，数量在五百张（枚）以上的；

（十一）制作、传播邪教宣传品，达到下列数量标准之一的：

1. 传单、喷图、图片、标语、报纸一千份（张）以上的；

2. 书籍、刊物二百五十册以上的；

3. 录音带、录像带等音像制品二百五十盒（张）以上的；

4. 标识、标志物二百五十件以上的；

5. 光盘、U盘、储存卡、移动硬盘等移动存储介质一百个以上的；

6. 横幅、条幅五十条（个）以上的。

（十二）利用通讯信息网络宣扬邪教，具有下列情形之一的：

1. 制作、传播宣扬邪教的电子图片、文章二百张（篇）以上，电子书籍、刊物、音视频五十册（个）以上，或者电子文档五百万字符以上、电子音视频二百五十分钟以上的；

2. 编发信息、拨打电话一千条（次）以上的；

3. 利用在线人数累计达到一千以上的聊天室，或者利用群组成员、关注人员等账号数累计一千以上的通讯群组、微信、微博等社交网络宣扬邪教的；

4. 邪教信息实际被点击、浏览数达到五千次以上的。

（十三）其他情节严重的情形。

第三条 组织、利用邪教组织，破坏国家法律、行政法规实施，具有下列情形之一的，应当认定为刑法第三百条第一款规定的"情节特别严重"，处七年以上有期徒刑或者无期徒刑，并处罚金或者没收财产：

（一）实施本解释第二条第一项至第七项规定的行为，社会危害特别严重的；

（二）实施本解释第二条第八项至第十二项规定的行为，数量或者数额达到第二条规定相应标准五倍以上的；

（三）其他情节特别严重的情形。

第四条 组织、利用邪教组织，破坏国家法律、行政法规实施，具有下列情形之一的，应当认定为刑法第三百条第一款规定的"情节较轻"，处三年以下有期徒刑、拘役、管制或者剥夺政治权利，并处或者单处罚金：

（一）实施本解释第二条第一项至第七项规定的行为，社会危害较轻的；

（二）实施本解释第二条第八项至第十二项规定的行为，数量或者数额达到相应标准五分之一以上的；

（三）其他情节较轻的情形。

第五条 为了传播而持有、携带，或者传播过程中被当场查获，邪教宣传

品数量达到本解释第二条至第四条规定的有关标准的,按照下列情形分别处理:

(一)邪教宣传品是行为人制作的,以犯罪既遂处理;

(二)邪教宣传品不是行为人制作,尚未传播的,以犯罪预备处理;

(三)邪教宣传品不是行为人制作,传播过程中被查获的,以犯罪未遂处理;

(四)邪教宣传品不是行为人制作,部分已经传播出去的,以犯罪既遂处理,对于没有传播的部分,可以在量刑时酌情考虑。

第六条 多次制作、传播邪教宣传品或者利用通讯信息网络宣扬邪教,未经处理的,数量或者数额累计计算。

制作、传播邪教宣传品,或者利用通讯信息网络宣扬邪教,涉及不同种类或者形式的,可以根据本解释规定的不同数量标准的相应比例折算后累计计算。

第七条 组织、利用邪教组织,制造、散布迷信邪说,蒙骗成员或者他人绝食、自虐等,或者蒙骗病人不接受正常治疗,致人重伤、死亡的,应当认定为刑法第三百条第二款规定的组织、利用邪教组织"蒙骗他人,致人重伤、死亡"。

组织、利用邪教组织蒙骗他人,致一人以上死亡或者三人以上重伤的,处三年以上七年以下有期徒刑,并处罚金。

组织、利用邪教组织蒙骗他人,具有下列情形之一的,处七年以上有期徒刑或者无期徒刑,并处罚金或者没收财产:

(一)造成三人以上死亡的;

(二)造成九人以上重伤的;

(三)其他情节特别严重的情形。

组织、利用邪教组织蒙骗他人,致人重伤的,处三年以下有期徒刑、拘役、管制或者剥夺政治权利,并处或者单处罚金。

第八条 实施本解释第二条至第五条规定的行为,具有下列情形之一的,从重处罚:

(一)与境外机构、组织、人员勾结,从事邪教活动的;

(二)跨省、自治区、直辖市建立邪教组织机构、发展成员或者组织邪教活动的;

(三)在重要公共场所、监管场所或者国家重大节日、重大活动期间聚集滋事,公开进行邪教活动的;

(四)邪教组织被取缔后,或者被认定为邪教组织后,仍然聚集滋事,公开进行邪教活动的;

(五)国家工作人员从事邪教活动的;

(六)向未成年人宣扬邪教的;

（七）在学校或者其他教育培训机构宣扬邪教的。

第九条 组织、利用邪教组织破坏国家法律、行政法规实施，符合本解释第四条规定情形，但行为人能够真诚悔罪，明确表示退出邪教组织、不再从事邪教活动的，可以不起诉或者免予刑事处罚。其中，行为人系受蒙蔽、胁迫参加邪教组织的，可以不作为犯罪处理。

组织、利用邪教组织破坏国家法律、行政法规实施，行为人在一审判决前能够真诚悔罪，明确表示退出邪教组织、不再从事邪教活动的，分别依照下列规定处理：

（一）符合本解释第二条规定情形的，可以认定为刑法第三百条第一款规定的"情节较轻"；

（二）符合本解释第三条规定情形的，可以不认定为刑法第三百条第一款规定的"情节特别严重"，处三年以上七年以下有期徒刑，并处罚金。

第十条 组织、利用邪教组织破坏国家法律、行政法规实施过程中，又有煽动分裂国家、煽动颠覆国家政权或者侮辱、诽谤他人等犯罪行为的，依照数罪并罚的规定定罪处罚。

第十一条 组织、利用邪教组织，制造、散布迷信邪说，组织、策划、煽动、胁迫、教唆、帮助其成员或者他人实施自杀、自伤的，依照刑法第二百三十二条、第二百三十四条的规定，以故意杀人罪或者故意伤害罪定罪处罚。

第十二条 邪教组织人员以自焚、自爆或者其他危险方法危害公共安全的，依照刑法第一百一十四条、第一百一十五条的规定，以放火罪、爆炸罪、以危险方法危害公共安全罪等定罪处罚。

第十三条 明知他人组织、利用邪教组织实施犯罪，而为其提供经费、场地、技术、工具、食宿、接送等便利条件或者帮助的，以共同犯罪论处。

第十四条 对于犯组织、利用邪教组织破坏法律实施罪、组织、利用邪教组织致人重伤、死亡罪，严重破坏社会秩序的犯罪分子，根据刑法第五十六条的规定，可以附加剥夺政治权利。

第十五条 对涉案物品是否属于邪教宣传品难以确定的，可以委托地市级以上公安机关出具认定意见。

第十六条 本解释自2017年2月1日起施行。《最高人民法院、最高人民检察院关于办理组织和利用邪教组织犯罪案件具体应用法律若干问题的解释》（法释〔1999〕18号），《最高人民法院、最高人民检察院关于办理组织和利用邪教组织犯罪案件具体应用法律若干问题的解释（二）》（法释〔2001〕19号），以及《最高人民法院、最高人民检察院关于办理组织和利用邪教组织犯罪案件具体应用法律若干问题的解答》（法发〔2002〕7号）同时废止。

最高人民检察院
未成年人刑事检察工作指引（试行）

（2017年3月2日公布并施行　高检发未检字〔2017〕1号）

第一章　总　　则

第一节　目的与范围

第一条　【目的】为进一步提高人民检察院未成年人刑事检察（以下简称未检）工作专业化、规范化水平，细化未检工作的具体标准和操作程序，确保未检工作的质量和效果，根据《中华人民共和国宪法》、《中华人民共和国刑法》、《中华人民共和国刑事诉讼法》、《中华人民共和国未成年人保护法》、《中华人民共和国预防未成年人犯罪法》、《人民检察院刑事诉讼规则》等法律及司法解释、规范性文件的规定，结合未检工作实际，制定本指引。

第二条　【适用范围】人民检察院未检部门办理未成年人刑事案件和不宜分案办理的未成年人与成年人共同犯罪案件、侵害未成年人人身权利案件以及开展相关诉讼监督、帮教救助、犯罪预防等工作，适用本指引。

第三条　【参照适用】对于实施犯罪时未满十八周岁，但诉讼过程中已满十八周岁，实际由未检部门受理的，根据案件具体情况，可以参照本指引办理。

第四条　【未成年人刑事案件】本指引所称未成年人刑事案件，是指犯罪嫌疑人实施涉嫌犯罪行为时不满十八周岁的刑事案件。

已满十四周岁不满十六周岁的未成年人，实施刑法第十七条第二款规定犯罪的，应当承担刑事责任，适用本指引。

第五条　【侵害未成年人人身权利案件】本指引所称侵害未成年人人身权利案件，是指由成年人实施、未成年人是被害人的刑法分则第四章"侵犯公民人身权利、民主权利罪"规定的犯罪以及其他章节规定的实际侵害未成年人身心健康的以危险方法危害公共安全（刑法第一百一十四条、第一百一十五条）、危险驾驶（刑法第一百三十三条之一）、教育设施重大安全事故（刑法第一百三十八条）、抢劫（刑法第二百六十三条）、向未成年人传授犯罪方法（刑法第二百九十五条）、引诱未成年人聚众淫乱（刑法第三百零一条）、非法组织、强迫未成年人出卖血液（刑法第三百三十三条）、强迫、引诱、教唆、欺骗、容留未成年人吸毒（刑法第三百五十三条、第三百五十四条）、组织、强迫、引诱、容留、介绍未成年人卖淫（刑法第三百五十八条、第三百五十九条）、向未成年人传播淫秽物品（刑法第三百六十四条）、组织未成年人进行淫秽表演（刑法第三百六十五条）等犯罪案件。

第六条 【未达刑事责任年龄的处理】人民检察院对于犯罪时未达到刑事责任年龄的未成年人，应当加强与公安机关、学校、社会保护组织等单位及未成年人家庭的协调、配合，通过责令加以管教、政府收容教养、实施社会观护等措施，预防其再犯罪。

第二节 模式与机制

第七条 【工作模式】人民检察院未检部门实行捕、诉、监、防一体化工作模式，同一个检察官或者检察官办案组负责同一刑事案件的审查逮捕、审查起诉、诉讼监督和犯罪预防等工作，以利于全面掌握未成年人案件情况和未成年人身心状况，有针对性地开展帮助、教育，切实提高工作质量和效果。

第八条 【专用工作设施】人民检察院应当建立适合未成年人身心特点的未检专用工作室，配备同步录音录像、心理疏导、心理测评等相关办案装备和设施，为讯问、询问未成年人，教育感化涉罪未成年人和保护救助未成年被害人，司法听证、宣布、训诫提供合适场所和环境。

第九条 【内部联动机制】人民检察院未检部门在工作中发现侵害未成年人合法权益的犯罪线索，应当及时移送有关部门予以查处，并协调做好保护未成年人工作。其他检察业务部门在工作中发现侵害未成年人合法权益或者涉案未成年人需要心理疏导、救助帮教等情况，应当及时移送未检部门处理或者通知未检部门介入协助干预。

对于涉及未成年人权益保护的具有重大社会影响、疑难复杂等案件，上级人民检察院要加大对下级人民检察院的业务指导和案件督办。下级人民检察院应当及时将有关情况报告上级人民检察院。

第十条 【异地协作机制】对于异地检察机关提出协助进行社会调查、附条件不起诉监督考察、观护帮教、社区矫正监督、犯罪记录封存、被害人救助等请求的，协作地检察机关应当及时予以配合。

委托地检察机关应当主动与协作地检察机关就委托事项的办理进行充分沟通，提供相应法律文书、工作文书、情况说明等材料。必要时，可以通过委托地和协作地共同的上级检察机关未检部门进行沟通协调。

第十一条 【外部联动机制】人民检察院应当加强与政法机关及教育、

民政等政府部门、未成年人保护组织等机构的联系，积极促进和完善合作机制，形成司法保护与家庭保护、学校保护、政府保护、社会保护的衔接一致。

第十二条 【借助专业力量】人民检察院可以通过政府购买服务、聘请专业人士等方式，将社会调查、合适成年人到场、心理疏导、心理测评、观护帮教、附条件不起诉监督考察等工作，交由社工、心理专家等专业社会力量承担或者协助进行，提高未成年人权益保护和犯罪预防的专业化水平，推动建立健全司法借助社会专业力量的长效机制。

第三节 基本要求

第十三条 【特殊、优先保护】人民检察院应当根据未成年人的身心特点给予特殊、优先保护。对于确有特殊困难、特殊需求的未成年人，应当予以特殊帮助。

第十四条 【平等对待】人民检察院应当对所有涉案未成年人进行全面保护。不论未成年人性别、民族、种族、户籍、家庭财产状况、宗教信仰等，应当平等对待，不得有任何歧视或者忽视。

第十五条 【教育挽救】人民检察院办理未成年人刑事案件要切实贯彻"教育、感化、挽救"方针和"教育为主、惩罚为辅"原则，落实好刑事诉讼法规定的特殊制度、程序和要求。坚持教育和保护优先，为涉罪未成年人重返社会创造机会，最大限度地减少羁押措施、刑罚尤其是监禁刑的适用。

第十六条 【诉讼权利保障】人民检察院应当充分保障未成年人行使其诉讼权利，保证未成年人得到充分的法律帮助。

第十七条 【区别对待】人民检察院办理未成年人刑事案件，应当区别于成年人，充分考虑未成年人的身心特点、认知水平，在事实认定、证据采信、罪与非罪、此罪与彼罪、情节把握等方面，提出有针对性的意见。

第十八条 【分案处理】人民检察院办理未成年人与成年人共同犯罪案件时，一般应当将未成年人与成年人分案处理。不宜分案处理的，应当对未成年人采取特殊保护措施。

对于被拘留、逮捕和被执行刑罚的未成年人，应当监督相关机关落实与成年人分别关押、分别管理、分别教育的规定。

第十九条 【隐私保护】人民检察院应当依法保护涉案未成年人的名誉、隐私和个人信息，尊重其人格尊严，不得公开或者传播能够单独或者与其他信息结合识别未成年人个人身份的各种信息，包括姓名、出生日期、身份证号码、个人生物识别信息、住址、电话号码、照片、图像等。

第二十条 【快速办理】在保证教育、挽救和保护救助效果的前提下，人民检察院办理涉及未成年人的案件，应当快速办理，不得有任何不必要的拖延,尽可能减少未成年人的诉讼负累。

第二十一条 【双向保护】人民检察院办理未成年人刑事案件,既要注重保护涉罪未成年人的合法权益,也要注重维护社会利益,积极化解矛盾,使被害人得到平等保护,尤其要注重对未成年被害人的权益维护和帮扶救助。

第二十二条 【综合施策】人民检察院应当加强与有关单位、组织的联系与配合,充分发挥社会力量的作用,采取经济、行政、刑事等各种手段,综合解决未成年人违法犯罪、权益保护等问题。

第二十三条 【风险评估】人民检察院办理未成年人刑事案件,应当加强办案风险评估预警工作,主动采取适当措施,积极回应和引导社会舆论,有效防范执法办案风险。

第二章　特殊检察制度

第一节　法律援助

第二十四条 【基本要求】人民检察院办理未成年人刑事案件,应当保障未成年犯罪嫌疑人得到法律帮助,并加强与辩护人的沟通,认真听取辩护人的意见,共同做好涉罪未成年人的教育、感化、挽救工作。

人民检察院应当加强与公安机关、人民法院、司法行政机关的沟通协调,通过建立法律援助律师值班制度、完善法律援助相互衔接机制、组建专业化未成年人法律援助律师队伍等措施,确保强制辩护和被害人法律援助制度有效落实。

第二十五条 【及时通知】人民检察院办理未成年人刑事案件,应当首先了解未成年犯罪嫌疑人委托辩护人及得到法律援助的情况。没有委托辩护人的,应当及时告知未成年犯罪嫌疑人及其法定代理人有权委托辩护人。未成年犯罪嫌疑人及其法定代理人没有委托辩护人且没有得到法律援助的,应当及时通知所在地法律援助机构指派律师为其提供辩护。

第二十六条 【督促公安机关】对于公安机关在侦查环节未通知法律援助机构指派律师为未成年人提供辩护的,人民检察院应当认真履行监督职责,依法督促公安机关予以纠正。

第二十七条 【另行指定】未成年犯罪嫌疑人拒绝法律援助机构指派的律师为其辩护的,人民检察院应当查明原因,有正当理由的,应当准许;同时告知未成年犯罪嫌疑人及其法定代理人另行委托辩护人。未成年犯罪嫌疑人及其法定代理人未另行委托辩护人的,应当及时书面通知法律援助机构另行指派律师为其提供辩护。未成年犯罪嫌疑人再次拒绝且无正当理由的,不予准许。

对于法律援助律师怠于履行职责、泄露隐私和违规辩护的，人民检察院应当依法履行监督职责，通知法律援助机构变更法律援助律师，并书面建议司法行政机关依法作出相应处理。

第二节 社会调查

第二十八条 【基本要求】人民检察院办理未成年人刑事案件，应当对公安机关或者辩护人提供的社会调查报告及相关材料进行认真审查，并作为审查逮捕、审查起诉、提出量刑建议以及帮教等工作的重要参考。

第二十九条 【应当调查】对于未成年人刑事案件，一般应当进行社会调查，但未成年人犯罪情节轻微，且在调查案件事实的过程中已经掌握未成年犯罪嫌疑人的成长经历、犯罪原因、监护教育等情况的，可以不进行专门的社会调查。

第三十条 【督促调查】对于卷宗中没有证明未成年犯罪嫌疑人的成长经历、犯罪原因、监护教育等情况的材料或者材料不充分的，人民检察院应当要求公安机关提供或者补充提供。

未成年犯罪嫌疑人不讲真实姓名、住址，身份不明，无法进行社会调查的，人民检察院应当要求公安机关出具书面情况说明。无法进行调查的原因消失后，应当督促公安机关开展社会调查。

第三十一条 【自行调查】人民检察院对于公安机关移送审查起诉的未成年人刑事案件，未随案移送社会调查报告及其附属材料，经发函督促七日内仍不补充移送的；或者随案移送的社会调查报告不完整，需要补充调查的；或者人民检察院认为应当进行社会调查的，可以进行调查或补充调查。

第三十二条 【知情权保护】开展社会调查应当充分保障未成年人及其法定代理人的知情权，并在调查前将调查人员的组成、调查程序、调查内容及对未成年人隐私保护等情况及时告知未成年人及其法定代理人。

第三十三条 【隐私权保护】开展社会调查时，调查人员不得驾驶警车、穿着检察制服，应当尊重和保护未成年人名誉，避免向不知情人员泄露未成年人的涉罪信息。

第三十四条 【调查方式、程序】人民检察院自行开展社会调查的，调查人员不得少于二人。

开展社会调查应当走访未成年犯罪嫌疑人的监护人、亲友、邻居、老师、同学、被害人或者其近亲属等相关人员。必要时可以通过电话、电子邮件或者其他方式向身在外地的被害人或其他人员了解情况。

经被调查人同意，可以采取拍照、同步录音录像等形式记录调查内容。

第三十五条 【心理测评】社会调查过程中，根据需要，经未成年犯罪嫌疑人及其法定代理人同意,可以进行心理测评。

第三十六条 【调查内容】社会调查主要包括以下内容:

(一)个人基本情况,包括未成年人的年龄、性格特点、健康状况、成长经历(成长中的重大事件)、生活习惯、兴趣爱好、教育程度、学习成绩、一贯表现、不良行为史、经济来源等;

(二)社会生活状况,包括未成年人的家庭基本情况(家庭成员、家庭教育情况和管理方式、未成年人在家庭中的地位和遭遇、家庭成员之间的感情和关系、监护人职业、家庭经济状况、家庭成员有无重大疾病或遗传病史等)、社区环境(所在社区治安状况、邻里关系、在社区的表现、交往对象及范围等)、社会交往情况(朋辈交往、在校或者就业表现、就业时间、职业类别、工资待遇、与老师、同学或者同事的关系等);

(三)与涉嫌犯罪相关的情况,包括犯罪目的、动机、手段、与被害人的关系等;犯罪后的表现,包括案发后、羁押或取保候审期间的表现、悔罪态度、赔偿被害人损失等;社会各方意见,包括被害方的态度、所在社区基层组织及辖区派出所的意见等,以及是否具备有效监护条件、社会帮教措施;

(四)认为应当调查的其他内容。

第三十七条 【调查笔录】调查情况应当制作笔录,并由被调查人进行核对。被调查人确认无误,签名后捺手印。

以单位名义出具的证明材料,由材料出具人签名,并加盖单位印章。以个人名义出具的证明材料,由材料出具人签名,并附个人身份证复印件。

第三十八条 【制作报告】社会调查结束后,应当制作社会调查报告,由调查人员签名,并加盖单位印章。

社会调查报告的主要内容包括:

(一)调查主体、方式及简要经过;

(二)调查内容;

(三)综合评价,包括对未成年犯罪嫌疑人的身心健康、认知、解决问题能力、可信度、自主性、与他人相处能力以及社会危险性、再犯可能性等情况的综合分析;

(四)意见建议,包括对未成年犯罪嫌疑人的处罚和教育建议等。

社会调查人员意见不一致的,应当在报告中写明。

调查笔录或者其他能够印证社会调查报告内容的书面材料,应当附在社会调查报告之后。

第三十九条 【委托调查】人民检察院开展社会调查可以委托有关组织或者机构进行。当地有青少年事务社会工作等专业机构的,应当主动与其联系,以政府购买服务等方式,将社会调查交由其承担。

委托调查的,应当向受委托的组织或者机构发出社会调查委托函,载明被调查对象的基本信息、案由、基本案情、调查事项、调查时限等,并要求其在社会调查完成后,将社会调查报告、原始材料包括调查笔录、调查问卷、社会调查表、有关单位和个人出具的证明材料、书面材料、心理评估报告、录音录像资料等,一并移送委托的人民检察院。

第四十条 【保密及回避原则】人民检察院委托进行社会调查的,应当明确告知受委托组织或机构为每一个未成年人指派两名社会调查员进行社会调查;不得指派被调查人的近亲属或者与本案有利害关系的人员进行调查。社会调查时,社会调查员应当出示社会调查委托函、介绍信和工作证,不得泄露未成年犯罪嫌疑人的犯罪信息、个人隐私等情况,并对社会调查的真实性负法律责任。

第四十一条 【了解情况】经人民检察院许可,社会调查员可以查阅部分诉讼文书并向未检检察官了解案件基本情况。

社会调查员进行社会调查,应当会见被调查的未成年犯罪嫌疑人,当面听取其陈述。未成年犯罪嫌疑人未被羁押的,可以到未成年犯罪嫌疑人的住所或者其他适当场所进行会见。未成年犯罪嫌疑人被羁押的,经公安机关审查同意,可以到羁押场所进行会见。

会见未在押的未成年犯罪嫌疑人,应征得其法定代理人的同意。

第四十二条 【审查认定】人民检察院收到公安机关或者受委托调查组织或者机构移送的社会调查报告及相关材料后,应当认真审查材料是否齐全、内容是否真实,听取未成年犯罪嫌疑人及其法定代理人或者其他到场人员、辩护人的意见,并记录在案。

第四十三条 【重新调查】对公安机关或者受委托调查组织或者机构出具的社会调查报告,经审查有下列情形之一的,人民检察院应当重新进行社会调查:

(一)调查材料有虚假成分的;

(二)社会调查结论与其他证据存在明显矛盾的;

(三)调查人员系案件当事人的近亲属或与案件有利害关系,应当回避但没有回避的;

(四)人民检察院认为需要重新调查的其他情形。

第四十四条 【文书表述】承办人应当在案件审查报告中对开展社会调查的情况进行详细说明,并在决定理由部分写明对社会调查报告提出的处罚建议的采纳情况及理由。

人民检察院在制作附条件不起诉决定书、不起诉决定书、起诉书等法律文书时，应当叙述通过社会调查或者随案调查查明的未成年犯罪嫌疑人、被不起诉人、被告人的成长经历、犯罪原因、监护教育等内容。

第四十五条　【移送法院】人民检察院提起公诉的案件，社会调查报告及相关资料应当随案移送人民法院。

社会调查报告的内容应当在庭审中宣读，必要时可以通知调查人员出庭说明情况。委托调查的，可以要求社会调查员出庭宣读社会调查报告。

第三节　法定代理人、合适成年人到场

第四十六条　【基本要求】人民检察院办理涉及未成年人的刑事案件，应当依法通知未成年犯罪嫌疑人、被害人、证人的法定代理人在场，见证、监督整个讯问或者询问过程，维护未成年人合法权益。

对于法定代理人具有下列情形之一，不能或者不宜到场的，要保证未成年人的其他成年亲属，所在学校、单位或者居住地的村民委员会、居民委员会、未成年人保护组织的代表等合适成年人到场，并将有关情况记录在案：

（一）与未成年犯罪嫌疑人构成共同犯罪的；
（二）已经死亡、宣告失踪或者无监护能力的；
（三）因身份、住址或联系方式不明无法通知的；
（四）因路途遥远或者其他原因无法及时到场的；
（五）经通知明确拒绝到场的；
（六）阻扰讯问或者询问活动正常进行，经劝阻不改的；
（七）未成年人有正当理由拒绝法定代理人到场的；
（八）到场可能影响未成年人真实陈述的；
（九）其他不能或者不宜到场的情形。

讯问、询问女性未成年人的，一般应当选择女性合适成年人到场。

通知到场的法定代理人或者合适成年人一般为一名。

法定代理人不能或者不宜到场的情形消失后，人民检察院应当及时通知法定代理人到场。

第四十七条　【权利义务】到场的合适成年人享有下列权利：

（一）向办案机关了解未成年人的成长经历、家庭环境、个性特点、社会活动以及其他与案件有关的情况；
（二）讯问或者询问前，可以在办案人员陪同下会见未成年人，了解其健康状况、是否告知权利义务、合法权益是否被侵害等情况；
（三）向未成年人解释有关法律规定，并告知其行为可能导致的法律后果；
（四）对未成年人进行法制宣传，有针对性地进行提醒教育；

（五）发现办案机关存在诱供、逼供或其他侵害未成年人合法权益的情形，可以当场提出意见，也可以在笔录上载明自己的意见，并向办案机关主管部门反映情况；

（六）阅读讯问、询问笔录或者要求向其宣读讯问、询问笔录；

（七）法律法规规定的其他权利。

到场的合适成年人应当履行下列义务：

（一）接到参与刑事诉讼通知后持有效证件及时到场；

（二）向未成年人表明自己的身份和承担的职责；

（三）在场发挥监督作用和见证整个讯问、询问过程，维护未成年人基本权利；

（四）抚慰未成年人，帮助其消除恐惧心理和抵触情绪；

（五）帮助未成年人正确理解讯问或者询问程序，但不得以诱导、暗示等方式妨碍其独立思考回答问题，不得非法干涉办案机关正当的诉讼活动；

（六）保守案件秘密，不得泄露案情或者未成年人的个人信息；

（七）发现本人与案件存在利害关系或者其他不宜担任合适成年人的情况后，应当及时告知办案机关或者所在地未成年人保护组织；

（八）法律法规规定的其他义务。

到场的法定代理人除了具有上述规定的权利义务外，还可以代为行使未成年犯罪嫌疑人、被告人的诉讼权利。

第四十八条 【同一原则】人民检察院对同一名未成年人进行多次讯问、询问的，一般应当由同一合适成年人到场。

合适成年人参与其他诉讼活动的，参照上述规定。

第四十九条 【人员变更】未成年人要求更换合适成年人且有正当理由的，应当予以准许。

未成年人虽然没有提出更换合适成年人，但表露出对合适成年人抗拒、不满等情形，导致诉讼活动不能正常进行的，检察人员可以在征询未成年人的意见后，及时更换合适成年人。

更换合适成年人原则上以两次为限，但合适成年人不能正确行使权利、履行义务，不能依法保障未成年人合法权益的除外。

第五十条 【人员选择】选择合适成年人应当重点考虑未成年人的意愿和实际需要，优先选择未成年人的近亲属。

近亲属之外的合适成年人一般由熟悉未成年人身心特点，掌握一定未成年人心理、教育或者法律知识，具有较强社会责任感，并经过必要培训的社工、共青团干部、教师、居住地基层组织的代表、律师及其他热心未成年人保护工作的人员担任。所在地政府部门或者未成年人保护委员会等组织组建了青少年社工或者合适成年人队伍的，应当从社工或者确定的合适成年人名册中选择确定。

人民检察院应当加强与有关单位的沟通协调，制作合适成年人名册，健全运行管理机制，并开展相关培训，建立起一支稳定的合适成年人队伍。

第五十一条 【选任限制】人民检察院应当对到场合适成年人的情况进行审查。有下列情形之一的，不得担任合适成年人：

（一）刑罚尚未执行完毕或者处于缓刑、假释考验期间的；

（二）依法被剥夺、限制人身自由的；

（三）无行为能力或者限制行为能力的；

（四）案件的诉讼代理人、辩护人、证人、鉴定人员、翻译人员以及公安机关、检察机关、法院、司法行政机关的工作人员；

（五）与案件处理结果有利害关系的；

（六）其他不适宜担任合适成年人的情形。

第五十二条 【支持保障】由社会组织的代表担任合适成年人的，其在人民检察院审查逮捕、审查起诉阶段因履行到场职责而支出的交通、住宿、就餐等费用，人民检察院应当给予补助。

对上述合适成年人因履职所需要的其他必要条件，人民检察院应当予以保障。

第五十三条 【加强监督】人民检察院应当对侦查活动中合适成年人到场以及履职情况进行认真审查。发现讯问未成年犯罪嫌疑人、询问未成年被害人应当有合适成年人到场但没有到场，笔录内容无法和同步录音录像相互印证，且无法作出合理解释的，对该证据应当予以排除。

发现询问未成年证人应当有合适成年人到场但没有到场的，或者应当通知法定代理人而通知合适成年人的，应当要求侦查机关进行解释，不能作出合理解释的，对该证据予以排除。

人民检察院应当认真履行监督职责，依法督促公安机关予以纠正。

第四节 亲情会见

第五十四条 【会见条件】人民检察院对于具备下列条件之一，且未成年犯罪嫌疑人的法定代理人、近亲属等与本案无牵连的，经公安机关同意，可以安排在押未成年犯罪嫌疑人与其法定代理人、近亲属等进行会见：

（一）案件事实已基本查清，主要证据确实、充分，安排会见、通话不会影响诉讼活动正常进行的；

（二）未成年犯罪嫌疑人有认罪、悔罪表现，或者虽尚未认罪、悔罪，但通过会见有可能促使其转化，或者通过会见有利于社会、家庭稳定的；

（三）未成年犯罪嫌疑人的法定代理人、近亲属对其犯罪原因、社会危害性以及后果有一定的认识，并能配合司法机关进行教育的；

（四）其他可以安排会见的情形。

第五十五条　【审查答复】未成年犯罪嫌疑人及其法定代理人或近亲属提出要求进行亲情会见的，人民检察院应当及时审查。对于符合条件的，原则上应当在三个工作日内安排会见。不符合条件的，要对有关情况予以说明和解释。

审查及答复过程应当记录在案。

第五十六条　【会见安排】安排会见应当提前告知看守所会见的时间、人员、地点和方式。

亲情会见可以通过进入羁押场所会见或者视频会见以及通电话等形式进行。

审查逮捕、审查起诉阶段原则上可以各安排一次会见，参加会见的法定代理人或者近亲属限三人以下，每次会见时间一般不超过一个小时。

第五十七条　【会见要求】会见前，应当同未成年犯罪嫌疑人的法定代理人、近亲属等就会见的内容进行沟通交流，告知其会见不得有串供、谈论案情或者其他妨碍诉讼行为，了解其能否使用普通话或者办案当地通俗易懂的方言。对于不能通晓普通话或办案当地通俗易懂方言的，人民检察院可以安排翻译人员在场，以便更好地对未成年犯罪嫌疑人进行教育、感化和挽救。

会见时，应当有检察人员在场进行引导、监督。确定使用电话方式进行亲情会见的，一般应当采用免提通话形式。

会见人员违反法律或者会见场所规定、影响案件办理的，在场检察人员有权提出劝阻或警告；对不听劝阻或警告的，应当终止会见。

会见结束后，检察人员应当将有关内容及时整理并记录在案。

第五节　心理测评与心理疏导

第五十八条　【基本要求】人民检察院根据需要可以对涉罪未成年人（包括未达法定刑事责任年龄而不负刑事责任的未成年人）、未成年被害人、未成年证人（特别是目睹暴力者）进行心理疏导。必要时，经未成年人及其法定代理人同意，可以对未成年人进行心理测评。心理测评应当由具有心理咨询师资质的检察人员或者委托具有执业资质的心理咨询师进行。

对于遭受性侵害的未成年被害人，人民检察院尤其应当做好心理安抚、疏导工作。

第五十九条　【心理危机干预】对于在工作中发现未成年人有自杀、自残倾向或者相关行为表现的，人民检察院应当及时指派或者委托具有专业知识的人员进行心理危机干预。

第六十条　【流程步骤】 开展心理测评前，应当告知被测评人员测评的原则、目的，消除其紧张情绪。

心理测评后，应当及时出具心理测评报告，由测评人员签字，为进一步开展心理干预、心理疏导、心理矫正工作提供依据，并可以根据需要以合适的方式向涉案未成年人及其法定代理人反馈和解释。

对涉案未成年人进行心理疏导时应当记录工作情况，并可以根据情况开展后续跟踪心理矫正工作。

对依法提起公诉的案件，可以将办案过程中形成的心理测评报告、心理疏导、矫正记录等材料移送人民法院，保证工作的连续性。

第六十一条　【亲职教育】 对因家庭成员沟通和相处方式存在明显问题，影响涉案未成年人心理健康发育的，经涉案未成年人的法定代理人、监护人同意，可以对涉案未成年人及其法定代理人、监护人共同开展家庭教育和相处方式的心理咨询，并联合社会帮教力量启动亲职教育和亲子沟通辅导，帮助构建和谐健康的家庭模式。

第六十二条　【工作延伸】 人民检察院在提前介入侦查活动、审查逮捕时发现未成年犯罪嫌疑人需要进行心理测评、心理疏导的，应当及时通知侦查机关，建议开展心理测评、心理疏导工作；有条件的地区也可以自行开展心理测评、心理疏导工作。发现未成年被害人存在严重心理障碍的，应当及时进行心理疏导。

第六十三条　【资料管理】 心理测评、心理疏导工作记录，应当连同相关表格、报告等资料单独建档，妥善保存，并严格执行保密制度。

第六十四条　【保障机制】 各级人民检察院应当鼓励未检工作人员积极参加心理学专业知识培训以及考取心理咨询师专业资格，并按照规定解决相关费用。

第六节　当事人和解

第六十五条　【基本要求】 人民检察院办理未成年人刑事案件，应当注重化解矛盾，修复社会关系，鼓励未成年犯罪嫌疑人及其法定代理人通过赔礼道歉、赔偿损失等方式获得被害人谅解，积极促成双方当事人达成和解。

第六十六条　【目标把握】 对于未成年人刑事案件的和解，人民检察院应当在充分关注被害人需要、促进恢复被损害的社会关系同时，注重对未成年犯罪嫌疑人的教育、感化和挽救，促使其认识错误、真诚悔悟，从而为其重新回归社会、健康成长创造有利条件。

第六十七条 【适用范围及告知】对于符合下列条件的未成年人刑事案件,一方当事人请求和解,或者未成年犯罪嫌疑人真诚悔罪的,人民检察院可以主动征求未成年犯罪嫌疑人及其法定代理人、被害人及其法定代理人适用和解程序的意见,告知其相关法律依据、法律后果以及当事人的权利、义务等,并记入笔录附卷:

(一)案件事实清楚、证据确实充分;

(二)涉嫌刑法分则第四章、第五章规定的犯罪,可能被判处三年有期徒刑以下刑罚;

(三)过失犯罪。

被害人死亡的,其法定代理人、近亲属可以与未成年犯罪嫌疑人和解。被害人系无行为能力或者限制行为能力人的,其法定代理人可以代为和解。

第六十八条 【促成和解】对于符合条件的未成年人刑事案件,人民检察院可以应双方当事人的申请促成和解或者通过人民调解委员会等中立的第三方进行和解。申请可以口头提出,也可以书面提出,均应记录在案。

开展和解应当不公开进行。人民检察院应当告知参与人不得泄露未成年人的案件信息。

第六十九条 【和解协议】对于当事人双方自愿达成和解协议的,人民检察院可以依法主持制作和解协议书。

协议书应当包括如下内容:

(一)未成年犯罪嫌疑人认罪并向被害方赔礼道歉;

(二)有赔偿或补偿内容的,明确具体数额、履行方式和具体时间;

(三)被害方(包括未成年被害人)表示对未成年犯罪嫌疑人的谅解,以及对犯罪嫌疑人从宽处理的明确意见。

和解协议书一式三份,当事人及代理人签字、盖章确认后,涉案双方各持一份,另一份附卷。

第七十条 【和解审查】对于双方当事人自行达成和解,或者在人民调解组织、村(居)民委员会、当事人所在单位等相关组织调解后达成和解的,人民检察院应当对和解的自愿性、合法性、真实性进行审查,对符合条件的,认可其效力,并将和解协议书附卷备查;对不符合条件的,不予认可。

人民检察院在和解过程中,应当充分尊重当事人和解的意愿,尤其要维护和解协议达成的自愿性、合法性。

第七十一条 【和解效力】对于达成和解协议的未成年人刑事案件,人民检察院可以作出不批准逮捕的决定;已经逮捕的,应当进行羁押必要性审查,对于不需要继续羁押的,及时建议公安机关释放或者自行变更强制措施。

符合法律规定条件的，人民检察院可以决定不起诉或者附条件不起诉；依法提起公诉的，人民检察院应当向人民法院提出从轻、减轻或者免除处罚的量刑建议。

对案件审查终结前，和解协议未能全部履行完毕，且需要依法提起公诉的，人民检察院应当在量刑建议中向人民法院说明情况，将刑事和解协议及已履行部分的证明材料随案移送人民法院。

因客观原因无法履行和解协议或者加害方有和解意愿，但因客观原因无法达成和解协议的，可以参照上述规定执行。

第七十二条 【加强监督】对于下列情形，人民检察院认为处理不当、不利于保护涉案未成年人合法权益的，应当按照法律规定提出纠正意见：

（一）侦查机关适用刑事和解而撤销案件的；

（二）和解违背当事人自愿原则的；

（三）和解内容侵害第三方合法权益或者违背公序良俗的；

（四）人民检察院认为应当予以监督的其他情形。

第七十三条 【反悔应对】人民检察院对于达成和解后当事人反悔的，应当根据不同情况采取不同措施。

对于未成年犯罪嫌疑人骗取被害人信任并与之签订协议，在得到司法机关从轻、减轻或者免除处罚后，故意拖延履行或者不履行协议的，应当撤销相关决定，依法重新作出处理。

对于被害人获得经济赔偿后，又要求司法机关继续追究未成年犯罪嫌疑人的刑事责任的，应当认真审查，综合全案事实、情节，对相关决定进行评估，依法作出处理。

第七节 被害人救助

第七十四条 【基本要求】人民检察院应当充分维护未成年被害人的合法权益，协调相关部门，综合运用司法救助、心理救助、社会救助等多种方式和手段，帮助其健康成长。

第七十五条 【法律援助】人民检察院应当自收到移送审查起诉的案件材料之日起三日内，书面告知被害人及其法定代理人或者其他近亲属有权委托诉讼代理人，电话告知的应当记录在案；未成年被害人及其法定代理人因经济困难或者其他原因没有委托诉讼代理人的，人民检察院应当帮助其申请法律援助。

遭受性侵害的女性未成年被害人，一般应由女性律师提供法律援助。

第七十六条 【司法救助】未成年被害人具有下列情形之一的，人民检察院应当告知未成年被害人及其法定代理人或者其他近亲属有权申请司法救助：

（一）受到犯罪侵害急需救治，无力承担医疗救治费用的；

（二）因遭受犯罪侵害导致受伤或者财产遭受重大损失，造成生活困难或者学业难以为继的；

（三）赔偿责任人死亡或者没有赔偿能力、不能履行赔偿责任，或者虽履行部分赔偿责任，但不足以解决未成年被害人生活困难的；

（四）人民检察院认为应当救助的其他情形。

未成年被害人及其法定代理人或者其他近亲属提出司法救助申请的，未成年人检察部门应当及时将当事人情况、案件基本事实及救助申请等材料转交刑事申诉检察部门办理。

对于符合救助条件但未成年被害人及其法定代理人或者其他近亲属未提出申请的，未成年人检察部门可以主动启动救助程序，收集相关材料，提出救助意见，移送刑事申诉检察部门办理。

第七十七条 【心理救助】人民检察院对于遭受性侵害、监护侵害以及其他犯罪侵害，严重影响心理健康的未成年被害人，应当按照本章第五节的规定对其进行心理救助。

第七十八条 【社会救助】人民检察院可以根据未成年被害人的特殊困难及本地实际情况，协调有关部门按照社会救助相关规定进行救助。

未成年被害人家庭符合最低生活保障条件或者本人未满十六周岁，符合特困供养人员条件的，人民检察院可以帮助被害人向有关部门提出申请。

未成年被害人的监护人无法履行监护职责、生活无着的，人民检察院可以征询其本人意见，协调有关部门安置或者将其妥善送交其他愿意接收的亲属。

适龄未成年被害人有劳动、创业等意愿但缺乏必要的技能或者资金的，人民检察院可以协调有关部门为其提供技能培训、就业岗位申请等帮助。

第七十九条 【综合救助】未成年被害人同时面临多种严重困难的，人民检察院应当协调有关部门进行综合救助。

对于未成年人进行救助的情况应当记录在案，并随案将救助情况移送有关部门。

第八十条 【回访监督】人民检察院应当定期对接受救助的被害人进行回访，了解其实际情况，考察救助效果。

发现有其他严重困难需要继续救助的，应当积极协调相关部门予以救助。

发现未成年被害人及其法定代理人或者近亲属采用虚报、隐瞒或者伪造证据等方式骗取救助的，应当给予严肃批评，及时建议相关部门撤回救助；情节严重，构成犯罪的，移送有关部门处理。

第八十一条 【参照适用】对未成年犯罪嫌疑人需要救助的，可以参照本节规定适用。

第八节 犯罪记录封存

第八十二条 【基本要求】对于犯罪时不满十八周岁，被判处五年有期徒刑以下刑罚以及免除刑事处罚的未成年人的犯罪记录，人民检察院应当在收到人民法院生效判决后，对犯罪记录予以封存。

对于犯罪记录封存的未成年人，人民检察院应当告知其在入学、入伍、就业时，免除报告自己曾受过刑事处罚的义务。

对于二审案件，上级人民检察院封存犯罪记录时，应当通知下级人民检察院对相关犯罪记录予以封存。

对于在年满十八周岁前后实施数个行为，构成一罪或者数罪，被判处五年有期徒刑以下刑罚的以及免除刑事处罚的未成年人的犯罪记录，人民检察院可以不适用犯罪记录封存规定。

第八十三条 【具体操作】人民检察院应当将拟封存的有关未成年人个人信息、涉嫌犯罪或者犯罪的全部案卷、材料，均装订成册，加盖"封存"字样印章后，交由档案部门统一加密保存，执行严格的保管制度，不予公开，并应在相关电子信息系统中加设封存模块，实行专门的管理及查询制度。未经法定查询程序，不得对封存的犯罪记录及相关电子信息进行查询。

有条件的地方可以建立专门的未成年人犯罪档案库或者管理区，封存相关档案。

第八十四条 【共同犯罪封存】对于未分案处理的未成年人与成年人共同犯罪案件中有未成年人涉罪记录需要封存的，应当将全案卷宗等材料予以封存。分案处理的，在封存未成年人材料的同时，应当在未封存的成年人卷宗封皮标注"含犯罪记录封存信息"，并对相关信息采取必要保密措施。

对不符合封存条件的其他未成年人、成年人犯罪记录，应当依照相关规定录入全国违法犯罪人员信息系统。

第八十五条 【封存效力】未成年人犯罪记录封存后，没有法定事由、未经法定程序不得解封。

除司法机关为办案需要或者有关单位根据国家规定进行查询的以外，人民检察院不得向任何单位和个人提供封存的犯罪记录，并不得提供未成年人有犯罪记录的证明。

前款所称国家规定，是指全国人民代表大会及其常务委员会制定的法律和决定，国务院制定的行政法规、规定的行政措施、发布的决定和命令。

第八十六条 【不起诉封存】人民检察院对未成年犯罪嫌疑人作出不起诉决定后，应当对相关记录予以封存。具体程序参照本指引第八十二条至八十五条规定办理。

第八十七条 【其他封存】其他民事、行政与刑事案件，因案件需要使用被封存的未成年人犯罪记录信息的，应当在相关卷宗中标明"含犯罪记录封存信息"，并对相关信息采取必要保密措施。

第八十八条 【出具无犯罪记录的证明】被封存犯罪记录的未成年人本人或者其法定代理人申请为其出具无犯罪记录证明的，人民检察院应当出具无犯罪记录的证明。如需要协调公安机关、人民法院为其出具无犯罪记录证明的，人民检察院应当积极予以协助。

第八十九条 【查询封存记录】司法机关或者有关单位需要查询犯罪记录的，应当向封存犯罪记录的人民检察院提出书面申请，列明查询理由、依据和目的，人民检察院应当在受理之后七日内作出是否许可的答复。

对司法机关为办理案件需要申请查询的，可以依法允许其查阅、摘抄、复制相关案卷材料和电子信息。

其他单位查询人民检察院不起诉决定的，应当不许可查询。

依法不许可查询的，人民检察院应当向查询单位出具不许可查询决定书，并说明理由。

许可查询的，查询后，档案管理部门应当登记相关查询情况，并按照档案管理规定将有关申请、审批材料一同存入卷宗归档保存。

第九十条 【共同犯罪查询】确需查询已封存的共同犯罪记录中成年同案犯或者被判处五年有期徒刑以上刑罚未成年同案犯犯罪信息的，人民检察院可以参照本指引第八十九条的规定履行相关程序。

第九十一条 【保密要求】对于许可查询被封存的未成年人犯罪记录的，人民检察院应当告知查询犯罪记录的单位及相关人员严格按照查询目的和使用范围使用有关信息，严格遵守保密义务，并要求其签署保密承诺书。不按规定使用所查询的犯罪记录或者违反规定泄露相关信息，情节严重或者造成严重后果的，应当依法追究相关人员的责任。

第九十二条 【解除封存】对被封存犯罪记录的未成年人，符合下列条件之一的，应当对其犯罪记录解除封存：

（一）实施新的犯罪，且新罪与封存记录之罪数罪并罚后被决定执行五年有期徒刑以上刑罚的；

（二）发现漏罪，且漏罪与封存记录之罪数罪并罚后被决定执行五年有期徒刑以上刑罚的。

第九十三条 【封存监督】未成年人及其法定代理人向人民检察院提出或者人民检察院发现应当封存未成年人犯罪记录而未依法封存的，或者相关单位违法出具未成年人有犯罪记录的证明的,人民检察院应当依法履行法律监督职责,提出纠正意见,督促相关部门依法落实未成年人犯罪记录封存制度。

第三章　讯问未成年犯罪嫌疑人

第一节　一般规定

第九十四条　【基本原则】人民检察院讯问未成年犯罪嫌疑人,应当充分照顾不同年龄段未成年人的身心特点,注意营造信任、宽松的沟通氛围,采用平和的讯问方式和通俗易懂的语言,做到耐心倾听、理性引导。

第九十五条　【主要任务】讯问未成年犯罪嫌疑人,不仅要查明犯罪事实、核实主体身份以及是否有自首、立功、坦白等情节,听取其有罪的供述或者无罪、罪轻的辩解,还应当深入了解未成年犯罪嫌疑人的成长经历、犯罪原因、监护教育等相关情况,充分获取其不良行为、违法犯罪、是否曾经遭受侵害以及回归社会的实际需求、有利条件、不利因素等方面的信息,并适时对未成年犯罪嫌疑人进行教育引导。

第九十六条　【人员要求】讯问未成年犯罪嫌疑人,应当由两名熟悉未成年人身心特点的检察人员进行。讯问女性未成年犯罪嫌疑人,应当有女性检察人员参加。

讯问聋、哑或者不通晓当地语言、文字的未成年犯罪嫌疑人,应当有通晓聋、哑手势或者当地语言、文字且与本案无利害关系的人员进行翻译。未成年犯罪嫌疑人的聋、哑或者不通晓当地语言、文字以及翻译人员的姓名、性别、工作单位和职业等情况应当记录在案。

第九十七条　【地点选择】讯问未被羁押的未成年犯罪嫌疑人,一般应当在检察机关专设的未成年人检察工作室进行。未成年犯罪嫌疑人及其法定代理人的住所、学校或者其他场所更为适宜的,也可以在上述地点进行讯问。

讯问被羁押的未成年犯罪嫌疑人,羁押场所设有专门讯问室的,应当在专门讯问室进行;没有设立的,应当协调公安机关设立适合未成年犯罪嫌疑人身心特点的专门讯问室。

第九十八条　【时间要求】讯问未成年犯罪嫌疑人的时间应当以减少对其不利影响为前提。未成年人为在校学生的,应当避免在正常教学期间进行讯问。

在讯问过程中,应当根据未成年犯罪嫌疑人的心理状态、情绪变化等实际情况,及时调整讯问的时间和节奏,避免对其身心造成负面影响,保证讯问活动顺利进行。

第九十九条 【尊重人格】 讯问未成年犯罪嫌疑人要维护其人格尊严,不得使用带有暴力性、贬损性色彩的语言。

讯问未成年犯罪嫌疑人一般不得使用械具。对于确有人身危险性,必须使用械具的,在现实危险消除后,应当立即停止使用。

第一百条 【隐私保护】 讯问未成年犯罪嫌疑人可以不着检察制服,但着装应当朴素、简洁、大方。

办案人员到未成年犯罪嫌疑人住所、学校或者工作单位进行讯问的,应当避免穿着制服、驾驶警车或者采取其他可能暴露未成年犯罪嫌疑人身份、隐私,影响其名誉的方式。

第一百零一条 【讯问方式】 讯问未成年犯罪嫌疑人的语言要符合未成年人的认知能力,能够被未成年人充分理解。

讯问可以采取圆桌或座谈的方式进行。

讯问未成年犯罪嫌疑人应当采取非对抗的讯问方式,详细告知其如实供述案件事实的法律规定和国家对未成年人的保护政策,鼓励其理性决策。

讯问过程中要注意耐心倾听,让未成年犯罪嫌疑人有充分的机会表达自己观点。对于未成年犯罪嫌疑人提出的疑问或者法律问题,应当充分予以解释和说明。

第一百零二条 【专家辅助】 根据案件具体情况,人民检察院在讯问未成年犯罪嫌疑人时可以聘请心理专家给予必要的辅助,并记录在案。

第一百零三条 【心理疏导和测评】 讯问过程中,应当全程对未成年犯罪嫌疑人的生理、心理、精神状态予以关注,必要时可以进行心理疏导和测评。

第一百零四条 【录音录像】 有下列情形之一的,可以对讯问未成年犯罪嫌疑人的过程进行录音录像:

(一) 犯罪嫌疑人不认罪的;

(二) 犯罪嫌疑人前后供述不一的;

(三) 辩护人提出曾受到刑讯逼供、诱供的;

(四) 其他必要的情形。

录音录像应当全程不间断进行,保持完整性,不得选择性地录制,不得剪接、删改。

第二节 讯问前准备

第一百零五条 【了解情况】 讯问前,办案人员应当认真审查案卷材料。必要时可以调取公安机关同步录音录像资料,并与公安侦查人员、管教干警、法定代理人、法律援助律师等进行沟通,了解未成年犯罪嫌疑人的相关情况;

也可以通过电话、信函、走访等方式开展调查，以提高讯问的针对性。

第一百零六条 【制定讯问提纲】办案人员应当根据案件具体情况和未成年犯罪嫌疑人身心特点、成长经历、家庭情况等，制定详细的讯问提纲或者讯问方案。

第一百零七条 【告知文书】讯问未成年犯罪嫌疑人应当准备以下告知法律文书：

（一）未成年犯罪嫌疑人权利义务告知书；

（二）法定代理人或者合适成年人到场通知书；

（三）法定代理人或者合适成年人权利义务告知书；

（四）传唤证或者提讯提解证；

（五）根据案件具体情况应当准备的其他告知文书，如心理测评告知书等。

第一百零八条 【通知到场】讯问未成年犯罪嫌疑人，应当通知其法定代理人到场。无法通知、法定代理人不能到场或者法定代理人是共犯的，可以通知合适成年人到场，并将有关情况记录在案。

讯问前应当将讯问的时间、地点提前通知法定代理人或者合适成年人，并要求其携带到场通知书、身份证或者工作证、户口簿等身份证明文件。

需要对到场参与讯问的法定代理人取证的，应当先行对其进行询问并制作笔录。

目睹案件发生过程，提供证人证言的，不适宜担任合适成年人。

第三节 讯 问

第一百零九条 【介绍参与人员】讯问开始时，办案人员应当首先向未成年犯罪嫌疑人表明身份，告知其讯问人员的姓名、单位、法律职务。

合适成年人到场的，办案人员应当向未成年犯罪嫌疑人介绍合适成年人的身份、职业等基本情况以及合适成年人制度的法律意义等，并让合适成年人与未成年犯罪嫌疑人就生活、学习、家庭等非涉案情况进行短暂交流。交谈情况应当记录在案。

第一百一十条 【权利义务告知】办案人员应当告知未成年犯罪嫌疑人及其法定代理人或者合适成年人依法享有的诉讼权利、相关法律规定以及案件的进展情况。告知时，应当以未成年人可以理解的语言进行解释说明，并通过由未成年犯罪嫌疑人亲笔书写告知内容或者让其复述等方式，以确保未成年人真正理解其诉讼权利、义务以及供述可能产生的法律后果。告知的情形应当记录在案。

第一百一十一条 【缓解情绪】正式讯问开始前，办案人员应当尽可能缓解未成年犯罪嫌疑人的紧张情绪，与其建立信任友善关系，为正式讯问打下良好的基础。

第一百一十二条 【核查主体】讯问未成年犯罪嫌疑人主体方面内容应当注意：

（一）核实未成年犯罪嫌疑人的年龄身份情况，问明出生年月日、公历还是农历、生肖属相、每年何时过生日、就学就业经历、家庭成员的年龄情况等；

（二）掌握未成年犯罪嫌疑人的健康情况，问明是否有影响羁押的严重疾病、生理发育是否有缺陷、是否有病史特别是精神病史、女性未成年犯罪嫌疑人是否处于怀孕或者哺乳期等；

（三）核实未成年犯罪嫌疑人的前科情况；

（四）了解未成年犯罪嫌疑人的监护状况，问明其法定代理人的基本情况及联系方式、父母和亲属是否在本地、是否具备监护能力或者有无其他愿意承担监护责任的人选等；

（五）了解未成年犯罪嫌疑人的生活背景、成长经历，问明其家庭环境、学校教育、社区环境、社会交往、兴趣爱好、脾气性格等；

（六）其他应当注意的内容。

第一百一十三条 【核查客观方面】讯问未成年犯罪嫌疑人客观方面内容应当注意：

（一）讯问实施犯罪行为的具体时间、地点，参与人员、侵害对象、手段、结果，以及在共同犯罪中的地位与作用；

（二）了解被害人是否有过错以及过错程度；

（三）讯问犯罪对象、作案工具的主要特征、与犯罪有关的财物的来源、数量以及去向，核实退赔赃款赃物的情况；

（四）其他应当注意的问题。

第一百一十四条 【核查主观方面】讯问未成年犯罪嫌疑人主观方面内容应当注意：

（一）详细讯问未成年犯罪嫌疑人的作案动机目的，实施犯罪行为时所持有的心理态度等；

（二）共同犯罪的，要问明是否有预谋和分工，是否被他人胁迫、引诱或者被教唆；

（三）问明中止犯罪的原因及案发后到案的情况，以及是否具有自首、立功表现等；

（四）有犯罪前科的，要问明再犯罪的原因，以及犯罪后的主观悔罪认识。

第一百一十五条 【探究犯罪原因】讯问过程中,应当以预防再犯罪为目标,深入探究未成年人走上犯罪道路的主客观原因以及回归社会的不利因素和有利条件。

第一百一十六条 【自书供述】未成年犯罪嫌疑人请求自行书写供述的,办案人员应当准许。必要时,办案人员也可以要求其亲笔书写供述。

第一百一十七条 【适时教育】主要犯罪事实讯问完毕后,办案人员可以结合案情及未成年犯罪嫌疑人个体情况,有针对性地开展教育。

讯问过程中要注意把握教育感化的契机,适时向其讲解相关法律,帮助其明辨是非,促使其认罪悔罪,增强法治意识。

第一百一十八条 【及时鼓励】办案人员要注意掌握未成年犯罪嫌疑人的优点、特长并予以肯定,未成年犯罪嫌疑人认错悔罪或者表现好时,应予及时鼓励。

第一百一十九条 【写致歉信】为释放未成年犯罪嫌疑人的心理压力,促使其深刻反省错误,办案人员根据情况可以建议其给被害人写致歉信。

第一百二十条 【掌控情境】讯问过程中,要注意防止未成年犯罪嫌疑人发生抵触、烦躁、悲观等消极情况。如果发生,应当保持冷静,及时予以安抚、引导。

第一百二十一条 【在场监督】法定代理人或者合适成年人认为办案人员的讯问行为侵犯了未成年犯罪嫌疑人的合法权益时,可以提出意见。对于合理意见,办案人员应当接受并纠正;对于不合理意见,应当说明理由。相关内容应当记录在案。

第一百二十二条 【中止讯问】当未成年犯罪嫌疑人出现恐慌、紧张、激动、疲劳等不宜继续讯问的情形时,办案人员应当及时中止讯问,在法定代理人或者合适成年人协助下消除上述情形后再行讯问。必要时,可以由具有心理咨询师资质的检察人员或者专门的心理咨询师进行心理干预和情绪疏导。

第一百二十三条 【制作笔录】办案人员应当忠实记录讯问过程,讯问笔录应当充分体现未成年人的语言风格。

第一百二十四条 【签名确认】讯问完毕后,讯问笔录应当交未成年犯罪嫌疑人、到场的法定代理人或者合适成年人阅读或者向其宣读。经未成年犯罪嫌疑人、法定代理人、合适成年人核对无误后,分别在讯问笔录上签名并捺指印确认。

第四章　询问未成年被害人、证人

第一节　一般规定

第一百二十五条　【主要任务】询问未成年被害人，不仅要查明案件事实，还应当深入了解未成年人因犯罪行为在身体、心理、生活等方面所遭受的不良影响以及确保健康成长的需求等情况，并注重对其合法权益的保护。

第一百二十六条　【地点选择】询问未成年被害人应当选择未成年人住所或者其他让未成年人感到安全的场所进行。

经未成年人及其法定代理人同意，可以通知未成年被害人到检察机关专设的未成年人检察工作室接受询问。

第一百二十七条　【时间要求】询问未成年被害人的时间应当以不伤害其身心健康为前提。

询问不满十四周岁未成年人，由办案人员根据其生理、心理等表现确定时间，每次正式询问持续时间一般不超过一小时，询问间隔可以安排适当的休息。

询问过程中，应当根据未成年被害人的心理状态、情绪变化等实际情况，及时调整询问节奏，避免对其身心造成负面影响，保证询问活动顺利进行。

第一百二十八条　【呵护身心】询问未成年被害人要注意呵护其身心健康，维护人格尊严。

第一百二十九条　【次数限制】询问未成年被害人应当以一次询问为原则，尽可能避免反复询问造成二次伤害。公安机关已询问未成年被害人并制作笔录的，除特殊情况外一般不再重复询问。

第一百三十条　【参与询问】对于性侵害等严重侵害未成年人人身权利的犯罪案件，可以通过提前介入侦查的方式参与公安机关询问未成年被害人工作。对询问过程一般应当进行录音录像，尽量避免在检察环节重复询问。

第一百三十一条　【语言方式】询问未成年被害人的语言要符合未成年人的认知能力，能够被未成年人所充分理解。

询问可以采取圆桌或者座谈的方式进行。

询问过程中要注意耐心倾听，让未成年被害人有充分的机会表达自己观点。尽可能避免程式化的一问一答取证方式，确保其陈述的连贯性和完整性。

对于未成年被害人提出的疑问或者法律问题，应当认真予以解释和说明。

第一百三十二条　【录音录像】询问未成年被害人时，一般应当对询问过程进行录音录像，录音录像应当全程不间断进行，保持完整性，不得选择性地录制，不得剪接、删改。

第一百三十三条 【依照办理】询问被害人时的基本原则、人员选择、隐私保护、专家辅助、心里疏导和测评等方面的内容依照第三章第一节的有关规定办理。

第二节 询问前准备

第一百三十四条 【询问提纲】办案人员应当根据案件具体情况和未成年被害人身心特点、成长经历、家庭情况等制定详细的询问提纲或者询问方案。

第一百三十五条 【告知文书】询问未成年被害人应当告知的法律文书主要包括：

（一）未成年被害人诉讼权利义务告知书；

（二）法定代理人或者合适成年人到场通知书；

（三）法定代理人或者合适成年人权利义务告知书；

（四）询问通知书；

（五）根据案件具体情况需要准备的其他告知文书，如心理测评告知书等。

第一百三十六条 【通知到场】询问未成年被害人，有关通知其法定代理人或者合适成年人到场的要求依照本指引第一百零八条的规定办理。

第三节 询 问

第一百三十七条 【权利告知】办案人员应当告知未成年人及其法定代理人或者合适成年人依法享有的诉讼权利、相关法律规定以及案件的进展情况，并要求未成年人及其法定代理人或者合适成年人在权利义务告知书上签字确认（年幼的未成年人可以由法定代理人或合适成年人代签）。告知诉讼权利时，应当进行解释说明，重点告知未成年被害人及其法定代理人提起附带民事诉讼及获得赔偿的权利。告知的情形应当记录在案。

第一百三十八条 【作证能力评估】询问年幼的未成年被害人，要认真评估其理解能力和作证能力，并制定交流的基本规则，未成年人的回答可以是"我不理解"。

第一百三十九条 【询问内容】询问未成年被害人主要有以下内容：

（一）核实未成年人，特别是性侵害案件未成年被害人的年龄身份情况，问明具体出生年月日、公历还是农历、生肖属相、每年何时过生日、就学就业经历、家庭成员的年龄情况等；

（二）了解未成年人的健康状况，问明生理发育是否有缺陷、是否有病史特别是精神病史，受侵害后身体、心理康复及生活状况等；

（三）问明案发时间、地点、经过、被侵害具体情况，尤其是侵害者是谁。要根据未成年人的年龄和心理特点突出询问重点，对与定罪量刑有关的事实应当进行全面询问；

（四）了解未成年被害人案发后获得赔偿的情况及其对侵害人的处理意见；

（五）其他应当询问的内容。

第一百四十条 【不同策略】对不同年龄段的未成年人要采取不同的询问策略，防止机械、武断的成年人思维方式和行为伤害到未成年人的身心健康及合法权益。

第一百四十一条 【注意事项】询问中应当尽量使用开放性问题，便于未成年人自由叙述回答，以此获取准确信息。注意避免诱导性询问或者暗示性询问以及对同一问题的反复询问，防止其因产生熟悉感而作出虚假性陈述。对未成年人的回答，办案人员不得用明示或者暗示的方式予以赞赏或者表示失望。

第一百四十二条 【适时引导】询问过程中，对于有过错的未成年被害人，办案人员应当结合具体案情及未成年被害人的个体情况，适时开展有针对性的行为规范和法治教育。

第一百四十三条 【依照适用】询问未成年被害人、证人时，有关介绍参与人员、缓解情绪、在场监督、中止询问、制作笔录及签名确认的要求依照本指引第三章第三节的有关规定办理。

询问未成年证人，适用本章规定。

第五章 未成年人刑事案件审查逮捕

第一节 一般规定

第一百四十四条 【基本要求】人民检察院审查逮捕未成年犯罪嫌疑人，应当根据其涉嫌的犯罪事实、主观恶性、成长经历、犯罪原因以及有无监护或者社会帮教条件等，综合衡量其妨碍诉讼或者继续危害社会的可能性大小，严格限制适用逮捕措施，可捕可不捕的不捕。

对于依法批准逮捕未成年人的，应当认真做好跟踪帮教考察工作，进行羁押必要性审查，一旦发现不需要继续羁押的，及时建议公安机关释放或者变更强制措施。

第一百四十五条 【法律援助】人民检察院受理审查逮捕未成年人刑事案件后，应当首先了解未成年犯罪嫌疑人是否有辩护人，没有辩护人的，应当通知公安机关纠正，并可以在二十四小时内通知法律援助机构指派律师。

第一百四十六条 【再行提请】公安机关对不在案的未成年犯罪嫌疑人提请批准逮捕的,可以要求公安机关在未成年犯罪嫌疑人归案后再行提请批准逮捕。

第一百四十七条 【应当讯问】人民检察院审查逮捕未成年犯罪嫌疑人,应当对其进行讯问,并制作笔录附卷。

第二节 案件审查

第一百四十八条 【听取意见】人民检察院审查逮捕未成年犯罪嫌疑人,应当听取辩护人意见,并制作笔录附卷。

对辩护人提出的意见及提供的证据材料,应当在审查逮捕意见书中说明是否采纳的情况及理由。必要时可以对辩护人进行说明解释。

对于被害人是未成年人的案件,应当听取被害人及其法定代理人的意见。

第一百四十九条 【及时帮助】人民检察院发现未成年犯罪嫌疑人身体存在严重疾患的,应当及时提供必要的帮助。发现未成年人心理存在问题的,可以根据需要,督促公安机关委托或者自行委托专业人员对其进行心理测评和疏导。

第一百五十条 【精神病鉴定】人民检察院发现未成年犯罪嫌疑人可能存在精神疾患或者智力发育严重迟滞的,应当作出不批准逮捕决定,并通知公安机关依法进行鉴定。

第一百五十一条 【社会调查】人民检察院应当督促公安机关全面收集未成年人犯罪原因、违法情况、不良行为史、成长经历、家庭背景等相关材料。对于公安机关没有提供社会调查报告的,人民检察院应当要求公安机关提供,也可以自行或者委托有关组织和机构进行调查。必要时可以介入侦查,引导取证。

第一百五十二条 【年龄审查】人民检察院审查未成年人刑事案件,应当注重对未成年人年龄证据的审查,重点审查是否已满十四、十六、十八周岁。

对于未成年人年龄证据,一般应当以公安机关加盖公章、附有未成年人照片的户籍证明为准。当户籍证明与其他证据存在矛盾时,应当遵循以下原则:

(一)可以调取医院的分娩记录、出生证明、户口簿、户籍登记底卡、居民身份证、临时居住证、护照、入境证明、港澳居民来往内地通行证、台湾居民来往大陆通行证、中华人民共和国旅行证、学籍卡、计生台账、防疫证、(家)族谱等证明文件,收集接生人员、邻居、同学等其他无利害关系人的证言,综合审查判断,排除合理怀疑,采纳各证据共同证实的相对一致的年龄。

(二)犯罪嫌疑人不讲真实姓名、住址,年龄不明的,可以委托进行骨龄鉴定或者其他科学鉴定。经审查,鉴定意见能够准确确定犯罪嫌疑人实施犯罪行为时的年龄的，可以作为判断犯罪嫌疑人年龄的证据参考。若鉴定意见不能准确确定犯罪嫌疑人实施犯罪行为时的年龄，而且显示犯罪嫌疑人年龄在法定应负刑事责任年龄上下，但无法查清真实年龄的，应当作出有利于犯罪嫌疑人的认定。

第一百五十三条　【事实证据审查】人民检察院在审查批准逮捕过程中，应当着重查清以下事实：

（一）现有证据是否足以证明有犯罪事实的发生；

（二）现有证据是否足以证实发生的犯罪事实是犯罪嫌疑人所为；

（三）证明犯罪嫌疑人实施犯罪行为的证据是否已经查证属实。

第一百五十四条　【监护帮教审查】符合下列条件之一的，可以认定为具有有效监护或者帮教条件：

（一）能够提供有固定住所和稳定收入、具有监护帮教条件的成年亲友作为保证人的；

（二）未成年犯罪嫌疑人在本地就读、就业，案发后父母亲或者其他监护人表示愿意到本地生活，对犯罪嫌疑人实施有效监护，或者学校、就业单位愿意对其进行观护和帮教的；

（三）居民委员会、村民委员会、社会团体、企事业单位等机构和组织愿意提供条件进行帮教的；

（四）公安、司法机关能够为未成年犯罪嫌疑人提供帮教场所或者临时监护人的；

（五）其他具有有效监护或者帮教条件的。

第一百五十五条　【社会危险性审查】人民检察院应当从以下方面审查未成年犯罪嫌疑人的社会危险性：

（一）审查公安机关提供的社会危险性证明材料，包括被害人、被害单位或者案发地社区出具的相关意见，未成年犯罪嫌疑人认罪、悔罪表现等。公安机关没有提供社会危险性证明材料，或者提供的材料不充分的，人民检察院应当要求公安机关提供或者补充；

（二）审查社会调查报告；

（三）审查未成年犯罪嫌疑人实施犯罪行为的情节、严重程度、犯罪次数等；

（四）审查其他证明未成年犯罪嫌疑人具有社会危险性的材料。

第一百五十六条　【不公开听证】人民检察院对于在押的未成年犯罪嫌疑人是否应当逮捕存在较大争议的，可以举行不公开听证，当面听取各方面意见。

决定举行不公开听证的，一般应当通知未成年犯罪嫌疑人及其法定代理人或者合适成年人、辩护人、侦查人员、被害人及未成年被害人的法定代理人、诉讼代理人等到场。必要时，可以通知羁押场所监管人员、社会调查员等到场。

听证过程应当形成书面记录，交听证参与各方签字确认。听证情况应当在审查逮捕意见书中载明。

对犯罪嫌疑人没有在押的，不宜进行听证。犯罪嫌疑人在押的，可以在看守所举行听证，也可以采用远程视频方式进行听证。

第一百五十七条 【查清犯罪诱因】审查逮捕未成年犯罪嫌疑人，应当注意查明是否有被胁迫、引诱的情节，是否存在他人教唆犯罪、传授犯罪方法或者利用未成年人实施犯罪等情况。

第三节 作出决定

第一百五十八条 【应当不捕】对具有下列情形之一的未成年犯罪嫌疑人，应当作出不批准逮捕决定：

（一）未达刑事责任年龄的；

（二）不存在犯罪事实或者犯罪事实非其所为的；

（三）情节显著轻微、危害不大，不认为是犯罪的；

（四）犯罪已过追诉时效期限的；

（五）经特赦令免除刑罚的；

（六）依照刑法规定告诉才处理的犯罪，没有告诉或者撤回告诉的；

（七）其他法律规定免予追究刑事责任的情形。

第一百五十九条 【证据不足不捕】对于现有证据不足以证明有犯罪事实，或者不足以证明犯罪行为系未成年犯罪嫌疑人所为的，应当作出不批准逮捕决定。

对犯罪嫌疑人实际年龄难以判断，影响对该犯罪嫌疑人是否应当负刑事责任认定的，应当不批准逮捕。需要补充侦查的，同时通知公安机关。

第一百六十条 【无社会危险性不捕】对于未成年犯罪嫌疑人可能被判处三年有期徒刑以下刑罚，具备有效监护条件或者社会帮教措施，不逮捕不致再危害社会和妨害诉讼正常进行的，人民检察院一般应当不批准逮捕。

对于罪行较重，但主观恶性不大，有悔罪表现，具备有效监护条件或者社会帮教措施，具有下列情形之一，不逮捕不致再危害社会和妨害诉讼正常进行的，可以不批准逮捕：

（一）初次犯罪、过失犯罪的；

（二）犯罪预备、中止、未遂的；

（三）防卫过当、避险过当的；

（四）犯罪后有自首或者立功表现的；

（五）犯罪后如实交待罪行，真诚悔罪，积极退赃，尽力减少和赔偿损失，与被害人达成和解的；

（六）不属于共同犯罪的主犯或者集团犯罪中的首要分子的；

（七）属于已满十四周岁不满十六周岁的未成年人或者系在校学生的；

（八）身体状况不适宜羁押的；

（九）系生活不能自理人的唯一扶养人的；

（十）其他可以不批准逮捕的情形。

对于罪行较轻，具备有效监护条件或者社会帮教措施，没有社会危险性或者社会危险性较小，不逮捕不致妨害诉讼正常进行的，应当不批准逮捕。

依据在案证据不能认定未成年犯罪嫌疑人符合逮捕社会危险性条件的，应当要求公安机关补充相关证据，公安机关没有补充移送的，应当作出不批准逮捕的决定。

第一百六十一条　【说理解释】人民检察院对于不批准逮捕的案件，应当制作不批准逮捕理由说明书，连同案卷材料送达公安机关。需要补充侦查的，应当同时通知公安机关。必要时可以向被害人释法说理。

不批准逮捕理由说明书一般应当从事实、证据和法律等方面阐明，但侧重点应当有所不同：

（一）应当不批准逮捕案件。重点围绕不具备犯罪构成要件或者符合刑事诉讼法第十五条规定的不追究刑事责任情形进行说理。

（二）证据不足不批准逮捕案件。重点围绕证据客观性、关联性、合法性进行说理。证据不足的，应当向公安机关提出补充侦查建议；存在瑕疵证据的，应当要求公安机关说明情况予以补证；因非法证据而予以排除的，应当指出违法行为，并说明排除的理由。

（三）无社会危险性不捕案件。重点围绕涉嫌犯罪的性质、社会危害程度、认罪悔罪表现、法定从轻或者减轻、免除处罚情节，以及具备取保候审、监视居住条件、不羁押不致危害社会或者妨碍诉讼、存在不适宜羁押情形等进行说理。因公安机关不移送证明逮捕必要性的证据决定不捕的，应当明确指出。

第一百六十二条　【复议复核】公安机关认为人民检察院不批准逮捕决定有错误要求复议的，人民检察院应当另行指派检察人员进行全面审查，并在收到提请复议意见书和案卷材料后七日内作出决定，并通知公安机关。

公安机关因复议意见不被接受向上一级人民检察院提请复核的，上级人民检察院应当在收到提请复核意见书和案卷材料后十五日内，作出是否变更的决定，通知下级人民检察院和公安机关执行。

第一百六十三条 【不捕帮教】对于作出不批准逮捕决定的未成年犯罪嫌疑人，人民检察院应当进行帮教。必要时可以会同家庭、学校、公安机关或者社会组织等组成帮教小组，制定帮教计划，共同开展帮教。

（一）对于犯罪情节轻微，无逮捕必要而不批准逮捕的，帮助其稳定思想和情绪，促使其认罪悔罪，保障刑事诉讼的顺利进行。

（二）对于确有违法行为，且认知和行为偏差已达到一定程度，因证据不足而未被批准逮捕的，在敦促其配合侦查取证的同时，应加强教育矫治。

（三）对于因未达刑事责任年龄而作出不批准逮捕决定的，责令其家长或者监护人加以管教。根据案件的不同情况，予以训诫或者责令赔礼道歉、赔偿损失、具结悔过等，并开展教育矫治工作。必要时，可以交由政府收容教养。

（四）对于情节显著轻微，危害不大，不认为是犯罪的未成年人，应当对其加强法治教育，预防其违法犯罪。

第一百六十四条 【应当逮捕】人民检察院对有证据证明有犯罪事实，可能判处徒刑以上刑罚的未成年犯罪嫌疑人，采取取保候审尚不足以防止发生下列情形的，应当予以逮捕：

（一）可能实施新的犯罪的；

（二）有危害国家安全、公共安全或者社会秩序的现实危险的；

（三）可能毁灭、伪造证据，干扰证人作证或者串供的；

（四）可能对被害人、举报人、控告人实施打击报复的；

（五）企图自杀或者逃跑的。

有证据证明有犯罪事实是指同时具备下列情形：

（一）有证据证明发生了犯罪事实；

（二）有证据证明该犯罪事实是犯罪嫌疑人实施的；

（三）证明犯罪嫌疑人实施犯罪行为的证据已经查证属实的。

犯罪事实既可以是单一犯罪行为的事实，也可以是数个犯罪行为中任何一个犯罪行为的事实。

对有证据证明有犯罪事实，可能判处十年有期徒刑以上刑罚的，或者有证据证明有犯罪事实，可能判处徒刑以上刑罚，曾经故意犯罪或者身份不明的，应当予以逮捕。但是，曾经故意犯罪被判处五年有期徒刑以下刑罚，经帮教真诚悔罪的，可以不予逮捕。

身份不明是指犯罪嫌疑人不讲身份信息，通过指纹比对、网上户籍信息查询等方式无法确定其真实身份或者虽有供述，但经调查，明显虚假或者无法核实的。

第一百六十五条 【可以转捕】未成年犯罪嫌疑人有下列违反监视居住、取保候审规定行为，人民检察院可以予以逮捕：

（一）故意实施新的犯罪的；

（二）企图自杀、自残的；

（三）毁灭、伪造证据、串供或者企图逃跑的；

（四）对被害人、证人、举报人、控告人及其他人员实施打击报复的。

未成年犯罪嫌疑人有下列违反取保候审、监视居住规定的行为，属于刑事诉讼法第七十九条第三款规定中的"情节严重"，人民检察院可以予以逮捕：

（一）未经批准，擅自离开所居住的市、县或者执行监视居住的处所，造成严重后果的；

（二）两次未经批准，无正当理由擅自离开所居住的市、县或者执行监视居住的处所的；

（三）未经批准，擅自会见他人或者通信，造成严重后果的；

（四）经传讯无正当理由两次不到案的；

（五）经过批评教育后依然违反规定进入特定场所、从事特定活动，或者发现隐藏有关证件，严重妨碍诉讼程序正常进行的。

对于符合上述规定情形的，人民检察院应当核实原因，并结合帮教效果等有关情况慎重作出逮捕决定。

第一百六十六条 【作出逮捕决定】人民检察院办理未成年犯罪嫌疑人审查逮捕案件，应当制作审查逮捕意见书，作出批准逮捕决定的，应当制作批准逮捕决定书，连同案卷材料送达公安机关执行，执行回执附卷。

第六章 未成年人刑事案件审查起诉

第一节 一般规定

第一百六十七条 【基本要求】人民检察院审查起诉未成年人刑事案件，应当全面审查起诉意见书、案卷证据以及社会调查报告等材料，根据其涉嫌犯罪的性质、情节、主观恶性以及其年龄、身心发育状况、成长经历、犯罪原因、有无监护或者社会帮教条件等，综合衡量起诉的必要性，尽可能作出不起诉或者附条件不起诉的决定。对于确有起诉必要的，应当起诉并依法提出量刑建议；对于可以不判处监禁刑的，应当依法提出适用非监禁刑的建议。

第一百六十八条 【羁押必要性审查】对于未成年犯罪嫌疑人被羁押的，人民检察院应当审查是否有必要继续羁押。对不需要继续羁押的，应当予以释放或者变更强制措施。

第一百六十九条 【法律援助】人民检察院受理审查起诉未成年人刑事案件后,应当首先审查未成年犯罪嫌疑人是否有辩护人。没有辩护人的,应当告知未成年犯罪嫌疑人及其法定代理人可以委托一至二人作为辩护人。未成年犯罪嫌疑人及其法定代理人未明确表示委托辩护人的,人民检察院应当通知法律援助机构指派律师为其提供辩护。

第一百七十条 【讯问询问】人民检察院审查起诉未成年人刑事案件,应当讯问未成年犯罪嫌疑人,并制作笔录附卷。

必要时,可以询问未成年被害人、证人,并制作笔录附卷。

第一百七十一条 【听取意见】人民检察院审查起诉未成年人刑事案件,应当当面听取未成年犯罪嫌疑人的法定代理人、辩护人、未成年被害人及其法定代理人、诉讼代理人的意见,并记录在案。未成年犯罪嫌疑人的法定代理人、辩护人、未成年被害人及其法定代理人、诉讼代理人提出书面意见的,应当附卷。

当面听取意见有困难的,可以通知未成年犯罪嫌疑人的法定代理人、辩护人、被害人及其法定代理人、诉讼代理人及时提出书面意见,或者电话联系听取意见,并制作电话记录附卷。电话联系听取意见的,应当有两名检察人员在场,并在电话记录上签字。

第一百七十二条 【精神病鉴定】在审查起诉过程中,发现未成年犯罪嫌疑人可能存在精神疾患或者智力发育严重迟滞的,人民检察院应当退回公安机关委托或者自行委托鉴定机构对未成年犯罪嫌疑人进行精神病鉴定。

未成年犯罪嫌疑人的法定代理人、辩护人或者近亲属以该未成年犯罪嫌疑人可能患有精神疾病而申请对其进行鉴定的,人民检察院应当委托鉴定机构对未成年犯罪嫌疑人进行鉴定,鉴定费用由申请方承担。

第一百七十三条 【及时帮助】人民检察院在审查起诉中发现未成年犯罪嫌疑人、未成年被害人身体存在严重疾患的,应当及时提供必要的帮助;发现未成年犯罪嫌疑人、未成年被害人心理存在问题的,应当及时对其进行心理疏导,或者委托专业机构或者有资质的人员对其进行心理疏导。

第二节 不起诉

第一百七十四条 【绝对不起诉】人民检察院经审查后,对于符合以下情形之一的未成年犯罪嫌疑人,经检察长或者检察委员会决定,应当对其作出不起诉决定:

(一)未达法定刑事责任年龄的;

(二)不存在犯罪事实或者犯罪事实非其所为的;

(三)情节显著轻微、危害不大,不认为是犯罪的;

（四）犯罪已过追诉时效期限的；
（五）经特赦令免除刑罚的；
（六）依照刑法规定告诉才处理的犯罪，没有告诉或者撤回告诉的；
（七）犯罪嫌疑人死亡的；
（八）其他法律规定免予追究刑事责任的情形。

发现犯罪事实并非未成年犯罪嫌疑人所为，需要重新侦查的，应当在作出不起诉决定后书面说明理由，将案卷材料退回公安机关并建议公安机关重新侦查。

第一百七十五条 【存疑不起诉】人民检察院对于二次退回补充侦查的案件，仍然认为证据不足，不符合起诉条件的，经检察长或者检察委员会决定，应当作出不起诉决定。

人民检察院对于经过一次退回补充侦查的案件，认为证据不足，不符合起诉条件，且没有退回补充侦查必要的，可以作出不起诉决定。

第一百七十六条 【相对不起诉】对于犯罪情节轻微，具有下列情形之一，依照刑法规定不需要判处刑罚或者免除刑罚的未成年犯罪嫌疑人，一般应当依法作出不起诉决定：

（一）被胁迫参与犯罪的；
（二）犯罪预备、中止、未遂的；
（三）在共同犯罪中起次要或者辅助作用的；
（四）系又聋又哑的人或者盲人的；
（五）因防卫过当或者紧急避险过当构成犯罪的；
（六）有自首或者立功表现的；
（七）其他依照刑法规定不需要判处刑罚或者免除刑罚的情形。

对于未成年人轻伤害、初次犯罪、过失犯罪、犯罪未遂以及被诱骗或者被教唆实施犯罪等，情节轻微，确有悔罪表现，当事人双方自愿就民事赔偿达成协议并切实履行，或者经被害人同意并提供有效担保，符合刑法第三十七条规定的，人民检察院可以依照刑事诉讼法第一百七十三条第二款的规定作出不起诉决定，并根据案件的不同情况，予以训诫或者责令具结悔过、赔礼道歉、赔偿损失，或者由主管部门予以行政处罚。

第一百七十七条 【不公开听证会】人民检察院对于社会影响较大或者争议较大的案件，在作出相对不起诉决定前，可以邀请侦查人员、未成年犯罪嫌疑人及其法定代理人、合适成年人、辩护人、被害人及其法定代理人、诉讼代理人、社会调查员、帮教人员等，召开不起诉听证会，充分听取各方的意见和理由，并制作听证笔录，由参与人员签字确认。

不起诉听证会应当不公开进行。人民检察院应当告知参与人员不得泄露涉案信息，注意保护未成年人的隐私。

第一百七十八条 【送达告知】人民检察院决定不起诉的案件，应当制作不起诉决定书，并在三日内送达公安机关、被害人或者其近亲属及其诉讼代理人、被不起诉的未成年人及其法定代理人、辩护人。

送达时应当告知被害人或者其近亲属及其诉讼代理人，如果对不起诉决定不服，可以自收到不起诉决定书后七日以内向上一级人民检察院申诉，也可以不经申诉，直接向人民法院起诉；告知被不起诉的未成年人及其法定代理人，如果对不起诉决定不服，可以自收到不起诉决定书后七日以内向人民检察院申诉。

送达时应当告知被送达人，检察机关将对被不起诉未成年人的不起诉记录予以封存，被送达人不得泄露未成年人的隐私；告知被不起诉的未成年人及其法定代理人，如有单位或个人泄露已被封存的不起诉记录，可以向检察机关反映情况。

上述告知情况应当记录在案。

第一百七十九条 【宣布教育】对于决定不起诉的案件，人民检察院应当举行不起诉宣布教育仪式，向被不起诉的未成年人及其法定代理人宣布不起诉决定书，阐明不起诉的理由和法律依据，并结合社会调查等情况，围绕犯罪行为对被害人、被不起诉的未成年人及其家庭、社会等造成的危害，导致犯罪行为发生的原因及应当吸取的教训等，对被不起诉的未成年人开展必要的教育。如果侦查人员、合适成年人、辩护人、帮教人员等参加有利于教育被不起诉的未成年人的，可以邀请他们参加，但要严格控制参与人员范围并告知其负有保密义务。

人民检察院可以根据案件的不同情况，对被不起诉的未成年人予以训诫或者责令具结悔过、赔礼道歉、赔偿损失，必要时，可以责令家长严加管教。

未成年犯罪嫌疑人没有犯罪事实，或者证据不足以证实其存在违法犯罪事实或者不良行为的，不适用前款规定。

第一百八十条 【后续处理】不起诉决定书自公开宣布之日起生效。被不起诉人在押的，应当立即释放，被采取其他强制措施的，应当通知执行机关解除。

对被不起诉人需要给予行政处罚或者需要没收其违法所得的，应当提出检察意见，连同不起诉决定书一并移送有关主管机关处理，并要求有关主管机关及时通知处理结果。

对于扣押、查封、冻结的财产，应当书面通知作出扣押、查封、冻结决定的机关或者执行扣押、查封、冻结决定的机关解除扣押、查封、冻结。

第三节 附条件不起诉

第一百八十一条 【适用条件】对于符合以下条件的案件,人民检察院可以作出附条件不起诉的决定:

(一)犯罪嫌疑人实施犯罪行为时系未成年人的;
(二)涉嫌刑法分则第四章、第五章、第六章规定的犯罪的;
(三)可能被判处一年有期徒刑以下刑罚的;
(四)犯罪事实清楚,证据确实、充分,符合起诉条件的;
(五)犯罪嫌疑人具有悔罪表现的。

人民检察院可以参照《最高人民法院关于常见犯罪的量刑指导意见》并综合考虑全案情况和量刑情节,衡量是否"可能判处一年有期徒刑以下刑罚"。

具有下列情形之一的,一般认为具有悔罪表现:

(一)犯罪嫌疑人认罪认罚的;
(二)向被害人赔礼道歉、积极退赃、尽力减少或者赔偿损失的;
(三)取得被害人谅解的;
(四)具有自首或者立功表现的;
(五)犯罪中止的;
(六)其他具有悔罪表现的情形。

对于符合附条件不起诉条件,实施犯罪行为时未满十八周岁,但诉讼时已成年的犯罪嫌疑人,人民检察院可以作出附条件不起诉决定。

第一百八十二条 【积极适用】人民检察院对于符合条件的未成年人刑事案件,应当依法积极适用附条件不起诉,促使未成年犯罪嫌疑人积极自我改造,从而达到教育挽救的目的。对于不具备有效监护条件或者社会帮教措施的未成年犯罪嫌疑人,人民检察院应当积极为其创造条件,实现对未成年人的平等保护。

第一百八十三条 【结合适用】人民检察院可以将附条件不起诉制度与当事人和解制度相结合,通过促使未成年犯罪嫌疑人认真悔罪、赔礼道歉或者赔偿损失等方式,化解矛盾纠纷,修复受损的社会关系,达到对被害人精神抚慰、物质补偿的同时,加速未成年犯罪嫌疑人回归社会的进程。

第一百八十四条 【具体把握】人民检察院对于既可以附条件不起诉也可以起诉的未成年犯罪嫌疑人,应当优先适用附条件不起诉。

对于既可以相对不起诉也可以附条件不起诉的未成年犯罪嫌疑人,应当优先适用相对不起诉。如果未成年犯罪嫌疑人存在一定的认知偏差等需要矫正,确有必要接受一定时期监督考察的，可以适用附条件不起诉。

第一百八十五条 【征求意见】人民检察院在作出附条件不起诉决定前，应当征求未成年犯罪嫌疑人及其法定代理人、辩护人的意见。征求意见时应当让其全面获知和理解拟附条件不起诉决定的基本内容，包括适用附条件不起诉的法律依据、适用程序、救济程序、考察程序、附加义务及附条件不起诉的法律后果等，并给予一定的时间保障。必要时，可以建议未成年犯罪嫌疑人及其法定代理人与其辩护人进行充分沟通，在准确理解和全面权衡的基础上，提出意见。

未成年犯罪嫌疑人及其法定代理人应当在人民检察院书面征求意见书上签署意见，明确表明真实意愿，且一般应当由未成年犯罪嫌疑人及其法定代理人同时签署。确因特殊情况只能以口头方式提出的，人民检察院应当记录在案。

对于未成年犯罪嫌疑人与其法定代理人意见存在分歧的，人民检察院可以综合案件情况，本着有利于对未成年犯罪嫌疑人教育挽救的原则作出决定。

第一百八十六条 【异议处理】对于未成年犯罪嫌疑人及其法定代理人对附条件不起诉决定提出异议的，应当区别对待：

（一）未成年犯罪嫌疑人及其法定代理人对于犯罪事实认定、法律适用有异议并提出无罪意见或辩解的，人民检察院应当认真审查后依法提起公诉。

（二）未成年犯罪嫌疑人及其法定代理人对案件作附条件不起诉处理没有异议，仅对所附条件及考验期有异议的，人民检察院可以依法采纳其合理的意见，对考察的内容、方式、时间等进行调整。但其意见不利于对未成年犯罪嫌疑人帮教的，应当进行耐心的释法说理工作。经说理解释后，若未成年犯罪嫌疑人及其法定代理人仍有异议坚持要起诉的，应当提起公诉。

（三）未成年犯罪嫌疑人及其法定代理人对于适用附条件不起诉有异议的，应当审查后决定是否起诉。

人民检察院作出起诉决定前，未成年犯罪嫌疑人及其法定代理人可以撤回异议。撤回异议的，应当制作笔录附卷，由未成年犯罪嫌疑人及其法定代理人签字确认。

第一百八十七条 【听取意见】人民检察院在作出附条件不起诉决定前，应当听取公安机关、被害人及其法定代理人、诉讼代理人、辩护人的意见。

对公安机关应当采用书面征求意见的方式听取意见，并要求公安机关书面反馈意见。

对被害人及其法定代理人、诉讼代理人听取意见，参照本指引第一百七十一条办理。

对于被害人不同意附条件不起诉的，人民检察院可以作出附条件不起诉决定，但要做好释法说理和化解矛盾工作。

对于审查起诉阶段无法联系到被害人，经审查符合附条件不起诉条件的，可以作出附条件不起诉决定。

第一百八十八条 【不公开听证】对于公安机关或者被害人对附条件不起诉有异议，或者案件本身争议、社会影响较大等，人民检察院可以举行不公开听证会。具体要求参照本指引第一百七十七条。

第一百八十九条 【决定程序】适用附条件不起诉的审查意见，应当由办案人员在审查起诉期限届满十五日前提出，并根据案件的具体情况拟定考验期限和考察方案，连同案件审查报告、社会调查报告等，报请检察长或者检察委员会决定。

第一百九十条 【送达宣布】人民检察院决定附条件不起诉的案件，应当制作附条件不起诉决定书，并在三日内送达公安机关、被害人或者其近亲属及其诉讼代理人、未成年犯罪嫌疑人及其法定代理人、辩护人。

送达时，应当告知被害人或者其近亲属及其诉讼代理人如果对附条件不起诉决定不服的，可以自收到附条件不起诉决定书后七日内向上一级人民检察院申诉，并进行必要的释法说理。

人民检察院应当当面向未成年犯罪嫌疑人及其法定代理人宣布附条件不起诉决定，同时告知考验期限、在考验期内应当遵守的规定和违反规定可能产生的法律后果，以及可以对附条件不起诉决定提出异议等，并制作宣布笔录。

第一百九十一条 【复议、复核】公安机关认为附条件不起诉决定有错误的，可以向同级人民检察院要求复议。人民检察院应当另行指定检察人员进行审查并提出审查意见，报请检察长或者检察委员会决定。人民检察院应当在收到要求复议意见书后的三十日内作出复议决定，并通知公安机关。

公安机关对人民检察院的复议结果不服的，可以向上一级人民检察院提请复核。上一级人民检察院收到公安机关对附条件不起诉决定提请复核的意见书后，应当交由未成年人检察部门办理。未成年人检察部门应当指定检察人员进行审查并提出审查意见，报请检察长或者检察委员会决定。上一级人民检察院应当在收到提请复核意见书后的三十日内作出决定，制作复核决定书送交提请复核的公安机关和下级人民检察院。经复核改变下级人民检察院附条件不起诉决定的，应当撤销下级人民检察院作出的附条件不起诉决定，交由下级人民检察院执行。

第一百九十二条 【被害人申诉】被害人不服附条件不起诉决定，在收到附条件不起诉决定书后七日以内申诉的，由作出附条件不起诉决定的人民检察院的上一级人民检察院立案复查。

被害人向作出附条件不起诉决定的人民检察院提出申诉的，作出决定的人民检察院应当将申诉材料连同案卷一并报送上一级人民检察院受理。

上述申诉的审查由未成年人检察部门负责。承办人员审查后应当提出意见，报请检察长决定后制作复查决定书。

复查决定书应当送达被害人、被附条件不起诉的未成年犯罪嫌疑人及其法定代理人和作出附条件不起诉决定的人民检察院。

被害人不服附条件不起诉决定，在收到附条件不起诉决定书七日后提出申诉的，由作出附条件不起诉决定的人民检察院未成年人检察部门另行指定检察人员审查后决定是否立案复查。

上级人民检察院经复查作出起诉决定的，应当撤销下级人民检察院的附条件不起诉决定，由下级人民检察院提起公诉，并将复查决定抄送移送审查起诉的公安机关。

被害人不能向人民法院提起自诉。

第一百九十三条 【强制措施】未成年犯罪嫌疑人在押的，作出附条件不起诉决定后，人民检察院应当作出释放或者变更强制措施的决定。

考验期未满、取保候审期限届满的，应当解除取保候审强制措施，继续进行监督考察。

第一百九十四条 【考验期确定】附条件不起诉考验期为六个月以上一年以下，考验期的长短应当与未成年犯罪嫌疑人所犯罪行的性质、情节和主观恶性的大小相适应。可能判处的刑罚在六个月以下的，一般应当将考验期限确定为六个月；可能判处的刑罚在六个月以上的，可以参考未成年犯罪嫌疑人可能判处的刑期确定具体考察期限。

考验期从人民检察院作出附条件不起诉的决定之日起计算。考验期不计入审查起诉期限。

在考验期的前两个月要密切关注被附条件不起诉的未成年犯罪嫌疑人的表现，帮助、督促其改正不良行为，形成良好习惯。根据未成年犯罪嫌疑人在考验期内的表现和教育挽救的需要，人民检察院作出决定后可以在法定期限范围内适当缩短或延长考验期。

第一百九十五条 【所附条件】人民检察院对被附条件不起诉的未成年犯罪嫌疑人应当附下列条件：

（一）遵守法律法规，服从监督；

（二）按照考察机关的规定报告自己的活动情况；

（三）离开所居住的市、区（县）或者迁居，应当报经考察机关批准；

（四）按照考察机关的要求接受矫治和教育。

前款第四项"按照考察机关的要求接受矫治和教育"包括以下内容:
(一)完成戒瘾治疗、心理辅导或者其他适当的处遇措施;
(二)向社区或者公益团体提供公益劳动;
(三)不得进入特定场所、与特定的人员会见或者通信、从事特定的活动;
(四)向被害人赔偿损失、赔礼道歉等;
(五)接受相关教育;
(六)遵守其他保护被害人安全以及预防再犯的禁止性规定。

所附条件应当有针对性,注意考虑未成年犯罪嫌疑人的特殊需求,尤其避免对其就学、就业和正常生活造成负面影响。

第一百九十六条 【监督考察】在附条件不起诉的考验期内,人民检察院应当对被附条件不起诉的未成年犯罪嫌疑人进行监督考察。监督未成年犯罪嫌疑人履行义务、接受帮教的情况,并督促未成年犯罪嫌疑人的监护人对未成年犯罪嫌疑人加强管教,配合人民检察院做好监督考察工作。

人民检察院可以会同司法社工、社会观护基地、公益组织或者未成年犯罪嫌疑人所在学校、单位、居住地的村民委员会、居民委员会、未成年人保护组织等相关机构成立考察帮教小组,明确分工及职责,定期进行考察、教育,实施跟踪帮教。

考察帮教小组应当为考察对象制作个人帮教档案,对考察帮教活动情况及时、如实、全面记录,并在考察期届满后三个工作日内对考察对象进行综合评定,出具书面报告。

第一百九十七条 【心理学运用】人民检察院在附条件不起诉决定适用、监督考察等过程中,可以运用心理测评、心理疏导等方式,提高决策的科学性和考察帮教的针对性。

第一百九十八条 【考察届满】考验期届满,检察人员应当制作附条件不起诉考察意见书,提出起诉或者不起诉的意见,报请检察长决定。

人民检察院应当在审查起诉期限内作出起诉或者不起诉的决定。

作出附条件不起诉决定的案件,审查起诉期限自人民检察院作出附条件不起诉的决定之日起中止计算,自考验期届满之日起或者撤销附条件不起诉决定之日起恢复计算。

第一百九十九条 【不起诉决定】被附条件不起诉的未成年犯罪嫌疑人在考验期内没有本指引所列撤销附条件不起诉的情形,考验期满后,承办人应当制作附条件不起诉考察意见书,报请检察长作出不起诉决定。作出不起诉决定之前,应当听取被害人意见。

第二百条 【送达告知】人民检察院对于考验期满后决定不起诉的,应当制作不起诉决定书,并在三日内送达公安机关、被害人或者其近亲属及其诉讼代理人、被不起诉的未成年犯罪嫌疑人及其法定代理人、辩护人。

送达时,应当告知被送达人,检察机关将对未成年犯罪嫌疑人涉嫌犯罪的不起诉记录予以封存,被送达人不得泄露未成年犯罪嫌疑人的隐私;告知未成年犯罪嫌疑人及其法定代理人,如有单位或者个人泄露已被封存的不起诉记录,可以向检察机关投诉;告知被害人及其诉讼代理人或者其近亲属,如果对不起诉决定不服,可以自收到不起诉决定书后七日以内向上一级人民检察院申诉。上述告知情况应当记录在案。

第二百零一条 【宣布教育】对被不起诉人应当举行宣布教育仪式,具体依照本指引第一百七十九条规定办理。

第二百零二条 【申诉办理】被害人对不起诉决定不服申诉的,依照本指引第一百九十二条规定办理。

第二百零三条 【回访帮教】人民检察院对于经过附条件不起诉考察后作出不起诉决定的,可以与被不起诉的未成年人及其监护人、学校、单位等建立定期联系,在不起诉决定宣布后的六个月内,随时掌握未成年人的思想状态和行为表现,共同巩固帮教成果,并做好相关记录。经被不起诉的未成年人同意,可以在三年以内跟踪了解其回归社会情况,但应当注意避免对其造成负面影响。

第二百零四条 【撤销附条件不起诉】在考验期内,发现被附条件不起诉的未成年犯罪嫌疑人有下列情形之一的,案件承办人应当制作附条件不起诉考察意见书,报请检察长或者检察委员会作出撤销附条件不起诉、提起公诉的决定:

(一) 实施新的犯罪并经人民检察院查证属实的;

(二) 发现决定附条件不起诉以前还有其他犯罪需要追诉并经人民检察院查证属实的;

(三) 违反治安管理规定,造成严重后果,或者多次违反治安管理规定的;

(四) 违反考察机关有关附条件不起诉的监督管理规定,造成严重后果,或者多次违反的。

未成年犯罪嫌疑人如实供述其他犯罪行为,但因证据不足不予认定,在被作出附条件不起诉决定后查证属实的,可以不作出撤销附条件不起诉、提起公诉的决定。

第二百零五条 【漏罪或新罪的处理】人民检察院发现被附条件不起诉的未成年犯罪嫌疑人在考验期内实施新的犯罪或者在决定附条件不起诉以前还

有其他犯罪需要追诉的，应当将案件线索依法移送有管辖权的公安机关立案侦查。

被附条件不起诉的未成年犯罪嫌疑人在考验期内实施新的犯罪或者在决定附条件不起诉以前还有其他犯罪，经查证属实的，人民检察院应当将案件退回公安机关补充侦查。原移送审查起诉的公安机关对新罪或者漏罪无管辖权的，应当通知其与有管辖权的公安机关协商，依法确定管辖权，并案侦查。

对于被附条件不起诉的未成年犯罪嫌疑人在考验期内因实施新的犯罪或者因决定附条件不起诉以前实施的其他犯罪被公安机关立案侦查，能够在审查起诉期间内将新罪、漏罪查清的，人民检察院可以一并提起公诉；不能查清的，应当对前罪作出不起诉处理，新罪、漏罪查清后另行起诉。

第四节 提起公诉

第二百零六条 【提起公诉】人民检察院对于犯罪事实清楚，证据确实、充分，未成年犯罪嫌疑人可能被判处一年有期徒刑以上刑罚的，综合考虑犯罪的性质、情节、主观恶性及其成长经历、犯罪原因、监护教育等情况，认为起诉有利于对其矫治的；或者虽然未成年犯罪嫌疑人可能被判处一年有期徒刑以下刑罚，但不符合附条件不起诉条件或者未成年犯罪嫌疑人及其法定代理人不同意检察机关作出附条件不起诉决定的，人民检察院应当提起公诉。

第二百零七条 【量刑建议】对提起公诉的未成年人刑事案件，可以综合衡量犯罪事实、情节和未成年被告人的具体情况，依法提出量刑建议。对符合法定条件的，可以提出适用非监禁刑或者缓刑的建议，并视情况建议判处禁止令。

第二百零八条 【分案起诉】人民检察院审查未成年人与成年人共同犯罪案件，一般应当将未成年人与成年人分案起诉，并由同一个公诉人出庭。但是具有下列情形之一的，可以不分案起诉：

（一）未成年人系犯罪集团的组织者或者其他共同犯罪中的主犯的；

（二）案件重大、疑难、复杂，分案起诉可能妨碍案件审理的；

（三）涉及刑事附带民事诉讼，分案起诉妨碍附带民事诉讼部分审理的；

（四）具有其他不宜分案起诉的情形。

第二百零九条 【分案审查】共同犯罪的未成年人与成年人分别由不同级别的人民检察院审查起诉的，未成年人犯罪部分的承办人应当及时了解案件整体情况；提出量刑建议时，应当注意全案的量刑平衡。

第二百一十条 【先予起诉】对于分案起诉的未成年人与成年人共同犯罪案件，一般应当同时移送人民法院。对于需要补充侦查的，如果补充侦查事项不涉及未成年犯罪嫌疑人所参与的犯罪事实，不影响对未成年犯罪嫌疑人提起公诉的，应当对未成年犯罪嫌疑人先予提起公诉。

第二百一十一条　【文书制作】对于分案起诉的未成年与成年人共同犯罪案件，在审查起诉过程中可以根据全案情况制作一份审查报告，起诉书以及量刑建议书等应当分别制作。

第二百一十二条　【并案审理】人民检察院对未成年人与成年人共同犯罪案件分别提起公诉后，在诉讼过程中出现不宜分案起诉情形的，可以建议人民法院并案审理。

第二百一十三条　【简易程序】人民检察院对于符合下列条件的未成年人刑事案件，应当建议人民法院适用简易程序审理：

（一）案件事实清楚，证据确实、充分的；

（二）犯罪嫌疑人承认自己所犯罪行，对被指控的犯罪事实没有异议的；

（三）犯罪嫌疑人及其法定代理人或者合适成年人、辩护人对适用简易程序没有异议的。

第二百一十四条　【建议适用缓刑】对于具有下列情形之一，依法可能判处拘役、三年以下有期徒刑，有悔罪表现，宣告缓刑对所居住社区没有重大不良影响，具备有效监护条件或者社会帮教措施，适用缓刑确实不致再危害社会的未成年被告人，人民检察院应当建议人民法院适用缓刑：

（一）犯罪情节较轻，未造成严重后果的；

（二）主观恶性不大的初犯或者胁从犯、从犯；

（三）被害人同意和解或者被害人有明显过错的；

（四）其他可以适用缓刑的情形。

人民检察院提出对未成年被告人适用缓刑建议的，应当将未成年被告人能够获得有效监护、帮教的书面材料于判决前移送人民法院。

第二百一十五条　【建议适用禁止令】人民检察院根据未成年被告人的犯罪原因、犯罪性质、犯罪手段、犯罪后的认罪悔罪表现、个人一贯表现等情况，充分考虑与未成年被告人所犯罪行的关联程度，可以有针对性地建议人民法院判处未成年被告人在管制执行期间、缓刑考验期限内适用禁止令：

（一）禁止从事以下一项或者几项活动：

1. 因无监护人监管或监护人监管不力，经常夜不归宿的，禁止在未经社区矫正机构批准的情况下在外留宿过夜；

2. 因沉迷暴力、色情等网络游戏诱发犯罪的，禁止接触网络游戏；

3. 附带民事赔偿义务未履行完毕，违法所得未追缴、退赔到位，或者罚金尚未足额缴纳的，禁止进行高消费活动。高消费的标准可根据当地居民人均收入和支出水平确定；

4. 其他确有必要禁止从事的活动。

（二）禁止进入以下一类或者几类区域、场所：

1. 因出入未成年人不宜进入的场所导致犯罪的，禁止进入夜总会、歌舞厅、酒吧、迪厅、营业性网吧、游戏机房、溜冰场等场所；

2. 经常以大欺小、以强凌弱进行寻衅滋事，在学校周边实施违法犯罪行为的，禁止进入中小学校区、幼儿园园区及周边地区。确因本人就学、居住等原因的除外；

3. 其他确有必要禁止进入的区域、场所。

（三）禁止接触以下一类或者几类人员：

1. 因受同案犯不良影响导致犯罪的，禁止除正常工作、学习外接触同案犯；

2. 为保护特定人员，禁止在未经对方同意的情况下接触被害人、证人、控告人、举报人及其近亲属；

3. 禁止接触其他可能遭受其侵害、滋扰的人或者可能诱发其再次危害社会的人。

建议适用禁止令，应当把握好禁止令的针对性、可行性和预防性，并向未成年被告人及其法定代理人阐明适用禁止令的理由，督促法定代理人协助司法机关加强监管，促进未成年被告人接受矫治和回归社会。

第五节 出席法庭

第二百一十六条 【圆桌审判】人民检察院对于符合下列条件之一的未成年人刑事案件，在提起公诉时，可以建议人民法院采取圆桌审判方式审理：

（一）适用简易程序的；

（二）十六周岁以下未成年人犯罪的；

（三）可能判处五年有期徒刑以下刑罚或者过失犯罪的；

（四）犯罪情节轻微，事实清楚，证据确实、充分，被告人对被指控的犯罪事实无异议的；

（五）犯罪性质较为严重，但被告人系初犯或者偶犯，平时表现较好，主观恶性不大的；

（六）其他适合的案件。

第二百一十七条 【庭前准备】提起公诉的未成年人刑事案件，检察人员应当认真做好下列出席法庭的准备工作：

（一）掌握未成年被告人的心理状态，并对其进行接受审判的教育。必要时，可以再次讯问被告人；

（二）进一步熟悉案情，深入研究本案的有关法律政策，根据案件性质，结合社会调查情况，拟定讯问提纲、询问被害人、证人、鉴定人提纲、举证提纲、答辩提纲、公诉意见书和法庭教育词。

法庭教育词可以包括以下内容：

（一）刑事违法性，即未成年被告人的行为已经触犯刑法，具有应受刑罚处罚的必要性，促使其正确对待判决，树立法治意识；

（二）社会危害性，包括对被害人、未成年被告人本人及其家庭、社会等造成的伤害，促使其深刻反思；

（三）犯罪原因及应当吸取的教训；

（四）未成年被告人自身优点，对今后工作、学习、生活提出有针对性的要求，增强其回归社会的信心；

（五）对监护人的教养方式等提出建议；

（六）其他有针对性的教育、感化、挽救内容。

适用简易程序的，可以根据实际需要简化操作。

第二百一十八条　【庭前沟通】提起公诉的未成年人刑事案件，可以在开庭前与未成年被告人的法定代理人、合适成年人、辩护人等交换意见，共同做好教育、感化工作。

充分听取未成年被告人及其法定代理人意见后，可以与审判人员沟通是否有选择地通知未成年被告人所在学校、单位、居住地基层组织或者未成年人保护组织代表、社区矫正部门人员等到场。

第二百一十九条　【庭前会议】人民法院通知人民检察院派员参加庭前会议的，由出席法庭的检察人员参加，必要时可以配备书记员担任记录。

人民检察院可以根据案件具体情况，建议人民法院通知未成年被告人及其法定代理人参加庭前会议。

第二百二十条　【出庭要求】出席未成年人刑事案件法庭，出庭检察人员应当根据未成年被告人的智力发育程度和心理状态，使用适合未成年人的语言表达方式。发言时应当语调平和，所提问题简要、明确，并注意用语文明、准确，通俗易懂。

出庭检察人员在庭审活动中，既要严格执行庭审程序，树立法律权威，体现法律的严肃性；又要结合未成年人的身心特点，避免给未成年被告人造成不良影响。遇到未成年被告人及其法定代理人、辩护人等辩护意见不正确时，以正面说理为主，做到有理、有节。必要时，可以建议审判长休庭，针对法定代理人、辩护人的错误行为，在庭下予以纠正，并引导他们从未成年人长远利益的角度考虑问题，帮助未成年被告人树立法治观念和正确价值观。

对于与被害人、诉讼代理人意见不一致的，应当认真听取被害人、诉讼代理人的意见,并阐明检察机关的意见和理由。说理时要温和、理性,避免造成二次伤害。

对于未成年被告人情绪严重不稳定,不宜继续接受审判的,出庭检察人员应当建议休庭。休庭后及时安抚未成年被告人的情绪,在法定代理人或者合适成年人、辩护人的协助下消除上述情形后继续开庭审理。必要时,由具有心理咨询师资质的检察人员或委托专门的心理咨询师进行心理干预和疏导。

第二百二十一条 【法庭教育】出庭检察人员在整个庭审过程中,应当在依法指控犯罪的同时,将有关法律规定、社会危害后果、未成年被告人的犯罪原因及其应当吸取的教训等予以充分阐述,尤其对未成年被告人在庭审中暴露出的错误认识,要及时、耐心地予以纠正。

根据具体情况,出庭检察人员可以提请法庭安排社会调查员、帮教人员、心理疏导人员等发言,对未成年被告人进行帮助教育。

在法庭作出有罪判决后,出庭检察人员应当配合法庭对未成年被告人进行教育。在此阶段,可以依据庭审中所查明的犯罪事实,对未成年被告人进行认罪服法或悔过教育,使其认识到自己的犯罪性质、危害后果和应受处罚。重点是指明今后的出路,使未成年被告人感到司法机关不仅仅是对其进行审判,而且还对其进行教育和挽救,使其树立改过自新的信心和决心,实现惩教结合的目的。

最高人民检察院关于完善检察官权力清单的指导意见

(2017年3月28日公布并施行　高检发办字〔2017〕7号印发)

为贯彻落实《关于完善人民检察院司法责任制的若干意见》，构建权责明晰、公正高效的检察权运行机制，现就进一步完善检察官权力清单提出如下指导意见。

一、制定检察官权力清单应当按照谁办案谁负责、谁决定谁负责的要求，坚持遵循司法规律和符合检察工作特点相结合，坚持突出检察官主体地位与保证检察长对司法办案工作的领导相统一，立足不同层级人民检察院的职能和定位，科学界定人民检察院内部司法办案权限。

二、检察官权力清单由省级人民检察院制定。省级人民检察院应当结合本地实际，根据不同层级人民检察院的职能，对辖区内三级人民检察院检察官司法办案权限分别作出规定。

三、检察官权力清单应当以明确检察委员会、检察长（副检察长）、检察官办案事项决定权为主要内容。办案职责、非办案业务、操作性及事务性工作以及司法责任等内容原则上不列入权力清单。

四、现阶段，检察官权力清单应当以具体列明检察委员会、检察长（副检察长）、检察官各自的办案事项决定权为宜。对实践中可能出现决定权限不明的，由检察长或检察委员会行使，也可以由本院检察长根据情况以书面指令形式委托检察官行使。

五、检察官权力清单中检察官决定事项范围要根据不同层级人民检察院办案职责、不同业务类别的性质和特点，综合考虑对当事人权利、其他执法司法机关的影响程度，承办案件的重大、复杂、疑难程度等因素予以确定。

基层人民检察院和地（市）级人民检察院的一般刑事诉讼案件中多数办案事项决定权应当委托检察官行使，重大、疑难、复杂案件中办案事项决定权可以由检察长（副检察长）或检察委员会行使。

诉讼监督案件中以人民检察院名义提出（提请）抗诉、提出纠正违法意见、检察建议的决定权由检察长（副检察长）或检察委员会行使；以人民检察院名义提出终结审查、不支持监督申请的决定权，可以由检察长（副检察长）或检察委员会行使，也可以委托检察官行使。

六、检察官承办案件的办案事项决定权由检察长（副检察长）行使的，检察官提出处理意见供检察长（副检察长）参考，由检察长（副检察长）作出决定并负责。

检察官职权范围内决定事项，由独任检察官或主任检察官依职权作出决定，检察长（副检察长）不再审批，但检察长（副检察长）可依照《关于完善人民检察院司法责任制的若干意见》第10条规定行使审核权。

七、以人民检察院名义制发的法律文书属检察官职权范围内决定事项或不涉及办案事项决定权的，可以由检察官签发。

对检察官职权范围内决定的某类案件的办案事项，检察长（副检察长）可以书面指令等形式要求检察官在签发法律文书前送请审核。对检察官职权范围内决定的具体案件，检察长（副检察长）也可以要求检察官在签发法律文书前送请审核。

八、检察官应当在检察官权力清单确定的职权范围内独立作出决定。省级人民检察院可以根据人民检察院层级及案件类型，在检察官权力清单中明确业务部门负责人是否审核检察官职权范围内作出的决定。基层人民检察院业务部门负责人的审核权原则上应当严格限制并逐步取消。省级人民检察院和地（市）级人民检察院业务部门负责人的审核权可以根据实际情况适当保留。

业务部门负责人审核案件，承担相应的监督管理责任。业务部门负责人审核时，可以要求检察官对案件进行复核或补充相关材料，但不得直接改变检察官意见或要求检察官改变意见。业务部门负责人与检察官处理意见不一致时，可以召集检察官联席会议讨论，也可以将审核意见连同检察官处理意见一并报检察长（副检察长）审查或决定。召集检察官联席会议讨论的，应当同时报送检察官联席会议讨论情况。

九、在固定设置的检察官办案组中，组内检察官可以作为独任检察官承办案件，在检察官权力清单确定的职权范围内对办案事项独立作出决定。主任检察官对组内检察官作为独任检察官承办的案件不行使办案事项决定权，也不行使审核权。

十、检察官助理辅助检察官办理案件，可以在检察官指导下履行除《关于完善人民检察院司法责任制的若干意见》规定的检察官须亲自承担及检察官权力清单确定的办案事项决定权之外的办案职责。检察官助理可以协助检察官出席法庭，但不得以人民检察院名义单独出席案件的法庭审理。检察官助理辅助检察官办理案件的，要在案卷材料和统一业务应用系统中全程留痕。

最高人民法院、最高人民检察院、司法部关于逐步实行律师代理申诉制度的意见

（2017年4月1日公布并施行　法发〔2017〕8号）

实行律师代理申诉制度，是保障当事人依法行使申诉权利，实现申诉法治化，促进司法公正，提高司法公信，维护司法权威的重要途径。为贯彻落实《中共中央关于全面推进依法治国重大问题的决定》和中央政法委《关于建立律师参与化解和代理涉法涉诉信访案件制度的意见》，对不服司法机关生效裁判和决定的申诉，逐步实行由律师代理制度。根据相关法律，结合人民司法工作实际，制定本意见。

一、坚持平等、自愿原则。当事人对人民法院、人民检察院作出的生效裁判、决定不服，提出申诉的，可以自行委托律师；人民法院、人民检察院可以引导申诉人、被申诉人委托律师代为进行。

申诉人因经济困难没有委托律师的，可以向法律援助机构提出申请。

二、完善便民工作机制。依托公益性法律服务机构和法律援助机构，运用网络平台，法律服务热线等多种形式，为当事人寻求律师服务和法律援助提供多元渠道。

三、探索建立律师驻点工作制度。人民法院、人民检察院可以在诉讼服务大厅等地开辟专门场所，提供必要的办公设施，由律师协会派驻律师开展法律咨询等工作。对未委托律师的申诉人到人民法院、人民检察院反映诉求的，可以先行引导由驻点律师提供法律咨询。法律援助机构安排律师免费为申诉人就申诉事项提供法律咨询。

四、明确法律援助范围条件。申诉人申请法律援助应当符合《法律援助条例》、地方法律援助法规规章规定的法律援助经济困难标准和事项范围，且具有法定申诉理由及明确事实依据。

扩大法律援助范围，进一步放宽经济困难标准，使法律援助范围逐步拓展至低收入群体。

五、规范律师代理申诉法律援助程序。申诉人申请法律援助，应当向作出生效裁判、决定的人民法院所在地同级司法行政机关所属法律援助机构提出，

或者向作出人民检察院诉讼终结的刑事处理决定的人民检察院所在地同级司法行政机关所属法律援助机构提出。申诉已经人民法院或者人民检察院受理的，应当向该人民法院或者人民检察院所在地同级司法行政机关所属法律援助机构提出。

法律援助机构经审查认为符合法律援助条件的，为申诉人指派律师，并将律师名单函告人民法院或者人民检察院。

六、扩大律师服务工作范围。律师在代理申诉过程中，可以开展以下工作：听取申诉人诉求，询问案件情况，提供法律咨询；对经审查认为不符合人民法院或者人民检察院申诉立案条件的，做好法律释明工作；对经审查符合人民法院或者人民检察院申诉立案条件的，为申诉人代写法律文书，接受委托代为申诉；经审查认为可能符合法律援助条件的，协助申请法律援助；接受委托后，代为提交申诉材料，接收法律文书，代理参加听证、询问、讯问和开庭等。

七、完善申诉立案审查程序。律师接受申诉人委托，可以到人民法院、人民检察院申诉接待场所或者通过来信、网上申诉平台、远程视频接访系统、律师服务平台等提交申诉材料。

提交的材料不符合要求的，人民法院或人民检察院可以通知其限期补充或者补正，并一次性告知应当补充或者补正的全部材料。未在通知期限内提交的，人民法院或者人民检察院不予受理。

对符合法律规定条件的申诉，人民法院、人民检察院应当接收材料，依法立案审查。经审查认为不符合立案条件的，应当以书面形式告知申诉人及代理律师。

八、尊重代理申诉律师意见。人民法院、人民检察院应认真审查律师代为提出的申诉意见，并在法律规定期限内审查完毕。

对经审查认为申诉不能成立的，依法向申诉人出具法律文书，同时送达代理律师。认为案件确有错误的，依法予以纠正。认为案件存在瑕疵的，依法采取相应补正、补救措施。

九、依法保障代理申诉律师的阅卷权、会见权。在诉讼服务大厅或者信访接待场所建立律师阅卷室、会见室。为律师查阅、摘抄、复制案卷材料等提供方便和保障。对法律援助机构指派的律师复制相关材料的费用予以免收。有条件的地区，可以提供网上阅卷服务。

十、依法保障代理申诉律师人身安全。对在驻点或者代理申诉过程中出现可能危害律师人身安全的违法行为，人民法院或人民检察院要依法及时制止，固定证据，并做好相关处置工作。

十一、完善律师代理申诉公开机制。对律师代理的申诉案件，除法律规定不能公开、当事人不同意公开或者其他不适宜公开的情形，人民法院、人民检察院可以公开立案、审查程序，并告知申诉人及其代理律师审查结果。案件疑难、复杂的，申诉人及其代理律师可以申请举行公开听证，人民法院、人民检察院可以依申请或者依职权进行公开听证，并邀请相关领域专家、人大代表、政协委员及群众代表等社会第三方参加。

十二、探索建立律师代理申诉网上工作平台。运用信息技术，探索建立律师事务所、法律援助机构与人民法院、人民检察院之间视频申诉系统，鼓励律师通过视频形式开展工作；开发律师申诉接待平台，实现与人民法院、人民检察院可公开申诉信息的互联互通、共享共用。

十三、建立多层次经费保障机制。对符合法律援助条件的申诉人，纳入法律援助范围。律师代理申诉属于公益性质的，依靠党委政法委，协调有关部门争取经费，购买服务。全额支付律师在提供服务过程中产生的费用，并给予适当补助及奖励。

对申诉人自行聘请律师代理的，可以按照《律师服务收费管理办法》，由双方自愿协商代理费用。

加强法律援助经费保障，明确申诉法律援助案件补贴标准，确保经费保障水平适应开展法律援助参与申诉案件代理工作需要。

十四、建立申诉案件代理质量监管机制。司法行政部门指导当地律师协会将律师代理申诉业绩作为律师事务所检查考核和律师执业年度考核的重要指标。

十五、强化律师代理申诉执业管理。对律师在代理申诉过程中，违反《中华人民共和国律师法》《律师执业管理办法》等规定，具有煽动、教唆和组织申诉人以违法方式表达诉求；利用代理申诉案件过程中获得的案件信息进行歪曲、有误导性的宣传和评论，恶意炒作案件；与申诉人签订风险代理协议；在人民法院或者人民检察院驻点提供法律服务时接待其他当事人，或者通过虚假承诺、明示或暗示与司法机关的特殊关系等方式诱使其他当事人签订委托代理协议等行为的，司法行政部门或者律师协会应当相应给予行业处分和行政处罚。构成犯罪的，依法追究刑事责任。

人民法院、人民检察院发现律师存在违法违规行为的，应当向司法行政部门、律师协会提出处罚、处分建议。司法行政部门、律师协会核查后，应当将结果及时通报建议机关。

十六、建立健全律师代理申诉激励机制。人民法院、人民检察院、司法行政部门要营造支持律师开展代理申诉工作的良好氛围。全面加强律师代理申诉业务培训和指导,通过将代理申诉业绩作为评选优秀律师事务所、优秀律师等重要条件,定期开展专项表彰,在人才培养、项目分配、扶持发展、办案补贴等方面给予倾斜,同等条件下优先招录表现优异的律师作为法官、检察官等措施,调动律师代理申诉的积极性。

十七、加强有关部门协调配合。各地区有关部门要依靠党委领导,形成工作合力。根据地区实际,进一步细化相关制度,推动工作全面开展,促进形成理性表达、依法维权的导向,切实维护人民群众合法权益。

人民法院、人民检察院、司法行政部门、律师协会建立联席会议制度,定期沟通工作情况,共同研究解决律师代理申诉工作中的重大问题,根据各地实际,积极推进律师代理申诉立法工作,提高法治化水平。

最高人民法院、最高人民检察院、公安部、国家安全部、司法部、中华全国律师协会关于建立健全维护律师执业权利快速联动处置机制的通知

（2017年4月14日公布并施行　司发通〔2017〕40号）

各省、自治区、直辖市高级人民法院、人民检察院、公安厅（局）、国家安全厅（局）、司法厅（局）、律师协会，新疆维吾尔自治区高级人民法院生产建设兵团分院、新疆生产建设兵团人民检察院、公安局、国家安全局、司法局、律师协会：

为贯彻落实中共中央办公厅、国务院办公厅《关于深化律师制度改革的意见》和最高人民法院、最高人民检察院、公安部、国家安全部、司法部《关于依法保障律师执业权利的规定》，及时有效维护律师执业权利，保障律师依法执业，现就建立健全维护律师执业权利快速联动处置机制通知如下：

一、总体要求

快速有效维护律师执业权利，对于充分发挥律师职能作用，促进司法活动顺利进行，保障司法精准性和公正性具有重要意义。各级人民法院、人民检察院、公安机关、国家安全机关、司法行政机关和各律师协会要认真贯彻落实中央有关保障律师执业权利工作部署，针对律师执业权利保障中存在的突出问题，建立健全维护律师执业权利快速联动处置机制，加强沟通协调，确保律师执业权利受到侵犯后第一时间受理、第一时间调查、第一时间处理、第一时间反馈，切实提高维护律师执业权利的及时性和有效性，保障律师依法执业。

二、明确维护律师执业权利范围和途径

律师在执业过程中遇有以下情形，认为其执业权利受到侵犯的，可以向相关律师协会申请维护执业权利：

（1）知情权、申请权、申诉权、控告权，以及会见、通信、阅卷、收集证据和发问、质证、辩论、提出法律意见等合法执业权利受到限制、阻碍、侵害、剥夺的；

（2）受到侮辱、诽谤、威胁、报复、人身伤害的；

(3) 在法庭审理过程中，被违反规定打断或者制止按程序发言的；
(4) 被违反规定强行带出法庭的；
(5) 被非法关押、扣留、拘禁或者以其他方式限制人身自由的；
(6) 其他妨碍其依法履行辩护、代理职责，侵犯其执业权利的。

律师认为办案机关及其工作人员明显违反法律规定，阻碍律师依法履行辩护、代理职责，侵犯律师执业权利的，可以向办案机关或者其上一级机关投诉，向同级或者上一级人民检察院申诉、控告，向注册地的市级司法行政机关、所属的律师协会申请维护执业权利。律师向其他司法行政机关、律师协会提出申请的，相关司法行政机关、律师协会应当予以接待，并于24小时以内将其申请移交其注册地的市级司法行政机关、所属的律师协会。情况紧急的，应当即时移交。律师事务所执业权利受到侵犯的，可以按上述途径维护执业权利。

全国律协和各地律师协会应当于2017年第一季度建立维护律师执业权利中心，设立维护律师执业权利专门平台，并在官方网站、办公场所公布电话、来信来访地址，开设网上受理窗口，安排专人负责接待律师申请维权。

三、完善维护律师执业权利快速受理机制

所属的律师协会接到律师维护执业权利的申请或者司法行政机关、其他律师协会转来的申请后，应当立即进行审查。对符合相关规定，属于受理范围的，应当及时受理。对不属于受理范围的，应当向律师做好说明解释工作。

除在网上受理窗口申请外，律师向律师协会申请维护执业权利，应当提交书面申请书，并提供相关证据材料。情况紧急的，可以采用电话、电子邮件等方式提出申请。紧急情形消除后，应当补充提交申请书、相关证据材料等书面材料。律师协会受理律师维权申请，应当予以登记，详细记录律师信息、具体请求及请求所依据的事实、理由等。

各级人民法院监察部门、人民检察院控告检察部门、公安机关法制部门、国家安全机关法制部门负责受理律师投诉。各级人民检察院控告检察部门负责受理律师申诉或者控告。人民法院、人民检察院、公安机关、国家安全机关应当在官方网站、办公场所公开受理机构名称、电话、来信来访地址，安排专人负责维护律师执业权利受理工作。对于律师的投诉、申诉或者控告，有关单位应当及时受理并做好登记。

四、完善维护律师执业权利联动处理机制

所属的律师协会受理律师维护执业权利申请后，应当区别不同情况，及时作出处理：

（1）属于本律师协会处理范围的，应当于两个工作日以内将律师申请材料转交相关办案机关处理。情况紧急的，应当于24小时以内向有关办案机关反映。情况特别紧急，需要立即采取处理措施的，律师协会应当即时反映；

（2）对于律师异地执业时提出的维权申请，所属的律师协会应当根据不同情况，及时向行为发生地律师协会通报，请求予以协助。相关律师协会应当给予协助，并按照工作程序和时限要求通报相关办案机关予以处理；

（3）对于需要省级以上办案机关依法处理的维权申请，所属的律师协会应当提请省级以上律师协会予以协调处理。

办案机关应当在受理律师投诉或者接到有关律师协会反映的情况、移交的申请材料后立即开展调查，一般应于十日以内作出处理。情况属实的，应当依法立即纠正。人民检察院在受理律师申诉、控告后，应当立即进行审查，一般应于十日以内作出处理。情况属实的，应当通知有关机关立即予以纠正。

律师因依法执业受到人身伤害的，有关机关接到投诉或者发现后应当立即制止并依法处理，必要时对律师采取保护措施。

调查处理过程中，办案机关、司法行政机关和律师协会要加强沟通联动，及时协商解决有关问题。发现侵犯律师执业权利行为与律师违法违规执业相互交织的或者情况复杂、存在争议的，办案机关、司法行政机关和律师协会等可以组成联合调查组，及时准确查明事实。

律师协会在处理律师维护执业权利过程中遇到困难和问题，难以协调解决的，可以提请司法行政机关予以协调。遇到重大复杂问题或者侵犯律师执业权利的重大突发事件，司法行政机关应当依托律师工作联席会议制度，协调有关办案机关及时予以解决，必要时召开临时会议研究处理。

律师协会在维护律师执业权利过程中，可以与办案机关、司法行政机关沟通后，根据调查处理的实际情况，适时发声，表达关注，公布阶段性调查结果或者工作进展情况。对律师的投诉、申诉或者控告作出调查处理并与办案机关、司法行政机关沟通后，必要时应当及时向社会披露调查处理结果。

五、及时反馈调查处理结果

律师向律师协会申请维护执业权利的，律师协会应当及时将工作进展情况反馈申请人。办案机关根据有关调查情况作出处理决定后，应当于两个工作日以内将处理决定以书面形式告知律师协会，律师协会应当及时反馈申请人。

律师直接向有关办案机关或者其上一级机关进行投诉、向人民检察院进行申诉或者控告的，办案机关或者人民检察院应当在作出处理决定后两个工作日以内将处理决定书面答复律师本人，并通报其注册地的司法行政机关或者所属的律师协会。

六、加强工作指导监督

各级人民法院、人民检察院、公安机关、国家安全机关、司法行政机关和各律师协会要高度重视维护律师执业权利快速联动处置工作，切实加强沟通协调，落实工作责任，形成工作合力。要建立联席会议制度，定期共同研究律师维护执业权利快速联动处置工作有关问题。要建立完善侵犯律师执业权利行为记录、通报和责任追究制度，对严重侵犯律师执业权利的行为予以严肃处理。办案机关或者其上一级机关、人民检察院对律师提出的投诉、申诉、控告，经调查核实后要求有关机关予以纠正，有关机关拒不纠正或者累纠累犯的，应当由相关机关的纪检监察部门依照有关规定调查处理，相关责任人构成违纪的，给予纪律处分。要及时汇总本地区维护律师执业权利快速联动处置工作情况及典型案例，定期在联席会议上予以通报，并做好宣传工作，推动形成全社会尊重和保障律师的良好氛围。

最高人民法院
最高人民检察院
公安部
国家安全部
司法部
中华全国律师协会
2017 年 4 月 14 日

最高人民检察院关于做好全面开展公益诉讼有关准备工作的通知

(2017年5月25日公布并施行 高检发民字〔2017〕5号)

各省、自治区、直辖市人民检察院,解放军军事检察院,新疆生产建设兵团人民检察院:

5月23日,习近平总书记主持召开中央全面深化改革领导小组第三十五次会议,审议通过了《关于检察机关提起公益诉讼试点情况和下一步工作建议的报告》。会议指出:"经全国人大常委会授权,最高人民检察院从2015年7月起在北京等13个省区市开展为期两年的提起公益诉讼试点,在生态环境和资源保护、食品药品安全、国有资产保护、国有土地使用权出让等领域,办理了一大批公益诉讼案件,积累了丰富的案件样本,制度设计得到充分检验,正式建立检察机关提起公益诉讼制度的时机已经成熟。要在总结试点工作的基础上,为检察机关提起公益诉讼提供法律保障。"全国人大常委会正在推进修改行政诉讼法、民事诉讼法相关工作,预计将于6月份审议通过。为了做好公益诉讼制度全面推开的相关准备工作,现就有关事项通知如下:

一、充分认识建立检察机关提起公益诉讼制度的重要意义

探索建立检察机关提起公益诉讼制度,是党中央作出的重大战略决策。习近平总书记在党的十八届四中全会上突出强调,由检察机关提起公益诉讼,有利于优化司法职权配置、完善行政诉讼制度,也有利于推进法治政府建设。2015年5月,习近平总书记主持中央全面深化改革领导小组第十二次会议时又深刻指出,党的十八届四中全会提出探索建立检察机关提起公益诉讼制度,目的是充分发挥检察机关法律监督职能作用,促进依法行政、严格执法,维护宪法法律权威,维护社会公平正义,维护国家和社会公共利益。习近平总书记的这些重要论述,从社会主义法治国家建设全局的高度,深刻阐明了探索建立检察机关提起公益诉讼制度的重要意义和制度价值。各地一定要认真学习领会,切实把思想和行动统一到中央精神上来。

自十二届全国人大常委会第十五次会议授权最高人民检察院在北京等13个省区市开展试点以来,各试点地区检察机关积极稳妥推进相关工作,取得显

著成效，充分发挥检察机关法律监督职能作用，促进依法行政、严格执法，维护国家利益和社会公共利益，试点获得了社会各界的好评，显示了检察机关提起公益诉讼制度的可行性和优越性。检察机关提起公益诉讼制度的正式建立和全面推广，是进一步加强国家利益和社会公共利益保护、促进依法行政的重要举措，是健全完善检察机关法律监督职能的重要内容，体现了党中央和人民群众对试点工作的充分认可。各级检察机关要从党和国家事业发展的战略高度充分认识检察机关提起公益诉讼制度正式建立的重要意义，把全面开展检察机关提起公益诉讼工作作为事关中国特色社会主义检察事业长远发展的重大任务抓紧、抓好。

二、准确把握检察机关提起公益诉讼的特点和规律

实践基础上的创新可以有效地推动理论的创新，试点地区检察机关在试点中摸索出的规律，是符合实际需要的，要在实践中准确把握和坚持。一是在公益保护体系中，检察机关处于法律监督重要地位。国家利益和社会公共利益的保护是一个系统工程，不仅需要行政机关、审判机关、检察机关通过行使各自的职权进行保护，也需要公民、法人、社会组织等社会主体的积极参与，才能取得最佳的保护效果。在这个不同主体构成的保护体系中，检察机关作为国家专门的法律监督机关，立足法律监督职能，通过检察建议、提起公益诉讼等多种履职方式，与各类主体衔接配合，发挥法律监督的核心保障作用。检察机关既可以督促行政机关依法履行保护公益职责，也可以督促适格主体积极行使公益诉权，在行政机关不纠正违法或履行职责、没有适格主体或适格主体不提起诉讼的情况下，检察机关则应提起行政公益诉讼或民事公益诉讼，并通过对公益诉讼的审理、裁判、执行进行监督，确保国家利益和社会公共利益得到有效司法保护。二是检察机关在保护公益方面可以多措并举。对于侵害国家利益和社会公共利益的公民、法人和其他组织，既可以依据刑事法律追究其犯罪行为，又可以依据民事法律通过民事公益诉讼的方式，达到停止侵害、消除影响、赔偿损失的效果；而对于那些违法行使职权或者不作为的行政机关及其工作人员，除了依法追究其刑事责任外，还应当依据法律法规，通过检察建议、提起行政公益诉讼等方式，督促其依法履行职责；根据案情需要，还可以依法提起行政附带民事公益诉讼、刑事附带民事公益诉讼，有效节约司法资源。三是检察机关提起公益诉讼不同于一般原告。检察机关提起公益诉讼是履行职责的职权行为，代表的不是自身利益而是代表国家维护公益。在公益诉讼过程中，法律监督贯穿于公益诉讼的立案、调查、起诉、审理、裁判、执行全过程，相应的程序设计既要遵循诉讼制度的一般要求，也要符合检察职能的特点和规律。四是检察机关提起公益诉讼可充分发挥诉前和诉讼两种程序的综合功

效。诉前程序是诉讼程序的必要前提,如果没有履行诉前程序,诉讼就无法提起;诉讼程序是诉前程序发挥作用的必要保障,如果没有提起诉讼作为可能采取的后续手段,诉前程序的效果就不一定能够得到保证。通过诉前程序既及时解决问题,又节约司法资源,而通过诉讼程序强化了公益保护的刚性,两种程序刚柔并济,使国家利益和社会公共利益得到更加及时有效的保护。

三、努力做好全面开展公益诉讼的相关准备工作

一要加强组织领导。各级检察院检察长要进一步强化责任意识和担当精神,对公益诉讼工作加强领导部署,加强办案力量配备,帮助排除干扰阻力。要根据公益诉讼工作的特点,选配有调查核实、出庭应诉工作经验的检察官充实到民行队伍中来,为全面开展公益诉讼工作做好人才储备。二要加强学习培训。两年来,试点地区检察机关积累了丰富的可推广、可复制工作经验。非试点地区要在认真学习领会高检院发布的规范性文件、指导性案例及有关书籍资料的基础上,积极学习借鉴试点地区有益经验,既要学习各试点地区部署推进工作的好做法,也要学习典型案例中的办案经验;既要学习文书制作技能,也要学习调查取证、庭审应诉等操作技巧;既要请进来,邀请相关学者、试点地区办案人员作讲座、实务培训,也要走出去,到试点地区观摩庭审、座谈交流。各试点地区要充分发挥"传、帮、带"作用,积极协助非试点地区开展学习培训工作。三要做好案件线索摸排工作。要以生态环境和资源保护、食品药品安全、国有资产保护、国有土地使用权出让等领域为重点,摸排适宜提起公益诉讼的案件线索,提前收集相关材料、掌握相关情况。要牢牢抓住公益这个核心,坚持从维护国家利益和社会公共利益出发推进试点工作,防止把不具有国家利益和社会公共利益属性的案件以公益诉讼的方式进行保护。要从试点地区办理的类似案件中寻找经验,针对不同情形分别确定工作预案。四要加强沟通协调,营造良好的外部环境。加强请示报告,积极争取地方党委、人大的领导。重视加强沟通协调,赢得行政机关的理解支持。建立与人民法院的协调配合机制,凝聚推动工作的共识与合力。

最高人民法院、最高人民检察院
关于办理侵犯公民个人信息刑事案件
适用法律若干问题的解释

（2017年3月20日最高人民法院审判委员会第1712次会议、
2017年4月26日最高人民检察院第十二届检察委员会第六十三次会议通过
2017年6月1日施行　法释〔2017〕10号）

为依法惩治侵犯公民个人信息犯罪活动，保护公民个人信息安全和合法权益，根据《中华人民共和国刑法》《中华人民共和国刑事诉讼法》的有关规定，现就办理此类刑事案件适用法律的若干问题解释如下：

第一条　刑法第二百五十三条之一规定的"公民个人信息"，是指以电子或者其他方式记录的能够单独或者与其他信息结合识别特定自然人身份或者反映特定自然人活动情况的各种信息，包括姓名、身份证件号码、通信通讯联系方式、住址、账号密码、财产状况、行踪轨迹等。

第二条　违反法律、行政法规、部门规章有关公民个人信息保护的规定的，应当认定为刑法第二百五十三条之一规定的"违反国家有关规定"。

第三条　向特定人提供公民个人信息，以及通过信息网络或者其他途径发布公民个人信息的，应当认定为刑法第二百五十三条之一规定的"提供公民个人信息"。

未经被收集者同意，将合法收集的公民个人信息向他人提供的，属于刑法第二百五十三条之一规定的"提供公民个人信息"，但是经过处理无法识别特定个人且不能复原的除外。

第四条　违反国家有关规定，通过购买、收受、交换等方式获取公民个人信息，或者在履行职责、提供服务过程中收集公民个人信息的，属于刑法第二百五十三条之一第三款规定的"以其他方法非法获取公民个人信息"。

第五条　非法获取、出售或者提供公民个人信息，具有下列情形之一的，应当认定为刑法第二百五十三条之一规定的"情节严重"：

（一）出售或者提供行踪轨迹信息，被他人用于犯罪的；

（二）知道或者应当知道他人利用公民个人信息实施犯罪，向其出售或者提供的；

（三）非法获取、出售或者提供行踪轨迹信息、通信内容、征信信息、财产信息五十条以上的；

（四）非法获取、出售或者提供住宿信息、通信记录、健康生理信息、交易信息等其他可能影响人身、财产安全的公民个人信息五百条以上的；

（五）非法获取、出售或者提供第三项、第四项规定以外的公民个人信息五千条以上的；

（六）数量未达到第三项至第五项规定标准，但是按相应比例合计达到有关数量标准的；

（七）违法所得五千元以上的；

（八）将在履行职责或者提供服务过程中获得的公民个人信息出售或者提供给他人，数量或者数额达到第三项至第七项规定标准一半以上的；

（九）曾因侵犯公民个人信息受过刑事处罚或者二年内受过行政处罚，又非法获取、出售或者提供公民个人信息的；

（十）其他情节严重的情形。

实施前款规定的行为，具有下列情形之一的，应当认定为刑法第二百五十三条之一第一款规定的"情节特别严重"：

（一）造成被害人死亡、重伤、精神失常或者被绑架等严重后果的；

（二）造成重大经济损失或者恶劣社会影响的；

（三）数量或者数额达到前款第三项至第八项规定标准十倍以上的；

（四）其他情节特别严重的情形。

第六条 为合法经营活动而非法购买、收受本解释第五条第一款第三项、第四项规定以外的公民个人信息，具有下列情形之一的，应当认定为刑法第二百五十三条之一规定的"情节严重"：

（一）利用非法购买、收受的公民个人信息获利五万元以上的；

（二）曾因侵犯公民个人信息受过刑事处罚或者二年内受过行政处罚，又非法购买、收受公民个人信息的；

（三）其他情节严重的情形。

实施前款规定的行为，将购买、收受的公民个人信息非法出售或者提供的，定罪量刑标准适用本解释第五条的规定。

第七条 单位犯刑法第二百五十三条之一规定之罪的，依照本解释规定的相应自然人犯罪的定罪量刑标准，对直接负责的主管人员和其他直接责任人员定罪处罚，并对单位判处罚金。

第八条 设立用于实施非法获取、出售或者提供公民个人信息违法犯罪活动的网站、通讯群组，情节严重的，应当依照刑法第二百八十七条之一的规定，以非法利用信息网络罪定罪处罚；同时构成侵犯公民个人信息罪的，依照侵犯公民个人信息罪定罪处罚。

第九条 网络服务提供者拒不履行法律、行政法规规定的信息网络安全管理义务，经监管部门责令采取改正措施而拒不改正，致使用户的公民个人信息泄露，造成严重后果的，应当依照刑法第二百八十六条之一的规定，以拒不履行信息网络安全管理义务罪定罪处罚。

第十条 实施侵犯公民个人信息犯罪，不属于"情节特别严重"，行为人系初犯，全部退赃，并确有悔罪表现的，可以认定为情节轻微，不起诉或者免予刑事处罚；确有必要判处刑罚的，应当从宽处罚。

第十一条 非法获取公民个人信息后又出售或者提供的，公民个人信息的条数不重复计算。

向不同单位或者个人分别出售、提供同一公民个人信息的，公民个人信息的条数累计计算。

对批量公民个人信息的条数，根据查获的数量直接认定，但是有证据证明信息不真实或者重复的除外。

第十二条 对于侵犯公民个人信息犯罪，应当综合考虑犯罪的危害程度、犯罪的违法所得数额以及被告人的前科情况、认罪悔罪态度等，依法判处罚金。罚金数额一般在违法所得的一倍以上五倍以下。

第十三条 本解释自 2017 年 6 月 1 日起施行。

《最高人民法院、最高人民检察院关于办理侵犯公民个人信息刑事案件适用法律若干问题的解释》的理解和适用

缐　杰　宋　丹[*]

《最高人民法院、最高人民检察院关于办理侵犯公民个人信息刑事案件适用法律若干问题的解释》（以下简称《解释》），分别经2017年3月20日最高人民法院审判委员会第1712次会议、2017年4月26日最高人民检察院第十二届检察委员会第六十三次会议通过，于2017年5月9日对外公布，自2017年6月1日起施行。为便于司法工作人员正确理解和适用《解释》的相关规定，现对《解释》解读如下：

一、《解释》的制定背景及过程

随着我国经济社会的快速发展和信息网络的高速流通，公民个人信息越来越凸显其重要价值。为保护公民隐私和正常的工作、生活不受侵害和干扰，2009年2月28日起施行的《刑法修正案（七）》增设了《刑法》第二百五十三条之一，将国家机关等单位在履行职责或者提供服务过程中获得的公民个人信息出售、非法提供给他人的行为，以及窃取、非法获取公民个人信息的行为规定为犯罪。近年来，出售、非法提供和非法获取公民个人信息犯罪出现了一些新情况，利用公民个人信息实施电信网络诈骗、滋扰型"软暴力"等违法犯罪活动时有发生，甚至与杀人、绑架等严重刑事犯罪相关联，危害公民人身财产安全，影响社会稳定。2015年11月1日起施行的《刑法修正案（九）》对《刑法》第二百五十三条之一作了修改：一是扩大了犯罪主体的范围，将违反国家有关规定，向他人出售或者提供公民个人信息，情节严重的行为规定为犯罪；二是规定将在履行职责或者提供服务过程中获得的公民个人信息，出售或者提供给他人的，从重处罚；三是提升法定刑配置，增加规定"情节特别严重的，处三年以上七年以下有期徒刑，并处罚金"。2015年11月最高人民法院、最高人民检察院《关于执行〈中华人民共和国刑法〉确定罪名的补充规定（六）》取消出售、非法提供公民个人信息罪和非法获取公民个人信息罪罪名，整合为"侵犯公民个人信息罪"。

---

[*] 作者单位：最高人民检察院法律政策研究室。

《刑法修正案（九）》施行以来，全国检察机关不断加大对侵犯公民个人信息犯罪的惩处力度，依法查办了一大批刑事案件。2015年11月至2017年5月，全国检察机关依法批准逮捕侵犯公民个人信息犯罪案件1385件2514人，审查起诉侵犯公民个人信息犯罪案件1030件2409人，为保护公民个人信息，保障广大人民群众合法权益发挥了重要的积极作用。与此同时，由于侵犯公民个人信息犯罪涉及范围广泛，信息类型复杂多样，侵犯公民个人信息罪的具体定罪量刑标准尚不明确，一些法律适用问题存在争议，亟须最高人民法院、最高人民检察院出台司法解释，统一法律适用标准。

鉴于立法和司法实践遇到的新情况和新问题，2016年年初，最高人民检察院法律政策研究室与最高人民法院研究室共同启动了侵犯公民个人信息罪司法解释的起草工作。9月，在对辽宁、江苏等地方前期调研的基础上，起草了解释初稿。11月，与最高人民法院研究室共同召开座谈会，听取公安部和腾讯、阿里巴巴、奇虎360等互联网企业对解释稿的意见。12月，征求了公安部和最高人民检察院有关内设机构、各省级人民检察院的意见；会同最高人民法院研究室召开专家论证会，听取专家学者意见。根据征求意见情况，对解释稿作了修改完善，报送全国人大常委会法工委征求意见。在综合各方面意见的基础上，经反复研究修改，形成送审稿。最高人民法院审判委员会审议并原则通过送审稿后，最高人民检察院法律政策研究室商最高人民法院研究室对送审稿作了进一步研究修改，提交最高人民检察院检察委员会审议通过。

二、主要内容

从当前司法实践看，办理侵犯公民个人信息犯罪案件，主要存在以下问题：一是亟须对公民个人信息的范围作出界定，以统一认识；二是亟须对侵犯公民个人信息罪的定罪量刑标准予以明确，以准确适用法律；三是亟须对公民个人信息的数量计算等其他法律适用问题作出规定，以提升打击实效。《解释》共十三条，针对办理侵犯公民个人信息犯罪案件批准逮捕、审查起诉以及刑事审判过程中存在的突出法律适用问题，主要规定了以下几个方面的内容：（1）公民个人信息的范围；（2）《刑法》第二百五十三条之一规定的"违反国家有关规定"的认定；（3）《刑法》第二百五十三条之一规定的"提供公民个人信息""以其他方法非法获取公民个人信息"的认定；（4）侵犯公民个人信息罪的定罪量刑标准；（5）侵犯公民个人信息相关犯罪的处理；（6）侵犯公民个人信息犯罪认罪认罚的从宽处理；（7）侵犯公民个人信息犯罪案件的信息数量计算规则；（8）侵犯公民个人信息犯罪的罚金刑适用。

（一）"公民个人信息"的范围

2016年11月7日通过的《中华人民共和国网络安全法》第七十六条规

定:"个人信息,是指以电子或者其他方式记录的能够单独或者与其他信息结合识别自然人个人身份的各种信息,包括但不限于自然人的姓名、出生日期、身份证件号码、个人生物识别信息、住址、电话号码等。"这是目前我国对个人信息最权威的法律界定。《解释》第一条以上述规定为基础,明确《刑法》第二百五十三条之一规定的"公民个人信息",是指以电子或者其他方式记录的能够单独或者与其他信息结合识别特定自然人身份或者反映特定自然人活动情况的各种信息,包括姓名、身份证件号码、通信通讯联系方式、住址、账号密码、财产状况、行踪轨迹等。

需要说明的是,对于行踪轨迹等反映特定自然人活动情况的信息能否属于"公民个人信息"的内涵,曾存在不同认识。为统一司法适用,本条规定将反映特定自然人活动情况的信息明确涵括在"公民个人信息"的范围之内。主要考虑:《中华人民共和国网络安全法》主要是从网络信息安全的角度对个人信息作出规定,与《刑法》第二百五十三条之一的立法目的不完全一致。行踪轨迹等反映特定自然人活动情况的信息属于关系公民人身、财产安全的高度敏感信息,如果将此类信息明确排除在刑法规定的"公民个人信息"范围之外,不符合刑法保护公民个人信息的立法精神,也不利于有效保障公民个人合法权益。此外,我国个人信息安全的法律保护将会进一步完善,相关信息安全和个人信息保护规范将会逐步出台,为使《解释》的规定与今后相关法律法规和技术规范保持一定的协调性,有必要明确反映特定自然人活动的信息属于"公民个人信息"的范畴。

本条对典型的或者实践中较为常见的几类信息作了列举。实践中需要注意,一是本条对公民个人信息的外延没有全部列举,实践中公民个人信息不限于本条列明的几类信息。《解释》起草过程中,有意见提出增加"工作单位、学历、职务、职称、婚姻状况、奖惩、家庭成员、指纹、DNA、车牌、购物、QQ、电子邮箱等网上登录账号、密码信息"等内容。经研究认为,公民个人信息最根本的特征在于能够识别个人身份或者体现个人活动,在《解释》中把具体的公民个人信息全部列明不太可能,也不具有司法可操作性。二是与特定自然人关联的"账号密码"属于"公民个人信息"。当前账号密码往往绑定身份证号、手机号码等特定信息,非法获取账号密码后可以进一步实施侵犯公民人身、财产安全的行为,将"账号密码"列明为"公民个人信息",有利于保护公民个人信息安全和合法权益。三是"公民个人信息"既包括中国公民的个人信息,也包括外国公民和其他无国籍人的个人信息。

(二)"违反国家有关规定"的认定

《刑法修正案(九)》将侵犯公民个人信息罪的前提要件由"违反国家规

定"修改为"违反国家有关规定"。根据刑法的修改,《解释》第二条将"国家有关规定"解释为法律、行政法规、部门规章有关公民个人信息保护的规定,特指国家层面的涉及公民个人信息管理方面的规定,不包括地方性法规等非国家层面的规定。《解释》研究论证过程中,有意见提出,"违反国家有关规定"与"违反国家规定"并无差异,且《网络安全法》对个人信息作了较为全面的规定,将来还有公民个人信息的专门法律,没有必要明确此问题。经研究认为,"违反国家有关规定"不同于"违反国家规定",前者的范围更为宽泛,这也是《刑法修正案(九)》根据实践需要对《刑法》第二百五十三条之一作出修改的考虑之一。目前,我国尚未制定专门的公民个人信息保护法,但一些法律、法规、部门规章对特定领域公民个人信息的保护作出了专门规定。考虑到立法实际情况和办案亟需,《解释》对"国家有关规定"的范围予以明确。

(三)"提供公民个人信息"的认定

根据《刑法》第二百五十三条之一的规定,违反国家有关规定,向他人提供公民个人信息,情节严重的,构成侵犯公民个人信息罪。"提供公民个人信息"是侵犯公民个人信息犯罪的客观行为表现方式之一。《解释》第三条明确了"提供公民个人信息"的认定。第一款规定,向特定人提供公民个人信息,以及通过信息网络或者其他途径发布公民个人信息的,应当认定为《刑法》第二百五十三条之一规定的"提供公民个人信息"。需要注意的,一是向特定人提供公民个人信息的,属于一对一的"提供",是较为典型的"提供"行为,司法实践中较易认定。二是通过信息网络或者其他途径发布公民个人信息的,是否属于"提供",尚存争议。经研究认为,通过信息网络或者其他途径发布公民个人信息,实际是向社会不特定多数人提供公民个人信息,属于一对"多"的"提供",相比较一对一的"提供",举轻以明重,更应当认定为"提供"。

第二款根据《网络安全法》的相关规定和大数据发展的社会现实,明确未经被收集者同意,将合法收集的公民个人信息向他人提供的,属于《刑法》第二百五十三条之一规定的"提供公民个人信息",但是经过处理无法识别特定个人且不能复原的除外。根据《网络安全法》第四十二条规定:"网络运营者不得泄露、篡改、毁损其收集的个人信息;未经被收集者同意,不得向他人提供个人信息。但是,经过处理无法识别特定个人且不能复原的除外。"第四十四条规定:"任何个人和组织不得窃取或者以其他非法方式获取个人信息,不得非法出售或者非法向他人提供个人信息。"可以认为,法律层面是允许合法的个人信息交易和流动的,对于未违反国家有关规定,经得被收集者同意,将合法收集的公民个人信息提供给他人的，不能纳入刑事打击范围。另外，经过处理无法识别特定个人且不能复原的信息，由于已经不具备"公民个人信息"与特定人的关联性和识别性的属性，提供这类信息的，当然也不能作为犯罪处理。

需要注意的是，对于实践中较为关注的"人肉搜索"案件，行为人未经他人同意，将其姓名、身份信息、住址等个人信息公布于众，影响其正常的工作、生活秩序的，如果达到"情节严重"的标准，可以按照本条的规定定罪处罚。

（四）"以其他方法非法获取公民个人信息"的认定

根据《刑法》第二百五十三条之一的规定，窃取或者以其他方法非法获取公民个人信息的，是侵犯公民个人信息罪的客观行为表现方式之一。"窃取"即是非法的秘密获取，无需对其再作进一步明确。《解释》第四条对"以其他方法非法获取公民个人信息"作出规定，即违反国家有关规定，通过购买、收受、交换等方式获取公民个人信息，或者在履行职责、提供服务过程中收集公民个人信息的，属于《刑法》第二百五十三条之一第三款规定的"以其他方法非法获取公民个人信息"。具体包括两种情况：一是总结实际案例，对非法获取公民个人信息的主要表现形式，即购买、收受、交换等方式，予以明确。二是参照《网络安全法》第四十一条"网络运营者不得收集与其提供的服务无关的个人信息，不得违反法律、行政法规的规定和双方的约定收集、使用个人信息"的规定，特别明确在履行职责或者提供服务过程中，违反国家有关规定收集公民个人信息的，属于"以其他方法非法获取公民个人信息"。

需要注意的是，如何认定获取公民个人信息的"非法"，应当结合《刑法》第二百五十三条之一的整体条文考虑，以是否违反国家有关规定作为判断标准。

（五）侵犯公民个人信息罪"情节严重"的认定标准

根据《刑法》第二百五十三条之一的规定，违反国家有关规定，出售、提供或者非法获取公民个人信息，情节严重的，处三年以下有期徒刑或者拘役，并处或者单处罚金。《解释》第五条第一款和第六条第一款明确了侵犯公民个人信息罪"情节严重"的具体情形。

1. 第五条第一款列举了非法获取、出售或者提供公民个人信息"情节严重"的十项情形。（1）第一项"出售或者提供行踪轨迹信息，被他人用于犯罪的"。行踪轨迹信息是最为敏感的公民个人信息，侵犯这类信息，行为人知道或者应当知道信息可能被用于犯罪。办案时，一是只需证明这类信息被他人用于犯罪，不必再具体判断行为人主观上是否知道或者应当知道涉案信息用于犯罪；二是出售或者提供这类信息，不论数量多少，即使只有一条行踪轨迹信息，也应当追究刑事责任。（2）第二项"知道或者应当知道他人利用公民个人信息实施犯罪，向其出售或者提供的"。可能被他人利用实施犯罪的公民个人信息，虽然未被用于犯罪，但公民的人身和财产安全面临即被侵害的现实威胁。出售或者提供这类信息的，不需要有信息数量的限制，但应当注意有证据证明行为人主观上知道或者应当知道他人利用这类信息实施犯罪。（3）第三项"非法获取、出售或者提供行踪轨迹信息、通信内容、征信信息、财产信息五十条以上的"。行踪轨迹信息、通信内容、征信信息、财产信息对公民的人身和财产安全最为重要。办案时只要查实涉案五十条的，即应当立案追诉。需要注意的是，"五十条"标准仅限于上述四种信息，不允许实践中再通过等外解释予以扩大适用。（4）第四项"非法获取、出售或者提供住宿信息、通信记录、健康生理信息、交易信息等其他可能影响人身、财产安全的公民个人信息五百条以上的"。住宿信息、通信记录、健康生理信息、交易信息等在重要程度上略低于踪轨迹信息、通信内容、征信信息、财产信息，但与公民人身和财产安全直接相关。"五百条"标准主要适用于上述类别的可能影响公民人身财产安全的信息，办案时可以根据案件具体情况，对该项没有列举，但可能影响人身、财产安全的信息适用此标准。需要注意的是，涉案信息应与上述列举的四种信息在重要程度上具有相当性。（5）第五项"非法获取、出售或者提供第三项、第四项规定以外的公民个人信息五千条以上的"。除公民个人敏感信息和影响人身、财产安全的公民个人信息外，涉案信息还包括姓名等一般性信息，对此类信息适用"五千条"标准。（6）第六项"数量未达到第三项至第五项规定标准，但是按相应比例合计达到有关数量标准的"。涉案信息往往是各类型混杂的，办案时需要对信息进行分类分析，如果每一相应类型的公民个人信息数量均没有达到第三项、第四项、第五项规定的"五十条""五百条""五千条"入罪标准的，需要进行比例折算，按照一、十、一百的倍比关系，合计达到上述标准之一的，即应当追究刑事责任。（7）第七项"违法所得五千元以上的"。从查获的信息情况来看，一般公民个人信息价格较低，但公民个人敏感信息的价格通常在每条数十元以上。办案时，在对信息类型和用途难以界定的情况下，根据违法所得数额认定"情节严重"，具有较强的实践操作性。（8）第八项"将在履行职责或者提供服务过程中获得的公民个人信息出售或者提供给他人，数量或者数额达到第三项至第七项规定标准一半以上的"。办案时需要注意，一是履行职责或者提供服务的人员，不限于国家工作人员，还包括金融、电信、交通、教育、医疗等单位的工作人员；二是按此标准定罪处罚的，不宜再根据《刑法》第二百五十三条之一第二款的规定从重处罚。(9) 第九项"曾因侵犯公民个人信息受过刑事处罚或者二年内受过行政处罚，又非法获取、出售或者提供公民个人信息的"。此种情形下，行为人屡罚屡犯，主观恶性较大。办案时，需着重考察犯罪嫌疑人的前科情况。(10) 第十项"其他情节严重的情形"。此项是兜底条款，对于前述九项情形以外，确需追究刑事责任的，可以考虑适用此项。

2. 第六条第一款列举了为合法经营活动而非法购买、收受第五条第一款第三项、第四项规定以外的公民个人信息"情节严重"的三项情形。相比较第五条第一款的规定，第六条第一款属于非法获取公民个人信息"情节严重"的特别规定。(1) 第一项"利用非法购买、收受的公民个人信息获利五万元以上的"，与第五条第一款第七项规定的"违法所得五千元以上的"有所区别，主要考虑购买、收受公民个人信息是非法的，但经营活动是合法的，对经营所得不能认定为违法所得，宜以获利数额计算，参考非法经营罪的入罪数额标准，规定为五万元。(2) 第二项"曾因侵犯公民个人信息受过刑事处罚或者二年内受过行政处罚，又购买、收受公民个人信息的"，与第五条第一款第九项有所区别，仅规制非法购买、收受公民个人信息行为。(3) 第三项"其他情节严重的情形"是兜底条款，实践中应该严格适用。

需要注意的，一是第六条针对为合法经营活动而非法购买、收受公民个人信息的行为，设置了特殊的定罪量刑标准。考虑到此类行为主观目的是为了合法经营活动，社会危害性不大，即使构成犯罪，通常也不需要升档处理，所以仅规定了"情节严重"的具体情形。二是"为合法经营活动"的认定，主要由被告方提供相关证据，结合案件具体情况作出综合审查判断。三是此类涉案信息仅限于一般信息，不包括可能影响公民人身财产安全的信息。四是此类行为的客观表现方式仅限于购买、收受，如果将购买、收受的公民个人信息非法出售或者提供的，根据第六条第二款的规定，定罪量刑标准适用第五条的规定。五是第六条没有明确"交换"这一非法获取公民个人信息的行为表现方式，主要考虑交换信息相比较购买、收受信息，是双方对向提供、收受信息行为，性质比"购买、收受"更为恶劣，对为合法经营活动而非法交换信息的，应当按照第五条的定罪量刑标准定罪处罚。

（六）侵犯公民个人信息罪"情节特别严重"的认定标准

根据《刑法》第二百五十三条之一的规定，非法获取、出售或者提供公民个人信息，情节特别严重的，处三年以上七年以下有期徒刑，并处罚金。《解释》第五条第二款明确了"情节特别严重"的具体情形，解决了对侵犯公民个人信息数量巨大或者造成严重后果等情形，无法升档处罚的问题。第一项

"造成被害人死亡、重伤、精神失常或者被绑架等严重后果的",第二项"造成重大经济损失或者恶劣社会影响的"从侵犯公民个人信息犯罪造成的严重后果方面作出规定。非法获取、出售或者提供公民个人信息,对于公民个人,可能造成人身伤亡、精神失常、重大经济损失等后果;对于社会,可能造成恶劣社会影响。第三项"数量或者数额达到前款第三项至第八项规定标准十倍以上的"从侵犯公民个人信息犯罪涉及的数量和数额方面作出规定。根据司法实践中侵犯公民个人信息犯罪涉案的公民个人信息数量相差悬殊,从几千条到几十万条(甚至更大数量)不等的情况,"情节特别严重"和"情节严重"之间的数量数额标准设置为十倍的倍数关系。

(七)侵犯公民个人信息单位犯罪的定罪量刑标准

根据《刑法》第二百五十三条之一第四款的规定,单位犯侵犯公民个人信息犯罪的,对单位判处罚金,对其直接负责的主管人员和其他直接责任人员按照自然人犯罪的规定定罪处罚。为加大对单位侵犯公民个人信息犯罪的惩治力度,《解释》第七条明确,单位犯《刑法》第二百五十三条之一规定之罪的,依照解释规定的相应自然人犯罪的定罪量刑标准,对直接负责的主管人员和其他直接责任人员定罪处罚,并对单位判处罚金。

(八)侵犯公民个人信息相关犯罪的处理

《解释》第八条、第九条规定了侵犯公民个人信息可能涉及的相关犯罪的认定和处理。

1. 实践中,一些行为人通过建立网站、通讯群组供他人进行公民个人信息交换、流转、销售,以赚取服务费用。普通网民能够在网站查询他人账号和密码,甚至公开兜售公民个人信息。此类网站存储、流转公民个人信息量巨大,但网站建立者、直接负责的管理者未直接接触公民个人信息,不少情形下难以按照侵犯公民个人信息罪定罪处罚。经研究认为,根据《刑法》第二百八十七条之一的规定,设立用于实施违法犯罪活动的网站、通讯群组,情节严重的,构成非法利用信息网络罪。对于供他人实施非法获取、出售或者提供公民个人信息违法犯罪活动的网站、通讯群组实际上属于"用于实施违法犯罪活动的网站、通讯群组"。因此,《解释》第八条规定,设立用于实施非法获取、出售或者提供公民个人信息违法犯罪活动的网站、通讯群组,情节严重的,应当依照《刑法》第二百八十七条之一的规定,以非法利用信息网络罪定罪处罚;同时构成侵犯公民个人信息罪的,依照侵犯公民个人信息罪定罪处罚。

2. 实践中,一些单位或个人因为履行职责或者提供服务的需要,掌握大量公民个人信息，这些信息一旦泄露将造成恶劣社会影响和严重危害后果。为了促进网络运营者采取切实有效的措施加强对公民个人信息的保护，《网络安全法》确立了"谁收集，谁负责"的原则，第四十条明确规定："网络运营者应当对其收集的用户信息严格保密，并建立健全用户信息保护制度。"经研究认为，网络服务提供者不履行法律、行政法规规定的信息网络安全管理义务，致使用户的公民个人信息泄露的，因未非法获取、出售、提供公民个人信息，难以按照侵犯公民个人信息罪定罪处罚，但根据《刑法修正案（九）》增加规定的第二百八十六条之一的规定，网络服务提供者不履行法律、行政法规规定的信息网络安全管理义务，经监管部门责令采取改正措施而拒不改正，致使用户信息泄露，造成严重后果的，构成拒不履行信息网络安全管理义务罪。对于网络服务提供者未落实个人信息保护措施，符合《刑法》第二百八十六条之一规定的，可能构成拒不履行信息网络安全管理义务罪。因此，《解释》第九条规定，网络服务提供者拒不履行法律、行政法规规定的信息网络安全管理义务，经监管部门责令采取改正措施而拒不改正，致使用户的公民个人信息泄露，造成严重后果的，应当依照《刑法》第二百八十六条之一的规定，以拒不履行信息网络安全管理义务罪定罪处罚。

（九）侵犯公民个人信息犯罪认罪认罚的从宽处理

2016年9月，全国人大常委会授权最高人民法院、最高人民检察院在部分地区开展刑事案件认罪认罚从宽制度试点工作。为贯彻落实认罪认罚从宽精神，《解释》第十条对侵犯公民个人信息犯罪的从宽处罚作出规定，实施侵犯公民个人信息犯罪，不属于"情节特别严重"，行为人系初犯，全部退赃，并确有悔罪表现的，可以认定为情节轻微，不起诉或者免予刑事处罚；确有必要判处刑罚的，应当从宽处罚。需要注意的是，本条只适用于侵犯公民个人信息犯罪"情节特别严重"标准以下的情形，对于达到"情节特别严重"标准的，不能适用本条规定予以从宽处罚。

（十）侵犯公民个人信息犯罪案件的信息数量计算规则

公民个人信息数量是侵犯公民个人信息犯罪案件定罪量刑标准的主要依据。实践中，司法机关查获的涉案信息数量动辄上万条、数十万条，甚至以兆计算，怎样科学、合理认定信息数量是办案部门亟须解决的问题。为此，《解释》第十一条明确，非法获取公民个人信息后又出售或者提供的，公民个人信息的条数不重复计算。向不同单位或者个人分别出售、提供同一公民个人信息的，公民个人信息的条数累计计算。对批量公民个人信息的条数，根据查获的数量直接认定，但是有证据证明信息不真实或者重复的除外。

需要注意的，一是对于同一条信息中涉及多个公民个人信息的，如家庭住址、银行卡信息、电话号码等，可以认定为一条公民个人信息。考虑到这一问题实践中认识较为统一，办案部门也是按此来认定信息数量的，《解释》尊重办案实践，没有再次着重强调。二是非法获取公民个人信息后又出售或者提供给同一对象的，不宜先计算非法获取的信息数量，再计算出售或者提供的信息数量，此种情形下数量不重复计算。比如，非法获取了他人拨打电话的记录五十条，将其出售给同一人或者单位的，应当认定为侵犯公民个人信息五十条。三是公民个人信息向不同对象分别出售、提供的，属于重复出售或者提供个人信息，社会危害性较一次性出售或提供危害性更大，数量应累计计算。比如，非法获取了他人拨打电话的记录五十条，将其出售给两个人或者单位的，应当认定为侵犯公民个人信息一百条。四是涉案的公民个人信息上万条甚至更多的，可能存在信息重复的情况，比如，针对同一对象可能并存"姓名+住址""姓名+电话号码""姓名+身份证号"等数条信息，但要求做到完全去重较为困难。为便于办案部门实际操作，突出对侵犯公民个人信息犯罪的从严惩治，《解释》明确对批量公民个人信息的数量根据查获的数量直接认定，但允许根据在案证据排除不真实或者重复的信息。

（十一）侵犯公民个人信息犯罪的罚金刑适用

侵犯公民个人信息犯罪属于侵犯公民人身权利的犯罪，但实践中非法获取、出售或者提供公民个人信息的，大多具有牟利目的。《刑法》第二百五十三条之一第一款规定了侵犯公民个人信息犯罪并处或单处罚金；第四款规定单位犯罪的，对单位判处罚金。为严密刑事法网，加大对侵犯公民个人信息犯罪的经济惩罚，《解释》第十二条对侵犯公民个人信息犯罪判处罚金的适用作出规定，对于侵犯公民个人信息犯罪，应当综合考虑犯罪的危害程度、犯罪的违法所得数额以及被告人的前科情况、认罪悔罪态度等，依法判处罚金。罚金数额一般在违法所得的一倍以上五倍以下。

（十二）解释的效力

《解释》第十三条明确了解释的效力，《解释》自2017年6月1日起施行。

最高人民检察院
检察机关意识形态工作问责办法（试行）

（2017年6月23日最高人民检察院办公厅公布
2017年6月27日印发　高检办发〔2017〕13号）

第一条　为进一步增强检察人员意识形态工作责任意识，强化检察机关各级党组织领导班子、领导干部意识形态工作主体责任，切实维护检察机关意识形态安全，根据《中国共产党问责条例》《党委（党组）意识形态工作责任制实施办法》《党委（党组）网络意识形态工作责任制实施细则》等规定，结合检察机关实际，制定本办法。

第二条　检察机关各级党组织和全体检察人员要充分认识检察机关意识形态工作重要性和紧迫性，不断巩固和强化检察人员政治立场、政治意识、政治观念、政治纪律，铸牢精神支柱，夯实思想根基，保证全体检察人员政治可信可靠、对党忠心忠诚，保证检察机关作为党领导下的国家法律监督机关和司法机关充分履行在意识形态领域斗争中肩负的重要使命。

第三条　实施问责工作应当坚持的原则：依规依纪，实事求是；失责必问，问责必严；惩前毖后，治病救人；分级负责，层层落实。

第四条　检察机关各级党组织和领导干部，有下列情形之一的，应当予以问责：

（一）对党中央、最高人民检察院党组、上级党组织、本院党组安排部署的重大宣传教育任务、重大思想舆论斗争组织开展不力的；

（二）在处置意识形态领域重大问题上，党组织书记没有站在第一线、没有带头与错误观点和错误倾向作斗争的；

（三）职责范围内发生因意识形态领域问题引发群体性事件的；

（四）公开发表违背党章、党的决定决议和政策的言论，或对所管理的党员干部公开发表违背党章、党的决定决议和政策的言论放任不管、处置不力的；

（五）所管理的新闻媒体、报纸、期刊、杂志等公开发行的出版物和编写的教材等在意识形态方面有严重错误导向的；

（六）所管理的网站、微信、微博、客户端等网络意识形态安全出现严重问题的；

（七）举办的报告会、研讨会、讲座、论坛和课堂教学有发表否定党的领导、攻击中国特色社会主义制度言论，造成严重影响的；

（八）对诉讼过程中出现的各种损害党和国家利益、社会主义制度以及司法公信力的言论和说辞，放任不管或处置不力的；

（九）履行检察职能和日常公务时，出现意识形态方面错误，造成严重影响的；

（十）其他未能切实履行意识形态工作职责，造成严重后果的。

第五条 对检察机关各级党组织的问责方式：

（一）检查。对履行职责不力、情节较轻的，责令作出书面检查并切实整改。

（二）通报。对履行职责不力、情节较重的，责令整改并在一定范围内通报。

（三）改组。对失职失责，严重违反党的纪律、本身又不能纠正的，应当予以改组。

第六条 对检察机关在职领导干部的问责方式：

（一）绩效扣分。依据意识形态工作纳入单位年度目标责任考核和领导干部考核评价机制的情形，按规定的检查考核标准扣除考核得分。

（二）批评教育。对履行职责不力，或者失职失责、情节较轻的，应当严肃批评，包括提醒、责令作出书面检查、进行通报批评、诫勉谈话，同时要求依规整改，并在一定范围内通报。

（三）组织处理。对失职失责、情节较重的，应当根据情况作出组织调整、处理，包括停职检查、调整职务、调整岗位、降职、延期晋级晋职、责令辞职、免除检察官职务、调离检察机关、辞退。

（四）纪律处分。对失职失责应当给予党纪处分和检纪处分的，依照《中国共产党纪律处分条例》和《检察人员纪律处分条例（试行）》追究纪律责任。

对检察机关退休领导干部的问责方式参照对在职领导干部的问责方式进行。

第七条 具有下列情形之一的，可以从轻或减轻责任：

（一）态度端正，积极配合有关部门调查、处理的；

（二）主动报告并纠正错误，及时挽回损失或者消除影响的。

第八条 具有下列情形之一的，应当从重追究责任：

（一）阻碍调查处理的；

（二）打击报复调查处理人员的；

（三）明知出现意识形态领域问题不及时报告，不主动挽回影响的；

（四）其他情节恶劣，后果严重的。

第九条 对检察机关各级党组织领导班子、领导干部进行意识形态工作问责的，应当按照干部管理权限，由上一级党组织根据有关规定实施。

第十条 有管理权限的党组织作出问责决定后，应当及时向被问责党组织领导班子或领导干部及其所在党组织宣布并督促执行。有关问责情况应当向组织人事部门通报，组织人事部门应当将问责决定材料归入被问责领导干部个人档案，并报上一级组织部门备案。

第十一条 受到责任追究的人员对责任追究决定不服的，可以向作出责任追究决定的机关提出书面申诉。作出责任追究决定的机关应当依据有关规定受理并作出处理。申诉期间，不停止责任追究决定的执行。

第十二条 受到责任追究的领导班子、领导干部，取消当年考核评优和评先资格。受到调整岗位处理的，一年内不得提拔；引咎辞职和受到责令辞职、免职处理的，一年内不得重新担任与其原任职务相当的领导职务，两年内不得提拔；受到降职处理的，两年内不得提拔；同时受到纪律处分的，按影响期较长的处理。

第十三条 引咎辞职和受到责令辞职、免职、降职处理的领导干部，应当综合考虑其一贯表现、资历、特长等因素，合理安排工作岗位或者相应工作任务，并同时确定相应的职级待遇。受到组织处理或者纪律处分，影响期满后拟重新任用的，在作出决定前应当征得上一级组织人事部门同意。

第十四条 实行终身问责，对失职失责性质恶劣、后果严重的，不论其责任人是否调离转岗、提拔或者退休，都应当严肃问责。

第十五条 本办法由最高人民检察院政治部、监察局共同解释。

第十六条 本办法自印发之日起施行。

最高人民法院、最高人民检察院、公安部、国家安全部、司法部关于办理刑事案件严格排除非法证据若干问题的规定

（2017年6月20日公布 2017年6月27日施行 法发〔2017〕15号）

为准确惩罚犯罪，切实保障人权，规范司法行为，促进司法公正，根据《中华人民共和国刑事诉讼法》及有关司法解释等规定，结合司法实际，制定如下规定。

一、一般规定

第一条 严禁刑讯逼供和以威胁、引诱、欺骗以及其他非法方法收集证据，不得强迫任何人证实自己有罪。对一切案件的判处都要重证据，重调查研究，不轻信口供。

第二条 采取殴打、违法使用戒具等暴力方法或者变相肉刑的恶劣手段，使犯罪嫌疑人、被告人遭受难以忍受的痛苦而违背意愿作出的供述，应当予以排除。

第三条 采用以暴力或者严重损害本人及其近亲属合法权益等进行威胁的方法，使犯罪嫌疑人、被告人遭受难以忍受的痛苦而违背意愿作出的供述，应当予以排除。

第四条 采用非法拘禁等非法限制人身自由的方法收集的犯罪嫌疑人、被告人供述，应当予以排除。

第五条 采用刑讯逼供方法使犯罪嫌疑人、被告人作出供述，之后犯罪嫌疑人、被告人受该刑讯逼供行为影响而作出的与该供述相同的重复性供述，应当一并排除，但下列情形除外：

（一）侦查期间，根据控告、举报或者自己发现等，侦查机关确认或者不能排除以非法方法收集证据而更换侦查人员，其他侦查人员再次讯问时告知诉讼权利和认罪的法律后果，犯罪嫌疑人自愿供述的；

（二）审查逮捕、审查起诉和审判期间，检察人员、审判人员讯问时告知诉讼权利和认罪的法律后果，犯罪嫌疑人、被告人自愿供述的。

第六条 采用暴力、威胁以及非法限制人身自由等非法方法收集的证人证言、被害人陈述，应当予以排除。

第七条 收集物证、书证不符合法定程序,可能严重影响司法公正的,应当予以补正或者作出合理解释;不能补正或者作出合理解释的,对有关证据应当予以排除。

二、侦查

第八条 侦查机关应当依照法定程序开展侦查,收集、调取能够证实犯罪嫌疑人有罪或者无罪、罪轻或者罪重的证据材料。

第九条 拘留、逮捕犯罪嫌疑人后,应当按照法律规定送看守所羁押。犯罪嫌疑人被送交看守所羁押后,讯问应当在看守所讯问室进行。因客观原因侦查机关在看守所讯问室以外的场所进行讯问的,应当作出合理解释。

第十条 侦查人员在讯问犯罪嫌疑人的时候,可以对讯问过程进行录音录像;对于可能判处无期徒刑、死刑的案件或者其他重大犯罪案件,应当对讯问过程进行录音录像。

侦查人员应当告知犯罪嫌疑人对讯问过程录音录像,并在讯问笔录中写明。

第十一条 对讯问过程录音录像,应当不间断进行,保持完整性,不得选择性地录制,不得剪接、删改。

第十二条 侦查人员讯问犯罪嫌疑人,应当依法制作讯问笔录。讯问笔录应当交犯罪嫌疑人核对,对于没有阅读能力的,应当向他宣读。对讯问笔录中有遗漏或者差错等情形,犯罪嫌疑人可以提出补充或者改正。

第十三条 看守所应当对提讯进行登记,写明提讯单位、人员、事由、起止时间以及犯罪嫌疑人姓名等情况。

看守所收押犯罪嫌疑人,应当进行身体检查。检查时,人民检察院驻看守所检察人员可以在场。检查发现犯罪嫌疑人有伤或者身体异常的,看守所应当拍照或者录像,分别由送押人员、犯罪嫌疑人说明原因,并在体检记录中写明,由送押人员、收押人员和犯罪嫌疑人签字确认。

第十四条 犯罪嫌疑人及其辩护人在侦查期间可以向人民检察院申请排除非法证据。对犯罪嫌疑人及其辩护人提供相关线索或者材料的,人民检察院应当调查核实。调查结论应当书面告知犯罪嫌疑人及其辩护人。对确有以非法方法收集证据情形的,人民检察院应当向侦查机关提出纠正意见。

侦查机关对审查认定的非法证据,应当予以排除,不得作为提请批准逮捕、移送审查起诉的根据。

对重大案件,人民检察院驻看守所检察人员应当在侦查终结前询问犯罪嫌疑人,核查是否存在刑讯逼供、非法取证情形,并同步录音录像。经核查,确有刑讯逼供、非法取证情形的,侦查机关应当及时排除非法证据,不得作为提请批准逮捕、移送审查起诉的根据。

第十五条　对侦查终结的案件，侦查机关应当全面审查证明证据收集合法性的证据材料，依法排除非法证据。排除非法证据后，证据不足的，不得移送审查起诉。

侦查机关发现办案人员非法取证的，应当依法作出处理，并可另行指派侦查人员重新调查取证。

三、审查逮捕、审查起诉

第十六条　审查逮捕、审查起诉期间讯问犯罪嫌疑人，应当告知其有权申请排除非法证据，并告知诉讼权利和认罪的法律后果。

第十七条　审查逮捕、审查起诉期间，犯罪嫌疑人及其辩护人申请排除非法证据，并提供相关线索或者材料的，人民检察院应当调查核实。调查结论应当书面告知犯罪嫌疑人及其辩护人。

人民检察院在审查起诉期间发现侦查人员以刑讯逼供等非法方法收集证据的，应当依法排除相关证据并提出纠正意见，必要时人民检察院可以自行调查取证。

人民检察院对审查认定的非法证据，应当予以排除，不得作为批准或者决定逮捕、提起公诉的根据。被排除的非法证据应当随案移送，并写明为依法排除的非法证据。

第十八条　人民检察院依法排除非法证据后，证据不足，不符合逮捕、起诉条件的，不得批准或者决定逮捕、提起公诉。

对于人民检察院排除有关证据导致对涉嫌的重要犯罪事实未予认定，从而作出不批准逮捕、不起诉决定，或者对涉嫌的部分重要犯罪事实决定不起诉的，公安机关、国家安全机关可要求复议、提请复核。

四、辩护

第十九条　犯罪嫌疑人、被告人申请提供法律援助的，应当按照有关规定指派法律援助律师。

法律援助值班律师可以为犯罪嫌疑人、被告人提供法律帮助，对刑讯逼供、非法取证情形代理申诉、控告。

第二十条　犯罪嫌疑人、被告人及其辩护人申请排除非法证据，应当提供涉嫌非法取证的人员、时间、地点、方式、内容等相关线索或者材料。

第二十一条　辩护律师自人民检察院对案件审查起诉之日起，可以查阅、摘抄、复制讯问笔录、提讯登记、采取强制措施或者侦查措施的法律文书等证据材料。其他辩护人经人民法院、人民检察院许可，也可以查阅、摘抄、复制上述证据材料。

第二十二条 犯罪嫌疑人、被告人及其辩护人向人民法院、人民检察院申请调取公安机关、国家安全机关、人民检察院收集但未提交的讯问录音录像、体检记录等证据材料，人民法院、人民检察院经审查认为犯罪嫌疑人、被告人及其辩护人申请调取的证据材料与证明证据收集的合法性有联系的，应当予以调取；认为与证明证据收集的合法性没有联系的，应当决定不予调取并向犯罪嫌疑人、被告人及其辩护人说明理由。

五、审判

第二十三条 人民法院向被告人及其辩护人送达起诉书副本时，应当告知其有权申请排除非法证据。

被告人及其辩护人申请排除非法证据，应当在开庭审理前提出，但在庭审期间发现相关线索或者材料等情形除外。人民法院应当在开庭审理前将申请书和相关线索或者材料的复制件送交人民检察院。

第二十四条 被告人及其辩护人在开庭审理前申请排除非法证据，未提供相关线索或者材料，不符合法律规定的申请条件的，人民法院对申请不予受理。

第二十五条 被告人及其辩护人在开庭审理前申请排除非法证据，按照法律规定提供相关线索或者材料的，人民法院应当召开庭前会议。人民检察院应当通过出示有关证据材料等方式，有针对性地对证据收集的合法性作出说明。人民法院可以核实情况，听取意见。

人民检察院可以决定撤回有关证据，撤回的证据，没有新的理由，不得在庭审中出示。

被告人及其辩护人可以撤回排除非法证据的申请。撤回申请后，没有新的线索或者材料，不得再次对有关证据提出排除申请。

第二十六条 公诉人、被告人及其辩护人在庭前会议中对证据收集是否合法未达成一致意见，人民法院对证据收集的合法性有疑问的，应当在庭审中进行调查；人民法院对证据收集的合法性没有疑问，且没有新的线索或者材料表明可能存在非法取证的，可以决定不再进行调查。

第二十七条 被告人及其辩护人申请人民法院通知侦查人员或者其他人员出庭，人民法院认为现有证据材料不能证明证据收集的合法性，确有必要通知上述人员出庭作证或者说明情况的，可以通知上述人员出庭。

第二十八条 公诉人宣读起诉书后，法庭应当宣布开庭审理前对证据收集合法性的审查及处理情况。

第二十九条 被告人及其辩护人在开庭审理前未申请排除非法证据，在法庭审理过程中提出申请的,应当说明理由。

对前述情形,法庭经审查,对证据收集的合法性有疑问的,应当进行调查;没有疑问的,应当驳回申请。

法庭驳回排除非法证据申请后,被告人及其辩护人没有新的线索或者材料,以相同理由再次提出申请的,法庭不再审查。

第三十条 庭审期间,法庭决定对证据收集的合法性进行调查的,应当先行当庭调查。但为防止庭审过分迟延,也可以在法庭调查结束前进行调查。

第三十一条 公诉人对证据收集的合法性加以证明,可以出示讯问笔录、提讯登记、体检记录、采取强制措施或者侦查措施的法律文书、侦查终结前对讯问合法性的核查材料等证据材料,有针对性地播放讯问录音录像,提请法庭通知侦查人员或者其他人员出庭说明情况。

被告人及其辩护人可以出示相关线索或者材料,并申请法庭播放特定时段的讯问录音录像。

侦查人员或者其他人员出庭,应当向法庭说明证据收集过程,并就相关情况接受发问。对发问方式不当或者内容与证据收集的合法性无关的,法庭应当制止。

公诉人、被告人及其辩护人可以对证据收集的合法性进行质证、辩论。

第三十二条 法庭对控辩双方提供的证据有疑问的,可以宣布休庭,对证据进行调查核实。必要时,可以通知公诉人、辩护人到场。

第三十三条 法庭对证据收集的合法性进行调查后,应当当庭作出是否排除有关证据的决定。必要时,可以宣布休庭,由合议庭评议或者提交审判委员会讨论,再次开庭时宣布决定。

在法庭作出是否排除有关证据的决定前,不得对有关证据宣读、质证。

第三十四条 经法庭审理,确认存在本规定所规定的以非法方法收集证据情形的,对有关证据应当予以排除。法庭根据相关线索或者材料对证据收集的合法性有疑问,而人民检察院未提供证据或者提供的证据不能证明证据收集的合法性,不能排除存在本规定所规定的以非法方法收集证据情形的,对有关证据应当予以排除。

对依法予以排除的证据,不得宣读、质证,不得作为判决的根据。

第三十五条 人民法院排除非法证据后,案件事实清楚,证据确实、充分,依据法律认定被告人有罪的,应当作出有罪判决;证据不足,不能认定被告人有罪的,应当作出证据不足、指控的犯罪不能成立的无罪判决;案件部分事实清楚,证据确实、充分的,依法认定该部分事实。

第三十六条 人民法院对证据收集合法性的审查、调查结论,应当在裁判文书中写明，并说明理由。

第三十七条 人民法院对证人证言、被害人陈述等证据收集合法性的审查、调查，参照上述规定。

第三十八条 人民检察院、被告人及其法定代理人提出抗诉、上诉，对第一审人民法院有关证据收集合法性的审查、调查结论提出异议的，第二审人民法院应当审查。

被告人及其辩护人在第一审程序中未申请排除非法证据，在第二审程序中提出申请的，应当说明理由。第二审人民法院应当审查。

人民检察院在第一审程序中未出示证据证明证据收集的合法性，第一审人民法院依法排除有关证据的，人民检察院在第二审程序中不得出示之前未出示的证据，但在第一审程序后发现的除外。

第三十九条 第二审人民法院对证据收集合法性的调查，参照上述第一审程序的规定。

第四十条 第一审人民法院对被告人及其辩护人排除非法证据的申请未予审查，并以有关证据作为定案根据，可能影响公正审判的，第二审人民法院可以裁定撤销原判，发回原审人民法院重新审判。

第一审人民法院对依法应当排除的非法证据未予排除的，第二审人民法院可以依法排除非法证据。排除非法证据后，原判决认定事实和适用法律正确、量刑适当的，应当裁定驳回上诉或者抗诉，维持原判；原判决认定事实没有错误，但适用法律有错误，或者量刑不当的，应当改判；原判决事实不清楚或者证据不足的，可以裁定撤销原判，发回原审人民法院重新审判。

第四十一条 审判监督程序、死刑复核程序中对证据收集合法性的审查、调查，参照上述规定。

第四十二条 本规定自2017年6月27日起施行。

《关于办理刑事案件严格排除非法证据若干问题的规定》理解与适用

万 春 吴孟栓 高翼飞[*]

2017年6月27日，最高人民法院、最高人民检察院、公安部、国家安全部、司法部联合发布了《关于办理刑事案件严格排除非法证据若干问题的规定》（以下简称《规定》）。《规定》的出台是最高人民法院、最高人民检察院、公安部、国家安全部、司法部贯彻落实党的十八届三中、四中全会精神，推进以审判为中心的刑事诉讼制度改革的重要举措，对于准确惩罚犯罪，切实保障人权，规范司法行为，促进司法公正特别是程序公正，有效遏制刑讯逼供、非法取证，从源头上防范冤假错案具有十分重要的意义。为了便于司法实践中正确理解和适用《规定》，现对《规定》的制定背景和主要内容作如下说明：

一、《规定》制定的背景

非法证据排除规则是对刑讯逼供等非法取证方法的程序性制裁措施，是防范冤假错案、维护司法公正的有效制度保障，其目的在于限制侦查权的恣意行使，从根本上遏制刑讯逼供、非法取证，依法保障犯罪嫌疑人、被告人的合法权利，切实保障无罪的人不受刑事追究，确保办案结果符合实体公正、办案过程符合程序公正，在更高层次上实现惩治犯罪与保障人权相统一。任何人不得被强迫通过自己的陈述证明自己有罪，是联合国刑事司法准则以及一些国际公约确定的一项基本原则，其核心要旨在于尊重犯罪嫌疑人、被告人供述的自愿性，因为被迫作出的供述通常是不真实的，容易使无辜者获罪。联合国于1966年通过的《公民权利和政治权利国际公约》第十四条第三款规定了被刑事指控的人应当享有的最低限度的权利保障，其中（庚）项规定"不被强迫作不利于他自己的证言或被强迫承认有罪"，这一原则被称为不得强迫自证其罪原则，目前已经为世界上绝大多数国家所采纳。为贯彻该原则，许多国家通过立法确定了非法证据排除规则。我国1979年和1996年刑事诉讼法只是宣示性地规定了"严禁刑讯逼供和以威胁、引诱、欺骗以及其他非法的方法收集证据"，没有明确规定非法证据排除规则。1998年《人民检察院刑事诉讼规则

---

[*] 作者单位：最高人民检察院法律政策研究室。

（试行）》第二百六十五条明确了以刑讯逼供或者威胁、引诱、欺骗等非法的方法收集的犯罪嫌疑人供述、被害人陈述、证人证言，不能作为指控犯罪的根据。2010年，最高人民法院、最高人民检察院、公安部、国家安全部、司法部联合出台《关于办理刑事案件排除非法证据若干问题的规定》和《关于办理死刑案件审查判断证据若干问题的规定》，首次规定了非法证据排除规则，是我国刑事法治发展的里程碑。2012年刑事诉讼法修改吸收了"两个证据规定"的内容，在立法层面正式确立了非法证据排除规则，彰显了程序正义价值理念，对有效规范侦查取证行为、尊重和保障人权具有划时代的意义。随着非法证据排除规则的确立，程序公正和人权保障的理念逐渐深入人心，侦查取证的规范化水平不断提高，刑讯逼供、非法取证的行为得到一定程度的遏制，防范冤假错案的体制机制逐步完善，法庭更加重视对证据收集合法性的审查，疑罪从无原则得到了贯彻。然而，非法证据排除规则在司法实践中的实施情况却并不十分理想。由于法律规定较为原则，各办案机关对相关规定的理解和认识存在一定分歧，在一定程度上影响了法律的实施效果。排除非法证据申请难、证明难、认定难的问题还没有得到根本解决。与法治发达国家相比，我国的非法证据排除规则仍处于不断发展完善的过程中，有必要在已有规定的基础上进一步明确非法证据的范围和认定标准等实体性规则，细化非法证据排除的程序性规定。

办理刑事案件严格排除非法证据是维护宪法和法律尊严，保障公民合法权利，让人民群众在每一个司法案件中感受到公平正义的根本要求。近年来纠正的"佘祥林案""张高平叔侄案""呼格吉勒图案""聂树彬案"等一系列冤错案件大多与刑讯逼供、非法取证和对证据合法性审查不严有关，人民群众对此反映强烈。完善非法证据排除法律制度是党中央确定的重要改革任务。十八届三中全会《关于全面深化改革若干重大问题的决定》中提出，健全错案防止、纠正、责任追究机制，严禁刑讯逼供、体罚虐待，严格实行非法证据排除规则。十八届四中全会《关于全面推进依法治国若干重大问题的决定》中明确要求，健全落实罪刑法定、疑罪从无、非法证据排除规则等法律原则的法律制度。最高人民法院、最高人民检察院、公安部、国家安全部、司法部《关于推进以审判为中心的刑事诉讼制度改革的意见》提出，要着眼于解决影响刑事司法公正的突出问题，把证据裁判要求贯彻到刑事诉讼各环节，健全非法证据排除制度。为贯彻落实中央有关会议决定和司法改革文件的精神，最高人民法院、最高人民检察院、公安部、国家安全部、司法部根据刑事诉讼法等有关规定，结合司法实践，共同研究制定了《规定》。《规定》进一步明确了非法证据的认定标准，完善了对证据收集合法性的审查、调查程序，对侦查、起诉、辩护、审判等工作提出更高的标准和更严的要求,有助于促使办案人员严格依法收集、审查和运用证据,切实提高办案质量,对于推动司法理念创新,加强人权司法保障,推进以审判为中心的刑事诉讼制度改革具有深远影响。

二、《规定》制定的原则

《规定》的制定坚持了以下原则:一是坚持以问题为导向,抓住主要矛盾,着力解决司法实践中的突出问题。2010年最高人民法院、最高人民检察院、公安部、国家安全部、司法部《关于办理刑事案件排除非法证据若干问题的规定》实施以来,在规范侦查取证活动,引导侦查人员重视证据收集合法性方面取得了一定的成效。但实践中还存在一些问题。例如,对非法取证的认定标准存在分歧;对刑讯逼供取得的重复性供述是否应当排除有待明确;律师在申请排除非法证据中作用没有充分发挥;公诉机关对证据收集合法性的证明方式相对单一,证明力不强;法庭审理时对证据收集合法性的审查、调查程序有待规范;法庭审理后对证据合法性争议的裁判方式等有待明确。另外,从近年来纠正的重大冤假错案反映的情况来看,防范刑讯逼供的相关制度、规定没有得到严格执行,如讯问录音录像、讯问笔录的制作,讯问场所、提讯登记、收押体检等需要作出规范。针对上述问题,《规定》认真总结了以往排除非法证据制度、程序和工作机制方面存在的不足,充分吸收冤假错案的经验教训,对实践中刑讯逼供等非法取证情形易发的环节,有针对性地明确了侦查取证的程序规范,明确了非法证据的范围和认定标准,完善了各诉讼阶段排除非法证据的具体程序,为进一步严格实行非法证据排除规则提供更加明确的依据。二是坚持惩罚犯罪与保障人权并重。《刑事诉讼法》第二条把"保证准确、及时地查明犯罪事实,正确应用法律,惩罚犯罪分子,保障无罪的人不受刑事追究"作为我国刑事诉讼的基本任务。惩罚犯罪与保障人权是对立统一的关系,二者不可偏废。因此,《规定》在充分保障犯罪嫌疑人、被告人合法权利的前提下,兼顾追诉犯罪的客观需要,在排除非法证据的问题上,不搞绝对化、"一刀切",在制度设计上注重惩罚犯罪与保障人权的平衡。例如,《规定》要求,对受刑讯逼供影响而作出的重复性供述应当一并排除,同时明确了侦查阶段讯问主体变更和诉讼阶段变更的两种例外情形;对非法实物证据实行裁量排除;对侦查机关未按照规定进行讯问录音录像或者未在规定办案场所讯问犯罪嫌疑人等违反办案程序所取得的供述没有规定绝对排除,只有确定或者不能排除存在以刑讯逼供等非法方法收集证据情形的,对相关证据才应当予以排除。上述规定兼顾了惩罚犯罪和保障人权的要求。三是坚持积极稳妥、循序渐进。非法证据排除制度改革,涉及刑事诉讼各个阶段和侦查、起诉、审判等各项诉讼职能,有些改革举措还触及深层次的司法体制机制问题。因此,非法证据排除制度改革是各政法单位之间不断沟通、协调而达成共识的过程，很难一步到位解决所有争议问题。因此，《规定》力争对实践中必须加以解决的重大问题达成共识，对相对次要的问题以及未达成共识的问题暂时搁置不作规定，待改革深入推进后再根据司法实践中的运行情况不断研究完善。《规定》在内容和制度设计上与现行法律、司法解释等相关规定基本保持一致，在继承发扬既有规定合理因素的基础上，立足我国国情和司法实际，进一步发展和完善我国的非法证据排除制度，既有所进步又不过分超前。

三、《规定》的主要内容

《规定》分为"一般规定""侦查""审查逮捕、审查起诉""辩护"和"审判"五个部分，共42条。主要内容有：

（一）非法取证方法的认定规则

《刑事诉讼法》第五十四条规定"采用刑讯逼供等非法方法"收集犯罪嫌疑人、被告人供述应当予以排除，较为原则，在适用上难以准确把握。为了加强非法证据排除规则规定的适用性，"两高"的司法解释对"刑讯逼供等非法方法"作了进一步的解释。《最高人民法院关于适用〈中华人民共和国刑事诉讼法〉的解释》（以下简称《高法解释》）第九十五条第一款规定："使用肉刑或者变相肉刑，或者采用其他使犯罪嫌疑人、被告人在肉体上或者精神上遭受剧烈疼痛或者痛苦的方法，迫使犯罪嫌疑人、被告人违背意愿供述的，应当认定为刑事诉讼法第五十四条规定的'刑讯逼供等方法'。"最高人民检察院制定2013年1月1日起施行的《人民检察院刑事诉讼规则（试行）》（以下简称《高检规则》）第六十五条规定："刑讯逼供是指使用肉刑或者变相使用肉刑，使犯罪嫌疑人在肉体或者精神上遭受剧烈疼痛或者痛苦以逼取供述的行为。""其他非法方法是指违法程度和对犯罪嫌疑人的强迫程度与刑讯逼供或者暴力、威胁相当而迫使其违背意愿供述的方法。"实践中，刑讯逼供的手段不断翻新，采用赤裸裸地殴打、捆绑的等暴力刑讯手段已经不多见，更多是采用"变相肉刑"的方法。

在《规定》制定过程中，有意见提出，应当对刑讯逼供作出列举式规定，将实践中常见的、社会反映强烈的冻、饿、晒、烤以及疲劳讯问等体罚虐待方法涵盖在内。主要的依据和理由是，最高人民检察院《关于渎职侵权犯罪案件立案标准的规定》对刑讯逼供罪的常见情形作了列举：一是以殴打、捆绑、违法使用戒具等恶劣手段逼取口供；二是以较长时间冻、饿、晒、烤等手段逼取口供。最高人民法院《关于建立健全防范刑事冤假错案工作机制的意见》第八条规定："采用刑讯逼供或者冻、饿、晒、烤、疲劳审讯等非法方法收集的被告人供述,应当排除。"疲劳讯问属于典型的变相刑讯手段,能够给被讯问人带来肉体和精神上的痛苦。一些国家和地区在法律中均明确禁止侦查人员对犯罪嫌疑人进行疲劳讯问。例如,英国1984年《警察与刑事证据法》(执法守则C)第12条第2款规定:"每24小时期间内,应当允许被羁押者享有连续8小时的休息时间,不应受讯问、转移或者来自警察人员的干扰。休息时间一般应当在夜间。"德国联邦最高法院的判例认定:"如果讯问时间长达30小时,其间未保证必要的休息时间,则构成刑事诉讼法第163条a款规定的疲劳讯问。"我国台湾地区"刑事诉讼法"第98条规定:"讯问被告,应出以恳切之态度,不得用强暴、胁迫、利诱、诈欺、疲劳讯问或其他不正之方法。"受到我国长期以来"重实体、轻程序""重查明事实真相、轻维护程序公正""重证据真实性、轻程序合法性"传统司法观念和习惯的影响,侦查机关对口供有着很强的依赖性。由于法律对疲劳讯问没有作出明确的规定,实践中,侦查人员常常通过"熬鹰"似的长时间讯问,打"持久战""消耗战",使被讯问人感到疲惫,从而突破其心理防线,获取口供。通过疲劳讯问迫使犯罪嫌疑人、被告人作出的供述,违反了尊重和保障人权的基本法律原则,疲劳讯问获取的供述大都是违背意愿作出的供述,应当作为非法证据。另外,还有意见认为,应当将催眠、施用药物也规定为非法取证的方法。经研究认为,较长时间冻、饿、晒、烤是变相肉刑的常见形式,但变相肉刑并不限于这四种形式,还包括其他体罚虐待手段,例如,要求犯罪嫌疑人长时间站立、不让睡觉,对患病的犯罪嫌疑人不提供治疗等;再如,利用犯罪嫌疑人毒瘾发作,在其肉体和精神上强烈痛苦的情况下对其讯问,都属于变相的刑讯逼供。因此,采取列举方式对变相肉刑作出界定,难免会挂一漏万。关于疲劳讯问的问题,目前,我国刑事诉讼法并没有明确规定讯问的最长时间,只是在《刑事诉讼法》第一百一十七条规定了传唤、拘传持续的时间不得超过十二小时;案情特别重大、复杂,需要采取拘留、逮捕措施的,传唤、拘传持续的时间不得超过二十四小时。不得以连续传唤、拘传的形式变相拘禁犯罪嫌疑人。传唤、拘传犯罪嫌疑人,应当保证犯罪嫌疑人的饮食和必要的休息时间。这样规定的本意是为了限制侦查人员随意延长传唤、拘传的时间,因为传唤和拘传都牵涉到对犯罪嫌疑人人身自由的限制,因此,在时间上应当做出必要的限制。从便于实践操作的角度来看,应当确定一个最长的讯问时间作为客观标准,超过规定讯问时间就可以认定为疲劳讯问。并且,在讯问过程中应当保证被讯问人有必要的饮食、如厕、休息和服药的时间。但是,即使明确规定讯问时间,也要考虑被讯问人的个体差异性,因为"疲劳"是一种主观感受,长时间讯问给被讯问对象造成的疲劳程度是因人而异的。例如,同样经受长时间讯问,对使用戒具的被讯问人和未使用戒具的被讯问人，在身体和精神上感受到的痛苦是不同的；再如，年轻、身体健康、心理素质好、抗拒审讯意志顽强的被讯问人和年老、体弱多病、面对审讯意志薄弱的被讯问人，对疲劳讯问的耐受力也不一样。因此，判断疲劳讯问，不应仅仅从讯问时间一个方面来考量，还应当根据被讯问人的具体情况、讯问场所的具体环境、是否使用戒具等因素进行综合考量。考虑到疲劳讯问较难界定，《规定》没有对疲劳讯问作出明确的规定。对于使用催眠或者施用药物方法逼取供述的情形，实践中极少出现，问题并不突出，因此，暂不作规定。综上，《规定》对刑讯逼供的界定采取了相对概括的方式。《规定》第二条明确，采取殴打、违法使用戒具等暴力方法或者变相肉刑等恶劣手段，使犯罪嫌疑人、被告人遭受难以忍受的痛苦而违背意愿作出的供述，应当予以排除。尽管《规定》没有明确列举变相肉刑的具体类型。但是，实践中，情节较为恶劣的冻、饿、晒、烤和疲劳讯问可以为"变相肉刑"所囊括，不论侦查人员是否与接受讯问的犯罪嫌疑人一同经历长时间的冻、饿、烤、晒或者疲劳讯问，只要上述非法方法达到了"使犯罪嫌疑人、被告人遭受难以忍受的痛苦而违背意愿作出供述"的程度，则通过上述方法获取的供述应当作为非法证据予以排除。

在《规定》制定过程中，有意见提出，《刑事诉讼法》第五十条规定，严禁刑讯逼供和以威胁、引诱、欺骗以及其他非法方法收集证据，不得强迫任何人证实自己有罪。引诱、欺骗是法律严禁的取证方法，只有排除采用引诱、欺骗方法取得的供述，才能落实法律规定，切实防范冤假错案的发生。经研究认为，《刑事诉讼法》第五十条对威胁、引诱、欺骗的取证方法作了禁止性规定。但是，2012年修订的《刑事诉讼法》第五十四条规定，采用"刑讯逼供等非法方法"收集的供述应当予以排除，并未明确规定"威胁、引诱、欺骗方法"获取的供述一律排除。因此，是否一概将其纳入非法证据的范畴需要慎重考虑。《高法解释》和《高检规则》也均将"等非法方法"解释为与刑讯逼供相当的方法。实践中，采取欺骗、引诱的方法收集证据的问题不像刑讯逼供那样突出。特别是引诱犯罪嫌疑人、被告人作出供述存在一定的模糊地带，与启发性、提示性发问等常规性讯问策略和方式难以区分，如笼统规定对采取上述方法取得的证据一概予以排除，可能不利于有效开展侦查。因此，《规定》第一条原则性地规定了"严禁以刑讯逼供、威胁、引诱、欺骗以及其他非法方法收集证据"，但没有规定对以引诱、欺骗方法收集的证据绝对排除，是否予以排除，应由法官、检察官在审查证据合法性时综合考量违法性程度作出自由裁量。考虑到威胁手段与刑讯逼供对犯罪嫌疑人、被告人造成的强制力大致相当，《规定》第三条强调，采用以暴力或者严重损害本人及其近亲属合法权益等进行威胁的方法，使犯罪嫌疑人、被告人遭受难以忍受的痛苦而违背意愿作出的供述，应当予以排除。这里的严重损害合法权益进行威胁的方法，包括严重侵害本人及其近亲属的人身、财产、名誉等受法律保护的权益。

《规定》第四条还明确了采取非法拘禁等非法限制人身自由的方法收集的犯罪嫌疑人、被告人供述，应当予以排除。司法实践中，有的办案单位未依法采取强制措施就非法拘禁犯罪嫌疑人、被告人，或者在采取强制措施超过法定期限后仍非法羁押犯罪嫌疑人、被告人，这种逼取口供的方法明显违反法定程序，且严重侵犯犯罪嫌疑人、被告人的人权，应视为刑事诉讼法规定的与刑讯逼供和威胁相当的"其他非法方法"。十八届四中全会《中共中央关于全面推进依法治国若干重大问题的决定》（以下简称《决定》）指出："完善对限制人身自由司法措施和侦查手段的司法监督"，本条规定将非法拘禁等非法限制人身自由的方法取得的供述纳入排除范围，与《决定》的精神相契合。

《规定》第六条明确，采用暴力、威胁以及非法限制人身自由等非法方法收集的证人证言、被害人陈述，应当予以排除。《刑事诉讼法》第五十四条规定，采用暴力、威胁等非法方法收集的证人证言、被害人陈述，应当予以排除。在调研听取各方意见的基础上，各方一致认为侦查机关以非法限制人身自由的方法收集证人证言、被害人陈述的问题在实践中可能发生，故对此予以明确。

《规定》第七条明确，收集物证、书证不符合法定程序，可能严重影响司法公正的，应当予以补正或者作出合理解释；不能补正或者作出合理解释的，对有关证据应当予以排除。该规定与刑事诉讼法的规定相一致。在《规定》制定过程中，有意见提出应当对非法收集实物证据的情形作出明确规定，例如，未经依法批准，采用搜查、扣押等措施收集物证、书证等情形。经研究认为，实践中收集物证、书证不符合法定程序的情形较多，难以通过列举的方式作出规定。刑事诉讼法对侦查机关收集物证、书证的程序有明确规定，如勘验、检察、搜查、扣押以及技术侦查等措施都有具体的程序规范。收集物证、书证是否违反法定程序，可以依照法律和司法解释的规定作出判断。同时，要对严重违反法定程序和程序瑕疵作出区分。根据《刑事诉讼法》第五十四条的规定，收集物证、书证不符合法定程序，只有可能严重影响司法公正，并且不能补正或者作出合理解释的，才应当予以排除。《高法解释》第九十五条规定："认定刑事诉讼法第五十四条规定的'可能严重影响司法公正'，应当综合考虑收集物证、书证违反法定程序以及所造成后果的严重程度等情况。"因此，《规定》对于非法实物证据没有规定绝对排除，而是实行裁量排除。

(二) 对刑讯逼供后重复性供述的排除及其例外情形

2012年修改刑事诉讼法时在第五十条规定了"不得强迫任何人证实自己有罪",在法律中正式确立了自白任意性规则。以刑讯逼供或者其他非法方法获取犯罪嫌疑人供述,违反了这一规定,故应当予以排除。但是,关于犯罪嫌疑人、被告人受到刑讯逼供之后作出的与刑讯逼供时所作的供述相同的重复性供述,是否应当予以排除的问题,在理论上和司法实践中一直有很大的争议。其中,第一种意见认为,犯罪嫌疑人、被告人之所以会作出与刑讯逼供获取的供述相同的重复性供述,通常是由于之前受到刑讯逼供而产生恐惧心理所致,对于受到刑讯逼供影响而作出的重复性供述,在理论上属于"毒树之果",应当排除,否则将使非法证据排除规则的目的落空。第二种意见认为,犯罪嫌疑人在后来没有收到刑讯逼供的情况下作出的有罪供述并不是先前侦查人员靠刑讯逼供获得的供述的派生证据,不符合"毒树之果"的法理。刑事诉讼法并没有规定要将此类供述一并排除,排除重复性供述没有法律依据,并且不利于打击犯罪。第三种意见认为,对刑讯逼供后再次讯问获取的重复性供述是否应当排除,不应一概而论。如果重复性供述仍然受先前刑讯逼供的影响,则应当一并排除;如果重复性供述是在刑讯逼供的影响消除后自愿作出的,则不应当一并排除。

经研究,基本采纳了第三种意见。《规定》第五条明确,采用刑讯逼供方法使犯罪嫌疑人、被告人作出供述,之后犯罪嫌疑人、被告人受该刑讯逼供行为影响而作出的与该供述相同的重复性供述应当一并排除,但下列情形除外:(一)侦查期间,根据控告、举报或者自己发现等,侦查机关确认或者不能排除以非法方法收集证据而更换侦查人员,其他侦查人员再次讯问时告知诉讼权利和认罪的法律后果,犯罪嫌疑人自愿供述的;(二)审查逮捕、审查起诉和审判期间,检察人员、审判人员讯问时告知诉讼权利和认罪的法律后果,犯罪嫌疑人、被告人自愿供述的。主要考虑是:一方面,犯罪嫌疑人、被告人受刑讯逼供行为影响而作出的与前次供述相同的供述系受到刑讯逼供的"余威"所震慑,心理上会产生恐惧,其所作出的重复性供述是非自愿的,难以保证供述的真实性,如果对这种重复性供述不予排除,则非法证据排除规则的目的就无法实现。实践中,考虑犯罪嫌疑人、被告人所作的重复性供述是否受到之前刑讯逼供行为的影响,可以结合刑讯逼供的严重程度以及给犯罪嫌疑人、被告人造成的身体和心理伤害,再次讯问距离刑讯逼供的时间间隔,再次讯问的人员是否参与过刑讯逼供、是否有语言或者行为上的威胁,再次讯问时侦查人员是否按照规定告知被讯问人诉讼权利和认罪的法律后果等进行综合判断。另一方面,对刑讯逼供影响消失后犯罪嫌疑人、被告人自愿作出的重复性供述不应作为非法证据排除。首先，侦查机关负有主动排除非法证据的职责。在侦查期间，侦查机关根据犯罪嫌疑人及其辩护律师的控告、举报或者自己发现线索，认为确认或者不能排除以非法方法收集证据而主动更换侦查人员，其他侦查人员再次讯问时告知犯罪嫌疑人诉讼权利和认罪的法律后果，是对侦查刑讯逼供、非法取证的一种预防和纠正，如果对重新讯问取得的重复性供述也予以排除，势必会影响侦查机关自我纠错，主动排除非法证据的积极性。其次，检察机关作为法律监督机关，具有客观公正义务，与侦查机关之间有着监督制约的关系，审判机关是中立的裁判者，随着诉讼阶段的变更，检察人员、审判人员的讯问通常能够阻断侦查阶段刑讯逼供的影响。犯罪嫌疑人、被告人在审查逮捕、审查起诉和审判期间所作的自愿供述，并不违反自白任意性原则，故不应作为非法证据一并排除。最后，认罪是犯罪嫌疑人、被告人的权利。按照认罪认罚从宽制度改革的精神，对认罪认罚的犯罪嫌疑人、被告人可以获得程序上从简处理和实体上从宽处理的法律后果，其有自愿如实供述自己的罪行的权利，如果对犯罪嫌疑人、被告人自愿作出的重复供述一概予以排除，显然对犯罪嫌疑人、被告人不利。

在《规定》制定过程中，对于是否需要对应当排除的重复性供述作"基本相同"的限定？有认识分歧。一种意见认为，重复性供述是指本次供述与受到刑讯逼供所作的供述在内容上完全相同或者基本相同。实践中，两次供述内容完全相同、严丝合缝的情况比较罕见，从条文表述的简洁性上看，可以不作"基本相同"的限定。另一种意见则认为，若不作特别强调，可能导致实践中对两次供述涉及主要犯罪事实相同而案件的某些具体细节略有出入的情形不作为重复性供述排除。因此，有必要对重复性供述作"基本相同"的限定。还有意见认为，只要犯罪嫌疑人、被告受刑讯逼供的影响所作的数次供述的结论都是有罪供述，就可以认定为重复性供述。即不要求供述的内容完全相同，只要结论定性相同就应当排除。我们经研究认为，犯罪嫌疑人、被告人供述具有不稳定性、反复性的特点，一方面与刑讯逼供、诱供等外部因素的影响的有关，另一方面也是犯罪嫌疑人、被告人心理活动的复杂性决定。在面对侦查指控，犯罪嫌疑人、被告人的心理十分复杂，时而怀着对可能判处较重刑罚的畏惧心理，希望如实供述犯罪事实从而获得从轻或者减轻处罚；时而抱着司法机关未掌握其全部犯罪事实证据的侥幸心理，企图隐瞒部分罪行从而逃避处罚。其内心的真实想法经常随着讯问人员和诉讼环节的变化而发生变化。受这种趋利避害的心理活动影响，"翻供"现象十分常见。另外，供述的内容有时受其记忆和表达的影响。如果不考虑供述的内容是否一致，将结论相同的有罪供述认定为重复性供述一概予以排除，显然既不利于打击犯罪，同时可能将有利于犯罪嫌疑人、被告人的坦白证据也一并排除。但是，现实中确有可能出现侦查人员利用前次刑讯逼供的影响进行指供诱供，强迫、诱导犯罪嫌疑人、被告人按照自己的意图对供述内容作出"补充""修正"，导致前后供述的内容不完全一致的情况。对此，应当结合刑讯逼供的影响、前后数次供述的内容等具体情况作出具体判断。我们的初步意见是，《规定》第五条中所称的"相同的重复性供述"应指前后数次供述中关于作案人、被害人、作案的时间、地点、行为手段、方法、造成的结果等犯罪构成要件事实和重要量刑情节的内容基本一致。重复性供述的排除是实践中争议较大的疑难问题，还需要通过司法实践进一步积累经验，通过制发指导性案例等逐步发展完善重复性供述的排除规则。

另外，需要强调的是，证据能力不等于证明力，证据的合法性不代表真实性。根据《刑事诉讼法》第五十三条规定的口供补强规则，只有被告人供述，没有其他证据的，不能认定被告人有罪和处以刑罚。这意味着当犯罪嫌疑人、被告人的供述是不利于他的唯一证据，得不到其他证据佐证时，不能认定被告人有罪。2010年最高人民法院、最高人民检察院、公安部、国家安全部、司法部《关于办理死刑案件审查判断证据若干问题的规定》第二十二条规定了翻供经与其他证据相互印证后可采信的原则，强调对被告人供述和辩解的审查，应当结合控辩双方提供的所有证据以及被告人本人的全部供述和辩解进行。《高法解释》第八十三条也规定，被告人庭审中翻供，但不能合理说明翻供原因或者其辩解与全案证据矛盾，而其庭前供述与其他证据相互印证的，可以采信其庭前供述。被告人庭前供述和辩解存在反复，但庭审中供认，且与其他证据相互印证的，可以采信其庭审供述；被告人庭前供述和辩解存在反复，庭审中不供认，且无其他证据与庭前供述印证的，不得采信其庭前供述。因此，在办理案件中应当特别注意，对于犯罪嫌疑人、被告人在受到刑讯逼供后再次接受其他办案人员讯问时自愿作出的重复性供述，尽管不能作为非法证据予以排除，但也必须与其之前的供述，同案犯罪嫌疑人、被告人的供述和辩解以及其他在案证据相互印证，才能被采信。对于犯罪嫌疑人、被告人在受到刑讯逼供之前作出的供述与受到刑讯逼供时所作的供述内容基本一致的，尽管此前的供述不是以非法方法获取的，在合法性上没有问题，但也要按照供证相互印证的原则进行审查。

（三）对讯问场所、讯问录音录像、讯问笔录作出规范

《规定》第九条强调，拘留、逮捕犯罪嫌疑人后，应当按照法律规定送看守所羁押。犯罪嫌疑人送看守所羁押后，讯问应当在看守所讯问室进行。因客观原因侦查机关在看守所讯问室以外的场所进行讯问的，应当作出合理解释。

关于何时将被拘留、逮捕的犯罪嫌疑人送交看守所，《刑事诉讼法》第八十三条第二款规定，拘留后，应当立即将被拘留人送看守所羁押，至迟不得超过二十四小时。《刑事诉讼法》第九十一条第二款规定，逮捕后，应当立即将被逮捕人送看守所羁押。同时，《刑事诉讼法》第八十四条和第九十二条还规定，公安机关对被拘留的人，应当在拘留后的二十四小时以内进行讯问；公安机关对于经人民检察院批准逮捕的人，必须在逮捕后的二十四小时以内进行讯问。刑事诉讼法并未限制侦查机关在将犯罪嫌疑人送交看守所羁押前对其进行讯问，因此，除确有必要进行紧急讯问的，可以在送看守所羁押之前在侦查机关的讯问室等办案场所进行讯问外，对被拘留、逮捕的犯罪嫌疑人一般应当立即送看守所羁押并在看守所对其进行讯问。

2012年修改刑事诉讼法时，在第一百一十六条增加了第二款，即"犯罪嫌疑人被送交看守所羁押以后，侦查人员对其进行讯问，应当在看守所内进行。"其意义在于：第一，在以往的实践中，大量的刑讯逼供多发生在看守所以外的讯问过程中，规定在看守所进行讯问，可以有效防止刑讯逼供。第二，由于看守所本身不是侦查机关，它的职责就是看管犯罪嫌疑人，所以对侦查机关及其侦查人员能够起到一定的制约作用。因此，当犯罪嫌疑人被送交看守所羁押后，对其讯问只能在看守所进行，不得将其提解至所外进行讯问。但是，《看守所条例实施办法》第二十三条第二款规定，因侦查工作需要，两名以上办案人员持县级以上公安机关、国家安全机关或者人民检察院领导批示，凭加盖看守所公章的提讯证或者提票，可以提犯罪嫌疑人出所辨认罪犯、罪证或者起赃。实践中，有的案件基于起赃、辨认等需要，可能会将犯罪嫌疑人提解到看守所外，这种情况下容易发生在看守所外对犯罪嫌疑人进行殴打、威胁的情形，因此，看守所应当严格执行提讯登记和收押体检制度。同时，办案人员应当按照2016年《公安机关现场执法视音频工作规定》的有关规定，对起赃、辨认等过程进行视音频记录。根据《规定》，对于送交看守所羁押的犯罪嫌疑人应当在看守所的讯问室进行讯问。同时，《规定》明确，侦查机关由于客观原因在看守所讯问室以外的场所讯问犯罪嫌疑人的，必须作出合理解释。对于"客观原因"包括哪些情形，《规定》未作列举，实践中应当从严掌握。对于在规定场所以外的地点讯问不能做出合理解释，且根据体检记录等证据材料，不能排除以非法方法讯问的，获取的供述应当予以排除。

讯问录音录像是保护犯罪嫌疑人、被告人不被刑讯逼供、非法审讯的有效措施；是侦查机关记录讯问过程，固定言词证据，防止犯罪嫌疑人、被告人翻供的重要手段；是犯罪嫌疑人、被告人及其辩护人提出排除非法证据申请的主要线索和材料；是人民检察院审查和证明证据收集合法性的关键证据；是人民法院审查和调查证据收集合法性的重要判断依据。在刑事诉讼法确立讯问录音录像制度之前，讯问的过程和内容完全是通过笔录的形式加以固定的，庭审中将讯问笔录作为展示犯罪嫌疑人供述和辩解的证据使用。讯问笔录虽然是与讯问活动同步进行，但是它具有静态性、片面性、主观性的缺陷。受到记录人书写、打字速度、语言理解能力和语言表达习惯等因素的影响，难免会对所记录内容的真实性、完整性产生影响，甚至可以说讯问笔录是经过记录人主观认识过滤和重新表达后的产物。实践中，有的讯问笔录存在选择性记录的问题，只记录有罪供述而不记录无罪、罪轻的辩解，或者详细记录有罪供述，简略记录无罪、罪轻的辩解；有的讯问笔录对讯问的开始和结束时间记录不准确。另外，由于讯问笔录受制于书面载体，只能通过文字对讯问人和被讯问人的问答内容进行记录，无法直观地反映讯问人、被讯问人进行问答时的语气语调及面部表情等讯问的场景，对于在讯问中采取刑讯逼供等的非法方法的，更不会在笔录中有所反映。实践中，有的犯罪嫌疑人在受到刑讯逼供之后被迫在讯问笔录上签名；还有的犯罪嫌疑人因自身文化水平较低，甚至连自己的姓名都不会写，无法阅读和理解讯问笔录，通常由侦查人员宣读后在讯问笔录上签名或者按手印，很难保证讯问笔录的客观性。与讯问笔录相比，同步录音录像具有客观性、动态性的特点，能够通过声音和图像完整地反映讯问的全过程，通过在法庭上播放能够生动地再现讯问过程，观察犯罪嫌疑人在接受讯问过程中的身体状况、精神状态、语气语调、表情神态等，进而判断侦查人员有无非法审讯的行为，为非法证据排除提供判断依据，具有讯问笔录所不能比拟的优势。所以，当讯问笔录证明的内容讯问同步录音录像存在实质性差异时，讯问同步录音录像的证明力和可采信性更强。

2005年最高人民检察院颁布的《人民检察院讯问职务犯罪嫌疑人实行全程录音录像的规定（试行）》首次强制性规定了人民检察院讯问职务犯罪嫌疑人实行全程同步录音录像。2012年修订的《刑事诉讼法》第一百二十一条确立了讯问录音录像制度，规定："侦查人员在讯问犯罪嫌疑人的时候，可以对讯问过程进行录音或者录像；对于可能判处无期徒刑、死刑的案件或者其他重大犯罪案件，应当对讯问过程进行录音或者录像。录音或者录像应当全程进行，保持完整性。"2014年《公安机关讯问犯罪嫌疑人录音录像工作规定》第四条、第六条明确了公安机关在办案过程中应当进行讯问录音录像的情形。2016年最高人民法院、最高人民检察院、公安部、国家安全部、司法部《关于推进以审判为中心的刑事诉讼制度改革的意见》要求："严格依照法律规定对讯问过程全程同步录音录像，逐步实行对所有案件的讯问过程全程同步录音录像。"中共中央办公厅、国务院办公厅《关于深化公安执法规范化建设的意见》也提出,要逐步实行讯问犯罪嫌疑人、询问违法行为人全程录音录像制度。在《规定》制定过程中,有意见提出,《规定》应当比刑事诉讼法有所进步,明确对所有刑事案件都应当进行讯问录音录像。侦查机关和看守所现有的硬件和技术条件能够实现这一目标。但考虑到将讯问录音录像逐步推广适用于全部刑事案件需要一定的时间进行平稳过渡,目前各地是否已经具备对全部案件进行讯问录音录像的条件,需要充分调研摸底,因此,《规定》第十条要求,侦查人员在讯问犯罪嫌疑人的时候,可以对讯问过程进行录音录像;对于可能判处无期徒刑、死刑的案件或者其他重大犯罪案件,应当对讯问过程进行录音录像。侦查人员应当告知犯罪嫌疑人对讯问过程录音录像,并在讯问笔录中写明。应当讯问录音录像的案件范围与《刑事诉讼法》第一百二十一条规定保持一致,只是将"录音或者录像"改为"录音录像"。关于"其他重大犯罪案件"的范围,目前仍然按照《公安机关讯问犯罪嫌疑人录音录像工作规定》第四条的规定执行。另外,人民检察院讯问职务犯罪嫌疑人也仍然适用原来的全程同步录音录像的规定。

针对实践中可能出现侦查人员对讯问过程进行选择性录制的问题,《规定》第十一条规范了对讯问录音录像的制作要求,明确对讯问过程录音录像,应当不间断进行,保持完整性,不得选择性地录制,不得剪接、删改。为防止侦查人员将犯罪嫌疑人提押至看守所讯问室后先对其使用暴力或者威胁,再进行讯问并录音录像,杜绝"打时不录,录时不打"的问题,讯问录音录像一般应当自提押犯罪嫌疑人到讯问室等规定的办案场所时开始录制,至犯罪嫌疑人核对讯问笔录并签字确认后结束录制。

关于未依法制作讯问录音录像是否应当排除相关供述的问题,2013年最高人民法院《关于建立健全防范刑事冤假错案工作机制的意见》第八条第二款明确规定:"除情况紧急必须现场讯问以外,在规定的办案场所外讯问取得的供述,未依法对讯问进行全程录音录像取得的供述,以及不能排除以非法方法取得的供述,应当排除。"我们认为,将"未依法对讯问进行全程录音录像取得的供述"作为非法证据予以排除过于绝对。首先,未依照规定对讯问过程录音录像仅仅是具有非法讯问的可能性,并不意味着侦查人员一定采取了刑讯逼供等非法方法讯问犯罪嫌疑人;其次,未依照规定对讯问过程录音录像并不意味着被告人对证据收集合法性提出异议和对供述予以否认;最后,由于技术故障等客观原因无法对讯问过程进行录音录像,并且上述情况是在讯问后发现的,如果将这种情形认定为未依照规定对讯问过程录音录像进而排除相关供述,显然不合适。排除非法证据的落脚点在于讯问时是否使用了法律所禁止的非法方法,而不在于是否依照法律规定对讯问进行全程录音录像。因此,虽然没有按照规定进行讯问录音录像，但是根据现有的证据材料能够排除侦查人员存在以非法方法收集证据的合理怀疑的，对获取的供述不应当予以排除。虽然进行了讯问录音录像，但是讯问录音录像存在选择性录制或者剪接、删改，根据提讯登记、体检记录等证据，确认或者不能排除有刑讯逼供、非法取证可能的，所获取的供述应当依法排除。

目前，在司法实践中，讯问笔录仍然是固定犯罪嫌疑人供述最主要也是最常见的证据形式。人民检察院、人民法院可以通过讯问笔录显示的讯问时间、地点、提问内容、笔录篇幅等情况，对讯问的合法性进行审查。为了进一步规范讯问笔录的制作，确保讯问笔录的真实性，充分保障犯罪嫌疑人知悉并讯问笔录内容以及对讯问笔录进行核对、补充和改正的权利，《规定》第十二条明确，侦查人员讯问犯罪嫌疑人，应当依法制作讯问笔录。讯问笔录应当交犯罪嫌疑人核对，对于没有阅读能力的，应当向他宣读。对讯问笔录中有遗漏或者差错等情形，犯罪嫌疑人可以提出补充或者改正。

（四）严格执行提讯登记、收押体检制度

根据看守所的有关管理规定，犯罪嫌疑人被送交看守所进行羁押时，以及此后办案单位对犯罪嫌疑人的提讯和还押过程，看守所都要进行登记，并对犯罪嫌疑人进行健康和身体检查。登记和体检既是看守所内部管理要求，同时也为证明取证行为是否具有合法性提供了重要的证据材料。根据1991年《看守所条例实施办法（试行）》第二十二条第二款的规定，看守所应当建立提讯登记制度。对每次提讯的单位、人员和被提讯人的姓名以及提讯的起止时间进行登记。提讯登记能够客观地反映办案单位提讯的有关情况，通过审查提讯登记的内容，与讯问笔录、讯问录音录像等进行比对，能够发现讯问笔录记载的时间是否准确、讯问录音录像是否全程同步进行等问题。这些都是审查判断讯问合法性的重要切入点。

在收押时对犯罪嫌疑人、被告人进行身体检查，对比讯问前后的身体状况有无变化，是证明其是否受过刑讯逼供的重要证据材料。由于我国现行的刑事诉讼法并没有强制性地规定所有案件都必须对讯问过程进行录音录像，除可能判处无期徒刑、死刑的案件或者其他重大犯罪案件外，侦查人员在讯问犯罪嫌疑人的时候，可以对讯问过程进行录音或者录像，也可以不录音录像。因此，检查和记录被讯问人在接受讯问后的身体状况，就成为从程序上防止刑讯逼供的一种重要手段。我国1990年颁布的《看守所条例》第十条规定："看守所收押人犯，应当进行健康检查，有下列情形之一的，不予收押：（一）患有精神病或者急性传染病的；（二）患有其他严重疾病，在羁押中可能发生生命危险或者生活不能自理的，但是罪大恶极不羁押对社会有危险性的除外；（三）怀孕或者哺乳自己不满一周岁的婴儿的妇女。"从该条规定不难看出，进行健康检查的最初目的是为了解决收押对象是否符合收押条件的问题，而不是为了防止刑讯逼供的发生，健康检查一般是在初次收押时，检查的内容是检查收押对象是否患有疾病或者怀孕等情况，而不是检查犯罪嫌疑人、被告人身上是否有明显伤痕或者身体异常。2012年《公安机关办理刑事案件程序规定》第一百五十条规定，看守所收押犯罪嫌疑人、被告人和罪犯，应当进行健康和体表检查，并予以记录。无论是看守所初次收押犯罪嫌疑人，还是办案单位将犯罪嫌疑人提押出看守所后，看守所再次收押，都要进行体检，以便及时发现犯罪嫌疑人身体上的损伤或者异常情况，进而通过调查确定身体损伤或者异常情况的原因。根据《高检规则》第七十条的规定，人民检察院可以采取调取、查询犯罪嫌疑人出入看守所的身体检查记录及相关材料的方式对非法取证行为进行调查核实。

严格落实提讯登记和收押体检制度，有助于看守所依法履行羁押监管职责，及时发现办案单位的违法办案情形，有效遏制办案人员在将犯罪嫌疑人送交看守所后实施刑讯逼供等非法取证行为，相应地，看守所是否严格按照规定实行提讯登记和身体检查，应当作为人民检察院对看守所执法活动实行监督的对象。为了充分发挥这两项制度对刑讯逼供的遏制作用，《规定》第十三条要求，看守所应当对提讯进行登记，写明提讯单位、人员、事由、起止时间以及犯罪嫌疑人姓名等情况。看守所收押犯罪嫌疑人，应当进行身体检查。检查发现犯罪嫌疑人有伤或者身体异常的，看守所应当拍照或者录像，并在体检记录中写明，由送押人员、收押人员和犯罪嫌疑人签字确认。同时，明确了检查时，人民检察院驻看守所检察人员可以在场。进一步强化了人民检察院对看守所收押体检的现场监督，从而防止收押体检流于形式，确保看守所如实记录体检结果，为检察机关、审判机关在此后的诉讼阶段中审查、调查证据收集合法性，追究办案人员刑讯逼供、非法取证的法律责任及时固定证据，同时，对潜在的可能实施刑讯逼供的办案人员产生一定的威慑作用。

（五）强化侦查机关自行排除非法证据的职责

侦查机关、检察机关、审判机关都不得采取非法方法收集证据，也都有维护司法公正和诉讼参与人合法权利的职责，在刑事诉讼每个阶段中发现已经收集的证据中有依法应当排除的非法证据的，都有义务予以排除。《刑事诉讼法》第五十四条第二款规定："在侦查、审查起诉、审判时发现有应当排除的证据的，应当依法予以排除，不得作为起诉意见、起诉决定和判决的依据。"据此，侦查机关也有排除非法证据的义务，这是我国非法证据排除制度的一大特色。《公安机关办理刑事案件程序规定》第六十七条第三款规定："在侦查阶段发现有应当排除的证据的，经县级以上公安机关负责人批准，应当依法予以排除，不得作为提请批准逮捕、移送审查起诉的依据。"上述规定，有利于公安机关对侦查行为加强内部监督，尽早发现和排除非法证据，提高办案质量，维护犯罪嫌疑人合法权利。《规定》第八条、第十四条第二款和第十五条重申了侦查机关的取证要求和主动排除非法证据的义务，强调侦查机关应当依照法定程序开展侦查，收集、调取能够证实犯罪嫌疑人有罪或者无罪、罪轻或者罪重的证据材料；要求侦查机关对审查认定的非法证据应当予以排除，不得作为提请批准逮捕、移送审查起诉的根据；对侦查终结的案件，侦查机关应当全面审查证明证据收集合法性的证据材料，依法排除非法证据。排除非法证据后，证据不足的，不得移送审查起诉。侦查机关发现办案人员非法取证的，应当依法作出处理，并可另行指派侦查人员重新调查取证。上述规定有利于侦查机关严把案件证据关，提高移送审查起诉的案件质量，保障犯罪嫌疑人合法权利。

（六）强化人民检察院在审前程序中对非法证据的调查核实

人民检察院作为国家法律监督机关的定位决定其在刑事诉讼中必须承担客观公正的义务，在审查判断证据时既要重视证明犯罪嫌疑人有罪或者罪重的证据，也要重视证明犯罪嫌疑人无罪或者罪轻的证据，依法审查并排除非法证据。人民检察院审查和排除非法证据主要是在审前程序中。《规定》从以下几个方面强化了人民检察院在审前程序中对非法证据的调查核实职能和对案件的过滤功能：

一是强化了在侦查期间对侦查机关取证合法性的监督。《规定》第十四条第一款规定，犯罪嫌疑人及其辩护人在侦查期间可以向人民检察院申请排除非法证据。对犯罪嫌疑人及其辩护人提供相关线索或者材料的，人民检察院应当调查核实。调查结论应当书面告知犯罪嫌疑人及其辩护人。对确有以非法方法收集证据情形的，人民检察院应当向侦查机关提出纠正意见。该规定赋予了犯罪嫌疑人及其辩护人在侦查期间向人民检察院申请排除非法证据的权利，进一步强化了检察机关对侦查取证活动的监督。

二是强化了在侦查终结前对重大案件讯问合法性的核查。《规定》第十四条第三款明确，对重大案件，人民检察院驻看守所检察人员应当在侦查终结前询问犯罪嫌疑人，核查是否存在刑讯逼供、非法取证情形，并同步录音录像。经核查，确有刑讯逼供、非法取证情形的，侦查机关应当及时排除非法证据，不得作为提请批准逮捕、移送审查起诉的根据。该规定沿袭了《关于推进以审判为中心的刑事诉讼制度改革的意见》的规定。重大案件侦查终结前讯问合法性核查制度的建立有利于强化检察机关对侦查活动的监督，对侦查工作形成倒逼机制，提高重大案件的办案质量，对采取非法方法收集的证据早核查、早发现、早排除，防止"有病证据"作为提请批准逮捕、移送审查起诉的根据。以往检察机关承担非法证据调查核实职责的部门主要是侦查监督部门和公诉部门，如《高检规则》第六十九条规定："对于非法证据的调查核实，在侦查阶段由侦查监督部门负责；在审查起诉、审判阶段由公诉部门负责。必要时，渎职侵权检察部门可以派员参加。"《规定》赋予了刑事执行检察部门调查核实非法证据职责，进一步强化了检察机关对侦查取证活动的监督。人民检察院派驻看守所检察人员承担对讯问合法性核查职能具有亲历性、便利性和相对中立性等优势，驻所检察人员常驻看守所，日常能够通过谈话、询问等方式获知是否有刑讯逼供等非法讯问情形，有条件第一时间知悉羁押人员的情况，并可以根据具体情况进行拍照、录像等固定相关证据，防止证据灭失，且与办案机关没有利益上的直接关系，更能独立、公正地开展讯问合法性核查。有助于实现监督关口前移，解决当前刑讯逼供发现滞后、调查取证困难、证据易于灭失等问题。重大案件侦查终结前讯问合法性核查制度既适用于公安机关、国家安全机关侦查的重大案件，也适用于人民检察院侦查的重大案件。在《规定》制定过程中，曾有意见认为，对人民检察院侦查的重大案件，应由驻看守所值班律师询问犯罪嫌疑人，核查是否存在刑讯逼供、非法取证情形。但是经过研究认为，保护在押人员合法权益是人民检察院驻看守所检察人员的主要职责之一，驻所检察人员并非办案人员，独立行使监督职责。值班律师的职责只是为在押的犯罪嫌疑人提供法律帮助，目前值班律师制度没有普遍建立，并不是所有看守所都驻有值班律师，并且，由驻看守所值班律师询问并核实是否存在刑讯逼供、非法取证情形，缺乏法律依据和现实可操作性。因此，《规定》没有采纳这一意见。

　　《规定》对"重大案件"的范围没有作出明确，司法解释等有关规定中关于"重大案件"的认定标准也不尽一致。例如，《最高人民法院关于处理自首和立功具体应用法律若干问题的解释》第七条第二款规定，"重大案件"的标准，一般是指犯罪嫌疑人、被告人可能被判处无期徒刑以上刑罚或者案件在本省、自治区、直辖市或者全国范围内有较大影响等情形。而按照《最高人民法院、最高人民检察院关于办理贪污贿赂刑事案件适用法律若干问题的解释》第十四条第二款的规定，根据犯罪的事实、情节，已经或者可能被判处十年有期徒刑以上刑罚的，或者案件在本省、自治区、直辖市或者全国范围内有较大影响的，可以认定为《刑法》第三百九十条第二款规定的"重大案件"。再如，《刑事诉讼法》第一百二十一条第一款规定，可能判处无期徒刑、死刑的案件或者其他重大犯罪案件，应当对讯问过程进行录音或者录像。《公安机关讯问犯罪嫌疑人录音录像工作规定》第四条进一步明确了"重大犯罪案件"包括下列案件：（一）可能判处无期徒刑、死刑的案件；（二）致人重伤、死亡的严重危害公共安全犯罪、严重侵犯公民人身权利犯罪案件；（三）黑社会性质组织犯罪案件，包括组织、领导黑社会性质组织，入境发展黑社会组织，包庇、纵容黑社会性质组织等犯罪案件；（四）严重毒品犯罪案件，包括走私、贩卖、运输、制造毒品，非法持有毒品数量大的，包庇走私、贩卖、运输、制造毒品的犯罪分子情节严重的，走私、非法买卖制毒物品数量大的犯罪案件；（五）其他故意犯罪案件，可能判处十年以上有期徒刑的。关于"重大案件"的具体范围，需要由最高人民检察院会同公安部、国家安全部进一步研究明确。我们认为，从制度目的上看，重大案件侦查终结前讯问合法性核查制度与重大案件讯问录音录像制度都是为了防止刑讯逼供、非法取证，因此，二者的重大案件范围应当基本一致。另外，关于核查的程序节点、核查的具体方式、处理结果，以及如何与审查逮捕、审查起诉等程序进行衔接等问题，也需要作出细化规定，以促使核查制度尽早落实。

　　三是强化了审查逮捕和审查起诉阶段的非法证据审查和排除工作。审查逮捕和审查起诉是刑事诉讼程序中承前启后的关键环节，在审查逮捕和审查起诉阶段严把案件事实关、证据关，依法排除非法证据，有助于纠正侦查程序中的违法行为，防范冤假错案发生。《规定》第十六条至第十八条对审查逮捕、审查起诉阶段人民检察院审查、排除非法证据的程序作出了规定。《规定》第十六条要求，审查逮捕、审查起诉期间讯问犯罪嫌疑人，应当告知其有权申请排除非法证据，并告知诉讼权利和认罪的法律后果，规范了讯问时的权利告知。《规定》第十七条规定，审查逮捕、审查起诉期间，犯罪嫌疑人及其辩护人申请排除非法证据，并提供相关线索或者材料的，人民检察院应当调查核实。根据《高检规则》第七十条的规定，调查核实措施主要包括：讯问犯罪嫌疑人；询问办案人员；询问在场人员及证人；听取辩护律师意见；调取讯问笔录、讯问录音、录像；调取、查询犯罪嫌疑人出入看守所的身体检查记录及相关材料；进行伤情、病情检查或者鉴定；等等。调查结论应当书面告知犯罪嫌疑人及其辩护人。人民检察院在审查起诉期间发现侦查人员以刑讯逼供等非法方法收集证据的，应当依法排除相关证据，并提出纠正意见。必要时，人民检察院可以自行调查取证。人民检察院对审查认定的非法证据，应当予以排除，不得作为批准或者决定逮捕、提起公诉的根据。被排除的非法证据应当随案移送，并写明为依法排除的非法证据。

　　《关于推进以审判为中心的刑事诉讼制度改革的意见》提出，对未达到法定证明标准的案件，人民检察院应当依法作出不起诉决定，防止事实不清、证据不足的案件进入审判程序。为严格把握审查逮捕和审查起诉的证明标准，《规定》第十八条第一款规定，人民检察院依法排除非法证据后，证据不足，不符合逮捕、起诉条件的，不得批准或者决定逮捕、提起公诉。在《规定》制定过程中，有意见提出，侦查机关应有对人民检察院排除非法证据的决定提出异议的程序救济权。对此，《规定》第十八条第二款明确，对于人民检察院排除有关证据导致对涉嫌的重要犯罪事实未予认定，从而作出不批准逮捕、不起诉决定，或者对涉嫌的部分重要犯罪事实决定不起诉的，公安机关可以要求复议、提请复核。

（七）完善辩护和法律援助制度

非法证据排除规则的有效实行，离不开辩护律师的参与。但在侦查阶段，许多犯罪嫌疑人缺乏辩护律师的法律帮助，在面对刑讯逼供等非法取证行为时，不知道如何有效维护自己的合法权益，难以获取办案人员非法取证的证据材料，其提出的排除非法证据的申请很难获得支持。鉴于最高人民法院、最高人民检察院、公安部、国家安全部、司法部印发的《关于在部分地区开展刑事案件速裁程序试点工作的办法》和最高人民法院、最高人民检察院、公安部、国家安全部、司法部印发的《关于在部分地区开展刑事案件认罪认罚从宽制度试点工作的办法》《关于推进以审判为中心的刑事诉讼制度改革的意见》中均要求建立值班律师制度，为保障犯罪嫌疑人、被告人在权益遭受侵犯时及时地寻求法律救济，《规定》第十九条要求，犯罪嫌疑人、被告人申请提供法律援助的，应当按照有关规定指派法律援助律师。法律援助值班律师可以为犯罪嫌疑人、被告人提供法律帮助，并赋予其对刑讯逼供、非法取证情形代理申诉、控告的权利。目前，最高人民法院、最高人民检察院、公安部、国家安全部、司法部正在起草《关于开展法律援助值班律师工作的意见》，就法律援助值班律师的权利、义务、人员管理、工作方式等问题作出具体规定。

《规定》第二十条要求，犯罪嫌疑人、被告人及其辩护人申请排除非法证据，应当提供涉嫌非法取证的人员、时间、地点、方式、内容等相关线索或者材料。2010年《关于办理刑事案件排除非法证据若干问题的规定》第六条规定："被告人及其辩护人提出被告人审判前供述是非法取得的，法庭应当要求其提供涉嫌非法取证的人员、时间、地点、方式、内容等相关线索或者证据。"2012年《刑事诉讼法》第五十六条第二款沿袭了上述做法，规定："申请排除以非法方法收集的证据的，应当提供相关线索或者材料。"主要考虑是：对于取证行为合法性的证明责任虽然由控诉方承担，但启动证据合法性调查程序的初步证明责任应由被告人一方承担，即被告人必须提供可能存在刑讯逼供或者其他非法取证行为材料或者线索，以防止被告人滥用排除非法证据的申请权，拖延审判期限，造成司法资源的浪费。关于"相关线索或者材料"，要有具体的指向性，有据可查。如果被告人仅泛泛地称自己遭到刑讯逼供，而不能说出对其刑讯逼供的人员、时间、地点、方式等具体细节，则不能启动非法证据合法性调查程序。所谓"相关线索"，主要是指被告人及其辩护人提供的涉嫌刑讯的人员、时间、地点、方式等细节信息，如被告人明确指出讯问人员于特定的时间在看守所以外的特定场所对其实施刑讯；被告人及其辩护人提供能够证明非法取证情形的同监羁押人员和其他在场人员的信息等。所谓"相关材料"，主要是指被告人及其辩护人提供的反映被告人因刑讯致伤的医院病历、看守所体检记录、被告人体表损伤及衣物损坏情况；反映被告人遭受刑讯的看守所看管人员及被告人同监羁押人员的书面证言；反映讯问过程中存在或者可能存在刑讯逼供行为讯问笔录和讯问录音录像等。需要注意的是，被告方承担提供相关线索或者材料，只需使法庭对证据收集合法性产生疑问即可，不同于检察机关承担取证合法性的证明责任。

实践中，辩护人除自行收集办案人员涉嫌非法取证的有关证据材料外，主要是查阅、摘抄、复制办案机关收集的相关证据材料和申请人民检察院、人民法院调取相关证据材料。《规定》第二十一条明确，辩护律师自人民检察院对案件审查起诉之日起，可以查阅、摘抄、复制讯问笔录、提讯登记、采取强制措施或者侦查措施的法律文书等证据材料。其他辩护人经人民法院、人民检察院许可，也可以查阅、摘抄、复制上述证据材料。《规定》第二十二条明确，犯罪嫌疑人、被告人及其辩护人向人民法院、人民检察院申请调取公安机关、国家安全机关、人民检察院收集但未提交的讯问录音录像、体检记录等证据材料，人民法院、人民检察院经审查认为犯罪嫌疑人、被告人及其辩护人申请调取的证据材料与证明证据收集的合法性有联系的，应当予以调取；认为与证据证明证据收集的合法性没有联系的，应当决定不予调取并向犯罪嫌疑人被告人及其辩护人说明理由。

（八）完善庭前会议对证据收集合法性争议处理的机制

2012年修订的刑事诉讼法增设了庭前会议程序，《高法解释》第九十九条规定："开庭审理前，当事人及其辩护人、诉讼代理人申请排除非法证据，人民法院经审查，对证据收集的合法性有疑问的，应当依照《刑事诉讼法》第一百八十二条第二款的规定召开庭前会议，就非法证据排除等问题了解情况，听取意见。人民检察院可以通过出示有关证据材料等方式，对证据收集的合法性加以说明。"通过庭前会议处理证据收集合法性争议，能够减少庭审中的证据收集合法性争议，并对未决争议明确焦点，提高法庭调查的针对性和庭审效率，避免被告人当庭提出排除非法证据的申请导致庭审中断，影响审判的顺利进行。为此，《规定》第二十三条要求，人民法院向被告人及其辩护人送达起诉书副本时，应当告知其有权申请排除非法证据。被告人及其辩护人申请排除非法证据，应当在开庭审理前提出，但在庭审期间发现相关线索或者材料等情形除外。人民法院应当在开庭审理前将申请书和相关线索或者材料的复制件送交人民检察院。《规定》第二十四条规定，被告人及其辩护人在开庭审理前申请排除非法证据，未提供相关线索或者材料，不符合法律规定的申请条件的，人民法院对申请不予受理。《规定》第二十五条规定，被告人及其辩护人在开庭审理前申请排除非法证据，按照法律规定提供相关线索或者材料的，人民法院应当召开庭前会议。明确了只要被告人及其辩护人能够按照法律规定提供相关线索或者材料的，召开庭前会议就是必经的程序。同时，明确了在庭前会议程序中，人民检察院应当通过出示有关证据材料等方式，有针对性地对证据收集的合法性作出说明，人民法院可以核实情况，听取意见。人民检察院可以决定撤回有关证据。撤回的证据，没有新的理由，不得在庭审中出示。被告人及其辩护人可以撤回排除非法证据的申请。撤回申请后，没有新的线索或者材料，不得再次对有关证据提出排除申请。《规定》第二十六条规定，公诉人对被告人及其辩护人在庭前会议中对证据收集是否合法未达成一致意见，人民法院对证据收集的合法性有疑问的，应当在庭审中进行调查；人民法院对证据收集的合法性没有疑问，且没有新的线索或者材料表明可能存在非法取证的，可以不再进行调查。根据上述规定，如果在庭前会议中控辩双方对证据收集是否合法达成一致意见，公诉人撤回相关证据或被告人一方撤回排除非法证据的申请，或者控辩双方虽未达成一致意见，人民法院在庭前会议中对证据收集的合法性进行审查后对取证合法性没有疑问的，在庭审阶段就不再启动针对证据收集合法性的法庭调查。《规定》第二十八条要求，公诉人宣读起诉书后，法庭应当宣布开庭审理前对证据收集合法性的审查及处理情况。

（九）完善庭审阶段对证据收集合法性的审查与调查程序

尽管《规定》强调被告人及其辩护人应当在开庭前提出排除非法证据的申请，但在有的案件中，辩方因各种主客观因素未在开庭前提出申请，如不允许其当庭提出申请，不利于保障辩方的诉讼权利，因此，应当允许其在庭审中提出排除非法证据的申请，但同时应当要求其说明未在开庭审理前提出申请的理由。《规定》第二十九条明确，被告人及其辩护人在开庭审理前未申请排除非法证据，在法庭审理过程中提出申请的，应当说明理由。对于当庭提出申请的，法庭应当进行审查，经审查，对证据收集的合法性有疑问的，应当进行调查；没有疑问的，应当驳回申请。同时强调，法庭驳回排除非法证据申请后，被告人及其辩护人没有新的线索或者材料，以相同理由再次提出申请的，法庭不再审查。主要考虑是被告人及其辩护人提出排除非法证据的申请，应当提供相关线索或者材料，如法庭未对证据收集的合法性产生疑问而驳回其申请后，只有发现新的线索或者材料，再次提出申请的，法庭才予以审查。

《规定》第三十一条第一款明确了公诉人对证据收集合法性的证明方式，可以出示讯问笔录、提讯登记、体检记录、采取强制措施或者侦查措施的法律文书、侦查终结前对讯问合法性的核查材料等证据材料，有针对性地播放讯问录音录像，提请法庭通知侦查人员或者其他人员出庭说明情况。公诉人出示讯问笔录不要求宣读讯问笔录的全部内容，只需要通过提交法庭核对笔录上记录的讯问时间、地点、提问内容等来证明讯问过程是否合法。播放讯问录音录像不要求当庭完整播放，只需要针对被告人及其辩护人对取证合法性提出异议或者对讯问录音录像的连续性、完整性提出质疑的特定时段的讯问录音录像进行播放，以提高庭审效率。公诉人可以根据证明证据收集合法性的需要决定是否提请法庭通知侦查人员或者其他人员出庭说明情况。

《规定》第三十一条第二款明确，被告人及其辩护人可以出示相关线索或者材料，并申请法庭播放特定时段的讯问录音录像。《规定》第二十七条规定，被告人及其辩护人申请人民法院通知侦查人员或者其他人员出庭，人民法院认为现有证据材料不能证明证据收集的合法性，确有必要通知上述人员出庭作证或者说明情况的，可以通知上述人员出庭。《刑事诉讼法》第五十七条第二款规定，在三种情况下侦查人员或者其他人员可以出庭说明情况：一是人民检察院可以提请人民法院通知有关侦查人员或者其他人员出庭说明情况；二是人民法院可以通知有关侦查人员或者其他人员出庭说明情况；三是有关侦查人员或者其他人员可以要求出庭说明情况。没有明确规定被告人及其辩护人可以申请人民法院通知有关侦查人员或者其他人员出庭说明情况。《规定》赋予被告人及其辩护人向法庭通知申请侦查人员或者其他人员出庭说明情况的权利，有利于辩方进行举证、质证。这里的"其他人员"主要是指侦查人员以外的能够证明证据收集合法性的人员，如在场的看守所监管人员、驻看守所检察人员、值班律师、同监室的在押人员等侦查取证活动的亲历者、见证人或者知情人。与法院依职权通知侦查人员或者其他人员出庭说明情况和有关侦查人员或者其他人员主动要求出庭说明情况不同，对于被告人及其辩护人申请上述人员出庭的，法庭并非无条件准许。主要考虑的是，侦查人员的主要职责是侦查犯罪，看守所监管人员、驻看守所检察人员、值班律师等也都承担着各自的职责，如果被告人及其辩护人对证据收集的合法性提出异议，就一律要求上述人员出庭，非但没有必要，而且会大大增加其负担，影响其本职工作，因此，法庭应当对必要性作出审查。只有当现有证据材料不能证明证据收集的合法性，确有必要通知上述人员出庭作证或者说明情况的，才通知其出庭。

《规定》第三十一条第三款明确，侦查人员或者其他人员出庭，应当向法庭说明证据收集过程，并就相关情况接受发问。对发问方式不当或者内容与证据收集的合法性无关的，法庭应当制止。《规定》还明确，公诉人、被告人及其辩护人可以对证据收集的合法性进行质证、辩论。法庭对控辩双方提供的证据有疑问的，可以宣布休庭，对证据进行调查核实。必要时，可以通知公诉人、辩护人到场。

《规定》明确了庭审中对证据收集合法性进行法庭调查的顺序。关于何时进行证据收集合法性的调查，以前没有明确的规定。根据最高人民法院、最高人民检察院、公安部、国家安全部、司法部、全国人大常委会法制工作委员会《关于实施刑事诉讼法若干问题的规定》第十一条的规定，对证据收集的合法性进行法庭调查的顺序由法庭根据案件审理情况确定。《高法解释》第一百条第二款规定："对证据收集合法性的调查，根据具体情况，可以在当事人及其辩护人、诉讼代理人提出排除非法证据的申请后进行，也可以在法庭调查结束前一并进行。"也没有对法庭调查的顺序作出硬性要求。考虑到证据合法性调查属于证据能力的调查，而证据能力的调查是证明力调查的先决条件，只有对证据收集的合法性争议作出裁判后，才能决定能否对该证据宣读、质证，因此，法庭调查应当具有一定的顺序性和程序性，证据合法性调查具有相对独立性。《规定》第三十条要求，庭审期间，法庭决定对证据收集的合法性进行调查的，应当先行当庭调查。但为防止庭审过分迟延，也可以在法庭调查结束前进行调查。相应地，《规定》第三十三条要求，法庭对证据收集的合法性进行调查后，应当当庭作出是否排除有关证据的决定。必要时，可以宣布休庭，由合议庭评议或者提交审判委员会讨论，再次开庭时宣布决定。鉴于证据的合法性是证据资格的基本要求，证据收集合法性争议的解决是证据能否进入庭审质证程序的前提，同时也为了防止争议证据对案件事实的判断产生先入为主的影响，《规定》强调，在法庭作出是否排除有关证据的决定以前，不得对有关证据进行宣读、质证。据此，无论是先行当庭调查还是法庭调查结束前一并调查，都必须首先解决证据收集合法性的争议，在此之前，不能对有争议的证据进行宣读、质证。

《规定》明确了法庭对证据收集合法性进行调查后对有关证据的处理规则。《刑事诉讼法》第五十八条规定："对于经过法庭审理，确认或者不能排除以非法方法收集证据情形的，对有关证据应当予以排除。"基于上述规定，《规定》第三十五条进一步重申了两种情况下，对有关证据应当予以排除：一是经法庭审理，确认存在本规定所规定的以非法方法收集证据情形的；二是法庭根据相关线索或者材料对证据收集的合法性有疑问，而人民检察院未提供证据或者提供的证据不能证明证据收集的合法性，不能排除存在本规定所规定的以非法方法收集证据情形的。即将"排除合理怀疑"作为对证据收集合法性的证明标准。《规定》还要求，对依法予以排除的证据不得宣读、质证，不得作为判决的根据。

《规定》第三十五条明确了排除非法证据后案件的处理结果。非法证据排除规则解决的是特定证据的证据能力问题，排除非法证据并不意味着案件一定要宣告无罪，案件最终如何处理还要取决于其他证据是否确实、充分。因此，排除非法证据后，案件的处理分为三种情形：一是排除非法证据后，案件事实清楚，证据确实、充分，依据法律认定被告人有罪的，应当作出有罪判决；二是排除非法证据后，证据不足不能认定被告人有罪的，应当作出证据不足，指控的犯罪不能成立的无罪判决；三是排除非法证据后，案件部分事实清楚，证据确实、充分的，依法认定该部分事实。

法庭对证据收集合法性的审查、调查结论和理由，是控辩双方了解裁判理由并据此决定是否提出抗诉、上诉的根据。在裁判文书中写明对证据资格审查和处理的结果和理由，是裁判文书释法说理的内在要求。但是，在实践中，很多法院在对排除非法证据的申请进行审查和对证据收集的合法性进行调查后，审查、调查的结论及理由没有在裁判文书中得到体现。为了增强裁判文书的说理性，《规定》第三十六条要求，人民法院对证据收集合法性的审查、调查结论，应当在裁判文书中写明，并说明理由。

（十）完善二审程序中对证据收集合法性的调查和处理程序

《规定》第三十八条第一款规定，人民检察院、被告人及其法定代理人提出抗诉、上诉，对第一审人民法院有关证据收集合法性的审查、调查结论提出异议的，《规定》第三十九条规定，第二审人民法院应当审查。第二审人民法院对证据收集合法性的调查，参照第一审程序的规定。

根据我国刑事诉讼法的规定，在审前程序和第一审程序中，被告人及其辩护人均有权申请排除非法证据，人民法院向被告人及其辩护人送达起诉书副本时，也已告知其有权申请排除非法证据，如其未提出申请，通常就表明其对证据收集的合法性没有异议。一些国家的法律中规定，如被告人未在第一审程序中对证据可采性提出过异议，则在二审期间不得再对此提出异议。实践中，有的被告人在一审程序中没有申请排除非法证据，在一审判决作出后，被告人对判决不服提出上诉，在二审阶段提出排除非法证据的申请的情形较为常见。刑事诉讼法虽然没有对被告人在二审期间申请排除非法证据作出限制性规定，但被告人在一审中未对证据收集合法性提出异议，直到二审才首次提出排除非法证据的申请，显然有滥用诉讼程序权利的嫌疑。如果被告人及其辩护人在一审开庭审理前就已知晓申请排除非法证据的权利，对证据收集合法性有异议，应当及时提出申请。被告人在一审阶段没有提出排除非法证据的申请，就意味着其对证据收集合法性没有争议，被告人在一审期间未提申请而在二审期间提出申请，不利于一审裁判的稳定性，并且由于2012年修订的刑事诉讼法扩大了二审程序开庭审理的案件范围，被告人对第一审认定的事实、证据提出异议，可能影响定罪量刑的上诉案件，应当开庭审理，这意味着，被告人在二审程序中提出排除非法证据申请，此类案件都要开庭审理，容易导致司法资源的浪费。为了引导和督促被告人及其辩护人在一审开庭前提出排除非法证据的申请，发挥一审程序解决证据收集合法性的功能，除非有特定事由，原则上不应允许在二审程序中提出排除非法证据申请。但是考虑到现阶段刑事案件辩护率较低，大量案件的被告人缺少辩护律师的帮助，在一审期间受取证能力、诉讼权利意识等方面的制约，可能未能按照有关规定及时提出排除非法证据的申请，在有的案件中，被告人及其辩护人在一审期间未能收集到办案人员非法取证的线索或者材料，直到二审期间才收集到相关线索或者材料，如果一概不允许其在二审期间提出申请，可能会损害被告人的诉讼权利。因此，《规定》第三十八条第二款规定，被告人及其辩护人在第一审程序中未申请排除非法证据，在第二审程序中提出申请的，应当说明理由。第二审人民法院应当审查。对于被告人及其辩护人在一审结束后才发现侦查人员非法取证的相关线索或者材料，或者第一审人民法院未能尽到告知诉讼权利的义务等情形，被告人在二审期间提出申请的，为切实维护被告人的合法权益，第二审人民法院应当进行审查。

对于被告人及其辩护人在第一审程序中提出排除非法证据申请的，人民检察院应当积极承担举证责任，以消除证据收集合法性争议。为避免因检察人员在第一审程序中怠于举证，法院依法排除有关证据后，在二审期间又出示相关证据，《规定》第三十八条第三款明确了人民检察院对证据收集合法性的举证时限。即人民检察院在第一审程序中未出示证据证明证据收集的合法性，第一审人民法院依法排除有关证据的，人民检察院在第二审程序中不得出示之前未出示的证据，但在第一审程序后发现的除外。

关于第一审程序中未予审查排除非法证据申请情形的处理，《规定》第四十条第一款明确了第一审人民法院对被告人及其辩护人排除非法证据的申请未予审查，并以有关证据作为定案根据，可能影响公正审判的，第二审人民法院可以裁定撤销原判，发回原审人民法院重新审判。首先，根据《刑事诉讼法》第二百二十七条的规定，第二审人民法院发现第一审人民法院的审理有下列违反法律规定的诉讼程序的情形之一的,应当裁定撤销原判,发回原审人民法院重新审判:(一)违反本法有关公开审判的规定的;(二)违反回避制度的;(三)剥夺或者限制了当事人的法定诉讼权利,可能影响公正审判的;(四)审判组织的组成不合法的;(五)其他违反法律规定的诉讼程序,可能影响公正审判的。第一审人民法院对被告人及其辩护人排除非法证据的申请未予审查,属于"其他违反法律规定的诉讼程序,可能影响公正审判的"情形,其后果应当是"裁定撤销原判,发回原审人民法院重新审判"。其次,该条规定发回重审的条件是第一审人民法院对被告人及其辩护人排除非法证据的申请未予审查而不是未对证据收集合法性进行调查。因为第一审人民法院对被告提出的排除非法证据申请进行审查后,只有对证据收集的合法性有疑问的,才有必要启动调查程序,换言之,人民法院对排除非法证据申请进行审查后,如对证据收集的合法性没有疑问,且没有新的线索或者材料表明可能存在非法取证的,可以不进行调查。最后,发回重审的案件除应满足第一审人民法院对被告人及其辩护人排除非法证据的申请未予审查的条件外,还要求第一审人民法院"以有关证据作为定案根据,可能影响公正审判",如果一审法院对被告方提出的排除非法证据申请没有审查,但未将有关证据作为定案根据的,并不影响公正审判,则无须发回重审。

关于第一审程序未予排除非法证据情形的处理,《规定》第四十条第二款明确了第一审人民法院对依法应当排除的非法证据未予排除的,第二审人民法院可以依法排除非法证据。排除非法证据后,原判决认定事实和适用法律正确、量刑适当的,应当裁定驳回上诉或者抗诉,维持原判;原判决认定事实没有错误,但适用法律有错误,或者量刑不当的,应当改判;原判决事实不清楚或者证据不足的,可以裁定撤销原判,发回原审人民法院重新审判。

最高人民检察院关于实行检察官以案释法制度的规定

（2017年6月28日公布并施行）

第一章 总 则

第一条 为加强人民群众对人民检察院办案工作的监督，充分保障当事人和其他诉讼参与人合法权利，让人民群众在每一个司法案件中都感受到公平正义，推进法治社会建设，根据中共中央办公厅、国务院办公厅《关于实行国家机关"谁执法谁普法"普法责任制的意见》要求，建立并实行检察官以案释法制度，落实检察环节普法责任制。

第二条 检察官以案释法，是指检察官对所办理案件的事实认定、法律适用和办案程序等问题进行答疑解惑、释法说理，开展法治宣传教育的活动。

第三条 检察官以案释法包括检察官办案释法和向社会公众以案释法。

第四条 以案释法应当遵循以下原则：

（一）合法规范原则。检察官以案释法应当严格依照法律规定和司法解释进行，做到事实准确，说理清晰，程序规范。

（二）及时有效原则。检察官以案释法应当把握时机，讲求方法，坚持情、理、法相统一，增强及时性、针对性和实效性。

（三）协同配合原则。检察官以案释法应当坚持办案部门与新闻宣传部门、检察环节与其他法治工作环节的协同配合，形成普法合力。

（四）保守秘密原则。检察官以案释法不得泄露国家秘密、商业秘密，不得违反规定披露个人隐私以及涉案未成年人的身份信息和依法应当封存的犯罪记录等不应公开的信息。

第二章 检察官办案释法

第五条 检察官办案释法，是指检察官在办理案件过程中或者办结案件后，通过检察法律文书或者书面、口头说明等方式向诉讼参与人、利益相关人等与案件有关的人员和单位进行释法说理。

第六条 检察官着重围绕以下案件的办理开展释法说理：

（一）当事人等诉讼参与人对检察环节司法办案的公正性存在质疑，可能引发涉检网络舆情的案件；

（二）涉及群体性利益、可能引发上访或者群体性事件的案件；

（三）当事人对法律适用存在误解，释法说理有利于明确法律含义、阐明适用法律理由的案件；

（四）涉及重大国家利益和社会公共利益的案件；

（五）涉及老年人、妇女、未成年人、残疾人等特殊群体的案件；

（六）作出不予立案、撤销案件、不批准逮捕、不起诉、附条件不起诉、不抗诉、不支持监督请求等终局性处理的案件，以及作出纠正违法、通知立案、通知撤销案件等监督决定的案件；

（七）其他经当事人申请或者检察官认为有必要释法的案件。

第七条 检察官办案释法的对象，包括：

（一）审查逮捕、审查起诉案件的当事人及其近亲属；

（二）犯罪嫌疑人、被告人的辩护律师及其诉讼代理人；

（三）直接受理侦查案件的实名举报人、发案单位；

（四）控告申诉案件的控告人、申诉人；

（五）国家赔偿案件的赔偿请求人；

（六）民事行政检察监督案件的当事人及其诉讼代理人；

（七）案件涉及的其他诉讼参与人、利益相关人等与案件有关的人员和单位；

（八）对检察机关作出的决定可能存有异议的相关办案机关。

第八条 检察官对所办理的案件，应当适时、主动进行释法说理。办案过程中，当事人等提出释法请求的，应当进行释法说理。检察长或者分管副检察长可以指令检察官进行释法说理。

第九条 重大复杂案件的释法说理，应当报检察长或者分管副检察长同意后进行。检察长或者分管副检察长应当对检察官以案释法予以指导。

第十条 检察官应当围绕检察法律文书内容及检察机关办案过程中涉及的重点问题，或者释法对象要求说明的重点问题进行释法说理，具体包括：

（一）认定的案件事实；

（二）适用的法律条文；

（三）涉及的司法政策；

（四）办案的程序和进度；

（五）释法对象提出的其他相关问题。

第十一条 检察官进行办案释法，可以根据需要采取口头、书面或者其他适当方式。

采取口头方式释法，是指在案件办理中或者案件办结后，检察官约谈释法对象进行释法说理。口头方式释法，应当做好工作记录。

采取书面方式进行释法，既可以在相关检察法律文书中直接进行叙述式说理，也可以增加附页或者另行制作以案释法说明书进行释法。

制作以案释法说明书应当写明释法时间、地点、对象、内容等。

第十二条 检察官在释法说理过程中形成的工作记录、附页或者释法说明书等材料应当归入检察工作卷宗。

第三章 向社会公众以案释法

第十三条 人民检察院根据检察官办理案件情况及其社会关切、舆情动向等，可以适时指派检察官或者其他检察人员向社会公众以案释法，开展法治宣传教育。

第十四条 下列案件可以向社会公众以案释法：

（一）检察机关正在办理或者已经作出处理决定，通过以案释法有利于及时回应社会关切，弘扬法治精神，取得良好法律效果和社会效果的案件；

（二）具有较大社会影响或者争议，可能引发重大涉检舆情，通过以案释法有利于正确引导舆论的案件；

（三）与群众利益密切相关，可能引发上访或者群体性事件，通过以案释法有利于化解社会矛盾的案件；

（四）具有较强警示教育意义，通过以案释法有利于提高公众法治意识，促进法治社会建设和廉政建设的案件；

（五）能够体现新出台的法律和司法解释精神，通过以案释法有利于阐释和普及法律知识的案件；

（六）其他适合向社会公众以案释法的案件。

第十五条 向社会公众以案释法，应当根据案件性质、特点，社会关注焦点，法治宣传的针对性和目的等，围绕以下内容进行：

（一）依法认定的案件事实；

（二）办案过程和诉讼阶段；

（三）法律规定的诉讼程序；

（四）案件处理所依据的法律条文、司法解释；

（五）案件具有的教育、警示意义。

第十六条 向社会公众以案释法可以通过下列方式进行：

（一）利用公开发行的报刊、广播电台和电视台等传统媒体开展以案释法；

（二）利用检察官方微博、微信、微视频、客户端等新媒体开展以案释法；

（三）利用检务大厅、检察案件信息公开平台发布相关信息开展以案释法；

（四）召开新闻发布会开展以案释法；

（五）通过案件公开复查、举行听证会、建立警示教育基地等开展以案释法；

（六）组织普法讲师团、普法志愿者进机关、进乡村、进社区、进学校、进企业、进单位开展以案释法；

（七）通过其他方式开展以案释法。

第十七条 人民检察院对舆论高度关注的重大敏感案件、重大职务犯罪案件、其他重大案件向社会公众以案释法，办案部门应当会同新闻宣传部门就释法的方式、内容、时机等进行评估，准备好释法资料及应对舆情的预案，报检察长批准后进行；必要时，应当报上级人民检察院批准。

第十八条 向社会公众以案释法，可以结合国家宪法日、法律颁布实施纪念日和法治宣传月、宣传周、宣传日等普法活动重要节点开展，或者根据检察重点工作、案件情况、社会关切、舆情动向等定期或者不定期开展。

第四章 组织与实施

第十九条 各级人民检察院要充分认识普法作为法治建设基础性工作的重要性，将其纳入检察工作总体布局，做到与业务工作同部署、同检查、同落实。要把检察官以案释法作为落实检察环节普法责任制的重要抓手，加强组织领导，健全工作机制，强化督促检查，形成检察长统一领导、办案部门各尽其责、新闻宣传部门协调配合、齐抓共管的普法工作格局。

第二十条 上级人民检察院应当加强对下级人民检察院以案释法工作的领导和指导。对于具有重大社会影响的案件开展以案释法的，要层报省级人民检察院或者最高人民检察院统筹安排和指导实施。

第二十一条 各级人民检察院开展以案释法后，要及时关注、收集、分析相关舆情，做好后续的应对、引导工作，发挥释法最大效应。

第二十二条 各级人民检察院要建立检察官以案释法评价激励机制，对在以案释法工作中表现突出、成绩显著的检察官以及其他检察人员给予表彰和奖励。要定期对检察官以案释法情况开展检查，及时总结经验，发现问题，有针对性地改进以案释法工作。

第二十三条 各级人民检察院应当建立检察官以案释法案例资源库,做好以案释法的基础性工作,加强典型案例的收集、分析、整理、研究和发布,充分发挥以典型案例释法的引导、规范、预防与教育功能。

第二十四条 各级人民检察院应当结合工作实际,加大对检察官以案释法能力的培训,提高检察官政治素质、媒介素养、公共沟通及网络运用等素能,提高运用群众语言释疑解惑的能力和水平。加强检察新闻发言人队伍建设,提升以案释法工作专业化水平。加大对西部地区检察官和少数民族聚居地区双语检察官以案释法的培训力度。

第二十五条 以案释法的检察官或者其他检察人员有下列情形之一的,应当给予批评教育,违反《检察人员纪律处分条例》的,依照有关规定给予纪律处分:

(一)未经批准,擅自对外披露自己或者他人正在办理的案件情况,妨害案件依法独立公正办理的;

(二)故意歪曲或者错误阐述案件事实,释法说理时有重大过失,引发舆情事件、造成负面社会影响的;

(三)公开发表不当言论,对检察机关司法公信力造成不良影响的;

(四)当事人或者其他诉讼参与人多次提出释法说理请求,不依照本规定履行释法说理责任,引起当事人或者其他诉讼参与人强烈不满,造成严重后果的;

(五)造成其他消极社会影响或者严重后果的。

第五章 附　　则

第二十六条 各省、自治区、直辖市人民检察院可以依据本规定,结合本地实际情况,制定检察官以案释法工作实施细则。

第二十七条 本规定由最高人民检察院负责解释,自发布之日起施行。《最高人民检察院关于实行检察官以案释法制度的规定(试行)》同时废止。

《最高人民检察院关于实行检察官以案释法制度的规定》的解读

缐 杰 张 杰[*]

检察官以案释法,是指检察官对所办理案件的事实认定、法律适用和办案程序等问题进行答疑解惑、释法说理,开展法治宣传教育的活动。建立并实行检察官以案释法制度,是健全普法宣传教育机制的重要内容,也是规范检察机关司法办案,充分保障当事人和诉讼参与人合法权利,促进法治社会建设的重要方式。今天,修订后的《最高人民检察院关于实行检察官以案释法制度的规定》(以下简称《规定》)向社会发布。下面,向大家介绍一下修订《规定》的背景和主要过程、《规定》的主要内容,以及近年来检察机关开展检察官以案释法工作采取的措施和取得的成效。

一、修订《最高人民检察院关于实行检察官以案释法制度的规定》的背景和主要过程

党的十八届四中全会《关于全面推进依法治国若干重大问题的决定》提出"建立法官、检察官、行政执法人员、律师等以案释法制度"。2015年7月,最高人民检察院在总结实践经验基础上,制定了《最高人民检察院关于实行检察官以案释法制度的规定(试行)》[以下简称《规定(试行)》]建立并实行检察官以案释法制度。试行近两年来,地方各级人民检察院以《规定(试行)》为指引开展检察官以案释法工作,取得了良好的成效。同时,也暴露出《规定(试行)》在操作性上仍存在不足。各级"两会"期间,人大代表、政协委员多次对检察机关开展以案释法工作给予了充分肯定,同时也提出了一些完善建议。2017年2月6日,中央全面深化改革领导小组第三十二次会议审议通过了《关于实行国家机关"谁执法谁普法"普法责任制的意见》(以下简称《意见》),5月3日,中共中央办公厅、国务院办公厅印发《意见》,对国家机关实行"谁执法谁普法"普法责任制提出了新要求。最高人民检察院党组对此高度重视,认真研究贯彻落实《意见》相关精神,决定对《规定(试行)》进行修改完善。

在修订工作中,我们一是以有关中央文件和《意见》作为基本遵循,从

---

[*] 作者单位:最高人民检察院法律政策研究室。

注重实效、全面履职、增强协作等几个方面提出实行检察官以案释法制度的具体工作要求。二是紧密结合检察职能部署相关工作，将检察官以案释法要求贯穿检察机关司法办案的各个环节，注重强化制度可行性和可操作性。三是做好系统内外调研论证，充分听取各方意见。我们就《规定》修改稿向最高人民法院、司法部等中央政法单位和各地检察机关及专家学者等广泛征求意见，中国法学会也为此举行立法咨询会进行了专家论证，我们对各方面的合理意见建议予以采纳，形成《最高人民检察院关于实行检察官以案释法制度的规定》，经最高人民检察院检察委员会审议通过，今天正式发布。

二、《规定》的主要内容

修订后的《规定》共五章27条，较之前《规定（试行）》，操作上更加细化，采用分章表述后层次更加清晰，为各级检察机关开展以案释法提供更加规范、明确的操作指引。主要内容包括：

第一章总则（第1-4条）进一步明确开展检察官以案释法以中央《意见》为基本依据，目的是加强人民群众对人民检察院办案工作的监督，充分保障当事人和诉讼参与人合法权利，让人民群众在每一个司法案件中感受到公平正义，推进法治社会建设。总则同时将以案释法类型区分为"检察官办案释法和向社会公众以案释法"，明确以案释法应当遵循四项原则：一是合法规范原则。检察官以案释法应当严格依照法律规定和司法解释进行，做到事实准确，说理清晰，程序规范。二是及时有效原则。检察官以案释法应当把握时机，讲求方法。三是协同配合原则。检察官以案释法应当坚持办案部门与新闻宣传部门、检察环节与其他法治工作环节的协同配合，形成普法合力。四是保守秘密原则。检察官以案释法不得泄露国家秘密、商业秘密，不得违反规定披露个人隐私以及涉案未成年人的身份信息和依法应当封存的犯罪记录等不应公开的信息。

第二章检察官办案释法（第5-12条）就检察官在办理案件过程中或者办结案件后，如何向诉讼参与人、利益相关人等与案件有关的人员和单位释法说理进行了集中规定，增强检察官办案释法的针对性和可操作性。其中，第六条列举了"涉及群体性利益、可能引发上访或者群体性事件的案件"等七类办案释法案件。第七条明确检察官办案释法的八类对象，包括：审查逮捕、审查起诉案件的当事人及其近亲属；犯罪嫌疑人、被告人的辩护律师及其诉讼代理人；直接受理侦查案件的实名举报人、发案单位；控告申诉案件的控告人、申诉人等。明确了办案释法依职责主动启动、依申请启动、依指令启动三种启动方式，以及在办案释法中应当重点说明认定的案件事实，适用的法律条文、涉及的刑事政策、办案的程序和进度、释法对象提出的其他相关问题等五项重点内容。

第三章向社会公众以案释法（第13-18条）对向社会公众以案释法的案件范围、方式作出归纳和补充。第十四条列举了"检察机关正在办理或者已经作出处理决定，通过以案释法有利于及时回应社会关切，培育法治观念，弘扬法治精神，取得良好法律效果和社会效果的案件""具有较大社会影响或者较大争议，可能引发重大涉检舆情，通过以案释法有利于正确引导舆论的案件"等六种适合向社会公众以案释法的案件类型。第十五、十六条明确了检察官向社会公众以案释法的重点和方式。在释法方式方面，《规定》结合近年来检察宣传、检务信息公开方面的工作经验，新增了"利用检务大厅、检察案件信息公开平台发布以案释法相关信息""召开新闻发布会开展以案释法"和"通过案件公开复查、举行听证会、建立警示教育基地等开展以案释法"三类释法方式。

第四章组织与实施（第19-25条）对检察官以案释法工作的组织与实施作专章规定。第十九条要求各级人民检察院进一步提高认识，充分认识普法作为法治建设基础性工作的重要性，将其纳入检察工作总体布局，做到与业务工作同部署、同检查、同落实。要求把检察官以案释法作为落实检察环节普法责任制的重要抓手，强化督促检查，形成检察长统一领导、办案部门各尽其责、新闻宣传部门协调配合、齐抓共管的普法工作格局。本章同时要求，建立健全以案释法工作的评价激励机制和教育培训制度，加大对西部地区检察官和少数民族聚居地区双语检察官以案释法的培训力度，提升以案释法工作专业化水平。在第二十五条责任追究机制中，增加了检察官"在案件当事人及其诉讼参与人多次提出释法说理请求时，未及时履行释法说理责任或者怠于履行释法说理责任，引起当事人或者诉讼参与人强烈不满，并造成严重后果的"追责情形，明确检察官以案释法中有不当行为的，"应当由所在人民检察院给予批评教育，违反《检察人员纪律处分条例》的，依照有关规定给予纪律处分"。

三、近年来开展检察官以案释法工作主要情况

近年来，各级检察机关立足各项检察职能行使，把以案释法作为司法办案的重要内容，着力构建全方位多层次多渠道释法普法体系，探索具有中国特色、符合检察职业特点的检察官以案释法制度。

一是将以案释法深度融入检察办案各环节。在审查逮捕环节，自2016年10月起，上海、广东、四川、重庆、安徽等五省市检察机关开展审查逮捕诉讼化试点工作，以"诉讼式审查"的形式，全面听取侦查机关、辩护律师、被害人家属等诉讼各方当事人意见，最后作出综合审查判断，把审查逮捕的过程变为释法说理、宣讲法治的过程。2016年，上海市检察机关共办理逮捕诉

讼化审查案件 307 件 327 人。在出庭公诉环节，检察官通过发表公诉意见、质证、辩论等释法说理，邀请人大代表、政协委员和社会公众旁听，实现"旁听一案，教育一片"的普法效果。最高人民检察院公诉厅与中央电视台联合制作《法律讲堂——检察官说案》系列节目，选拔优秀出庭公诉人详解典型案例，宣讲法律知识，传播法治理念。在制发法律文书环节，检察机关注重围绕案件争议焦点充分释法说理，深入解读法律，如湖南省检察机关在办理陆某涉嫌销售假药案件中，专门制作释法说理书，并在官方网站上公布，对作出不起诉决定的理由进行详细阐释，消除公众法律疑问。

二是积极推行疑难复杂案件公开审查和检察宣告制度。针对一些疑难复杂的不起诉、不抗诉和刑事申诉案件案件，检察机关积极探索公开审查听证等方式，全面听取当事人、律师、其他部门案件承办人，以及人大代表、政协委员等各方意见，就案件矛盾焦点问题深入进行解析论证和释法说理，努力把公开审查听证会变为一场场精彩的法治公开课。据统计，2016 年全国检察机关共办结不服检察机关处理决定的刑事申诉案件 2714 件，其中公开审查 546 件，占结案总数 20%，公开审查案件息诉率达 84%。山东省检察机关推行"公开宣告、社会监督、当事人评议、跟踪回访"四位一体的检察宣告制度，对作出的不起诉、不予抗诉决定，在诉讼当事人在场的情况下，公开阐明检察机关作出决定的事实和理由，阐释法律，化解矛盾。

三是紧密结合社会热点案件和重点专项工作以案释法。近年来，检察机关结合办理的"徐玉玉被电信诈骗案""河北衡水杀医案""山东非法疫苗案""福喜公司生产销售伪劣产品案""上海闵行交警被拖拽致死案"等社会热点案件，加强释法普法，充分揭露相关违法犯罪行为危害性，体现检察机关依法严厉打击犯罪，保障民生民利的决心和成效。结合开展"破坏环境资源犯罪专项立案监督活动""危害食品药品安全犯罪专项立案监督活动""集中惩治和加强预防涉农扶贫领域职务犯罪专项行动""参与防治中小学生欺凌和暴力工作"，以及检察机关提起公益诉讼试点工作等，通过召开新闻发布会、发布指导性案例、评选剖析最高检和省级检察院优秀挂牌督办案件等，及时通报工作进展情况，深入剖析案件性质，有针对性地提出防范建议，促进提高全社会尊法学法守法意识。

四是结合办案大力加强法治宣传教育。案件是各种社会矛盾和问题在司法领域的集中反映。检察机关注重结合在办案中发现的问题加强释法说理，有针对性地发出检察建议，深入开展预防教育，促进社会治理法治化水平。如职务犯罪侦查预防部门深入开展进机关、进企业、进乡村、进学校、进社区"五进"活动，宣讲法律知识，堵塞廉政漏洞。深入剖析腐败犯罪案件成因和危害,大力加强检察机关警示教育基地建设,突出案例的警示教育作用,目前全国各级检察机关已建成警示教育基地 2547 个。未成年人检察部门将以案释法和教育感化贯穿于办案始终,利用讯问、出庭和跟踪帮教等方式,全力挽救罪错未成年人。自 2016 年 6 月起,最高检联合教育部开展为期三年的"法治进校园"全国巡讲活动,结合校园欺凌、性侵害、网络安全等典型案例精心设计课程,各地共组织巡讲 1.7 万余场,覆盖 1.8 万余所学校和 1780 万名中小学生,收到良好的普法教育效果。在此基础上,目前最高人民检察院未成年人检察工作办公室正与中央电视台联合制作大型未成年人法治教育电视节目《守护明天》,节目以 10 个典型案例为主线,通过检察官说法、专家点评、观众互动等,进一步扩大以案释法成果。

下一步,最高人民检察院将在深入总结各地检察机关近年来普法宣传教育经验的基础上,认真抓好《规定》的贯彻实施工作,指导地方检察机关建立健全长效机制,不断提高开展检察官以案释法工作水平,为增强全民法治观念、推进法治社会建设作出应有贡献。

最高人民法院、最高人民检察院关于办理扰乱无线电通讯管理秩序等刑事案件适用法律若干问题的解释

(2017年6月27日公布 2017年7月1日施行 法释〔2017〕11号)

为依法惩治扰乱无线电通讯管理秩序犯罪,根据《中华人民共和国刑法》《中华人民共和国刑事诉讼法》的有关规定,现就办理此类刑事案件适用法律的若干问题解释如下:

第一条 具有下列情形之一的,应当认定为刑法第二百八十八条第一款规定的"擅自设置、使用无线电台(站),或者擅自使用无线电频率,干扰无线电通讯秩序":

(一)未经批准设置无线电广播电台(以下简称"黑广播"),非法使用广播电视专用频段的频率的;

(二)未经批准设置通信基站(以下简称"伪基站"),强行向不特定用户发送信息,非法使用公众移动通信频率的;

(三)未经批准使用卫星无线电频率的;

(四)非法设置、使用无线电干扰器的;

(五)其他擅自设置、使用无线电台(站),或者擅自使用无线电频率,干扰无线电通讯秩序的情形。

第二条 违反国家规定,擅自设置、使用无线电台(站),或者擅自使用无线电频率,干扰无线电通讯秩序,具有下列情形之一的,应当认定为刑法第二百八十八条第一款规定的"情节严重":

(一)影响航天器、航空器、铁路机车、船舶专用无线电导航、遇险救助和安全通信等涉及公共安全的无线电频率正常使用的;

(二)自然灾害、事故灾难、公共卫生事件、社会安全事件等突发事件期间,在事件发生地使用"黑广播""伪基站"的;

(三)举办国家或者省级重大活动期间,在活动场所及周边使用"黑广播""伪基站"的;

(四)同时使用三个以上"黑广播""伪基站"的;

（五）"黑广播"的实测发射功率五百瓦以上，或者覆盖范围十公里以上的；

（六）使用"伪基站"发送诈骗、赌博、招嫖、木马病毒、钓鱼网站链接等违法犯罪信息，数量在五千条以上，或者销毁发送数量等记录的；

（七）雇佣、指使未成年人、残疾人等特定人员使用"伪基站"的；

（八）违法所得三万元以上的；

（九）曾因扰乱无线电通讯管理秩序受过刑事处罚，或者二年内曾因扰乱无线电通讯管理秩序受过行政处罚，又实施刑法第二百八十八条规定的行为的；

（十）其他情节严重的情形。

第三条 违反国家规定，擅自设置、使用无线电台（站），或者擅自使用无线电频率，干扰无线电通讯秩序，具有下列情形之一的，应当认定为刑法第二百八十八条第一款规定的"情节特别严重"：

（一）影响航天器、航空器、铁路机车、船舶专用无线电导航、遇险救助和安全通信等涉及公共安全的无线电频率正常使用，危及公共安全的；

（二）造成公共秩序混乱等严重后果的；

（三）自然灾害、事故灾难、公共卫生事件和社会安全事件等突发事件期间，在事件发生地使用"黑广播""伪基站"，造成严重影响的；

（四）对国家或者省级重大活动造成严重影响的；

（五）同时使用十个以上"黑广播""伪基站"的；

（六）"黑广播"的实测发射功率三千瓦以上，或者覆盖范围二十公里以上的；

（七）违法所得十五万元以上的；

（八）其他情节特别严重的情形。

第四条 非法生产、销售"黑广播""伪基站"、无线电干扰器等无线电设备，具有下列情形之一的，应当认定为刑法第二百二十五条规定的"情节严重"：

（一）非法生产、销售无线电设备三套以上的；

（二）非法经营数额五万元以上的；

（三）其他情节严重的情形。

实施前款规定的行为，数量或者数额达到前款第一项、第二项规定标准五倍以上，或者具有其他情节特别严重的情形的，应当认定为刑法第二百二十五条规定的"情节特别严重"。

在非法生产、销售无线电设备窝点查扣的零件，以组装完成的套数以及能够组装的套数认定；无法组装为成套设备的，每三套广播信号调制器（激励器）认定为一套"黑广播"设备，每三块主板认定为一套"伪基站"设备。

第五条 单位犯本解释规定之罪的，对单位判处罚金，并对直接负责的主管人员和其他直接责任人员，依照本解释规定的自然人犯罪的定罪量刑标准定罪处罚。

第六条 擅自设置、使用无线电台（站），或者擅自使用无线电频率，同时构成其他犯罪的，按照处罚较重的规定定罪处罚。

明知他人实施诈骗等犯罪，使用"黑广播""伪基站"等无线电设备为其发送信息或者提供其他帮助，同时构成其他犯罪的，按照处罚较重的规定定罪处罚。

第七条 负有无线电监督管理职责的国家机关工作人员滥用职权或者玩忽职守，致使公共财产、国家和人民利益遭受重大损失的，应当依照刑法第三百九十七条的规定，以滥用职权罪或者玩忽职守罪追究刑事责任。

有查禁扰乱无线电管理秩序犯罪活动职责的国家机关工作人员，向犯罪分子通风报信、提供便利，帮助犯罪分子逃避处罚的，应当依照刑法第四百一十七条的规定，以帮助犯罪分子逃避处罚罪追究刑事责任；事先通谋的，以共同犯罪论处。

第八条 为合法经营活动，使用"黑广播""伪基站"或者实施其他扰乱无线电通讯管理秩序的行为，构成扰乱无线电通讯管理秩序罪，但不属于"情节特别严重"，行为人系初犯，并确有悔罪表现的，可以认定为情节轻微，不起诉或者免予刑事处罚；确有必要判处刑罚的，应当从宽处罚。

第九条 对案件所涉的有关专门性问题难以确定的，依据司法鉴定机构出具的鉴定意见，或者下列机构出具的报告，结合其他证据作出认定：

（一）省级以上无线电管理机构、省级无线电管理机构依法设立的派出机构、地市级以上广播电视主管部门就是否系"伪基站""黑广播"出具的报告；

（二）省级以上广播电视主管部门及其指定的检测机构就"黑广播"功率、覆盖范围出具的报告；

（三）省级以上航空、铁路、船舶等主管部门就是否干扰导航、通信等出具的报告。

对移动终端用户受影响的情况，可以依据相关通信运营商出具的证明，结合被告人供述、终端用户证言等证据作出认定。

第十条 本解释自 2017 年 7 月 1 日起施行。

《最高人民法院、最高人民检察院关于办理扰乱无线电通讯管理秩序等刑事案件适用法律若干问题的解释》理解与适用

缐 杰 卢宇蓉 杨建军[*]

最高人民法院、最高人民检察院于2017年6月30日发布了《关于办理扰乱无线电通讯管理秩序等刑事案件适用法律若干问题的解释》(以下简称《解释》)。为准确理解和适用,现对《解释》解读如下:

一、起草背景与过程

近年来,无线电通讯技术广泛应用极大便利了人们生产生活,但与此同时,利用"黑广播""伪基站"等无线电技术手段进行的违法犯罪也日益增多。"黑广播",是指未经广播电视管理部门和无线电管理机构批准,擅自设置的无线电广播电台。"伪基站",是指未取得电信设备进网许可和无线电发射设备型号核准的无线电通信设备及发射站点。"伪基站"具有收集手机用户信息,强行向不特定用户手机发送短信息等功能,使用"伪基站"技术通常会非法占用公众移动通信频率,局部阻断公众移动通信网络信号。实践中,一些单位和个人为了牟利不择手段,使用"黑广播""伪基站"等非法无线电设备,发送假药广告、诈骗等有害信息,既严重扰乱无线电通讯管理秩序,又助推了电信诈骗犯罪,有的甚至还给航空飞行安全造成了严重威胁。

为有效维护无线电通讯秩序,2015年11月1日生效的《刑法修正案(九)》对扰乱无线电通讯管理秩序罪作出修改,将《刑法》第二百八十八条第一款修改为:"违反国家规定,擅自设置、使用无线电台(站),或者擅自使用无线电频率,干扰无线电通讯秩序,情节严重的,处三年以下有期徒刑、拘役或者管制,并处或者单处罚金;情节特别严重的,处三年以上七年以下有期徒刑,并处罚金。"修改主要有两点:一是删去"经责令停止使用后拒不停止使用";二是将该罪由结果犯修改为情节犯。为保证《刑法修正案(九)》顺利实施,加大对"黑广播""伪基站"等犯罪的打击,2016年初,最高人民法院、最高人民检察院启动扰乱无线电通讯管理秩序犯罪司法解释工作。经反复研究、广泛调研,征求全国检察系统、法院系统、全国人大常委会法工

---

[*] 作者单位:最高人民检察院法律政策研究室。

委、工业和信息化部、公安部、国家新闻出版广电总局等单位的意见，召开专家论证会，形成本解释审议稿。

2017年4月17日最高人民法院审判委员会第1715次会议、2017年5月25日最高人民检察院第十二届检察委员会第六十四次会议审议通过《解释》。2017年6月30日，最高人民法院、最高人民检察院正式对外发布《解释》，并规定该解释自2017年7月1日起施行。

二、主要内容的理解与适用

《解释》共十条，主要规定了以下内容：一是关于"擅自设置、使用无线电台（站），或者擅自使用无线电频率，干扰无线电通讯秩序"的司法认定（第一条）。二是关于扰乱无线电通讯管理秩序罪"情节严重""情节特别严重"的认定标准（第二、三条）。三是关于非法生产、销售"黑广播""伪基站"等无线电设备行为的定罪量刑问题（第四条）。四是单位犯罪、犯罪竞合及有关渎职罪的处断原则（第五、六、七条）。五是宽严相济刑事政策的具体运用（第八条）。六是对有关专门性问题证据材料的认定（第九条）。七是解释的生效时间（第十条）。

（一）关于"擅自设置、使用无线电台（站），或者擅自使用无线电频率，干扰无线电通讯秩序"的司法认定

《解释》第一条明确规定了应当认定为《刑法》第二百八十八条第一款规定的"擅自设置、使用无线电台（站），或者擅自使用无线电频率，干扰无线电通讯秩序"的情形。具体包括五项：

第一项规定了未经批准设置"黑广播"，非法使用广播电视专用频段的频率向社会进行播音宣传的行为。第二项规定了未经批准设置"伪基站"，强行向不特定用户发送信息，非法使用公众移动通信频率的行为。第三项规定了未经批准使用卫星无线电频率的行为。实践中，已出现擅自使用卫星频率的情况，这种行为可能造成严重危害后果，有必要规定刑罚予以惩戒。第四项规定了擅自设置、非法使用无线电干扰器的行为。第五项是兜底条款。

（二）扰乱无线电通讯管理秩序罪的入罪门槛，即《刑法》第二百八十八条第一款中规定的"情节严重"的认定标准

《解释》第二条明确了"违反国家规定，擅自设置、使用无线电台（站），或者擅自使用无线电频率，干扰无线电通讯秩序，情节严重"的适用标准。具体包括十种情形：

第一项是对有关干扰涉及公共安全的特殊无线电频率行为的规定。航天器、航空器、铁路机车、船舶专用无线电导航、遇险救助与安全通信等涉及公

共安全的无线电频率使用范围广、使用频率高、事关不特定多数人的人身、财产安全和社会安全，十分重要。2016年12月1日施行的《中华人民共和国无线电管理条例》第六十四条规定，"国家对船舶、航天器、航空器、铁路机车专用的无线电导航、遇险救助和安全通信等涉及人身安全的无线电频率予以特别保护。任何无线电发射设备和辐射无线电波的非无线电设备对其产生有害干扰的，应当立即消除有害干扰"。鉴于此类特殊的无线电通讯管理秩序的重要性，《解释》第二条第一项将对航天器、航空器、铁路机车、船舶专用无线电导航、遇险救助和安全通信等涉及公共安全的无线电频率造成有害干扰，影响正常使用的行为，明确规定为扰乱无线电通讯管理秩序罪"情节严重"的情形之一。第二项是对突发事件期间擅自设置、使用"黑广播""伪基站"的规定。在自然灾害、事故灾难、公共卫生事件、社会安全事件等突发事件期间，在突发事件发生地使用"黑广播""伪基站"，干扰当地无线电频率的正常使用，影响广播、通讯等无线电通讯管理秩序，会阻碍或者对突发事件的应对与处置造成不利影响。第三项规定了举办国家或者省级重大活动期间禁止在活动场所及周边使用"黑广播""伪基站"的情形。实践中，确保无线电通讯正常秩序是顺利举办重大活动任务的重要保障。举办国家或者省级重大活动期间，在活动场所及周边使用"黑广播""伪基站"，会对活动场所及周边的无线电磁环境造成强烈干扰，影响活动正常进行，社会危害大。第四项是对同时使用多个"黑广播""伪基站"入罪标准的规定。实践中，犯罪嫌疑人、被告人一般采用安装小功率、多点密布的方式，使用多个"黑广播"或"伪基站"的情形。为防止行为人通过降低发射功率等方式逃避刑事打击，本项明确行为人同时使用三个以上"黑广播""伪基站"的，应当属于扰乱无线电通讯管理秩序"情节严重"的情形之一。第五项根据"黑广播"的功率和覆盖范围对有关入罪标准作出规定。"黑广播"危害后果取决于发射功率和覆盖范围。本项根据国家无线电监测中心和国家无线电频谱管理中心的调研数据，以"黑广播"功率或者信号覆盖范围大小为标准，对有关扰乱无线电通讯管理秩序行为的入罪标准作出规定。第六项是对使用"伪基站"发送违法犯罪信息数量大，或者销毁有关发送记录行为的规定。使用"伪基站"发送违法犯罪信息，不仅严重扰乱无线电通讯管理秩序，同时助长电信诈骗等网络犯罪，甚至可能会引发一系列的次生违法犯罪行为，因此，本项将使用"伪基站"发送诈骗、赌博、招嫖、木马病毒等违法犯罪信息，数量达到5000条以上，或者销毁有关发送数量等记录的，规定为"情节严重"的情形之一。第七项是关于雇佣、指使未成年人、残疾人等特定人员使用"伪基站"的规定。实践中，一些犯罪分子为了逃避打击，雇佣、指使未成年人、残疾人等特定人员使用"伪基站"的情况较为常见。这些雇佣、指使他人使用"伪基站"的犯罪分子，不仅有教唆他人实施违法犯罪行为的故意，也具备了职业化犯罪的特征，应当从重给予处罚。第八项是对违法所得数额标准作出的规定。本项参考了2014年3月最高人民法院、最高人民检察院、公安部、国家安全部《关于依法办理非法生产销售使用"伪基站"设备案件的意见》（以下简称《意见》），将违法所得数额三万元以上的作为应当认定"情节严重"的情形之一。第九项是根据有关犯罪行为并结合人身危险性大小对入罪标准作出的特殊规定。根据第九项规定，行为人曾因扰乱无线电通讯秩序受过刑事处罚，或者二年内曾因扰乱无线电通讯秩序行为被行政处罚，又实施《刑法》第二百八十八条规定的行为的，应当认定为"情节严重"的情形之一。第十项是兜底条款。

（三）扰乱无线电通讯管理秩序罪第二档法定刑的适用标准，即《刑法》第二百八十八条第一款中"情节特别严重"的认定

《解释》第三条规定了应当认定为扰乱无线电通讯管理秩序罪"情节特别严重"的认定标准。具体包括八种情形：第一项是影响涉及公共安全的无线电频率正常使用，危及公共安全的规定。根据该项规定，影响航天器、航空器、铁路机车、船舶专用无线电导航、遇险救助和安全通信等涉及公共安全的无线电频率正常使用，危及公共安全的，应当认定属于扰乱无线电通讯管理秩序"情节特别严重"的情形之一。第二项是对造成公共秩序混乱等严重后果的规定。违反国家规定，擅自设置、使用无线电台（站），或者擅自使用无线电频率，扰乱无线电通讯秩序，引起人员聚集起哄闹事、静坐示威、堵塞交通、毁坏公共设施等公共场所秩序混乱等严重后果的，依法应予严厉惩处。第三项是突发事件期间在事件发生地擅自设置、使用"黑广播""伪基站"造成严重影响的规定。第四项是对国家或者省级重大活动造成严重影响的规定。在国家或者省级重大活动举办期间，擅自设置、使用无线电台（站）或者擅自使用无线电频率，致使重大活动无法正常进行或者重大活动推延等，严重影响国家或者省级重大活动的，应当认定为"情节特别严重"的情形之一。第五项规定同时使用10个以上"黑广播""伪基站"的行为，应当认定"情节特别严重"的情形之一。第六项是以"黑广播"发射功率和发射覆盖范围为标准，对是否属于扰乱无线电通讯管理秩序"情节特别严重"作出的规定。根据该项规定，"黑广播"的实测发射功率三千瓦以上，或者覆盖范围二十公里以上的，应当认定为扰乱无线电通讯管理秩序罪"情节特别严重"的情形之一。第七项是根据违法所得数额大小，对扰乱无线电通讯管理秩序罪"情节特别严重"的情形作出规定。根据该项规定，利用"黑广播""伪基站"等无线电设备实施扰乱无线电通讯管理秩序犯罪，违法所得数额达到十五万元以上

的，应当认定为"情节特别严重"的情形之一。第八项是兜底条款。

（四）关于非法生产、销售"黑广播""伪基站"、无线电干扰器等无线电设备行为的定罪量刑问题

《解释》第四条规定非法生产、销售"黑广播""伪基站"、无线电干扰器等无线电设备，构成犯罪的，应当以非法经营罪追究其刑事责任，并明确了有关定罪量刑标准。

第一款以有关设备的套数、非法经营数额等为标准，规定了非法生产、销售"黑广播""伪基站"、无线电干扰器等无线电设备，构成非法经营罪的入罪标准。根据本条第一款规定，非法生产、销售"黑广播""伪基站"、无线电干扰器等无线电设备，具有下列情形之一的，应当认定为刑法第二百二十五条规定的"情节严重"：（1）非法生产、销售无线电设备三套以上的；（2）非法经营数额五万元以上的；（3）其他情节严重的情形。

第二款明确了非法生产、销售"黑广播""伪基站"、无线电干扰器等无线电设备构成非法经营罪，适用第二档法定刑的标准。适用"情节特别严重"的有关数额标准，按照第一款"情节严重"相应标准的五倍掌握，同时本款也规定了兜底项，即"其他情节特别严重"情形。

第三款明确了"黑广播""伪基站"、无线电干扰器等无线电设备套数的认定标准。根据本款规定，对于在非法生产、销售无线电设备窝点查扣的"黑广播""伪基站"等无线电设备零件，以组装完成的套数以及能够组装的套数认定；如果没有办法组装为成套设备的，那么每三套广播信号调制器（激励器）认定为一套"黑广播"设备，每三块主板认定为一套"伪基站"设备。

（五）关于单位犯罪的规定

《解释》第五条明确规定了单位犯罪的处罚。根据本条规定，单位犯本解释规定之罪的，对单位判处罚金，并对直接负责的主管人员和其他直接责任人员，依照本解释规定的自然人犯罪的定罪量刑标准定罪处罚。

（六）关于竞合犯的处断规则

《解释》第六条规定了竞合犯罪的处断原则。实践中，行为人实施扰乱无线电通讯管理秩序犯罪可能与其他犯罪发生竞合，主要有两种情况：一是擅自设置、使用无线电台（站），或者擅自使用无线电频率，同时构成其他犯罪的。二是明知他人实施诈骗等犯罪，使用"黑广播""伪基站"等无线电设备为其发送信息或者提供其他帮助，同时构成其他犯罪的。本条分两款规定了上述两种竞合的情形，并明确规定对这两种情形下的犯罪竞合，按照处罚较重的规定定罪处罚。

（七）关于国家机关工作人员渎职犯罪

《解释》第七条规定了国家机关工作人员有关渎职犯罪问题。本条分两款，明确了两类渎职犯罪的定罪处罚。

第一款规定，负有无线电监督管理职责的国家机关工作人员滥用职权罪或者玩忽职守，致使公共财产、国家和人民利益遭受重大损失的，应当以滥用职权罪或者玩忽职守罪追究刑事责任。

第二款规定，有查禁扰乱无线电通讯管理秩序犯罪活动职责的国家机关工作人员，向犯罪分子通风报信、提供便利，帮助犯罪分子逃避处罚的，应当以帮助犯罪分子逃避处罚罪追究刑事责任；事先通谋的，以共同犯罪论处。

（八）关于宽严相济刑事政策的适用

《解释》第八条是贯彻宽严相济刑事政策的规定。

实践中，存在利用"黑广播""伪基站"发送合法经营业务等无害信息的情形，如发送服饰经营、商场促销等信息。为在刑事司法中贯彻落实宽严相济刑事政策，同时也更好地体现"犯罪嫌疑人、被告人认罪认罚从宽制度"的精神，《解释》第八条专门规定，为合法经营活动，使用"黑广播""伪基站"或者实施其他扰乱无线电通讯管理秩序的行为，构成扰乱无线电通讯管理秩序罪，但不属于"情节特别严重"，如果行为人系初犯，并确有悔罪表现的，可以认定为情节轻微，不起诉或者免予刑事处罚；确有必要判处刑罚的，应当从宽处罚。本条规定避免了实践中可能出现打击面过大的情况，同时也为行政执法活动预留了合理的空间。

（九）有关专门性问题的司法认定

《解释》第九条分两款明确了有关专门性问题的司法认定。

根据第一款规定，对案件所涉的有关专门性问题难以确定的，依据司法鉴定机构出具的鉴定意见，或者依据有关机构出具的报告，结合其他证据作出认定。有关机构出具的报告包括：（1）省级以上无线电管理机构、省级无线电管理机构依法设立的派出机构、地市级以上广播电视主管部门就是否系"伪基站""黑广播"出具的报告；（2）省级以上广播电视主管部门及其指定的检测机构就"黑广播"功率、覆盖范围出具的报告；（3）省级以上航空、铁路、船舶等主管部门就是否干扰导航、通信等出具的报告。

根据第二款规定，对移动终端用户受影响的情况，可以依据相关通信运营商出具的证明，结合被告人供述、终端用户证言等证据作出认定。

（十）关于时间效力的规定

第十条明确了解释的时间效力，自 2017 年 7 月 1 日起施行。

最高人民法院、中央综治办、最高人民检察院等关于建立家事审判方式和工作机制改革联席会议制度的意见

(2017年7月19日公布并施行 法〔2017〕18号)

为加强对家事审判方式和工作机制改革的组织领导和统筹协调，强化部门间协作配合，及时研究解决工作中面临的重大问题，决定建立家事审判方式和工作机制改革联席会议（以下简称联席会议）制度。

一、主要职能

在中央政法委领导下，统筹协调推进家事审判方式和工作机制改革工作。研究制定家事案件纠纷化解政策措施和年度工作计划，探索家事审判程序改革，向全国人大提出家事特别程序立法建议；推动部门沟通与协作，明确职责任务分工，加强政策衔接和工作对接，推进多元化纠纷解决机制完善；推进家事审判工作专业化和群众路线相结合；督促、检查婚姻家庭纠纷化解工作落实，及时通报工作进展情况；完成中央交办的其他事项。

二、成员单位

联席会议由最高人民法院、中央综治办、最高人民检察院、教育部、公安部、民政部、司法部、国家卫生计生委、新闻出版广电总局、国务院妇儿工委办公室、全国总工会、共青团中央、全国妇联、中国关工委、全国老龄办等15个部门和单位组成，最高人民法院为牵头单位。

最高人民法院常务副院长为联席会议召集人，各成员单位有关负责同志为联席会议成员。联席会议成员因工作变动需要调整的，由所在单位提出，联席会议确定。根据工作需要，联席会议可以邀请其他相关部门参加。

联席会议办公室设在最高人民法院，承担联席会议的日常工作，办公室主任由最高人民法院一名院领导兼任。联席会议设联络员，由各成员单位有关司局负责同志担任；设信息员，由各成员单位处级负责同志担任。

三、工作规则

联席会议原则上每年召开一次全体会议，由召集人或召集人委托的同志主

持。根据工作需要，可以召开临时会议。在全体会议召开之前，召开联络员会议，研究讨论联席会议议题和需提交联席会议议定的事项。联席会议以会议纪要形式明确会议议定事项。会议纪要经与会单位同意后印发有关方面，同时抄报国务院和中央政法委。重大问题经联席会议讨论后，由联席会议牵头单位报中央政法委决定。

四、工作要求

各成员单位要按照职责分工，主动研究家事审判方式和工作机制改革工作及婚姻家庭纠纷化解工作的有关问题，及时向牵头单位提出需联席会议讨论的议题；积极参加联席会议，认真落实联席会议确定的工作任务和议定事项，及时处理需要跨部门协调解决的问题。各成员单位要互通信息，相互配合，相互支持，形成合力，充分发挥联席会议的作用，共同做好家事审判方式和工作机制改革有关工作。

附件：家事审判方式和工作机制改革联席会议成员单位职责任务分工

附件

家事审判方式和工作机制改革
联席会议成员单位职责任务分工

为加强婚姻家庭纠纷化解工作的组织领导和统筹协调,推动家事审判方式和工作机制改革工作深化发展,依法维护婚姻家庭和谐稳定,保障未成年人、妇女、老年人合法权益,培育和践行社会主义核心价值观,促进社会建设,确定各成员单位职责任务分工如下:

一、中央综治办

充分发挥各级综治中心作用,促进矛盾纠纷多元化解机制完善,推动婚姻家庭纠纷排查调处责任落实。严格落实综治领导责任制,将婚姻家庭纠纷化解工作作为综治工作(平安建设)考评的内容,按照中央有关规定,开展督促检查、表彰奖励、责任督导和追究。协调中央综治委各有关成员单位积极参与并认真做好维护妇女儿童老年人权益工作,对发生造成恶劣影响的重大刑事案件的地方、单位及部门,实行综治领导责任督导和追究。

二、最高人民法院

指导地方各级人民法院及时受理并依法审理婚姻家庭案件。依托多元化纠纷解决机制改革,建立社会广泛参与的家事纠纷多元调解机制;依托以审判为中心的诉讼制度改革,探索家事审判程序改革;依托司法人员分类管理制度改革,探索家事审判机构和队伍专业化改革。案件审判由侧重财产分割、财产权益保护转变为全面关注当事人身份权益、财产利益、人格利益、安全利益和情感利益。注意区分婚姻危机和婚姻死亡,积极化解婚姻危机,正确处理保护婚姻自由与维护家庭稳定的关系。推行离婚证明书制度,探索与民政部门建立信息共享机制。

及时总结经验,从审判组织、队伍建设、证明标准、制止家庭暴力、家庭财产申报、诉讼程序等多方面进行家事审判专业化探索。加强家事法官和司法辅助人员调解技能、心理学、社会学知识培训。指导各地法院加强硬件设施配置,提升业务装备配备水平。积极争取党委的领导和社会各界的大力支持,推动形成"党委领导、政府尽责、法院牵头、社会参与"的良好工作局面。

三、最高人民检察院

指导全国检察机关充分履行检察职能,强化对公安、法院以及其他相关部门开展妇女儿童老年人权益保护工作的法律监督。依法惩处各类侵害家庭成员的犯罪，依法追究侵害人的法律责任。对监护人因监护侵害行为被提起公诉的案件，应当书面告知被监护人及其近亲属或者书面建议民政部门依法申请撤销监护人资格。

四、教育部

指导地方教育部门依法保障适龄儿童少年平等接受义务教育，加强对家庭特殊困难学生的教育关爱，帮助单亲家庭儿童、留守儿童、困境儿童与父母的情感联系和亲情交流。组织开展控辍保学工作，落实免费义务教育和教育资助政策，确保适龄儿童少年不因家庭困境而失学。督促指导中小学校、幼儿园及其工作人员树立强制报告意识，在中小学校、幼儿园发现未成年人受到家庭监护侵害的情况应强制报告。

推动各地教育部门积极开展家庭教育工作，明确家长在家庭教育中的主体责任，强化学校家庭教育工作指导。配合妇联、关工委等相关组织，共同办好家长学校；依托青少年宫、乡村少年宫、儿童活动中心等公共服务阵地，为城乡不同年龄段未成年人及其家庭提供家庭教育指导服务；统筹协调各类社会资源单位，指导各地教育部门积极引导多元社会主体参与家庭教育指导服务。

五、公安部

指导各地公安机关依法打击侵犯妇女儿童老年人权益犯罪，贯彻实施反家庭暴力法，接收人民法院送达的人身安全保护令并协助人民法院做好人身安全保护令的执行工作。指导各地公安机关在接到家庭暴力报案或者违反人身安全保护令再次实施家庭暴力报案后，及时出警，并根据反家庭暴力法、治安管理处罚法等法律法规予以处置。指导各地公安机关依法追究失职父母或者侵害人的法律责任。

六、民政部

拟定婚姻管理政策并指导各地民政部门实施，推动婚姻家庭辅导工作。加大婚姻登记信息化建设，推动婚姻登记信息数据库建设。指导具备条件的婚姻登记机构设立婚姻家庭辅导室，为有需求的当事人提供法律咨询、情感辅导、心理疏导、纠纷处理、婚前教育等服务。

牵头推进农村留守儿童关爱保护工作；牵头拟定未成年人保护发展规划和工作方针政策，推动建立未成年人社会保护制度，牵头拟定困境儿童权益保护政策和保障措施；指导各地救助管理机构、福利机构、未成年人保护机构发挥兜底作用，依法做好困境未成年人救助保护工作，通过政府购买服务等方式为未成年人提供关爱服务；在有条件的地方建立反家庭暴力庇护所，切实维护家庭暴力受害人权益。

七、司法部

指导广大人民调解组织充分发挥职能优势，及时有效化解婚姻家庭纠纷。加强婚姻家庭纠纷人民调解组织队伍建设，推动在县（市、区）因地制宜建立婚姻家庭纠纷人民调解委员会，选聘专业人士担任人民调解员，设立专职调解员公益岗位，加强对婚姻家庭纠纷人民调解员的专业培训和表彰奖励。督促落实婚姻家庭纠纷人民调解经费，将婚姻家庭纠纷人民调解工作纳入政府购买服务指导性目录，提高保障标准和水平。

指导各级司法行政机关通过以案释法、社区普法、针对重点对象开展法治宣传教育等多种形式，深入宣传婚姻家庭和未成年人保护法律法规和政策措施。积极引导法律服务人员为权益受到侵害的妇女儿童老年人提供法律援助和法律服务等专业服务。

八、国家卫生计生委

指导医疗机构及时接受、救治遭受家庭暴力的受害人，做好诊疗记录，并协助做好受害人伤情鉴定、身心健康状况评估等工作。指导医疗机构及其工作人员树立为无民事行为能力人、限制民事行为能力人遭受或者疑似遭受家庭暴力的强制报告意识，开展强制报告工作。

九、新闻出版广电总局

指导各地新闻出版广电部门加强家庭美德、反家庭暴力以及妇女儿童老年人权益保障政策和法律法规宣传工作，引导家庭成员自觉履行家庭责任。组织广播电视媒体广泛宣传报道文明家庭、妇女儿童老年人权益保护先进典型，营造全社会尊老爱幼、男女平等、家庭和谐的良好氛围。

十、国务院妇儿工委办公室

在推动实施《中国妇女发展纲要（2011-2020年）》和《中国儿童发展纲要（2011-2020年）》中，协调有关部门强化职能，制定措施，做好妇女儿童权益保护、婚姻家庭纠纷化解和文明家风宣传工作。发挥议事协调作用，推动有关部门解决婚姻家庭领域涉及妇女儿童合法权益的突出问题，对工作成效显著的地区和部门的经验予以宣传和推广。将联席会议确定的相关部门目标任务、责任分工，作为纲要在今后五年实施中重点关注内容，并在制定新一周期妇女儿童发展纲要时予以考虑和吸收。

十一、全国总工会

维护职工群众的合法利益，引导教育职工提高思想道德水平，注重家庭美德培养，协助有关调解组织共同做好职工家庭纠纷调解工作，推动家庭文明建设。通过开展送温暖、金秋助学、农民工平安返乡和女职工关爱行动等品牌活动，加强对职工特别是农民工的困难帮扶和人文关怀，帮助他们解决生活困难，加强亲情关爱，组织带领职工开展平安家庭创建活动。做好维护女职工的合法权益和特殊利益的相关工作，推动解决侵害女职工权益的突出问题。

十二、共青团中央

落实《中长期青年发展规划（2016－2025年）》中"青年婚恋"领域的目标要求，会同相关职能部门和群团组织、社会组织，加强青年婚恋观、家庭观教育，弘扬健康向上的婚恋新风；广泛开展青年交友联谊活动，开发提升青年婚恋服务的公益项目，提供青年婚恋心理咨询和行为指导，开展青年性健康教育和优生优育宣传教育；重点做好大龄未婚青年等群体的婚姻服务工作。

切实履行各级综治委预防青少年违法犯罪专项组组长单位和未成年人保护委员会办公室职责，深化"青少年维权岗"创建，开展"青少年零犯罪零受害社区（村）"试点，推动解决侵害青少年权益的突出问题，面向青少年开展思想道德教育和普法宣传，推动完善相关法律法规和政策制度。建设"青年之声"、"青少年维权在线"和12355青少年服务台，联系法律、心理等方面专业力量和青少年事务社工服务机构，为青少年提供困难帮扶、法律咨询、心理健康、自护教育等专业服务。

十三、全国妇联

指导各级妇联组织积极开展法治宣传教育，推动预防和制止家庭暴力工作，维护妇女儿童及其他家庭成员的合法权益。将家事纠纷调解和司法参与同普法宣传、良好家风教育、家庭美德建设等工作有机结合，引导家庭成员树立正确的婚姻家庭观，传承良好家教家风，弘扬传统家庭美德。组织开展寻找"最美家庭"、"建设法治中国·巾帼在行动"、"中国妇女法律援助行动"等活动，建好各级妇联信访接待室，畅通12338妇女维权服务热线，拓展网络等投诉受理渠道，协助调处婚姻家庭纠纷及其他涉及妇女儿童合法权益的案件。做好矛盾排查、心理疏导、纠纷调解、信访代理、法律帮助、困难帮扶等工作。

积极参与婚姻家庭纠纷预防和化解工作。指导各级妇联夯实基层婚姻家庭纠纷调解工作基础，会同司法行政等部门联合建立婚姻家庭纠纷专业性人民调解委员会，加强婚姻家庭纠纷调解专业人才培养，积极参与法院家事案件诉前调解、诉中矛盾化解以及判后回访帮扶等工作。向法院推荐优秀妇联干部担任人民陪审员，促进家事审判过程的公正和民主。

十四、中国关工委

组织动员广大老干部、老战士、老专家、老教师、老模范等离退休老同志，发挥他们的政治优势、经验优势和威望，开展多种形式的婚姻家庭纠纷调处和关爱未成年人服务等活动，协同做好家庭纠纷化解和未成年人保护工作。

十五、全国老龄办

研究提出完善老年人权益保障政策法规的建议对策，提出立法建议；组织、协调、督促老龄委成员单位和地方老龄工作机构的工作落实，指导并推动相关部门做好老年人法律维权工作；加快推动家庭养老支持政策的出台，加强对农村留守老年人权益维护工作，开展老年监护相关工作的研究，指导签订农村老年人赡养或者扶养协议书。

最高人民检察院关于加强检察法律文书说理工作的意见

（2017年7月4日最高人民检察院第十二届检察委员会第六十六次会议通过　2017年7月20日公布并施行　高检发研字〔2017〕7号）

为进一步加强和规范检察法律文书说理工作，根据法律、司法解释和《最高人民检察院关于实行检察官以案释法制度的规定》，结合检察工作实际，提出如下意见：

一、充分认识检察法律文书说理的重要意义

检察法律文书说理，是人民检察院在制作检察法律文书时，或者应有关人员请求，对文书所载的处理决定依据的事实、证据、法律、政策等进行分析阐述、解释说明的活动。开展检察法律文书说理，有利于贯彻落实司法责任制，强化对检察权行使的监督；有利于增强检察工作透明度，提升司法公信力，让人民群众在每一个案件中都感受到公平正义；有利于促进诉讼参与人和社会各界准确理解人民检察院的司法办案行为依据，从源头上化解矛盾、促进社会和谐稳定。

二、检察法律文书说理应当遵循的原则

（一）依法进行。说理应当依据法律或者司法解释的规定，围绕检察法律文书涉及的案件事实、证据、程序和法律适用等进行。

（二）有针对性。说理应当根据案件的性质特点、复杂程度、社会关注度等，针对说理对象的实际需求进行。

（三）讲求方法。说理应当综合考虑说理对象的年龄阶段、文化程度、心理特征等具体情况，采用其易于理解和接受的方式方法进行。

（四）注重实效。说理应当做到法理情相结合，注重化解矛盾、促进和谐，实现办案法律效果与社会效果的有机统一。

三、检察法律文书说理的重点

人民检察院在履行法律监督职能过程中制作的决定书、意见书、建议书、告知书、通知书等各类检察法律文书，涉及公民、组织重要权利处置或者诉讼重要进程，可能引发质疑、异议或者舆论炒作的，应当在叙述式法律文书中或者送达、宣告决定时有重点地进行说理。以下办案环节涉及的检察法律文书应

当着重进行说理：

（一）办理直接受理侦查案件中，对有关实名举报、控告作出不立案决定或者撤销案件决定的；作出不许可律师会见犯罪嫌疑人决定或者驳回取保候审申请、变更或者解除强制措施申请决定的。

（二）侦查监督工作中，作出不批准逮捕决定或者对在罪与非罪上有较大争议且社会关注的敏感案件作出批准逮捕决定的；复议复核维持原不批准逮捕决定的；通知侦查机关立案、撤销案件或者纠正违法的；认为侦查机关决定立案、不立案正确或者实施侦查活动不存在违法而不支持监督申请的。

（三）公诉工作中，作出不起诉决定或者对在罪与非罪上有较大争议且社会关注的敏感案件作出起诉决定的；复议复核维持原不起诉决定的；提出纠正违法意见的；对被害人及其法定代理人的抗诉请求作出不抗诉决定的。

（四）刑事执行检察工作中，提出纠正违法意见或者纠正不当减刑、假释、暂予监外执行意见的；进行羁押必要性审查后提出释放或者变更强制措施建议的；对有关羁押期限、被监管人死亡或者伤残问题向控告人作出答复的。

（五）刑事特别程序中，对未成年犯罪嫌疑人作出附条件不起诉决定的；要求启动违法所得没收程序或者决定不提出没收违法所得申请的；要求启动强制医疗程序或者决定不提出强制医疗申请的；提出纠正强制医疗不当决定意见的。

（六）刑事申诉检察工作中，对不服检察机关刑事处理决定或者人民法院已经发生法律效力的刑事判决、裁定的申诉，经复查不支持申诉请求的；对国家赔偿案件作出审查决定的。

（七）民事行政检察工作中，对当事人及其法定代理人申请监督的案件，决定不予受理、不支持监督申请或者作出终结审查决定的；向人民法院提出检察建议的；提请上级人民检察院抗诉的；对涉及国家利益、社会公共利益的民事、行政案件提出检察建议或者提起公益诉讼的。

四、检察法律文书说理的主体

办理案件的检察官是检察法律文书说理的主体，其他检察人员可以协助检察官进行说理。对于依照规定需要由案件管理部门或者控告申诉检察部门统一答复申诉人的决定事项，办理案件的检察官应当配合案件管理部门或者控告申诉检察部门进行说理。

五、检察法律文书说理的时机

检察法律文书说理作为检察机关履行法律监督职能的内在要求，应当自觉地贯穿其司法办案全过程。对于涉及案件终局处理或者办案重要节点的检察法律文书,应当在文书中说理或者在送达文书时主动说理。当事人等对已送达的检察法律文书记载的事实、证据、法律适用等提出质疑或者异议的,应当随时有针对性地进行说理。有关人员对检察机关的司法办案行为及其检察法律文书内容表示强烈不满,可能引起上访、缠访的,应当及时进行说理。

六、检察法律文书说理的方式

人民检察院作出有关决定,需要向有关机关或者人员书面说理的,可以在叙述式法律文书中进行说理;对填充式法律文书,可以增加附页或者制作说明书进行说理。

对于不宜书面说理的,或者在办案中遇到紧急情况的,或者说理对象认可同意的,可以进行口头说理。口头说理,一般应当有两名或者两名以上检察人员在场,并制作笔录附卷。现场不具备笔录制作条件的,检察人员可以事后予以记录并签字后附卷。

探索建立检察宣告制度,有条件的检察院可以设置专门的宣告场所,由检察官召集当事人、申诉人、赔偿请求人等到场,当面宣告决定内容,送达法律文书并进行释法说理。

七、检察法律文书说理的基本要求

(一)阐明事实。要准确说明人民检察院认定的案件事实及相关证据,对证据的客观性、合法性和关联性进行必要分析,说明采信和不采信的理由。

(二)释明法理。要结合法律文书的具体内容和结论,对人民检察院所作决定依据的法律、司法解释条文的具体内容予以列明,解释法律适用的理由和依据。

(三)讲明情理。说理要注重法理情的有机结合,释之以法,晓之以理,动之以情,增强司法办案的人文关怀和社会效果。

(四)繁简适当。对于重大、疑难、复杂案件或者社会关注的案件,以及当事人或者相关机关可能产生异议的案件,应当做好充分的说理准备,必要时,可以召开检察官联席会议进行讨论。说理时要针对焦点问题,充分阐释决定的理由和依据。对于可以适用简易程序、速裁程序处理的案件和当事人达成和解的轻微刑事案件等事实清楚、争议不大的案件,可以简化说理的方式、内容。

(五)语言规范,表达准确,逻辑清晰,通俗易懂。

八、完善检察法律文书说理工作制度

建立检察法律文书说理质量评析通报制度。各级人民检察院要采取多种形式主动听取说理对象及社会各界对检察法律文书说理工作的评价意见。上级人民检察院要将检察法律文书说理纳入检察官办案质量评查体系，定期对本辖区内各级人民检察院法律文书说理工作进行分析、总结、通报，通过典型案例示范、优秀说理文书展评等形式开展经验交流，提高检察法律文书说理工作的质量和水平。

完善检察法律文书说理工作责任制。对于违反规定不履行检察法律文书说理责任，或者在说理工作中发生重大过错造成不良影响的，要依纪依规追究检察人员的工作责任。

各级人民检察院可以根据本意见，对各诉讼环节检察法律文书说理工作制定实施细则。

本意见自下发之日起施行，2011年8月9日印发的《最高人民检察院关于加强法律文书说理工作的意见（试行）》同时废止。

关于《最高人民检察院关于加强检察法律文书说理工作的意见》的解读

缐 杰 张 杰[*]

为认真落实党的十八大和十八届三中、四中、五中、六中全会精神,根据中共中央办公厅、国务院办公厅《关于实行国家机关"谁执法谁普法"普法责任制的意见》要求,最高人民检察院对2011年8月印发的《最高人民检察院关于加强检察法律文书说理工作的意见(试行)》(以下简称《意见》)进行了修订,制定了《最高人民检察院关于加强检察法律文书说理工作的意见》,经2017年7月4日最高人民检察院第十二届检察委员会第六十六次会议审议通过,在此就《意见》修订的背景和涉及的一些重点问题作一些解读。

一、《意见》修订的背景

党的十八届四中全会提出要加强法律文书说理工作,检察法律文书说理工作重要性被提上新的高度。2017年5月,中央办公厅、国务院办公厅下发《关于实行国家机关"谁执法谁普法"普法责任制的意见》,对法律文书说理提出了新要求。

检察机关高度重视检察法律文书说理工作。2011年,最高人民检察院下发《最高人民检察院关于加强检察法律文书说理工作的意见(试行)》,对检察法律文书说理相关工作进行了规定,各级人民检察院积极推进检察法律文书说理工作,取得了一定成效。2012年以来,《人民检察院刑事诉讼规则(试行)》《人民检察院民事诉讼监督规则(试行)》《人民检察院行政诉讼监督规则(试行)》先后发布施行,检察法律文书有了较大增加。例如,2013年最高人民检察院印发的《人民检察院刑事诉讼法律文书格式样本(2013版)》包含检察法律文书238种,比2002年发布的法律文书增加了99种。新增的法律文书主要涉及检察机关新增的法律监督职能,亟须研究如何加强对新增法律文书的说理。

同时,按照最高人民检察院根据中央文件精神制定了《最高人民检察院关于实行检察官以案释法制度的规定》(以下简称《以案释法规定》),并于

---

[*] 作者单位:最高人民检察院法律政策研究室。

2017年6月28日向社会发布。《以案释法规定》对检察官结合法律文书加强说理工作提出了新的要求。为落实中央要求,结合新形势加强检察法律文书说理工作,从2017年3月起,最高人民检察院启动了《意见》修订工作,历时近半年时间,经充分的研究讨论、调研论证,完成了《意见》的修订工作。

二、修订中坚持的原则

《意见》修订中,最高人民检察院坚持了以下原则:一是充分考虑新形势新要求,体现新精神。《检察法律文书说理意见(审议稿)》(以下简称《审议稿》)修订中,我们充分考虑中央对检察法律文书说理提出的新要求,针对当前检察法律文书说理实践中迫切需要解决的问题,找准破解问题的途径和办法,通过检察法律文书说理,提升检察工作公信力和群众满意度。二是坚持立足检察工作实践,加强文件的指导性和可操作性。修订中,我们对检察法律文书说理重点范围和工作要求进行了细化,注重凸显文件的约束力和可操作性。三是坚持与其他文件协调衔接。《审议稿》起草之前,最高人民检察院已先后出台了《关于全面推进检务公开工作的意见》《人民检察院案件信息公开工作规定(试行)》和《以案释法规定》等文件,修订中我们注重《审议稿》与相关文件衔接,避免内容上重叠冲突。

三、修订的主要内容

修订后的《意见》遵循《关于实行国家机关"谁执法谁普法"普法责任制的意见》新要求,明确了检察法律文书说理的重点,规范了检察法律文书说理的程序,提出了检察法律文书说理的质量要求,强化了检察法律文书说理的责任落实,增强了整个文件的可操作性和指导性。主要修改有:一是进一步归纳了检察法律文书说理的重要意义。对检察法律文书说理的意义概括为三个方面:有利于贯彻落实司法责任制,强化对检察权行使的监督;有利于增强检察工作透明度,提升司法公信力,让人民群众在每一个案件中都感受到公平正义;有利于促进诉讼参与人和社会各界准确理解人民检察院的司法行为和所作决定的法律、政策依据,从源头上化解矛盾、促进社会和谐稳定。二是明确了检察法律文书说理应当遵循的四项原则,即依法进行、有针对性、讲求方法、注重实效。三是对开展检察法律文书说理的重点作出更具操作性规定。四是对检察法律文书说理工作的主体作出规定。明确办理案件的检察官是检察法律文书说理的主体,其他检察人员可以协助检察官进行说理。并且明确了特定情况下,办案检察官配合案管部门或者控申部门进行说理的责任。五是就检察法律文书说理的时机作出规定。明确提出检察法律文书说理应贯穿于检察机关司法办案全过程的要求,并对送达文书时主动说理、针对异议随时说理等作出具体规定。六是明确法律文书说理方式包括书面方式和口头方式，探索建立检察宣告制度。七是对检察法律文书说理提出了阐明事实、释明法理、讲明情理、繁简适当、语言规范等五个方面的要求。八是对如何完善检察法律文书工作制度作出规定，提出要建立检察法律文书说理质量评析通报制度，完善检察法律文书说理工作责任制，等等。

四、《意见》执行中需要明确的几个重点问题

各级人民检察院要按照《意见》要求，做好检察法律文书说理工作，对其中几个重点问题，有必要进一步予以明确。

（一）依据《加强检察法律文书说理工作的意见》，需要对所有法律文书都开展说理？

《意见》对开展检察法律文书说理的范围作出两个层次的规定。一般地，人民检察院在履行法律监督职能过程中制作的决定书、意见书、建议书、告知书、通知书等各类检察法律文书，涉及公民、组织重要权利处置或者重要诉讼进程，可能引发质疑、异议或者舆论炒作的，应当有重点地针对文书相关内容进行说理。另外，根据修改后的《人民检察院刑事诉讼规则（试行）》《人民检察院民事诉讼监督规则（试行）》《人民检察院行政诉讼监督规则（试行）》，对办理直接受理侦查、侦查监督工作、公诉工作、刑事执行检察工作、刑事申诉检察工作、民事行政检察工作、刑事特别程序等应当开展检察法律文书说理的重点环节进行了梳理，予以了较为详细的规定。

（二）依据《加强检察法律文书说理工作的意见》，检察法律文书说理的时机应如何把握？

依据《意见》规定，检察法律文书说理的时机可以分为四个方面来理解把握：一是说理应当贯穿全过程。检察法律文书说理作为检察机关履行法律监督职能的内在要求，应当自觉地贯穿其司法办案全过程。二是办案重要节点应当主动说理。对于涉及案件终局处理或者办案重要节点的检察法律文书，应当在文书中说理或者在送达文书时主动进行说理。三是对当事人等质疑的及时回应。当事人等对已送达的检察法律文书记载的事实、证据、法律适用等提出质疑或者异议的，应当随时有针对性地进行说理。四是对于可能引起上访、缠访的应当及时回应。有关人员对检察机关的司法办案行为及其检察法律文书内容表示强烈不满，可能引起上访、缠访的，应当及时进行说理。

（三）《意见》对开展检察法律文书说理提出了哪些具体要求？

《意见》对开展检察法律文书说理提出了五个方面的具体要求。一是检察机关开展法律文书说理要清晰阐明事实。要准确说明人民检察院认定的案件事

实及相关证据，对证据的客观性、合法性和关联性进行必要分析，说明采信和不采信的理由。二是要准确释明法理。检察机关要结合法律文书的具体内容和结论，对人民检察院所作决定依据的法律、司法解释条文的具体内容予以列明，解释法律适用的理由和依据。三是要生动讲明情理。说理要注重法理情的有机结合，释之以法，晓之以理，动之以情，增强司法办案的人文关怀和社会效果。四是要繁简分流。结合检察工作实际，本次《意见》修订增加了检察机关开展法律文书说理工作要注意繁简分流的内容。《意见》指出，检察机关对于重大、疑难、复杂案件或者社会关注的案件，以及当事人或者相关机关可能产生异议的案件，应当做好充分的说理准备，必要时，可以召开检察官联席会议进行讨论，说理时要针对焦点问题，充分阐释决定的理由和依据。对于可以适用简易程序、速裁程序处理的案件和当事人达成和解的轻微刑事案件等事实清楚、争议不大的案件，可以简化说理的方式、内容。五是对说理语言要求作出概括性规定。《意见》指出，检察机关开展法律文书说来，要做到语言规范、表达准确、逻辑清晰、通俗易懂。

（四）依据《加强检察法律文书说理工作的意见》，检察法律文书说理的方式是什么？

依据《意见》规定，检察机关开展法律文书说理，在说理方式上，应以书面说理为主，口头说理是书面说理的补充。人民检察院作出有关决定，需要向有关机关或者人员书面说理的，可以在叙述式法律文书中进行说理；对填充式法律文书，可以增加附页或者制作说明书进行说理。对于不宜书面说理的，或者在办案中遇到紧急情况的，或者说理对象认可同意的，可以进行口头说理。口头说理，一般应当有两名或者两名以上检察人员在场，并制作笔录附卷。现场不具备笔录制作条件的，检察人员可以事后予以记录并签字后附卷。同时，《意见》还对探索建立检察宣告制度作出规定。所谓检察宣告制度，是指检察机关按照确定的范围和程序，对于依法作出的决定，现场宣告决定内容、送达决定文书并释法说理的司法活动。为加强检察宣告的严肃性，《意见》提出，有条件的检察院可以设置专门的宣告场所，由检察官召集当事人、申诉人、赔偿请求人等到场，当面宣告决定内容，送达法律文书并进行释法说理。

（五）《意见》对检察法律文书说理工作制度提出了哪些完善措施？

《意见》规定了检察法律文书说理质量评析通报制度，强调各级人民检察院要采取多种形式主动听取说理对象及社会各界对检察法律文书说理工作的评价意见。上级人民检察院要将检察法律文书说理纳入检察官办案质量评查体系，定期对本辖区内各级人民检察院法律文书说理工作进行分析、总结、通报，通过典型案例示范、优秀说理文书展评等形式开展经验交流，提高检察法律文书说理工作的质量和水平。《意见》同时提出要建立检察法律文书说理工作责任制，对于违反规定不履行检察法律文书说理责任，或者在说理工作中发生重大过错造成不良影响的，要依纪依规追究检察人员的工作责任。可以说《意见》从正向工作要求和反向纪律责任的角度，对如何完善检察法律文书说理工作制度，加强检察法律文书说理工作质量的评价提出了新要求。

最高人民法院、最高人民检察院关于办理组织、强迫、引诱、容留、介绍卖淫刑事案件适用法律若干问题的解释

(2017年7月21日公布　2017年7月25日施行　法释〔2017〕13号)

为依法惩治组织、强迫、引诱、容留、介绍卖淫犯罪活动，根据刑法有关规定，结合司法工作实际，现就办理这类刑事案件具体应用法律的若干问题解释如下：

第一条　以招募、雇佣、纠集等手段，管理或者控制他人卖淫，卖淫人员在三人以上的，应当认定为刑法第三百五十八条规定的"组织他人卖淫"。

组织卖淫者是否设置固定的卖淫场所、组织卖淫者人数多少、规模大小，不影响组织卖淫行为的认定。

第二条　组织他人卖淫，具有下列情形之一的，应当认定为刑法第三百五十八条第一款规定的"情节严重"：

(一) 卖淫人员累计达十人以上的；

(二) 卖淫人员中未成年人、孕妇、智障人员、患有严重性病的人累计达五人以上的；

(三) 组织境外人员在境内卖淫或者组织境内人员出境卖淫的；

(四) 非法获利人民币一百万元以上的；

(五) 造成被组织卖淫的人自残、自杀或者其他严重后果的；

(六) 其他情节严重的情形。

第三条　在组织卖淫犯罪活动中，对被组织卖淫的人有引诱、容留、介绍卖淫行为的，依照处罚较重的规定定罪处罚。但是，对被组织卖淫的人以外的其他人有引诱、容留、介绍卖淫行为的，应当分别定罪，实行数罪并罚。

第四条　明知他人实施组织卖淫犯罪活动而为其招募、运送人员或者充当保镖、打手、管账人等的，依照刑法第三百五十八条第四款的规定，以协助组织卖淫罪定罪处罚，不以组织卖淫罪的从犯论处。

在具有营业执照的会所、洗浴中心等经营场所担任保洁员、收银员、保安员等，从事一般服务性、劳务性工作，仅领取正常薪酬，且无前款所列协助组

织卖淫行为的,不认定为协助组织卖淫罪。

第五条 协助组织他人卖淫,具有下列情形之一的,应当认定为刑法第三百五十八条第四款规定的"情节严重":

(一)招募、运送卖淫人员累计达十人以上的;

(二)招募、运送的卖淫人员中未成年人、孕妇、智障人员、患有严重性病的人累计达五人以上的;

(三)协助组织境外人员在境内卖淫或者协助组织境内人员出境卖淫的;

(四)非法获利人民币五十万元以上的;

(五)造成被招募、运送或者被组织卖淫的人自残、自杀或者其他严重后果的;

(六)其他情节严重的情形。

第六条 强迫他人卖淫,具有下列情形之一的,应当认定为刑法第三百五十八条第一款规定的"情节严重":

(一)卖淫人员累计达五人以上的;

(二)卖淫人员中未成年人、孕妇、智障人员、患有严重性病的人累计达三人以上的;

(三)强迫不满十四周岁的幼女卖淫的;

(四)造成被强迫卖淫的人自残、自杀或者其他严重后果的;

(五)其他情节严重的情形。

行为人既有组织卖淫犯罪行为,又有强迫卖淫犯罪行为,且具有下列情形之一的,以组织、强迫卖淫"情节严重"论处:

(一)组织卖淫、强迫卖淫行为中具有本解释第二条、本条前款规定的"情节严重"情形之一的;

(二)卖淫人员累计达到本解释第二条第一、二项规定的组织卖淫"情节严重"人数标准的;

(三)非法获利数额相加达到本解释第二条第四项规定的组织卖淫"情节严重"数额标准的。

第七条 根据刑法第三百五十八条第三款的规定,犯组织、强迫卖淫罪,并有杀害、伤害、强奸、绑架等犯罪行为的,依照数罪并罚的规定处罚。协助组织卖淫行为人参与实施上述行为的,以共同犯罪论处。

根据刑法第三百五十八条第二款的规定,组织、强迫未成年人卖淫的,应当从重处罚。

第八条 引诱、容留、介绍他人卖淫,具有下列情形之一的,应当依照刑法第三百五十九条第一款的规定定罪处罚:

（一）引诱他人卖淫的；

（二）容留、介绍二人以上卖淫的；

（三）容留、介绍未成年人、孕妇、智障人员、患有严重性病的人卖淫的；

（四）一年内曾因引诱、容留、介绍卖淫行为被行政处罚，又实施容留、介绍卖淫行为的；

（五）非法获利人民币一万元以上的。

利用信息网络发布招嫖违法信息，情节严重的，依照刑法第二百八十七条之一的规定，以非法利用信息网络罪定罪处罚。同时构成介绍卖淫罪的，依照处罚较重的规定定罪处罚。

引诱、容留、介绍他人卖淫是否以营利为目的，不影响犯罪的成立。

引诱不满十四周岁的幼女卖淫的，依照刑法第三百五十九条第二款的规定，以引诱幼女卖淫罪定罪处罚。

被引诱卖淫的人员中既有不满十四周岁的幼女，又有其他人员的，分别以引诱幼女卖淫罪和引诱卖淫罪定罪，实行并罚。

第九条 引诱、容留、介绍他人卖淫，具有下列情形之一的，应当认定为刑法第三百五十九条第一款规定的"情节严重"：

（一）引诱五人以上或者引诱、容留、介绍十人以上卖淫的；

（二）引诱三人以上的未成年人、孕妇、智障人员、患有严重性病的人卖淫，或者引诱、容留、介绍五人以上该类人员卖淫的；

（三）非法获利人民币五万元以上的；

（四）其他情节严重的情形。

第十条 组织、强迫、引诱、容留、介绍他人卖淫的次数，作为酌定情节在量刑时考虑。

第十一条 具有下列情形之一的，应当认定为刑法第三百六十条规定的"明知"：

（一）有证据证明曾到医院或者其他医疗机构就医或者检查，被诊断为患有严重性病的；

（二）根据本人的知识和经验，能够知道自己患有严重性病的；

（三）通过其他方法能够证明行为人是"明知"的。

传播性病行为是否实际造成他人患上严重性病的后果，不影响本罪的成立。

刑法第三百六十条规定所称的"严重性病"，包括梅毒、淋病等。其它性病是否认定为"严重性病"，应当根据《中华人民共和国传染病防治法》《性病防治管理办法》的规定，在国家卫生与计划生育委员会规定实行性病监测的性病范围内，依照其危害、特点与梅毒、淋病相当的原则，从严掌握。

第十二条 明知自己患有艾滋病或者感染艾滋病病毒而卖淫、嫖娼的，依照刑法第三百六十条的规定，以传播性病罪定罪，从重处罚。

具有下列情形之一，致使他人感染艾滋病病毒的，认定为刑法第九十五条第三项"其他对于人身健康有重大伤害"所指的"重伤"，依照刑法第二百三十四条第二款的规定，以故意伤害罪定罪处罚：

（一）明知自己感染艾滋病病毒而卖淫、嫖娼的；

（二）明知自己感染艾滋病病毒，故意不采取防范措施而与他人发生性关系的。

第十三条 犯组织、强迫、引诱、容留、介绍卖淫罪的，应当依法判处犯罪所得二倍以上的罚金。共同犯罪的，对各共同犯罪人合计判处的罚金应当在犯罪所得的二倍以上。

对犯组织、强迫卖淫罪被判处无期徒刑的，应当并处没收财产。

第十四条 根据刑法第三百六十二条、第三百一十条的规定，旅馆业、饮食服务业、文化娱乐业、出租汽车业等单位的人员，在公安机关查处卖淫、嫖娼活动时，为违法犯罪分子通风报信，情节严重的，以包庇罪定罪处罚。事前与犯罪分子通谋的，以共同犯罪论处。

具有下列情形之一的，应当认定为刑法第三百六十二条规定的"情节严重"：

（一）向组织、强迫卖淫犯罪集团通风报信的；

（二）二年内通风报信三次以上的；

（三）一年内因通风报信被行政处罚，又实施通风报信行为的；

（四）致使犯罪集团的首要分子或者其他共同犯罪的主犯未能及时归案的；

（五）造成卖淫嫖娼人员逃跑，致使公安机关查处犯罪行为因取证困难而撤销刑事案件的；

（六）非法获利人民币一万元以上的；

（七）其他情节严重的情形。

第十五条 本解释自 2017 年 7 月 25 日起施行。

《最高人民法院、最高人民检察院关于办理组织、强迫、引诱、容留、介绍卖淫刑事案件适用法律若干问题的解释》理解与适用

缐 杰 卢宇蓉 吴飞飞*

最高人民法院、最高人民检察院联合制定的《关于办理组织、强迫、引诱、容留、介绍卖淫刑事案件适用法律若干问题的解释》（以下简称《解释》）已于 2017 年 7 月 21 日公布，自 2017 年 7 月 25 日起施行。为便于准确理解和适用《解释》的相关规定，现对《解释》的制定背景和主要内容说明如下：

一、制定背景和经过

为指导各地公安、司法机关办理组织、强迫、引诱、容留、介绍卖淫刑事案件，最高人民法院、最高人民检察院曾经于 1992 年 12 月 11 日发布过《关于执行〈全国人民代表大会常务委员会关于严禁卖淫嫖娼的决定〉的若干问题的解答》（以下简称《解答》）。但该解答所依附的《全国人民代表大会常务委员会关于严禁卖淫嫖娼的决定》（以下简称《决定》）有关刑事责任方面的规定已经被现行刑法所吸纳，并且刑法与《决定》相比，在罪刑规定方面有较大变化。《治安管理处罚法》和《最高人民检察院、公安部〈关于公安机关管辖的刑事案件立案追诉标准的规定（一）〉》有关立案标准已经突破了《解答》的规定。2013 年 1 月，最高人民法院、最高人民检察院对司法解释进行了清理，宣布废止《解答》。各地反映，司法实践中出现了许多新情况、新问题需要解决，同时结合《刑法修正案（八）》《刑法修正案（九）》分别对协助组织卖淫罪、组织卖淫罪和强迫卖淫罪作出的较大幅度修改，有必要对办理此类案件的法律适用问题进行统一、规范。

经广泛征求各地司法机关、专家学者以及全国人大常委会法工委、公安部等方面的意见，2017 年 5 月 8 日最高人民法院审判委员会第 1716 次会议、2017 年 7 月 4 日最高人民检察院第十二届检察委员会第 66 次会议审议并通过该《解释》。

二、主要内容及说明

《解释》共 15 条，主要规定了以下内容：一是组织卖淫罪的概念、特征、

---

* 作者单位：最高人民检察院法律政策研究室。

情节严重和一罪与数罪的认定（第一、二、三条）。二是协助组织卖淫的概念及本罪的出罪和量刑问题（第四、五条）。三是强迫卖淫罪的情节严重及罪数的认定（第六、七条）。四是引诱、容留、介绍卖淫罪的入罪标准、情节严重的判断及"次数"的处理（第八、九、十条）。五是传播性病罪中"明知"的认定（第十一条）。六是传播艾滋病行为的定性（第十二条）。七是有关财产刑的运用（第十三条）。八是特殊行业从业人员通风报信行为的定性（第十四条）。九是解释的时间效力（第十五条）。

（一）组织卖淫罪的定罪量刑标准

《解释》用三个条文对组织卖淫罪定罪量刑问题作出了明确，包括组织卖淫的概念、特征，组织卖淫罪的情节严重和一罪与数罪的认定等。

第一条是关于组织卖淫概念的规定。《解答》规定："组织他人卖淫罪，是指以招募、雇佣、强迫、引诱、容留等手段，控制多人从事卖淫的行为。"经研究，《解答》关于组织卖淫罪的定义基本准确，但有个别问题需要进一步修改和明确：一是组织卖淫需要具备组织行为。对此《解释》采用了"招募、雇佣、纠集等"方式的表述，将引诱、容留等手段隐含在组织人员的方法之中，从而将组织卖淫与一般的引诱、容留及介绍行为区分开来；将《解答》的"控制多人卖淫"改为"管理、控制他人卖淫"，以体现卖淫人员不少是自愿卖淫，并且接受组织者管理的情况。另外，实践中，组织卖淫的行为可能由一系列具体行为构成，包括组织过程中可能伴随强迫的情形，如果强迫行为单独符合《解释》关于强迫卖淫罪的相关规定，则可以按照强迫卖淫罪的规定定罪处罚。二是卖淫者的人数。有意见认为，组织一人或者二人也可以以组织卖淫罪论处。为消除这种误解，《解释》将组织卖淫罪中被组织人员的人数明确规定为三人以上。三是场所要件。实践中，一些不法分子会采取流动管理方式，即不建立固定的卖淫窝点，而是利用现代化的交通与通信设施，指挥、控制多名人员从事卖淫活动。这种动态管理模式，将组织卖淫行为化整为零，或者将分散的单个卖淫行为组织起来，既能扩大卖淫的范围，又便于逃避公安人员的追查，已经为不少卖淫组织所采用。这类没有固定场所的组织卖淫行为，非常明显地体现了组织者的管理、控制行为。另外，组织卖淫者的人数多少、规模大小并不影响组织行为的认定，关键要看其在卖淫活动中是否起组织者的作用。检察机关在审查起诉过程中，应严格把握组织卖淫行为的基本特征及打击范围，贯彻宽严相济的刑事政策，充分考虑普通民众的心理认知和社会的公序良俗，做到对该类犯罪行为依法严厉打击。

第二条是关于组织卖淫罪"情节严重"的规定。2015年8月25日通过的《刑法修正案（九）》，取消了组织卖淫罪、强迫卖淫罪的死刑，并取消了关于

"情节特别严重"的规定,仅规定"情节严重的,处十年以上有期徒刑或者无期徒刑,并处罚金或者没收财产"。同时对何谓"情节严重"没有专门作出规定。而组织卖淫罪的"情节严重",在《刑法修正案(九)》之前也没有详细规定。为了统一认识,《解释》对此予以明确:(1)关于组织卖淫人员达到多少人可以认定为"情节严重"的问题。根据调研数据统计分析,《解释》将组织卖淫人员累计达到十人以上作为认定组织卖淫"情节严重"的情形之一。另外,对于卖淫人员中具有特殊身份的,如未成年人、孕妇、智障人员、患有严重性病的人员,认定组织卖淫"情节严重"的人数标准降低一半也是符合实际的。(2)关于组织卖淫的次数是否可以作为"情节严重"的选项问题。各地普遍反映,司法实践中次数问题取证极其困难,尤其是次数与人数相比,人数的危害比次数大得多。因此,《解释》未将次数作为"情节严重"的情形。当然,《解释》对次数问题也作出了充分考虑:一是专门设置第十条,将组织、强迫、引诱、容留、介绍他人卖淫的次数,作为在法定刑幅度内的量刑情节;二是将组织卖淫犯罪活动"非法获利人民币一百万元以上"(本条第四项)作为"情节严重"的情形之一予以补充适用。组织卖淫活动获利越多,越能在较大程度上反映其组织卖淫的次数,体现其社会危害性的严重性。(3)关于第三项"组织境外人员在境内卖淫或者组织境内人员出境卖淫"。此类行为往往造成恶劣的国际影响。(4)关于第五项"造成被组织卖淫的人自残、自杀或者其他严重后果的"。这里的严重后果不是基于组织者的故意行为。如果是组织者的故意行为,则应当依照《刑法》第三百五十八条第三款的规定,以故意杀人、故意伤害罪等对组织者实施数罪并罚。

第三条是关于组织卖淫罪罪数的规定。《解答》第二条规定:"在组织他人卖淫的犯罪活动中,对被组织卖淫的人有强迫、引诱、容留、介绍卖淫行为的,应当作为组织他人卖淫罪的量刑情节予以考虑,不实行数罪并罚。如果这些行为是对被组织者以外的其他人实施的,仍应当分别定罪,实行数罪并罚。"这一规定符合刑法理论的罪数原理。因此,在文字上作调整后,吸纳到本解释中。同时,鉴于刑法规定,引诱不满十四周岁的幼女卖淫的,依法应当判处五年以上有期徒刑,并处罚金。这一量刑幅度比组织卖淫罪第一档的量刑幅度更重。因此,《解释》规定"依照处罚较重的规定定罪处罚"。

(二)协助组织卖淫罪的定罪量刑标准

《解释》用两个条文对协助组织卖淫罪定罪量刑标准问题作出明确,包括协助组织卖淫罪的概念及本罪的出罪和量刑问题。

第四条是关于协助组织卖淫罪概念及出罪的规定:(1)关于协助组织卖淫罪的概念。该条主要解决三个问题:一是明确协助行为人必须对组织卖淫行为的"明知"。实践中确实有一些人不知是卖淫人员而误认为运送、招募的是劳务人员,但实际协助了组织卖淫的情况。二是明确其他协助组织行为的范围。《刑法修正案(八)》将协助组织卖淫罪的行为方式明确为"为组织卖淫的人招募、运送人员或者其他协助组织他人卖淫行为的",《解释》同样将"招募、运送"行为纳入协助组织卖淫的行为方式,同时,参考《解答》的相关规定,将"其他协助组织他人卖淫"的行为予以明确。根据《解答》第三条规定:"协助组织他人卖淫罪,是指在组织他人卖淫的共同犯罪中起帮助作用的行为。如充当保镖、打手、管账人等。"虽然《解答》已经废止,但其关于协助卖淫的解释还是可取的。因此,《解答》所称的"充当保镖、打手、管账人",基本上可以包含在《刑法》第三百五十八条第四款规定的"其他组织他人卖淫行为"的范围内。三是对协助组织卖淫罪是否以组织卖淫罪的从犯处理作出明确。主要参考了《解答》的相关规定,《解答》第三条规定:"协助组织他人卖淫罪,是指在组织他人卖淫的共同犯罪中起帮助作用的行为。如充当保镖、打手、管账人等""协助组织他人卖淫的行为,有具体的罪状和单独的法定刑,应当确定为独立的罪名,适用单独的法定刑处罚,不适用刑法总则第二十四条(《刑法》第二十七条——笔者注)关于从犯的处罚原则。"虽然《解答》已经废止,但其关于协助卖淫的解释还是正确的。(2)关于协助组织卖淫的出罪问题。如果行为人协助组织卖淫行为性质明显,不论其从事何种协助行为,均应以协助组织卖淫罪定罪处罚。但协助组织卖淫行为性质不明显的,则不轻易定罪处罚。区分协助组织卖淫行为性质是否明显包括如下几个方面:一是工作场所。如果是在隐蔽场所、非合法经营场所,则不存在协助行为性质不明显的问题。因此,在会所、洗浴中心等合法经营场所,是认定协助行为性质不明显的首要条件。二是从事的工作性质。充当保镖、打手、管账人等工作的,从其平时工作中就应发现组织卖淫犯罪活动。而如保洁员、收银员、保安员等,从事一般服务性、劳务性工作的,在主观上不一定具有协助组织卖淫的故意。三是获取的利益。仅领取正常的一般性薪酬且无本条第一款所列协助行为的,与领取高额工资者,明显不同。上述三个方面结合起来确定协助行为性质是否明显,不能仅从某一方面来区分。

第五条是关于协助组织卖淫罪的量刑方面的内容。从刑法关于刑罚幅度配置看,协助组织卖淫罪的刑罚幅度相当于组织卖淫罪从犯的刑罚幅度。因此,其"情节严重"的标准基本可以参照组织卖淫罪"情节严重"的标准来确定。仅对其中非法获利一项作了调整。结合实践中具体案件情况,按照组织卖淫罪获利起点的一半即五十万元作为协助组织卖淫罪"情节严重"的起点。

另外,有一点需要说明,司法实践中,协助组织卖淫的犯罪分子也应当区分主从犯加以认定。《解释》已明确，协助组织卖淫不以组织卖淫罪的从犯论处，而是作为一个独立罪名存在。实践中，有的行为人纠集人员专门从事协助组织卖淫的行当，比如组织一些人充当打手，成立运输组织等。在协助组织卖淫的这些人员中，有的人起着指挥、领导者地位，甚至对组成人员进行利益分配，俨然是一个共同犯罪组织甚至可能成为一定规模的犯罪集团。对这样的共同犯罪组织，应当区分主从犯。

（三）强迫卖淫罪的定罪量刑标准

《解释》用两个条文对强迫卖淫罪定罪量刑标准问题作出明确，包括强迫卖淫罪的情节严重及罪数的认定问题。

第六条是关于强迫卖淫罪"情节严重"的认定。如前所述，《刑法修正案（九）》，取消了组织卖淫罪、强迫卖淫罪的死刑，并取消了关于"情节特别严重"的规定，仅规定"情节严重的，处十年以上有期徒刑或者无期徒刑，并处罚金或者没收财产"。同时对何谓"情节严重"没有专门作出规定。根据刑法规定，强迫卖淫罪"情节严重"的情形也有所变化，如强奸后迫使卖淫的，依照《刑法修正案（九）》的规定，应当以强奸罪和强迫卖淫罪数罪并罚，不再认定为强迫卖淫适用加重法定刑的情形。因此，如何在《刑法修正案（九）》的框架内确定强迫卖淫罪"情节严重"的问题，也显得非常迫切。综上，《解释》对强迫卖淫罪的"情节严重"问题作出明确。强迫卖淫罪的社会危害程度大于组织卖淫罪，因此，其情节严重标准应当低于组织卖淫罪，适用更严厉的标准。（1）关于第一款第一项和第二项。人数标准参照组织卖淫罪人员的一半标准设置，体现对强迫卖淫罪更严厉打击的精神。（2）关于第一款第三项。强迫幼女卖淫的，不需要人数的限定即属于"情节严重"。理由在于：《刑法》第三百五十九条第二款规定，引诱幼女卖淫量刑的幅度，即相当于引诱他人卖淫"情节严重"的量刑幅度。此规定所蕴含的立法精神是，针对幼女实施的犯罪行为应当作为加重处罚情节。据此，强迫幼女卖淫也应当体现比强迫其他人员卖淫更严厉的处罚。（3）关于第一款第四项。这一项的规定，与组织卖淫罪理由相同，主要是区别于行为人故意杀害、伤害卖淫人员的行为。（4）第二款是对行为人既有组织卖淫，又有强迫卖淫行为时，情节严重的判断标准问题。关于该款第二项卖淫人员累计相加指的是被强迫卖淫和被组织卖淫的人数相加达到本解释第二条第一、二项规定的人数标准。同理，该款第三项的非法获利数额相加也应当按此把握。需要说明的是，《刑法》第三百五十八条非选择性罪名，此时累计相加解决了在该条中的刑罚幅度选择问题，但是应该如何确定罪名？主要存在两种观点：一种观点认为应确定为组织卖淫罪，另一种观点认为以实施两种行为的轻重决定选择适用的罪名。我们认为，此种情况下应当认定为组织卖淫罪为宜，同时在选择第二档量刑幅度的基础上，对该类行为的处罚应当比一般的组织卖淫行为适当从重，主要理由：《解释》对该款规定累计相加时均参照本解释的第二条（对组织卖淫罪的相关规定）予以设定，此种情形下的组织卖淫罪中包含了比该罪更重的强迫卖淫行为，处罚上应当有所体现。

第七条是关于《刑法》第三百五十八条第二、三款的重申，同时补充规定协助组织卖淫行为人参与实施本条所规定行为的，以共同犯罪论处。这里需要注意的是对协助组织卖淫行为人构成共同犯罪的主从犯地位认定问题。由于刑法对协助组织卖淫者参与上述杀害、伤害、强奸、绑架行为如何处理没有明确规定，本解释对此予以明确，即以共同犯罪论处。在杀人、伤害、强奸、绑架犯罪中，由于《刑法修正案（九）》已经将这些行为从组织、强迫卖淫中剥离出来，作为一个独立的犯罪处理，因此，组织、强迫卖淫行为人和协助组织卖淫行为人在杀人、伤害、强奸、绑架犯罪中的地位、作用，并不一定依照他们在组织、强迫卖淫犯罪中的地位、作用来认定，而是依照他们在杀人、伤害、强奸、绑架犯罪的具体情况确定主从犯地位。

（四）引诱、容留、介绍卖淫罪的定罪量刑标准

《解释》用三个条文对引诱、容留、介绍卖淫罪的定罪量刑标准问题作出明确，包括引诱、容留、介绍卖淫罪的入罪标准、情节严重的判断及"次数"的处理等问题。

第八条是关于引诱、容留、介绍卖淫罪和引诱幼女卖淫罪的入罪标准及相关问题的认定。(1) 关于引诱他人卖淫问题。引诱他人卖淫是使一个没有卖淫意愿的人从事卖淫行为，相比较容留、介绍卖淫行为，是刑法需要严厉打击的。因此，《解释》将引诱他人卖淫不作人数的限定，即只要引诱一人卖淫即构成犯罪。该条第五款同时对行为人既引诱幼女卖淫，又引诱非幼女卖淫如何定罪作出规定，以增加可操作性，并明确对引诱幼女卖淫犯罪从严打击的立场。(2) 关于容留、介绍卖淫的基本入罪标准。明确不再以次数计算，而将二人作为入罪标准。主要理由是以容留、介绍的人数作为入罪标准更具可操作性。司法实践表明，确定引诱、容留、介绍人数相对容易，但卖淫者卖淫的次数则较难取证，也难统计。(3) 关于容留、介绍特殊人员卖淫的入罪标准问题。特殊人员指未成年人、孕妇、智障人员、患有严重性病的人。这类人员要么是法律特别保护的对象，要么其卖淫对社会会造成更大危害，如患有严重性病的人。因此，容留、介绍上述特殊人员卖淫的，不受二人限制，即容留、介绍上述人员一人卖淫即构成容留、介绍卖淫罪。(4) 对具有同类行为被行政处罚过的人作出降低入罪门槛的规定。此类人员主观恶性较深，人身危害性较

大，因此，其入罪门槛适当降低。需要说明的是，《解释》对容留、介绍卖淫罪规定，容留、介绍二人以上卖淫的才能定罪处罚，为了体现对有前科劣迹人员从严惩处的精神，该项规定对曾因引诱、容留、介绍卖淫行为被行政处罚，又实施容留、介绍卖淫行为的，不再要求达到二人以上即可定罪。（5）关于非法获利如何入罪的问题。实践中，查处非法收入比查处容留、介绍的次数更容易，可操作性更强。根据调研情况，《解释》将一万元的非法获利作为入罪标准之一。（6）关于利用网络、短信发布招嫖信息、散发小广告等公开介绍卖淫的入罪问题。全国人大常委会法工委刑法室提出，关于利用网络招嫖问题，在《刑法修正案（九）》前没有明确规定。但是《刑法修正案（九）》将利用信息网络发布违法犯罪信息的行为专门规定为犯罪，因此，对于利用网络发布招嫖信息的行为，适用《刑法》第二百八十七条之一的规定，以非法利用信息网络罪追究刑事责任更为妥当。同时构成介绍卖淫罪的，依照处罚较重的规定定罪处罚。此外，根据最高人民法院、最高人民检察院《关于办理扰乱无线电通讯管理秩序等刑事案件适用法律若干问题的解释》规定，如果行为人使用"伪基站"发送招嫖信息，数量在五千条以上的，应当认定为《刑法》第二百八十八条第一款规定的"情节严重"，可以扰乱无线电通讯管理秩序罪定罪处罚，同时构成介绍卖淫罪的，依照处罚较重的规定定罪处罚。（7）关于是否必须以营利为目的，才能构成本罪的问题。1979年刑法将以营利为目的作为引诱、容留卖淫的犯罪构成要件予以规定，1997年刑法取消了"以营利为目的"的要件规定。为了在实务中更加明确，《解释》专门规定"引诱、容留、介绍他人卖淫是否以营利为目的，不影响本罪的成立。"

第九条是关于引诱、容留、介绍卖淫的"情节严重"的认定：（1）关于人数问题。根据浙江、江苏、广东、上海等地的办案统计，一般都将容留、介绍十人卖淫作为"情节严重"的起点。《解释》采纳了这一相对比较成熟的做法。同时，引诱他人卖淫的，按照容留、介绍卖淫人数的一半计算，即以五人为起点，与《解释》的基本精神一致，体现对"引诱"行为的严厉打击。（2）关于非法获利的问题。《解释》以构成犯罪基数的五倍即五万元以上作为"情节严重"的情形之一。

第十条是关于组织、强迫、引诱、容留、介绍卖淫"次数"的处理。实践中，卖淫次数取证难，规定次数不便于操作。《解释》不再将卖淫次数作为定罪标准，但鉴于多次组织、强迫、引诱、容留、介绍卖淫体现行为人的主观恶性和社会危害性较大，因此组织、强迫、引诱、容留、介绍卖淫次数已经查实的，在法定刑幅度范围内应当作为量刑情节予以考虑。

（五）传播性病罪中"明知"的认定

第十一条是对传播性病罪的"明知"等问题的认定。根据刑法第 360 条的规定，认定传播性病罪至少要解决三个问题：一是本罪的"明知"如何判断；二是构成本罪是否要求实际造成他人患上严重性病的后果；三是本罪规定的"严重性病"的范围。《解释》对这三个问题都作出了明确，以统一实践认识：（1）第一款是关于明知的认定。基本沿用《解答》的规定。仅作文字调整。征求意见过程中，有意见提出，《解答》规定的"有证据证明到医院就医"应改为"有证据证明曾到医疗机构就医或者检查"。理由：医疗机构的类别不仅包括医院，也包括基层医疗卫生机构、妇幼保健机构等其他类别。性病的检查、诊断既可以在医院开展，也可以在其他类别的医疗机构中开展。本款采纳了该意见。（2）第二款是对刑法关于传播性病罪犯罪成立标准的重申，即构成本罪并不要求实际造成他人患上严重性病的后果。当然，如果符合《解释》第十二条的规定，则可能构成故意伤害罪。（3）第三款是关于"严重性病"的范围确定。刑法对"严重性病"仅列举了梅毒、淋病。其他严重性病未作明确规定。对其他"严重性病"，司法机关应在传染病防治法中规定的性病和卫生部规定实行性病监测的性病范围内从严掌握，不能将普通性病都作为严重性病，防止扩大打击面。该性病必须是与梅毒、淋病的危害特点相当的性病。

（六）故意传播艾滋病行为的定性

第十二条是对传播艾滋病行为的认定。（1）第一款是关于明知自己患有艾滋病卖淫、嫖娼的行为认定问题，《解释》明确以传播性病罪认定。主要理由：一是《刑法》第三百六十条列举淋病、梅毒，同时规定了"等"严重性病。实践中，艾滋病的危害远远大于梅毒、淋病等。梅毒、淋病等严重性病，基本可以经过治疗而痊愈，而艾滋病极易致人死亡。因此，将艾滋病作为严重性病符合刑法规定"等外等"的理解。二是根据《中华人民共和国传染病防治法》，艾滋病、淋病和梅毒都属于乙类传染病。《艾滋病防治条例》和《性病防治管理办法》在艾滋病的防治机制、咨询及疫情上报方面均与一般性病一起规定，并突出艾滋病的预防工作。三是根据艾滋病的危害程度和特点，艾滋病较梅毒、淋病属于危害更加严重的性病。基于以上理由，《解释》明确规定，"明知自己患有艾滋病卖淫、嫖娼的，依照《刑法》第三百六十条的规定，以传播性病罪从重处罚。"（2）第二款是关于传播艾滋病以故意伤害罪认定的规定。如果有证据证明行为人是出于故意伤害、故意杀人的目的而传播艾滋病的，仅仅以传播性病罪处罚，明显有轻纵犯罪之嫌。另外，有些艾滋病患者故意通过非卖淫嫖娼的途径传播艾滋病，其危害极大。征求意见过程中，国家卫计委建议本解释同时考虑对与故意传播艾滋病等严重性病行为有关罪名的适用，如故意伤害罪等。经研究：第一，《刑法》第九十五条对重伤的定义中，第三项"其他对于人身健康有重大伤害的"是兜底条款，对于故意将艾滋病传染给他人，并致使他人染上艾滋病的，可以认定为故意伤害致人重伤；第二，实践中已有以故意伤害罪对故意传播艾滋病行为进行定罪处罚的案例（以重伤论处）。因此，《解释》对此进行明确。

（七）有关财产刑的运用

第十三条是关于组织、强迫、引诱、容留、介绍卖淫罪的财产刑的运用问题。鉴于组织、强迫、引诱、容留、介绍卖淫罪犯罪分子的主观目的多是牟取利益，因此，在财产刑上应当充分体现。罚金刑的幅度确定参照了最高人民法院、最高人民检察院《关于办理危害药品安全刑事案件适用法律若干问题的解释》第十二条关于生产、销售假药罪罚金刑的运用，《解释》第十三条明确规定，犯组织、强迫、引诱、容留、介绍卖淫罪的，应当依法判处犯罪所得二倍以上的罚金。共同犯罪的，对各共同犯罪人合计判处的罚金应当在犯罪所得的二倍以上。

（八）特殊行业从业人员通风报信行为的定性

第十四条是关于特殊从业人员通风报信行为的定罪处罚问题。（1）《刑法》第三百六十二条规定的通风报信行为可定包庇罪。主要理由：一是窝藏、包庇罪是选择性罪名，一般情况下，根据行为性质确定一个罪名即可。二是第三百六十二条的行为从本质上看，是一种通风报信的行为，定窝藏还是定包庇罪，可根据一般理解和实践做法确定。（2）事前与犯罪分子通谋的，以共同犯罪论处。《刑法》第三百六十二条只规定依照《刑法》第三百一十条规定定罪处罚，未规定事前通谋的如何处理，而《刑法》第三百一十条第二款则规定"犯前款罪，事前通谋的，以共同犯罪论处。"为避免实务操作中，将事前通谋型的通风报信行为以包庇罪处理而放纵犯罪，在本解释中明确规定以共同犯罪处理是有必要的。（3）通风报信情节严重的认定。一是关于通风报信，包括向谁通风报信，报信人自身的主观恶性和人身危险性。《解释》将"向组织、强迫卖淫犯罪集团通风报信""二年内通风报信三次以上""一年内因通风报信被行政处罚，又实施通风报信行为"等三种情形列为情节严重，应当追究刑事责任。二是造成的危害情况。主要是实际上已经造成严重妨害刑事追究的后果发生。《解释》将"致使犯罪集团的首要分子或者其他共同犯罪的主犯未能及时归案""造成卖淫嫖娼人员逃跑，致使公安机关查处犯罪行为因取证困难而撤销刑事案件"等二种情形列为情节严重，应当追究刑事责任。三是获利情况。考虑到一般情况下，本罪实际获利会比组织、强迫、引诱、容留、介绍卖淫罪低，因此，其非法获利构成的起点标准也应适当降低。鉴于本罪与掩饰、隐瞒犯罪所得、犯罪所得收益罪相比，两者都是妨害司法秩序，因而，参考《最高人民法院关于审理掩饰、隐瞒犯罪所得、犯罪所得收益刑事案件适用法律若干问题的解释》第一条关于掩饰、隐瞒犯罪所得及其产生的收益的犯罪数额规定，确定本罪非法获利一万元为构成犯罪的起点还是比较科学的。

需要注意的是，实践中，公安机关不仅查处组织、强迫、引诱、容留、介绍卖淫犯罪活动，也查处卖淫、嫖娼违法活动。根据刑法规定，除明知自己患有严重性病卖淫嫖娼的行为及嫖宿不满十四周岁的幼女构成犯罪以外，一般的卖淫嫖娼行为并非犯罪行为。因此，为不构成犯罪仅是违法的卖淫嫖娼者通风报信，是否可以适用《刑法》第三百六十二条和三百一十条之规定？经过研究，我们认为答案是肯定的。理由在于：对第三百六十二条规定行为的定罪虽然引用第三百一十条，但其犯罪构成却是独立的，即犯罪构成不依照三百一十条的规定，而是由三百六十二条规定。从第三百六十二条和第三百一十条的具体规定也可以得出这一结论：《刑法》第三百一十条规定的是明知是"犯罪的人"，而第三百六十二条规定的是为"违法犯罪分子"通风报信，因此，两个条文在行为对象上的要求是不同的。这主要是鉴于对该种违法行为进行包庇的性质较为严重，刑法作出与一般包庇犯罪所不同的规定，将包庇的对象界定为违法犯罪分子。综上，根据《刑法》第三百六十二条规定，特定行业从业人员在公安机关查处卖淫、嫖娼活动时，为违法犯罪分子通风报信，情节严重的，即构成犯罪，并依照《刑法》第三百一十条规定处理。

（九）解释的时间效力

第十五条是对《解释》生效时间的说明。本解释自 2017 年 7 月 25 日起施行。

最高人民检察院关于贪污养老、医疗等社会保险基金能否适用《最高人民法院、最高人民检察院关于办理贪污贿赂刑事案件适用法律若干问题的解释》第一条第二款第一项规定的批复

（2017年7月19日最高人民检察院第十二届检察委员会第六十七次会议通过　2017年7月26日公布　2017年8月7日施行　高检发释字〔2017〕1号）

各省、自治区、直辖市人民检察院，解放军军事检察院，新疆生产建设兵团人民检察院：

近来，一些地方人民检察院就贪污养老、医疗等社会保险基金能否适用《最高人民法院、最高人民检察院关于办理贪污贿赂刑事案件适用法律若干问题的解释》第一条第二款第一项规定请示我院。经研究，批复如下：

养老、医疗、工伤、失业、生育等社会保险基金可以认定为《最高人民法院、最高人民检察院关于办理贪污贿赂刑事案件适用法律若干问题的解释》第一条第二款第一项规定的"特定款物"。

根据刑法和有关司法解释规定，贪污罪和挪用公款罪中的"特定款物"的范围有所不同，实践中应注意区分，依法适用。

此复。

最高人民检察院
2017年7月26日

《最高人民检察院关于贪污养老、医疗等社会保险基金能否适用〈最高人民法院、最高人民检察院关于办理贪污贿赂刑事案件适用法律若干问题的解释〉第一条第二款第一项规定的批复》理解与适用

卢宇蓉　杨建军[*]

2017年8月2日，最高人民检察院公布了《关于贪污养老、医疗等社会保险基金能否适用〈最高人民法院、最高人民检察院关于办理贪污贿赂刑事案件适用法律若干问题的解释〉第一条第二款第一项规定的批复》（以下简称《批复》）。为便于准确理解和适用，现对《批复》作如下解读：

一、研究起草背景及经过

近年来，随着社会经济的发展，我国不断加强社会保障工作，确保无收入、低收入及遭受各种意外灾害的公民能够维持生活，并通过立法形式，保障劳动者在年老、失业、患病、工伤、生育时的基本生活不受影响，逐步增进公共福利水平。但是，在养老、医疗等社会保险基金筹集、使用、管理运营等过程中，一些国家工作人员利用职权实施侵吞、窃取、骗取社会保险基金的犯罪时有发生。这些犯罪行为不仅严重侵犯了公职人员职务的廉洁性，也严重损害了国家、社会和人民利益，有必要对其加大惩处力度。

2016年4月18日，最高人民法院、最高人民检察院共同制发的《关于办理贪污贿赂刑事案件适用法律若干问题的解释》（以下简称《贪污贿赂解释》）第一条第二款第一项将"贪污救灾、抢险、防汛、优抚、扶贫、移民、救济、防疫、社会捐助等特定款物"作为贪污罪从重处罚情节之一。根据《贪污贿赂解释》规定，对于具有上述情节的贪污犯罪，数额在一万元以上不满三万元的，应当认定为《刑法》第三百八十三条第一款规定的"其他较重情节"，依法判处三年以下有期徒刑或者拘役，并处罚金；数额在十万元以上不满二十万元的，应当认定为《刑法》第三百八十三条第一款规定的"其他严重情节"，依法判处三年以上十年以下有期徒刑，并处罚金或者没收财产；数额在一百五十万元以上不满三百万元的，应当认定为《刑法》第三百八十三条第一款规定的"其他特别严重情节"，依法判处十年以上有期徒刑、无期徒刑或

---

[*] 作者单位：最高人民检察院法律政策研究室。

者死刑,并处罚金或者没收财产。《贪污贿赂解释》施行之后,一些地方检察机关办案人员对社会保险基金是否属于"特定款物"存在不同认识分歧。如甘肃省人民检察院就"养老保险金、新农合基金"等社会保险基金能否认定为《贪污贿赂解释》第一条第二款第一项规定的"特定款物"向最高人民检察院法律政策研究室请示法律适用意见。

最高人民检察院法律政策研究室经研究认为,地方上述请示问题具有一定的普遍性与典型性,可以制发批复,统一规范司法。经调研,我们起草了《批复》征求意见稿,分别征求了全国人大常委会法工委、最高人民法院、民政部、人力资源和社会保障部、国家卫生计生委等单位,以及检察系统的意见,形成了《批复》审议稿。2017年7月19日,《批复》经最高人民检察院第十二届检察委员会第六十七次会议审议通过,自2017年8月7日起施行。

二、主要内容和理解适用

《批复》分两款:第一款规定:养老、医疗、工伤、失业、生育等社会保险基金可以认定为《最高人民法院、最高人民检察院关于办理贪污贿赂刑事案件适用法律若干问题的解释》第一条第二款第一项规定的"特定款物"。第二款规定:根据刑法和有关司法解释规定,贪污罪和挪用公款罪中的"特定款物"的范围有所不同,实践中应注意区分,依法适用。

《批复》作上述规定,主要有以下几点考虑:

一是根据《贪污贿赂解释》规定原意,坚持严格解释原则。根据《贪污贿赂解释》第一条第二款第一项规定,贪污救灾、抢险、防汛、优抚、扶贫、移民、救济、防疫、社会捐助等特定款物的,要从重处罚。这是由于救灾、抢险、防汛、优抚、扶贫、移民、救济、防疫、社会捐助等特定款物的性质和用途特殊,这些特定款物对于保障人民群众的基本生产生活、生命健康等具有重要作用。国家工作人员贪污上述特定款物的行为,相对贪污普通的公共财物,具有更为严重的社会危害性。最高人民法院、最高人民检察院在制定《贪污贿赂解释》时,就考虑到特定款物除了"救灾、抢险、防汛、优抚、扶贫、移民、救济、防疫、社会捐助"这九类之外,其范围今后可能有必要根据实际情况适当调整,因此在该项特定款物之前规定了"等"。同时,对《贪污贿赂解释》第一条第二款第一项规定中的"等"在司法实践中如何理解适用,达成两点共识:第一,严格适用范围,即对《贪污贿赂解释》明确规定九类特定款物之外的"等"其他特定款物的认定要从严把握。一般来说,要按照相当性原则进行掌握。换言之,只有与该九类特定款物具有实质相当性的款物才可以认定为其他特定款物。我们认为,实质相当性的判断,可从有关款物的性质、用途,贪污特定款物的危害后果等方面进行综合认定。第二,严格程序要求，即地方各级司法机关无权对《贪污贿赂解释》第一条第二款第一项规定的"等"作出解释，个案需适用该项规定"等"特定款物的，应当层报最高人民法院、最高人民检察院。最高人民法院、最高人民检察院对具有普遍性、典型性的请示问题，可以考虑以批复等形式予以明确。

二是根据国情和司法需求，考虑加大对社会保险基金刑法保护的必要性和可行性。《贪污贿赂解释》实施以来，多地就该解释第一条第二款第一项规定的"等"的理解适用请示最高人民检察院，请示的对象除了养老保险基金、医疗保险基金、工伤保险基金、失业保险基金、生育保险基金外，还有退耕还林补助款、二女结扎户奖励金、整村推进项目资金、危旧房改造资金、农机补贴、种子化肥补贴。通过对请示所涉对象的性质、用途、功能、重要性等进行比较研究，从有利于发展社会主义市场经济、保护广大人民群众的权益、维护社会稳定的角度出发，我们认为有必要加大对社会保险基金刑法保护。

第一，加大社会保险基金的刑法保护对于确保人民群众参加社会保险和享受社会保险待遇、共享社会发展成果，促进社会和谐稳定具有重要意义。国家建立基本养老保险、基本医疗保险、工伤保险、失业保险、生育保险等社会保险制度的目的，是保障公民在年老、疾病、工伤、失业、生育等情况下依法从国家和社会获得物质帮助的权利。根据我国社会保险法规定，社会保险基金有基本养老保险基金（含企业职工基本养老保险金、城乡居民基本养老保险金）、基本医疗保险基金（含企业职工基本医疗保险金、城乡居民基本医疗保险金）、工伤保险基金、失业保险基金、生育保险基金。基本养老保险等五种社会保险基金性质相同、作用类似，适用统一的运营模式与监督管理制度，按照预算法规定纳入预决算统一管理。社会保险基金部分来自政府财政拨付，部分来自公民个人自缴和单位缴纳的费用，其征收征缴、发放、管理、投资运营等均由各级人民政府社会保险机构具体负责。根据有关规定，社会保险经办机构根据工作需要，经所在地的社会保险行政主管部门和机构编制管理机关批准，可以在本统筹地区设立分支机构和服务网点，具体负责办理统筹地区社会保险相关事宜。社会保险法明确规定，社会保险基金专款专用，任何组织和个人不得侵占或者挪用。可见，《批复》从严惩治贪污社会保险基金的行为具有现实必要性和法律依据。

第二，考虑司法实践需要，强调《批复》的合理性和可操作性。征求意见过程中，我们考虑的基本原则是，对于能归入《贪污贿赂解释》第一条第二款第一项规定的九类特定款物的，按照司法解释的规定予以认定；对于不能认定为《贪污贿赂解释》第一条第二款第一项规定的九类特定款物的，我们本着求同存异的原则，对达成共识意见的制作批复予以明确，对未形成共识的问题作进一步继续研究。例如，对于退耕还林补助款能否认定为《贪污贿赂解释》第一条第二款第一项规定的特定款物，有观点认为可以认定为特定款物，有观点认为不宜认定为特定款物。我们的倾向性意见是：《贪污贿赂解释》第一条第二款第一项规定的特定款物应当严格适用范围，不能随意做扩大解释。除了明确规定的救灾、抢险、防汛、优抚、扶贫、移民、救济、防疫、社会捐助九类特定款物以外，只有与所列举的特定款物具有实质相当性的款物才可以认定为该条规定的特定款物，具体可以从事项重要性、用途特定性以及时间紧迫性等方面进行判断。退耕还林补助款不属于中央财政转移支付体系中的"财政专项扶贫资金"，与《解释》所列九类款物相比不具有实质相当性，不宜认定为《解释》所规定的特定款物。

经广泛征求意见，各方面达成共识认为：养老、医疗、工伤、失业、生育等社会保险基金的性质、用途特殊，这些基金与《贪污贿赂解释》第一条第二款第一项明确规定的"救灾、抢险、防汛、优抚、扶贫、移民、救济、防疫、社会捐助"九类特定款物具有实质相当性，应当从严惩处。基于此，《批复》第一款明确规定：养老、医疗、工伤、失业、生育等社会保险基金可以认定为《最高人民法院、最高人民检察院关于办理贪污贿赂刑事案件适用法律若干问题的解释》第一条第二款第一项规定的"特定款物"。这里值得注意的是，随着我国社会经济发展，社会保险制度也在逐步完善，如根据2016年1月国务院《关于整合城乡居民基本医疗保险制度的意见》，我国绝大多数省份都已将城镇居民医疗保险和新农合基金统一整合为城乡居民基本医疗保险基金，城乡二元化的社会保险模式逐步走向统一。因此，我们认为，对于贪污新农合基金的行为也应当适用《批复》。

三是根据罪刑法定原则要求，明确《贪污贿赂解释》第一条第二款第一项的适用范围。《批复》根据罪刑法定的要求，进一步明确了《贪污贿赂解释》第一条第二款第一项的适用范围。根据《刑法》第三百八十四条第二款规定，挪用用于救灾、抢险、防汛、优抚、扶贫、移民、救济款物归个人使用的，从重处罚。挪用公款罪从重处罚情节中，特定款物的范围非常明确，仅指"救灾、抢险、防汛、优抚、扶贫、移民、救济"七种特定款物。根据《贪污贿赂解释》和《批复》规定，贪污"特定款物"从重处罚的范围，明确列举的有十类，即"救灾、抢险、防汛、优抚、扶贫、移民、救济、防疫、社会捐助，以及养老、医疗、工伤、失业、生育等社会保险基金"。基于上述考虑，《批复》第二款明确规定，根据刑法和有关司法解释规定，贪污罪和挪用公款罪中的"特定款物"的范围有所不同，实践中应注意区分，依法适用。

最高人民法院、最高人民检察院、公安部、国家安全部、司法部关于开展法律援助值班律师工作的意见

(2017年8月28日公布并施行 司发通〔2017〕84号)

为深入贯彻落实中共中央办公厅、国务院办公厅《关于完善法律援助制度的意见》(中办发〔2015〕37号),充分发挥法律援助值班律师在以审判为中心的刑事诉讼制度改革和认罪认罚从宽制度改革试点中的职能作用,依法维护犯罪嫌疑人、刑事被告人诉讼权利,加强人权司法保障,促进司法公正,现提出以下意见。

一、法律援助机构在人民法院、看守所派驻值班律师,为没有辩护人的犯罪嫌疑人、刑事被告人提供法律帮助。

人民法院、人民检察院、公安机关应当告知犯罪嫌疑人、刑事被告人有获得值班律师法律帮助的权利。犯罪嫌疑人、刑事被告人及其近亲属提出法律帮助请求的,人民法院、人民检察院、公安机关应当通知值班律师为其提供法律帮助。

二、法律援助值班律师应当依法履行下列工作职责:

(一)解答法律咨询。

(二)引导和帮助犯罪嫌疑人、刑事被告人及其近亲属申请法律援助,转交申请材料。

(三)在认罪认罚从宽制度改革试点中,为自愿认罪认罚的犯罪嫌疑人、刑事被告人提供法律咨询、程序选择、申请变更强制措施等法律帮助,对检察机关定罪量刑建议提出意见,犯罪嫌疑人签署认罪认罚具结书应当有值班律师在场。

(四)对刑讯逼供、非法取证情形代理申诉、控告。

(五)承办法律援助机构交办的其他任务。

法律援助值班律师不提供出庭辩护服务。符合法律援助条件的犯罪嫌疑人、刑事被告人,可以依申请或通知由法律援助机构为其指派律师提供辩护。

三、法律援助机构可以根据人民法院、人民检察院、看守所实际工作需要,通过设立法律援助工作站派驻值班律师或及时安排值班律师等形式提供法

律帮助。

工作站应当悬挂统一标牌，配备必要的办公设施，设立指引标识，并放置法律援助格式文书以及相关业务介绍资料。

工作站应当公示法律援助范围、条件、值班律师工作职责及当日值班律师基本信息等。

四、法律援助机构综合社会律师和法律援助机构律师政治素质、职业道德水准、业务能力、执业年限等确定法律援助值班律师人选，建立法律援助值班律师名册。有条件的地方可以组建法律援助值班律师库。

五、法律援助机构根据人民法院、看守所法律援助工作站法律咨询需求量和当地律师资源状况，合理安排值班律师工作时间。律师值班可以相对固定专人或者轮流值班，在律师资源短缺地区可以探索采用现场值班和电话、网络值班相结合的方式。

六、法律援助机构应当将值班律师名册或人员信息送交或告知人民法院、人民检察院、公安机关及看守所。法律援助值班律师在人民法院、看守所法律援助工作站提供值班律师服务应持律师执业证书，实行挂牌上岗，向当事人表明法律援助值班律师身份。

值班律师在接待当事人时，应当现场记录当事人咨询的法律问题和提供的法律解答，解释法律援助的条件和范围，对认为初步符合法律援助条件的当事人引导其申请法律援助。

社会律师和法律援助机构律师应当接受法律援助机构的安排提供值班律师服务。值班律师应当遵守相关法律规定、职业道德、执业纪律，不得误导当事人诉讼行为，严禁收受财物，严禁利用值班便利招揽案源、介绍律师有偿服务及其它违反值班律师工作纪律的行为。值班律师应当依法保守工作中知晓的国家秘密、商业秘密和当事人隐私，犯罪嫌疑人、刑事被告人或者其他人准备或者正在实施危害国家安全、公共安全以及严重危害他人人身安全的犯罪事实和信息除外。

七、法律援助机构要加强对法律援助值班律师工作运行的业务指导，组织开展对值班律师职责、服务内容、执业纪律、刑事诉讼法律知识方面的业务培训，及时统计汇总犯罪嫌疑人、刑事被告人涉嫌罪名、简要案情、咨询意见等信息，定期运用征询所驻单位意见、当事人回访等措施了解值班律师履责情况，对值班律师实行动态化管理。

法律援助机构要向律师协会通报法律援助值班律师履责情况。律师协会要将法律援助值班律师履责情况纳入律师年度考核及律师诚信服务记录。

司法行政机关要加强对律师提供值班律师服务的日常监督管理，总结并不断提升值班律师服务质量水平。对律师在值班律师工作中违反职业道德和执业纪律的行为依法依规处理。

八、人民法院、人民检察院、看守所为法律援助工作站提供必要办公场所和设施。看守所为法律援助值班律师会见提供便利。

人民法院、人民检察院、公安机关、国家安全机关、司法行政机关建立刑事法律援助工作联席会议制度，定期沟通法律援助值班律师工作情况。

九、对于律师资源短缺的地区和单位，法律援助机构要根据律师资源和刑事法律援助需求等，统筹调配律师资源，探索建立政府购买值班律师服务机制，保障法律援助值班律师工作正常有序开展。

十、国家安全机关适用本意见中有关公安机关的规定。

最高人民法院、最高人民检察院关于办理药品、医疗器械注册申请材料造假刑事案件适用法律若干问题的解释

(2017年4月10日最高人民法院审判委员会第1714次会议、2017年6月8日最高人民检察院第十二届检察委员会第六十五次会议通过 2017年8月14日公布 2017年9月1日施行 法释〔2017〕15号)

为依法惩治药品、医疗器械注册申请材料造假的犯罪行为,维护人民群众生命健康权益,根据《中华人民共和国刑法》《中华人民共和国刑事诉讼法》的有关规定,现就办理此类刑事案件适用法律的若干问题解释如下:

第一条 药物非临床研究机构、药物临床试验机构、合同研究组织的工作人员,故意提供虚假的药物非临床研究报告、药物临床试验报告及相关材料的,应当认定为刑法第二百二十九条规定的"故意提供虚假证明文件"。

实施前款规定的行为,具有下列情形之一的,应当认定为刑法第二百二十九条规定的"情节严重",以提供虚假证明文件罪处五年以下有期徒刑或者拘役,并处罚金:

(一) 在药物非临床研究或者药物临床试验过程中故意使用虚假试验用药品的;

(二) 瞒报与药物临床试验用药品相关的严重不良事件的;

(三) 故意损毁原始药物非临床研究数据或者药物临床试验数据的;

(四) 编造受试动物信息、受试者信息、主要试验过程记录、研究数据、检测数据等药物非临床研究数据或者药物临床试验数据,影响药品安全性、有效性评价结果的;

(五) 曾因在申请药品、医疗器械注册过程中提供虚假证明材料受过刑事处罚或者二年内受过行政处罚,又提供虚假证明材料的;

(六) 其他情节严重的情形。

第二条 实施本解释第一条规定的行为,索取或者非法收受他人财物的,应当依照刑法第二百二十九条第二款规定,以提供虚假证明文件罪处五年以上十年以下有期徒刑,并处罚金;同时构成提供虚假证明文件罪和受贿罪、非国

家工作人员受贿罪的，依照处罚较重的规定定罪处罚。

第三条　药品注册申请单位的工作人员，故意使用符合本解释第一条第二款规定的虚假药物非临床研究报告、药物临床试验报告及相关材料，骗取药品批准证明文件生产、销售药品的，应当依照刑法第一百四十一条规定，以生产、销售假药罪定罪处罚。

第四条　药品注册申请单位的工作人员指使药物非临床研究机构、药物临床试验机构、合同研究组织的工作人员提供本解释第一条第二款规定的虚假药物非临床研究报告、药物临床试验报告及相关材料的，以提供虚假证明文件罪的共同犯罪论处。

具有下列情形之一的，可以认定为前款规定的"指使"，但有相反证据的除外：

（一）明知有关机构、组织不具备相应条件或者能力，仍委托其进行药物非临床研究、药物临床试验的；

（二）支付的价款明显异于正常费用的。

药品注册申请单位的工作人员和药物非临床研究机构、药物临床试验机构、合同研究组织的工作人员共同实施第一款规定的行为，骗取药品批准证明文件生产、销售药品，同时构成提供虚假证明文件罪和生产、销售假药罪的，依照处罚较重的规定定罪处罚。

第五条　在医疗器械注册申请中，故意提供、使用虚假的医疗器械临床试验报告及相关材料的，参照适用本解释第一条至第四条规定。

第六条　单位犯本解释第一条至第五条规定之罪的，对单位判处罚金，并依照本解释规定的相应自然人犯罪的定罪量刑标准对直接负责的主管人员和其他直接责任人员定罪处罚。

第七条　对药品、医疗器械注册申请负有核查职责的国家机关工作人员，滥用职权或者玩忽职守，导致使用虚假证明材料的药品、医疗器械获得注册，致使公共财产、国家和人民利益遭受重大损失的，应当依照刑法第三百九十七条规定，以滥用职权罪或者玩忽职守罪追究刑事责任。

第八条　对是否属于虚假的药物非临床研究报告、药物或者医疗器械临床试验报告及相关材料，是否影响药品或者医疗器械安全性、有效性评价结果，以及是否属于严重不良事件等专门性问题难以确定的，可以根据国家药品监督管理部门设置或者指定的药品、医疗器械审评等机构出具的意见，结合其他证据作出认定。

第九条　本解释所称"合同研究组织"，是指受药品或者医疗器械注册申请单位、药物非临床研究机构、药物或者医疗器械临床试验机构的委托，从事试验方案设计、数据统计、分析测试、监查稽查等与非临床研究或者临床试验相关活动的单位。

第十条 本解释自 2017 年 9 月 1 日起施行。

《最高人民法院、最高人民检察院关于办理药品、医疗器械注册申请材料造假刑事案件适用法律若干问题的解释》理解与适用

缐 杰 卢宇蓉 吴飞飞[*]

最高人民法院、最高人民检察院联合制定的《关于办理药品、医疗器械注册申请材料造假刑事案件适用法律若干问题的解释》（以下简称《解释》），分别经 2017 年 4 月 10 日最高法审判委员会第 1714 次会议、2017 年 6 月 8 日最高人民检察院第十二届检察委员会第六十五次会议审议通过，于 2017 年 8 月 15 日公布，自 2017 年 9 月 1 日起施行。为便于准确理解和适用《解释》的相关规定，现对《解释》的制定背景和主要内容说明如下：

一、制定背景及经过

党中央、国务院高度重视药品安全监管工作，习近平总书记等中央领导同志多次作出重要指示，要求加快完善统一权威的监管体制和制度，把最严谨的标准、最严格的监管、最严厉的处罚、最严肃的问责落到实处，确保人民群众用药安全、有效。为了贯彻落实中央有关要求，2015 年 7 月开始，国家食药监总局在全国开展药物临床试验数据自查核查工作，发现药品注册过程中存在大量试验数据涉嫌造假的行为，而提供试验数据的中介机构成为药物临床试验监管薄弱环节。药物临床试验数据造假直接影响药品质量、医疗效果，扰乱医疗行业监管秩序，危及人民群众身体健康和生命安全，社会各界反映强烈。为此，2016 年 2 月，国家食药监总局商请最高人民法院、最高人民检察院出台有关司法解释，依法惩治药品、医疗器械注册过程中的数据造假违法犯罪行为。

2016 年 7 月至 10 月，最高人民法院、最高人民检察院研究室共同起草解释初稿，召开由公安部、国家食药监总局等相关部门人员参加的专题座谈会，对解释初稿进行逐条修改，形成了解释征求意见稿。10 月至 11 月，最高人民法院、最高人民检察院分别在检法系统征求意见，召开专家论证会，征求了公安部、国家食药监总局的意见，并多次召开专题会对解释征求意见稿进行修改完善。12 月，征求了全国人大常委会法工委意见。最高人民法院审委会和最

---

[*] 作者单位：最高人民检察院法律政策研究室。

高人民检察院检委会审议讨论过程中,又就个别问题进行反复研究,后又再次征求全国人大常委会法工委的意见。最终形成本《解释》。

二、主要内容及说明

《解释》共十条。主要解决三个问题:一是药物非临床研究机构、药物临床试验机构、合同研究组织及其工作人员,弄虚作假,提供报告严重失实构成犯罪的,可以提供虚假证明文件罪定罪处罚。二是药品注册申请人弄虚作假,使用虚假的非临床研究或者临床试验报告及相关材料,骗取药品批准证明文件并生产、销售药品构成犯罪的,可以生产、销售假药罪定罪处罚。三是对于医疗器械注册申请中临床试验数据造假行为,参照有关药品数据造假规定,追究相应刑事责任。

(一) 对药物临床试验机构等"中介组织"的定罪处罚标准

《解释》用两个条文对药物非临床研究机构、药物临床试验机构、合同研究组织三类主体构成提供虚假证明文件罪的定罪处罚问题作出规定。

第一条规定了药物非临床研究机构、药物临床试验机构、合同研究组织的工作人员作为提供虚假证明文件行为的主体及其"情节严重"的标准。

第一款是对"故意提供虚假证明文件"行为定性的规定,同时也解决了药物非临床研究机构、药物临床试验机构、合同研究组织工作人员的主体身份问题。《刑法》第二百二十九条是对"承担资产评估、验资、验证、会计、审计、法律服务等职责的中介组织"的规定,体现了该条规定的犯罪主体的特征,即依法设立,连接各类市场主体(包括政府)并为其从事相关行为提供服务的特定组织。在市场经济活动中,对有关单位和人员是否属于刑法规定的"中介组织""中介组织人员",不应从有关单位的名称、所有制性质、主营业务等进行界定,而应根据其所从事的相关业务活动是否具有中介性质进行判断。药物非临床研究机构、药物临床试验机构、合同研究组织及其工作人员根据委托开展研究并提供药物非临床研究报告、药物临床试验报告及相关材料,与"资产评估、验资、验证、会计、审计、法律服务"一样,处于居中证明的中介地位,其接受委托并为委托人提供的特定服务属中介服务,符合第二百二十九条规定的有关中介组织的主体特征。

第二款共六项,明确了故意提供虚假证明文件"情节严重"的标准。第一项规定了"在药物非临床研究或者药物临床试验过程中故意使用虚假试验用药品"的情形。如不使用拟注册为药品的药物作研究、试验,以参比制剂替代试验组用药或者以试验组用药替代参比制剂、以市场购买的药品替代自行研制试验用药品等,必然影响药品的安全性、有效性评价结果,是实践中最恶劣的数据造假行为。

第二项规定了"瞒报与药物临床试验用药品相关的严重不良事件"的情形。根据《药物临床试验质量管理规范》（以下简称《临床管理规范》）第六十八条，"严重不良事件，系指临床试验过程中发生需住院治疗、延长住院时间、伤残、影响工作能力、危及生命或死亡、导致先天畸形等事件"。《临床管理规范》第二十六条规定："在临床试验过程中如发生严重不良事件，研究者应立即对受试者采取适当的治疗措施，同时报告药品监督管理部门、卫生行政部门、申办者和伦理委员会，并在报告上签名及注明日期。"这里的瞒报包含不报和谎报等情形。瞒报严重不良事件，必然影响药品的安全性评价结果，导致不安全药品上市，危害人民健康。需要强调的是，这里的瞒报是基于行为人故意实施的。如果过失漏报的，不构成本罪。

第三项规定了"故意损毁原始药物非临床研究数据或者药物临床试验数据"的情形。一般认为，"故意损毁原始药物非临床研究数据或者药物临床试验数据"，是抗拒检查、意图逃避责任的行为，应予惩处。《临床管理规范》第六十二条规定，"临床试验中有关所有观察结果和发现都应加以核实，在数据处理的每一阶段必须进行质量控制，以保证数据完整、准确、真实、可靠。"第五十二条规定："临床试验中的资料均须按规定保存及管理。研究者应保存临床试验资料至临床试验终止后五年。申办者应保存临床试验资料至试验药物被批准上市后五年。"实践中，会出现一些行为人为了抗拒检查，故意损毁（包含销毁、删除）原始资料，导致原始数据灭失、无法查证是否有造假行为，据此可以推定其实施了数据造假行为。

第四项规定了"编造受试动物信息、受试者信息、主要试验过程记录、研究数据、检测数据等药物非临床研究数据或者药物临床试验数据，影响药品安全性、有效性评价结果"的情形。对该类数据造假行为要根据造假行为的情节、后果区别处理，只有"影响药品安全性、有效性评价结果"的才应该以本罪论处。

第五项规定了"曾因在申请药品、医疗器械注册过程中提供虚假证明材料受过刑事处罚或者二年内受过行政处罚，又提供虚假证明材料"的情形。该项规定是在《最高人民检察院、公安部关于公安机关管辖的刑事案件立案追诉标准的规定（二）》（以下简称《立案追诉标准（二）》）第八十一条"两年内因提供虚假证明文件，受过行政处罚二次以上，又提供虚假证明文件的"基础上修改。这是基于从严惩处药品注册造假行为的考虑，规定受过行政处罚后二年内再犯的，就构成犯罪，降低了入罪门槛，使之更符合实际。

第六项是兜底项，以适用以后可能出现的新情况。

需要说明的是，考虑到药品注册申请材料造假行为的特殊性，本解释并未吸收《立案追诉标准（二）》第八十一条第一项至第三项规定的数额标准，如"违法所得数额在十万元以上的"。主要考虑：一是药物非临床研究或者临床试验的周期长、范围广、环节多，个别数据难免遗漏、失实，但只要不影响药品的安全性、有效性评价结果，就不宜入罪；二是目前药物非临床研究或者临床试验的行业收费标准均远远超过十万元，若坚持适用《立案追诉标准（二）》规定的数额标准，则基本上所有造假行为均可入罪，打击面恐过宽。另外，《立案追诉标准（二）》还规定，虽未达到规定的数额标准，但具有"索取或者非法接受他人财物"情形的，也应当定罪处罚。经研究，不管收受财物多少，也不管是否影响药品的安全性、有效性评价结果，均予以定罪处罚，且一旦定罪，又可能要适用第二百二十九条第二款量刑在五年有期徒刑以上，不够合理，故《立案追诉标准（二）》的此项规定不适用于药品注册数据造假案件。

另外，需要强调的是，关于是否必须在申请人即药品注册申请单位向食药监部门申请注册后才构成本罪问题。经研究，各方一致意见认为，本解释旨在惩治药品、医疗器械注册申请中的造假犯罪行为，原则上，食药监部门在审评中发现造假行为的才移送司法机关处理。但据介绍，食药监部门根据工作安排，也会不定期开展监督检查，如果发现临床试验数据造假，涉嫌犯罪的，也应移送公安机关处理。另外，被委托人向委托人故意提供虚假报告的，也应追责。故本条并未对提供虚假证明文件的阶段作出限制，即不管在哪个阶段、也不管是否向食药监部门提供，只要数据造假、情节严重的，即可构成本罪。

第二条规定了实施故意提供虚假证明文件行为并索取或者非法收受他人财物行为的定罪处罚问题。

实践中，药物非临床研究机构、药物临床试验机构、合同研究组织及其工作人员在进行数据造假行为过程中，存在索取或者非法收受他人财物的情形，对此如何处理涉及《刑法》第二百二十九条第二款的适用问题。《刑法》第二百二十九条第二款规定："前款规定的人员，索取他人财物或者非法收受他人财物，犯前款罪的，处五年以上十年以下有期徒刑，并处罚金。"《解释》研究起草过程中，对于《刑法》第二百二十九条第二款的适用存在不同观点：第一种意见认为，不管受贿数额多小，均要在五年以上量刑，有时处罚会失之于重；反之，不管受贿数额多大，一律排除以更重的受贿犯罪论处，又明显存在轻纵犯罪的问题。因此，有必要对《刑法》第二百二十九条第二款规定的"索取他人财物或者非法收受他人财物"作必要的数额限制。第二种意见认为，刑法条文规定明确，不管受贿数额多小，均加重处罚；且不管受贿数额多大,均不以受贿犯罪论处。应适用《刑法》第二百二十九条第二款规定,处五年以上十年以下有期徒刑,并处罚金。

经研究,我们认为两种意见都存在一定的问题,按照第一种意见,对《刑法》第二百二十九条第二款规定的"索取他人财物或者非法收受他人财物"作数额限制并无充分的法律依据,而按照第二种意见不管受贿数额多大,均只能以本罪第二款判处五年以上十年以下有期徒刑判处则无法做到罪刑相当,可能放纵一部分严重犯罪。为了解决量刑失衡问题,协调受贿类犯罪与提供虚假证明文件罪的法定刑,《解释》作此规定,实践中要结合案件具体情况,准确定罪量刑。

(二) 对药品注册申请人的定罪处罚标准

第三条规定了药品注册申请人自行数据造假行为的性质认定问题。

根据食药监总局反映,在临床试验数据造假案件中,临床试验机构造假、合同研究组织造假和申请人造假,基本上各占三分之一。对于药品注册申请人进行非临床研究、临床试验,或者根本未进行非临床研究、临床试验,自行编造虚假数据,故意提供虚假证明文件的,无法以提供虚假证明文件罪论处。而对药品注册申请人骗取药品批准证明文件并生产、销售药品的,应以生产、销售假药罪论处,主要考虑:一是申请人通过提供虚假材料骗取药品批准证明文件而生产的药品,属以假药论的情形。根据《药品管理法》第八十二条规定,违反本法规定,提供虚假的证明、文件资料、样品或者采取其他欺骗手段取得《药品生产许可证》《药品经营许可证》《医疗机构制剂许可证》或者药品批准证明文件的,吊销《药品生产许可证》《药品经营许可证》《医疗机构制剂许可证》或者撤销药品批准证明文件,五年内不受理其申请,并处一万元以上三万元以下的罚款。鉴于被撤销的药品批准证明文件自始无效,原来依此无效药品批准证明文件所生产的药品,属于《药品管理法》第四十八条第三款第二项规定的"必须批准而未经批准生产、进口"的情形,可以假药论处。二是对于明知药品没有安全性、有效性,却骗取批准证明文件生产、销售的,与其他生产、销售假药的行为并无实质差别,同样危害人民群众身体健康,以生产、销售假药论处体现了对药品监管实行最严格监管、最严厉打击的精神。需要强调的是,根据刑法一般理论,如果在申请注册过程中被发现,或者虽取得注册但尚未生产、销售药物的,可以生产、销售假药罪预备论处。

(三) 关于药品注册申请数据造假的共同犯罪问题

第四条规定了药品注册申请单位工作人员指使或者与中介组织工作人员共同实施药品注册申请材料造假行为的定罪处罚问题。

国家食药监总局在全国开展药物临床试验数据自查核查工作中，发现一些申请人对于有关机构、组织的数据造假行为不仅明知，甚至是故意指使，严重违反了相关规定，对其行为也应予以惩治，《解释》对此予以明确。

第一款是对药品注册申请单位的工作人员实施"指使"行为以共同犯罪论处的规定。药品注册申请单位的工作人员指使药物非临床研究机构、临床试验机构、合同研究组织的工作人员提供本解释第一条第二款规定的虚假药物非临床研究报告、药物临床试验报告及相关材料的，以提供虚假证明文件罪的共同犯罪论处。该种情形下，中介组织人员对提供虚假数据材料是明知的，药品注册申请单位工作人员主观上也存在授意，至少是暗示的心态，符合共同犯罪应具备共同故意主观要件的要求。

第二款是对"指使"行为认定的规定。第一项规定了"明知有关机构、组织不具备相应条件或者能力，仍委托其进行药物非临床研究、药物临床试验的"情形。根据《药品管理法实施条例》《医疗器械监督管理条例》等规定，药物或者医疗器械临床试验都必须在有相应资格或者资质的临床试验机构进行，以确保临床试验质量。明知有关机构、组织不具备相应资格或者资质，仍违反规定委托其进行临床试验，是造成相关数据失实，进而导致证明文件虚假的重要原因之一，委托人自身罪责难免。《解释》着眼于实质判断，规定明知有关机构、组织不具备相应条件或者能力，仍委托其进行非临床研究或者临床试验的，可以推定为主观上明知（至少是放任）中介机构出具相关失实数据、虚假证明文件，若其仍提供虚假证明文件向药品监督管理部门申请药品或者医疗器械注册的，可以提供虚假证明文件罪的共同犯罪论处。第二项规定了"支付的价款明显异于正常费用的"情形。根据国家食药监总局介绍，目前临床试验数据造假的一个重要原因是，委托人未支付正常费用，导致受托人无法保质保量开展临床试验工作，只能编造相关数据、出具虚假报告。对于受托人出具虚假报告，委托人不仅心知肚明，而且是有意纵容甚至指使。对此种情况，可以提供虚假证明文件罪的共同犯罪论处。这里的"异于"主要是指明显低于正常费用的情形，但是，如果药品注册申请单位支付明显高于正常费用的金额，要求中介机构出具相关报告的，也可能构成本罪。另外，需要强调的是，具备这两种情形的不是必然认定为"指使"，而是"可以认定"，而且允许当事人提出相反证据进行排除。主要考虑：一是根据相关规定，以后对临床试验机构的资质不再认定，非临床研究机构或者临床试验机构均由注册申请单位自主选择，非临床研究机构或者临床试验机构是否具备相关条件和能力，判断可能存在一定难度；二是关于临床试验价格，目前也无明确的标准，判断支付的价款是否明显低于正常费用，也可能存在一定难度。因此，规定应当具有一定灵活性,以适应审判实践中的复杂情况。司法实践中,应当具体结合案件情况,综合判断。

第三款是药品注册申请单位的工作人员和药物非临床研究机构、临床试验机构、合同研究组织的工作人员共同犯罪及罪数的规定。对于申请人指使或者共谋参与药品注册申请资料造假,后使用虚假药品注册申请材料骗取批准证明文件并生产、销售药品的,同时构成提供虚假证明文件罪和生产、销售假药罪的,属于牵连犯,应择一重罪处罚。

(四) 关于医疗器械注册申请数据造假的参照适用

第五条规定了医疗器械注册申请过程中的数据造假行为的处理。

医疗器械与药品的监管具有相似性,尤其是第三类医疗器械的申请注册程序与药物的申请注册程序基本相同,如《医疗器械监督管理条例》第十九条规定,"第三类医疗器械进行临床试验对人体具有较高风险的,应当经国务院食品药品监督管理部门批准",故将在医疗器械注册申请中,故意提供、使用虚假的医疗器械临床试验报告及相关材料的,参照《解释》第一条至第四条的规定定罪处罚。

需要强调的是,鉴于《医疗器械监督管理条例》未对医疗器械非临床研究作出专门规定,因此本解释不对医疗器械的非临床研究进行规范。另外,根据《医疗器械监督管理条例》,医疗器械分为三类,第一类医疗器械实行备案管理,不需要进行临床试验;第二类、第三类医疗器械注册时,除按规定免于临床试验的外,均应当进行临床试验。因此,本条只适用于需要进行临床试验的第二类、第三类医疗器械。

(五) 关于注册申请数据造假过程中单位犯罪和相关职务犯罪的规定

第六条规定了对药品、医疗器械注册申请材料造假的单位犯罪应当适用"双罚制"。《解释》规定,单位犯本解释第一条至第五条规定之罪的,对单位判处罚金,并对直接负责的主管人员和其他直接责任人员,依照本解释规定的自然人犯罪的定罪量刑标准处罚。

第七条规定了药品、医疗器械注册申请中国家机关工作人员构成渎职罪的问题。明确对药品、医疗器械注册申请负有核查职责的国家机关工作人员,滥用职权或者玩忽职守,导致使用虚假证明材料的药品、医疗器械获得注册,致使公共财产、国家和人民利益遭受重大损失的,应当依照刑法第三百九十七条规定,以滥用职权罪或者玩忽职守罪追究刑事责任。

(六) 对相关专业术语的规定

鉴于药品、医疗器械注册申请过程中涉及诸多专业性问题,《解释》在相关犯罪成立条件上规定了相关专业医学术语,如"药品安全性、有效性评价结果""严重不良事件"及"合同研究组织"等。为了统一司法适用,《解释》对此作出说明。

第八条规定,对是否属于虚假的药物非临床研究报告、药物或者医疗器械临床试验报告及相关材料,是否影响药品、医疗器械安全性、有效性评价结果,以及是否属于严重不良事件等专门性问题难以确定的,可以根据国家药品监督管理部门设置或者指定的药品、医疗器械审评等机构出具的意见,结合其他证据作出认定。

第九条规定,本解释所称"合同研究组织",是指受药品或者医疗器械注册申请单位、药物非临床研究机构、药物或者医疗器械临床试验机构的委托,从事试验方案设计、数据统计、分析测试、监查稽查等与非临床研究或者临床试验相关活动的单位。

这是根据医学、药学专家意见,参照国内外有关规定,对合同研究组织作出具体定义,以统一、规范法律适用。相关法律法规规章已有规定,本解释不再明确。

(七)《解释》的生效时间

第十条规定,本解释自 2017 年 9 月 1 日起施行。

最高人民检察院关于建立
未成年人检察工作评价机制的意见（试行）

（2017年11月8日公布并施行　高检发未检字〔2017〕4号）

为引导和促进全国检察机关未成年人检察工作科学、全面发展，探索建立符合未成年人检察工作特点的独立评价机制，根据《人民检察院办理未成年人刑事案件的规定》、《关于进一步加强未成年人刑事检察工作的决定》、《关于加强未成年人检察工作专业化建设的意见》、《关于进一步改进检察业务考评工作的意见》等规定，结合未成年人检察工作实际，制定本意见。

一、充分认识建立未成年人检察工作独立评价机制的必要性和重要性

未成年人检察是以未成年人这一特殊主体为对象建立起来的重要的检察业务类别，是一项新的全面性工作，不仅关乎未成年人健康成长、关乎其家庭幸福安宁，而且关乎社会和谐稳定和国家未来发展。其职责范围包括办理未成年人刑事案件、侵害未成年人人身权利案件以及涉及未成年人权益维护的民事行政诉讼、刑事执行监督等工作，实行"捕诉监防"一体化的工作机制，在司法理念、内在规律、职责任务、诉讼程序、评价标准等方面都与成年人司法有着显著区别。由于检察机关现行评价体系主要是以成人司法模式为主导的检察官评价体系和对检察职能的界定方式，无法全面涵盖未成年人检察的特殊职能，不能客观反映未成年人检察工作质量，难以准确体现未成年人检察工作成效，而且与未成年人检察工作理念、原则、方式存在一定价值冲突。因此，有必要建立符合未成年人检察工作特点的独立评价机制，这是把握工作方向、提升工作质量、确保工作成效，促使未成年人案件特别诉讼程序和特殊检察制度落实到位，实现对涉案未成年人特殊保护、双向保护、全面保护、综合保护的必然要求。各级检察机关要充分认识建立未成年人检察工作独立评价机制的必要性和重要性，积极探索，奋发有为，按照本意见的要求，准确、客观、全面对未成年人检察工作作出评价，切实推动未成年人检察工作科学、全面、可持续发展。

二、准确把握评价未成年人检察工作的指导思想和基本原则

评价未成年人检察工作的指导思想是：符合未成年人检察工作特殊要求，改变单纯以办案数量评价工作的做法，以工作质量和帮教效果为核心，涵盖少捕慎诉、特殊制度、教育挽救、犯罪预防、法律监督、权益维护等内容，体现未成年人检察工作实绩和成效，引导和促进未成年人检察工作健康发展。

评价未成年人检察工作的基本原则是：

（一）独立评价。未成年人司法与成年人司法在理念目的、政策原则、职责范围、工作模式、制度机制、程序方式等方面具有根本性区别，要以本意见为标准分别统计、分开评价，建立与成年人司法不同的未成年人检察工作独立评价体系。

（二）综合评价。充分考虑未成年人检察工作的特殊性、复杂性、全面性，结合未成年人检察工作"捕诉监防"一体化的工作机制，构建办案数量与办案效果、刑事检察与综合监督、核心数据与案件评查、司法职能与社会职能、内部评价与外部评价相结合的评价体系，从案件办理、特别程序落实、涉罪未成年人教育感化挽救、未成年人违法犯罪预防、未成年人合法权益维护、工作专业化、社会化支持体系建设等方面进行综合评价。特别是要避免将未成年人检察简单等同于刑事检察的倾向。

（三）找准核心。坚持未成年人权益特殊保护、优先保护的基本要求，立足教育、感化、挽救的方针，将未成年人检察工作的质量和效果作为评价的核心，切实深化专业化建设，更加注重规范化建设，持续推动社会化建设，建立健全未成年人检察工作制度机制，稳步推进未成年人检察监督，实现未成年人权益保护与健康成长的长远目标。

（四）因地制宜。充分认识地区情况的差异性，引导各地立足实际，突出重点，争先创优，真抓实干。一方面要鼓励未成年人检察工作起步早、发展快的地方，按照法律的规定和要求，积极实践，创新机制；另一方面对于那些工作基础薄弱、起步较晚，但结合本地特点，稳步推进各项工作，成效明显的地方，也应当予以充分肯定，以实现未成年人检察工作的整体发展、共同进步。

（五）确保公平。具体评价时要综合各方面情况，合理设置各项工作的分值。要做到程序公开透明，方式方法合理，杜绝弄虚作假等功利性行为，确保客观公正。

三、科学设置未成年人检察工作的评价内容

根据未成年人检察工作的职责范围和工作特点，科学设定、适时调整评价内容，使评价工作符合未成年人检察工作规律，更加客观、准确地反映未成年

人检察工作情况,更好地推动国家有关未成年人政策方针和各项法律规定的贯彻落实。未成年人检察工作评价内容主要包括以下几个方面:

(一) 刑事案件办理

刑事案件办理是未成年人检察工作主要业务内容之一,重点围绕办理案件质量和"少捕慎诉"原则落实等方面进行综合评价。具体可包括以下指标:

1. 刑事案件范围。未成年人检察部门负责的刑事案件主要包括未成年人犯罪的案件、成年人实施的侵害未成年人人身权利的犯罪案件。各地也可以结合实际和双向保护的要求,具体确定由未成年人检察部门办理其他刑事案件,如侵犯未成年人财产权利的犯罪案件、成年人利用未达到刑事责任年龄的未成年人作为犯罪工具的犯罪案件、大学生犯罪案件等。

2. 办理案件工作量。与办理成年人刑事案件相比,办理一个未成年人刑事案件,除了审查证据、认定事实和适用法律,还必须落实刑事诉讼法有关未成年人刑事案件特别程序的各项要求,并单独或者协调有关部门、组织对涉案未成年人开展帮助教育、关爱救助等工作。即使案件办结,但跟踪考察、帮教预防等工作依然需要继续。因此,要准确衡量办理未成年人刑事案件所付出的工作量,单纯案件数量不是评价未成年人检察工作的主要标准。

3. 办理案件质量。对于办案中出现撤回起诉、撤销不起诉、无罪判决等情况的,应当逐案进行评查。经评查发现原决定确有错误的,应评价为质量问题。要加强对捕后被法院判处免除刑罚、单处罚金、管制、拘役、一年以下有期徒刑、缓刑等情况的分析总结。通过批捕情况与法院判决情况的对比,从一个侧面检验"少捕慎诉"原则的落实情况,促进办案人员自查自纠、认真执法,实现对犯罪的未成年人教育、感化、挽救方针。经对比分析原批捕决定不当的,应评价为质量问题。

4. 非羁押措施适用情况。指在未成年人刑事案件诉讼过程中,对涉罪未成年人采取非羁押措施的情况,包括无社会危险性不捕和变更强制措施。无社会危险性不捕指因无社会危险性而作出不批准逮捕决定,变更强制措施指捕后经继续羁押必要性审查变更强制措施。这是判断是否认真落实刑事诉讼法对未成年人犯罪嫌疑人严格限制适用逮捕措施的重要指标。

5. 非刑罚措施适用情况。指对涉罪未成年人依法作出非刑罚化处理的情况,包括相对不起诉、附条件不起诉。这是落实对犯罪的未成年人坚持教育为主、惩罚为辅原则的基本要求。

(二) 特殊检察制度落实

未成年人特殊检察制度的落实是未成年人检察工作核心内容,也是未成年人检察工作区别于其他刑事检察工作的重要标志。根据相关法律规定及未成年人检察工作的实际情况，可以分为如下两个方面：

1. 特别程序落实情况。包括法律援助、法定代理人或合适成年人到场、社会调查、附条件不起诉、分案起诉、刑事和解、法庭教育、犯罪记录封存等。

2. 特殊工作开展情况。包括亲情会见、心理测评、心理疏导、帮教措施、跟踪回访、未成年被害人救助等。

（三）法律监督

对未成年人案件诉讼活动及权益维护情况加强法律监督是未成年人检察工作重要内容，需要从以下四个方面进行综合评价：

1. 刑事诉讼活动监督情况。指对涉及未成年人的刑事案件开展立案监督、引导侦查、追捕、追诉、抗诉、纠正违法（发出书面纠正违法并取得监督效果）及其他侦查监督、审判监督情况。其中立案监督、追捕、追诉、抗诉工作，应当以成年人侵害未成年人人身权利犯罪案件为重点。

2. 民事、行政检察工作情况。指对涉及未成年人合法权益的民事、行政诉讼活动开展监督以及公益诉讼等情况。重点工作包括：建议、督促、支持有关个人或者单位向人民法院提起申请撤销监护人资格的诉讼；涉及未成年人利益的公益诉讼；涉及未成年人利益的家事审判活动监督等。

3. 刑事执行检察工作情况。指对未成年犯罪嫌疑人、被告人适用强制措施、刑罚执行工作开展监督的情况。重点工作包括：羁押必要性审查、看守所分管分押监督、未管所监督、社区矫正监督等。

4. 权益维护监督情况。指对侵犯未成年人合法权益的有关问题依法实施监督。

对涉及未成年人的民事行政检察工作、刑事执行检察工作，考虑到各地情况及工作基础，鼓励结合当地实际，强化沟通配合，积极开展探索，突出重点，稳步推进。有条件的地方，可以开展试点，逐步实现对未成年人的综合保护。

（四）犯罪预防

犯罪预防工作是未成年人检察部门的重要职能，需要从个案预防、类案预防和一般预防三个方面进行综合评价。要立足于检察职能，依托办案开展相关工作，并注意掌握重新犯罪情况，以检验预防效果。

1. 个案预防（包括再犯预防、临界预防）情况。对涉嫌犯罪的未成年人、因年龄原因不负刑事责任的未成年人以及在办案中发现的其他有严重不良行为的未成年人，单独或者会同家庭及学校、公安机关等相关部门，组织开展亲职教育、帮助教育、救助关爱等工作，预防其再犯。对所办未成年人犯罪案件要注意跟踪查询，掌握三年内再犯等情况。

2. 类案预防情况。加强同一类犯罪案件的特点、原因、趋势等情况的统计分析，发现未成年人犯罪和侵害未成年人犯罪背后的政策、法律、制度和社会治理等方面的问题，有针对性地提出预防犯罪的意见和建议，以检察建议等方式向有关单位提出，并跟踪落实情况。

3. 一般预防情况。积极参与校园周边环境整治、重点青少年群体教育管理、社会治安专项整治、未成年人法治教育基地建设等工作。完善法治副校长、检察官以案释法等制度，积极开展法治进校园、进乡村、进社区等活动。

（五）专业化建设

专业化建设是未成年人检察工作发展的基础。具体可以从专门机构建设、专业人员配备和专业办案区建设三个方面进行评价

1. 未成年人检察专门机构建设情况。应当根据《中华人民共和国未成年人保护法》等法律和高检院有关司法解释、规范性文件的规定，设立专门机构或者指定专人负责未成年人检察工作。一般不得将非未检部门受案范围内的案件分配给未检检察官办理，以确保未成年人检察特殊政策、特殊制度和特别程序落实到位。

2. 专业人员配备情况。未成年人检察专门机构配备人员的年龄、性别结构要合理，熟悉未成年人身心特点，具有犯罪学、心理学、社会学、教育学等相关专业知识。在司法改革和检察改革中要确保未检检察官的员额，保持未成年人检察队伍的相对稳定。

3. 专业办案区建设情况。办案区要进行必要的区域划分，具备讯（询）问、心理疏导、听证、宣告、法治教育等功能，配备适合未成年人身心特点的办案装备和设施，为检察机关教育感化挽救涉罪未成年人、保护救助未成年被害人提供合适环境。

（六）社会化建设

未成年人检察工作是一项实践性、探索性、综合性很强的工作，需要各地结合实际，充分发挥主动性，积极创新工作制度机制，推进相关配套体系建设。具体可从健全政法机关衔接配合机制和建立未成年人司法社会支持体系两个方面进行评价。

1. 政法机关衔接配合机制构建情况。加强与其他政法机关沟通协调，完善办理未成年人案件配套工作体系，推动建立未成年人司法联席会议、信息通

报等制度；促进各政法机关在评价标准、社会调查、逮捕必要性证据收集与移送、法律援助、分案起诉等方面形成共识，出台规范性文件；推动建立未成年人司法异地协助网络。

2. 未成年人司法社会支持体系构建情况。加强与综治、民政、教育、卫生、共青团等联系与配合，推动建立跨部门合作机制；推动建立未成年人社会观护体系，探索建立政府主导的未成年人司法保护社会服务机构和未成年人帮教基地，形成司法借助社会力量长效机制；推动构建预防未成年人重新犯罪工作支持机制，协助做好未成年犯刑满释放、解除社区矫正时的衔接管理工作。

四、切实加强对未成年人检察评价工作的组织实施

未成年人检察评价工作原则上采取逐级评价模式，由上级检察院统一组织实施。最高人民检察院通过本意见明确评价工作的指导思想、基本原则和主要内容，并依据有关规定通报各省级人民检察院未成年人检察业务核心数据。最高人民检察院未成年人检察工作办公室每年对各省级人民检察院未成年人检察工作情况进行整理分析，形成年度工作报告，并予以发布。各级人民检察院应当根据有关规定、上级院工作部署和本地工作实际，组织开展未成年人检察案件质量评查工作。

未成年人检察业务核心数据根据本意见规定的评价内容和全国统一应用业务系统统计数据信息，并结合工作需要予以确定。

各省级人民检察院要按照本意见制定本地区未成年人检察工作评价工作实施细则，纳入全院考核指标体系，将有关工作要求与未检检察官权力清单及绩效考核相结合，并报最高人民检察院未成年人检察工作办公室和案件管理办公室备案。各地市级、基层人民检察院要根据上级院评价工作要求，制定本辖区、本院的未成年人检察工作评价具体标准。

本意见自颁布之日起实施，并根据形势变化、政策要求和未成年人检察工作发展情况适时进行调整。

最高人民法院、最高人民检察院关于利用网络云盘制作、复制、贩卖、传播淫秽电子信息牟利行为定罪量刑问题的批复

(2017年8月28日最高人民法院审判委员会第1724次会议、2017年10月10日最高人民检察院第十二届检察委员会第七十次会议通过　2017年11月22日公布　2017年12月1日施行　法释〔2017〕19号)

各省、自治区、直辖市高级人民法院、人民检察院，解放军军事法院、军事检察院，新疆维吾尔自治区高级人民法院生产建设兵团分院、新疆生产建设兵团人民检察院：

近来，部分高级人民法院、省级人民检察院就如何对利用网络云盘制作、复制、贩卖、传播淫秽电子信息牟利行为定罪量刑的问题提出请示。经研究，批复如下：

一、对于以牟利为目的，利用网络云盘制作、复制、贩卖、传播淫秽电子信息的行为，是否应当追究刑事责任，适用刑法和《最高人民法院、最高人民检察院关于办理利用互联网、移动通讯终端、声讯台制作、复制、出版、贩卖、传播淫秽电子信息刑事案件具体应用法律若干问题的解释》（法释〔2004〕11号）、《最高人民法院、最高人民检察院关于办理利用互联网、移动通讯终端、声讯台制作、复制、出版、贩卖、传播淫秽电子信息刑事案件具体应用法律若干问题的解释（二）》（法释〔2010〕3号）的有关规定。

二、对于以牟利为目的，利用网络云盘制作、复制、贩卖、传播淫秽电子信息的行为，在追究刑事责任时，鉴于网络云盘的特点，不应单纯考虑制作、复制、贩卖、传播淫秽电子信息的数量，还应充分考虑传播范围、违法所得、行为人一贯表现以及淫秽电子信息、传播对象是否涉及未成年人等情节，综合评估社会危害性，恰当裁量刑罚，确保罪责刑相适应。

此复。

《最高人民法院、最高人民检察院关于利用网络云盘制作、复制、贩卖、传播淫秽电子信息牟利行为定罪量刑问题的批复》理解与适用

缐 杰 吴峤滨[*]

2017年11月22日，最高人民法院、最高人民检察院联合出台了《最高人民法院、最高人民检察院关于利用网络云盘制作、复制、贩卖、传播淫秽电子信息牟利行为定罪量刑问题的批复》（以下简称《批复》），自2017年12月1日起施行。为便于深入理解和掌握《批复》的基本精神和主要内容，现就《批复》有关问题解读如下：

一、起草背景与过程

为了依法严厉惩治淫秽电子信息犯罪，最高人民法院、最高人民检察院先后于2004年联合制定出台了《关于办理利用互联网、移动通讯终端、声讯台制作、复制、出版、贩卖、传播淫秽电子信息刑事案件具体应用法律若干问题的解释》[以下称《解释（一）》]，于2010年联合制定出台了《关于办理利用互联网、移动通讯终端、声讯台制作、复制、出版、贩卖、传播淫秽电子信息刑事案件具体应用法律若干问题的解释（二）》[以下称《解释（二）》]，对制作、复制、出版、贩卖、传播淫秽电子信息的犯罪行为规定了定罪量刑标准，为严厉打击上述犯罪提供了明确依据。此类犯罪与传统的淫秽物品犯罪相比，传播范围更为广泛，社会危害性更大，司法解释规定的定罪量刑标准也体现了从严打击的指导思想。例如，《解释（一）》明确以牟利为目的，利用互联网、移动通讯终端制作、复制、出版、贩卖、传播淫秽视频文件二十个以上的即构成犯罪，一百个以上的即应当在"三年以上十年以下有期徒刑，并处罚金"的幅度内量刑，五百个以上的即应当在"十年以上有期徒刑或者无期徒刑，并处罚金或者没收财产"的幅度内量刑。《解释（二）》进一步规定利用互联网、移动通讯终端制作、复制、出版、贩卖、传播内容含有不满十四周岁未成年人的淫秽电子信息的，定罪量刑标准减半计算。

近年来，随着网络技术的不断发展，特别是云技术的发展，网络云盘的应用越来越广泛。网络云盘是为用户免费或者收费提供文件存储、访问、备份、

---

[*] 作者单位：最高人民检察院法律政策研究室。

共享等文件管理功能的网络存储工具,相当于网络上的硬盘或者 U 盘。由于网络云盘具有速度快、安全性能好、容量大、允许大文件存储等特点,一些不法分子开始利用网络云盘实施制作、复制、贩卖、传播淫秽电子信息牟利犯罪。由于网络云盘存储空间无限,此类案件的涉案淫秽电子信息往往数量特别巨大,有的案件单个云盘账号含淫秽视频达上万部,个别案件甚至涉及云盘账号数万个。因此,如果此类案件一律严格适用《解释(一)》《解释(二)》相关定罪量刑标准,则会出现绝大多数案件都在"十年以上有期徒刑或者无期徒刑,并处罚金或者没收财产"的幅度内量刑的情况,如在法定刑以下判处刑罚,则需逐案报最高人民法院核准。

近年来,地方法院、检察院通过不同方式反映网络云盘类案件出现的量刑畸重、不符合罪责刑相适应原则等问题,建议最高人民法院、最高人民检察院通过适当方式予以解决。为指导地方司法机关依法妥善处理网络云盘类案件,"两高"研究室结合司法实践情况,经深入调查研究、广泛听取意见,研究起草了批复稿,并书面征求了全国人大常委会法工委、公安部等有关单位的意见。2017 年 8 月 28 日由最高人民法院审判委员会第 1724 次会议、2017 年 10 月 10 日由最高人民检察院十二届检察委员会第七十次会议分别审议通过了该批复。

二、主要内容及说明

《批复》共两款。第一款明确对于以牟利为目的,利用网络云盘制作、复制、贩卖、传播淫秽电子信息的行为,是否应当追究刑事责任,适用刑法和《解释(一)》《解释(二)》的有关规定。主要考虑是:利用网络云盘制作、复制、贩卖、传播淫秽电子信息牟利的行为,虽然具有特殊性,但仍应当依据《刑法》第三百六十三条以制作、复制、出版、贩卖、传播淫秽物品牟利罪定性处理,其入罪标准也仍应当适用《解释(一)》《解释(二)》规定的入罪数量数额标准,以体现对淫秽电子信息类犯罪的统一执法司法尺度,严格刑法和司法解释的适用。

第二款明确对以牟利为目的,利用网络云盘制作、复制、贩卖、传播淫秽电子信息构成犯罪的行为,在追究刑事责任时,鉴于网络云盘的特点,不应单纯考虑淫秽电子信息的数量,还应充分考虑传播范围、违法所得、行为人一贯表现以及淫秽电子信息、传播对象是否涉及未成年人等情节,综合评估社会危害性,恰当裁量刑罚,确保罪责刑相适应。主要考虑:一是有利于体现罪责刑相适应原则。从司法实践情况看,网络云盘类案件通常涉案淫秽电子信息数量特别巨大,以淫秽视频为例,普遍在五百个以上,甚至上万个;而行为人非法获利或者违法所得数额普遍不高,从报请最高人民法院复核的此类案件来看,有的获利仅数百元甚至数十元。因此，如果单纯适用《解释（一）》《解释（二）》规定的数量标准，既不能准确反映行为人犯罪行为的社会危害性，也会造成量刑普遍畸重、罪刑失衡。二是有利于贯彻宽严相济刑事政策。从司法实践情况看，网络云盘是相对封闭的网络空间，行为人一般通过贩卖云盘账号密码的方式牟利，其传播范围相对有限，社会危害相对较小。因此，通过充分考虑传播范围、违法所得、行为人一贯表现以及淫秽信息、传播对象是否涉及未成年人等情节，综合评估社会危害性，可以进一步突出刑事打击重点，合理控制刑事打击面，做到该严则严、当宽则宽、宽严有度、罚当其罪。三是为下一步系统研究修改《解释（一）》《解释（二）》相关定罪量刑标准预留空间。目前，网络云盘类案件情况比较复杂，短期内难以提出科学、合理的定罪量刑标准。下一步，最高人民法院、最高人民检察院研究室将会同公安部有关部门，针对制作、复制、出版、贩卖、传播淫秽电子信息犯罪的新情况新问题，结合网络云盘类案件的法律适用问题，适时对《解释（一）》《解释（二）》相关定罪量刑标准进行系统研究修改，强化其科学性和合理性，指导司法办案。

最高人民检察院
人民检察院刑事申诉案件异地审查规定（试行）

（2017年10月10日最高人民检察院第十二届检察委员会第七十次会议通过　2017年12月7日印发　高检发刑申字〔2017〕3号）

第一条　为了进一步规范人民检察院办理刑事申诉案件异地审查工作，强化监督制约机制，保障当事人的合法权益，维护司法公正，根据相关法律规定，结合检察工作实际，制定本规定。

第二条　最高人民检察院发现省级人民检察院管辖的刑事申诉案件原处理决定、判决、裁定有错误可能，且具有下列情形之一的，经检察长或者检察委员会决定，可以指令由其他省级人民检察院进行审查：

（一）应当受理不予受理或者受理后经督促仍拖延办理的；

（二）办案中遇到较大阻力，可能影响案件公正处理的；

（三）因存在回避等法定事由，当事人认为管辖地省级人民检察院不能依法公正办理的；

（四）申诉人长期申诉上访，可能影响案件公正处理的；

（五）其他不宜由管辖地省级人民检察院办理的情形。

第三条　省级人民检察院认为所办理的刑事申诉案件需要异地审查的，可以提请最高人民检察院指令异地审查。

第四条　申诉人可以向省级人民检察院或者最高人民检察院申请异地审查。

第五条　省级人民检察院拟提请或者最高人民检察院拟决定刑事申诉案件异地审查，申诉人未提出申请的，应当征得申诉人同意。

第六条　省级人民检察院决定提请最高人民检察院指令刑事申诉案件异地审查的，应当向最高人民检察院书面报告，阐明理由并附相关材料。

最高人民检察院经审查决定刑事申诉案件异地审查的，应当在十五日以内将案件指令其他省级人民检察院办理，同时通知管辖地省级人民检察院；决定不予异地审查的，应当在十日以内通知管辖地省级人民检察院继续办理。

第七条　最高人民检察院决定刑事申诉案件异地审查的，异地审查的省级人民检察院应当在收到异地审查指令后七日以内通知申诉人。

申诉人向省级人民检察院申请异地审查，省级人民检察院经审查决定不予提请，或者提请后最高人民检察院决定不予异地审查的，应当在作出不予提请决定或者收到不予异地审查的通知后五日以内通知申诉人。

申诉人向最高人民检察院申请异地审查，最高人民检察院经审查决定不予异地审查的，应当在作出决定后十五日以内通知申诉人。

第八条　异地审查的省级人民检察院应当依照《人民检察院复查刑事申诉案件规定》立案复查。审查期限自收到异地审查指令之日起重新计算。

第九条　对不服人民检察院诉讼终结刑事处理决定的申诉案件，异地审查的省级人民检察院复查终结后应当提出复查处理意见，经检察委员会审议决定后，报请最高人民检察院审查。

第十条　最高人民检察院对异地审查的省级人民检察院依据本规定第九条提出的复查意见，分别以下情况作出处理：

（一）同意维持人民检察院原处理决定的，指令管辖地省级人民检察院作出维持的处理决定；

（二）同意撤销或者变更人民检察院原处理决定的，指令管辖地省级人民检察院作出撤销或者变更的决定，也可以直接作出撤销或者变更的处理决定；

（三）不同意复查处理意见的，应当立案复查并书面通知申诉人、管辖地省级人民检察院和异地审查的省级人民检察院；

（四）认为复查意见认定事实不清或者意见不明确、理由不充分的，可以发回异地审查的省级人民检察院重新审查，也可以直接立案复查。

第十一条　对不服人民法院生效刑事判决、裁定的申诉案件，异地审查的省级人民检察院复查终结后，分别以下情况作出处理：

（一）认为需要提出抗诉的，应当经检察委员会审议决定后提请最高人民检察院抗诉，在最高人民检察院作出是否抗诉的决定后制作刑事申诉复查通知书，并在十日以内送达申诉人，同时抄送管辖地省级人民检察院；

（二）认为不需要提出抗诉的，应当经检察委员会审议决定后制作刑事申诉复查通知书，在十日以内送达申诉人，同时抄送管辖地省级人民检察院，并报最高人民检察院。

第十二条　异地审查的省级人民检察院需要调阅案卷材料、补充调查或者送达法律文书的，管辖地省级人民检察院应当予以协助。

第十三条　异地审查的省级人民检察院刑事申诉检察部门应当在结案后十日以内，将刑事申诉复查终结报告、讨论案件记录等材料的复印件或者电子文档以及相关法律文书，报最高人民检察院刑事申诉检察厅备案。

第十四条 被害人不服地市级人民检察院作出的不起诉决定，在收到不起诉决定书后七日以内提出的申诉，依据刑事诉讼法及相关规定办理，不适用本规定。

第十五条 本规定由最高人民检察院负责解释。

第十六条 本规定自发布之日起试行。

《人民检察院刑事申诉案件异地审查规定（试行）》解读

尹伊君　罗庆东　高锋志*

《人民检察院刑事申诉案件异地审查规定（试行）》（以下简称《规定》），经 2017 年 10 月 10 日最高人民检察院第十二届检察委员会第七十次会议审议通过，12 月 7 日以高检发刑申字〔2017〕3 号印发。为便于准确理解适用《规定》的内容和精神，现对《规定》的制定背景、指导思想和主要内容解读如下。

一、《规定》的制定背景和经过

近年来，各级人民检察院刑事申诉检察部门依法履行刑事申诉检察职责，监督纠正了一批冤错案件，取得了良好的政治、法律和社会效果。但同时，实践中也暴露出各地在监督纠正重大冤错案件的观念及工作力度等方面尚存在一些亟待解决的问题，一些影响检察监督工作发展的制约性因素不同程度地存在。2015 年初，时任中央政法委书记孟建柱同志在中央政法工作会议上提出，要"探索建立刑事案件申诉异地审查制度，切实加强刑事司法领域的人权保障"。2015 年、2016 年，最高人民检察院曹建明检察长先后在全国检察长会议和第十四次检察工作会议上指出，要健全刑事申诉案件异地审查制度，对一些当地纠正难、阻力大的案件可交由其他地方办理。

为此，最高人民检察院刑事申诉检察厅于 2016 年 11 月起草《人民检察院刑事申诉案件异地审查规定（讨论稿）》提交全国刑事申诉检察工作座谈会讨论，根据与会代表意见建议形成修改稿，2017 年 5 月书面向全国各省级检察院和高检院部分内设机构征求意见，根据反馈意见于 6 月 21 日形成审议稿。法律政策研究室对该审议稿认真研究后提出扩大适用范围、健全程序机制等审核意见，刑事申诉检察厅根据审核意见进一步修改后再次形成征求意见稿，于 7 月 26 日向中央政法委、最高人民法院、公安部、司法部有关部门和北京大学、清华大学、中国人民大学、中国政法大学、浙江大学、中国社会科学院有关专家学者及高检院相关内设机构、事业单位发函征求意见，同步向各省级检察院再次征求意见。根据各方反馈意见进一步认真研究修改形成《人民检察

---

* 作者单位：最高人民检察院刑事申诉检察厅。

院刑事申诉案件异地审查规定（审议稿）》，报经院领导审批提交高检院检察委员会审议讨论。10月10日经最高人民检察院第十二届检察委员会第七十次会议审议原则通过，刑事申诉检察厅根据会上各检察委员会委员意见进一步研究修改并再次书面征求最高人民检察院院领导、检察委员会委员意见，根据各院领导、检察委员会员反馈意见再次修改后形成呈批稿，按程序报经院领导审签后印发。

二、制定《规定》的目的、指导思想和意义

审查办理刑事申诉案件是检察机关的重要职责，也是检察机关履行法律监督职责的重要组成部分。长期以来，检察机关办理刑事申诉案件实行属地管辖、分级负责的原则。出台这一制度，将刑事申诉异地审查作为刑事申诉案件属地管辖的例外情形，对于个别社会舆论高度关注、当地办理有阻力的重大冤错案件，交由案件管辖地以外的其他检察院办理，既是对近年来检察机关监督纠正冤错案件工作经验的总结提升，也是对社会各界关切的积极回应。《规定》的起草制定过程中，注重把握和坚持以下指导思想：

1. 进一步规范刑事申诉案件异地审查工作。近年来，各地检察机关根据中央和高检院关于建立刑事申诉异地审查机制的精神，对这一工作机制进行了有益探索，一些地方检察机关对此还制定了规范性文件。但是由于缺乏统一部署，各地对该项机制适用范围、办案程序、处理方式等方面认识做法不一。比如，有的地方将异地审查机制适用于省级院将本院管辖的刑事申诉案件交原管辖地以外的下级检察院办理；有的地方则适用于省级院管辖的刑事申诉案件交原案管辖地以外的下级院（基层院）审查提出意见，再由省院检察官审查并以其名义办理案件；有的地方将异地审查机制理解为抽调原案管辖地以外的下级院检察官与本院检察官共同组成办案组审查办理案件；有的地方规定异地审查机制仅适用于不服人民法院刑事判决、裁定的申诉案件，等等。亟待由高检院作出统一规定，以规范刑事申诉案件异地审查工作，更好地推进这项工作机制健康发展。

2. 进一步加强监督纠正刑事冤假错案工作。实践中，一些刑事冤错案件由于存在地方各种阻力，给监督纠正工作带来的不当干扰，导致有的冤错案件迟迟得不到纠正，社会舆论反响强烈。"迟到的正义使灵魂无处安放，让正义蒙羞，是我们的耻辱。迟到的正义尽管仍然需要，但它使正义之光蒙尘，而不再耀眼。"[①] 建立刑事申诉案件异地审查制度，目的在于有效降低依法办理刑

[①] 见《徐显明副检察长与刑事申诉检察厅全体干警座谈时的讲话》，载《刑事申诉检察工作指导》2017年第3辑，中国检察出版社2017年版，第7页。

事申诉案件遇到的各种不当干扰,确保司法机关执法办案每一个环节出现问题都能及时发现、纠正、问责,最大限度地防止和减少冤假错案,切实让正义不再姗姗来迟。

3. 进一步强化刑事申诉检察法律监督职能。刑事申诉检察部门是行使检察权的具体职能部门,承担着矫正司法权、纠防冤错案件等重要的法律监督职能,是终极意义上的监督。近年来,各级检察机关刑事申诉检察部门大力强化法律监督职能,先后监督纠正了浙江张氏叔侄强奸案、安徽于英生故意杀人案、海南陈满故意杀人放火案、甘肃沈六斤故意杀人案等一系列冤错案件,切实体现了习近平总书记"让人民群众在每一起司法案件中感受到公平正义"的要求,有力提升了检察机关的司法公信力。建立刑事申诉案件异地审查制度,目的在于充分发挥检察机关领导体制优势,整合检察机关法律监督资源,增强检察机关法律监督合力,进一步强化检察机关刑事申诉部门监督纠正冤错案件工作。

4. 进一步保障刑事申诉人合法权益。党的十九大报告明确提出坚持以人民为中心,强调必须坚持人民主体地位,坚持立党为公、执法为民,践行全心全意为人民服务的根本宗旨,把人民对美好生活的向往作为奋斗目标,依靠人民创造历史伟业。刑事冤假错案危害严重,除了直接侵害当事人的生命、自由、财产等权利以外,还会损害司法权威、降低司法公信力,是对人民最大的伤害。建立刑事申诉案件异地审查制度,切实加大对冤错案件监督纠正力度,是对"坚持以人民为中心"精神的切实贯彻。《规定》同时注重依法保障刑事申诉案件当事人诉讼权利,赋予申诉人刑事申诉案件异地审查申请权,强化异地审查办理中权利告知,切实保障当事人的参与权、知情权和监督权。

《规定》的出台对检察机关进一步加强重大刑事申诉案件办理具有重要意义。一是有利于统一当前各地对异地审查认识和做法分歧,进一步规范了刑事申诉案件异地审查工作;二是有利于破除重大冤错案件监督纠正工作中的不当干扰和阻力,增强检察机关在纠防冤假错案中的合力,进一步完善了纠防冤错案件工作机制;三是有利于发挥高检院领导全国检察机关的体制优势,强化高检院在重大刑事申诉案件办理中司法责任,进一步凸显了高检院对重大刑事申诉案件查办中的积极作为;四是有利于保障当事人正确理性表达诉求、依法行使申诉权利、有效化解矛盾纠纷,进一步加强了申诉人合法权益的保障。

三、《规定》的主要内容及说明

《规定》共16条。主要内容可分为四个部分:一是界定刑事申诉案件异地审查的适用范围和条件,具体内容为《规定》第二条、第十四条;二是规范异地刑事申诉案件审查的办理程序,具体内容为《规定》第三条至第八条;

三是明确异地审查案件的处理,具体内容为《规定》第九条至第十一条;四是其他有关事项。

(一) 关于适用范围

《规定》对异地审查的适用范围作了如下界定:

1. 案件管辖级别范围。《规定》第二条规定最高人民检察院对省级人民检察院管辖的具有一定情形的刑事申诉案件,可以指令其他省级人民检察院审查办理。因此,从级别管辖看,《规定》的案件范围仅适用于省级院管辖的刑事申诉案件,即对地市级人民检察院刑事申诉处理决定的申诉,对省级人民检察院、省高级人民法院作出的刑事决定、判决、裁定的申诉。

在《规定》起草过程中,关于案件的级别管辖范围曾未作限制,地市级以上人民检察院均可对下级人民检察院办理的刑事申诉案件指令异地审查。在提交高检院检察委员会审议讨论时,部分委员提出异地审查只有跨省才有意义。经研究,《规定》仅对省级人民检察院异地审查作出规范。实践中省内异地是否可以适用这一机制,省级人民检察院可在确保效果的前提下,根据具体情况,参照《规定》精神灵活掌握。

2. 案件类型范围。《规定》明确适用异地审查机制的案件包括不服检察机关诉讼终结的刑事处理决定的申诉案件和不服人民法院已经生效的刑事判决、裁定的申诉案件。在《规定》起草过程中及第一次提请高检院检察委员会审议稿中,考虑到近年来监督纠正的重大冤错案件主要是人民法院审判的严重刑事犯罪案件,曾明确异地审查仅限不服人民法院已经生效的刑事判决、裁定的申诉案件。对此,最高人民检察院法律政策研究室在对此稿的审核意见中提出"将适用异地审查的刑事申诉案件限定为'上级人民检察院将下一级检察院管辖的不服人民法院已经发生效力的刑事判决、裁定申诉案件',排除了不服人民检察院诉讼终结的刑事处理决定的申诉案件,无法实现刑事申诉案件的全覆盖,将大大降低这项制度的实践价值,此问题事关申诉异地审查制度的框架",建议将适用范围覆盖所有刑事申诉案件。在征求各地意见过程中,天津、江苏、福建、四川等一些地方也建议将不服检察机关诉讼终结刑事处理决定的申诉一并纳入。根据上述意见,《规定》将适用范围扩展至刑事申诉检察部门办理的两类申诉案件,实现了对刑事申诉案件的全覆盖。

需要注意的是,《规定》中的刑事申诉案件异地审查并未改变申诉案件管辖层级。这与实践中一些省级检察院将本院管辖的刑事申诉案件交由下级院办理的"交办"有着本质区别。在"交办"程序中,刑事申诉案件的级别管辖发生了改变,案件由原来省级检察院管辖转变为地市及以下级别的检察院管辖。此外,实践中一些省级检察院抽调下级检察院人员参与本院管辖的刑事申诉案件办理，或将刑事申诉案件交下级检察院刑事申诉部门审查并提出初步意见，再由省级检察院以本院名义作出处理决定，由于在司法主体责任上未发生转移，程序上也未改变案件管辖级别，实质上相当于办案人员的统一调配，并不发生案件管辖意义上的法律效果。

（二）关于适用条件

《规定》对异地审查的适用条件作了以下限定：

1. 前提条件：有错误可能。《规定》第二条明确刑事申诉案件适用异地审查的前提条件是"原处理决定、判决、裁定有错误可能"。这是刑事申诉案件能否适用异地审查机制的前提条件。如果经初步审查认为原处理决定、判决、裁定正确，则不能适用《规定》。原处理决定、判决、裁定有错误可能，既包括认定事实方面有错误可能，也包括适用法律方面有错误可能，还包括原办案人员司法执法程序规范等方面有错误可能。根据《人民检察院复查刑事申诉案件规定》第十九条规定，判断是否属于"有错误可能"，应从以下几个方面进行审查：（1）原处理决定、判决、裁定认定事实是否有错误；（2）申诉人是否提出了可能改变原处理结论的新的事实或者证据；（3）据以定案的证据是否确实、充分；（4）据以定案的证据是否存在矛盾或者可能是非法证据；（5）适用法律是否正确；（6）处理是否适当；（7）是否存在严重违反诉讼程序的情形；（8）办案人员在办理该案件过程中是否存在贪污受贿、徇私舞弊、枉法裁判行为；（9）原处理决定、判决、裁定是否存在其他错误。

2. 具体条件。《规定》第二条明确了刑事申诉案件适用异地审查的具体情形：（1）应当受理不予受理或者受理后经督促仍拖延办理的。主要指省级院基于各种原因拒不受理、拖延办理或办理不力的。（2）办案中遇到较大阻力，可能影响案件公正处理的。主要指办案中受到党政机关个别领导、企事业单位等不当干扰，难以继续办理和公正处理的。（3）因存在回避等法定事由，当事人认为管辖地省级人民检察院不能依法公正办理的。主要指管辖地省级检察院领导与案件存在法定回避关系，或者原案承办人因职位变动，当事人认为可能对案件依法公正处理产生影响的。（4）申诉人长期申诉上访，可能影响案件公正处理的。主要指由于当事人长期申诉上访，有关部门领导曾作出批示，或者申诉人对办案人施加特殊影响，对案件依法公正处理产生不利影响的。（5）其他不宜由管辖地省级人民检察院办理的情形。此项是兜底条款，便于适应实践中遇到的新情况、新问题。

在提交最高人民检察院检察委员会审议稿中，对此条件曾表述为：（1）案情重大、疑难、复杂的；（2）案件办理阻力较大的；（3）其他不宜由管辖地人民检察院办理的情形。在审议时，一些委员认为这一表述不太合适：一是

"案情重大、疑难、复杂"不宜作为适用条件,否则各地容易推卸矛盾;二是"案件办理阻力较大"应当予以细化和明确,以便于适用;三是实践中办案阻力来自于人的因素,比如,原案承办人或领导提升到上一级担任重要职务等,应在文件中予以体现或作出具体规定。根据各委员意见,在进一步修改中对具体条件进行了调整。

3. 排除条件。《规定》第十四条规定:"被害人不服地市级人民检察院作出的不起诉决定,在收到不起诉决定书后七日以内提出的申诉,依据刑事诉讼法及相关规定办理,不适用本规定。"之所以将此类案件排除适用异地审查机制,主要是考虑到《刑事诉讼法》第一百七十六条和《人民检察院刑事诉讼规则(试行)》第四百一十七条对此已明确规定"由作出不起诉决定的人民检察院的上一级人民检察院刑事申诉检察部门立案复查"。《规定》不宜再作出与之不同的规定。

(三)关于适用程序

《规定》对异地审查适用程序作了以下规定:

1. 启动程序。(1)依职权启动。《规定》第二条、第三条明确了检察机关依职权启动异地审查的方式,包括高检院自行决定和省级检察院主动报请,主要指省级院和高检院在办理刑事申诉案件过程中,发现案件符合《规定》中异地审查的条件,主动报请或决定将刑事申诉案件异地审查的情形。根据《规定》第五条,检察机关依职权启动异地审查的,应当征得申诉人同意。征求意见过程中,一些地方和专家不同意将"申诉人同意"作为检察机关主动启动异地审查的条件。经研究,考虑到适用异地审查目的是为了更好保障申诉人的权利,提升检察机关的司法公信力,如果违背申诉人意愿,适用异地审查可能很难实现上述目的,并且办案实践中也需要申诉人予以配合。因此最终稿保留了这一适用条件。(2)应申请启动。《规定》第四条明确了申诉人关于刑事申诉案件异地审查的申请权。申诉人认为刑事申诉案件符合《规定》中异地审查条件的,可以向管辖地省级人民检察院或最高人民检察院提出异地审查的申请,由省级人民检察院或最高人民检察院进行审查以确定是否提请或决定适用异地审查。

2. 决定程序。根据《规定》第二条,决定刑事申诉案件异地审查的权限,由高检院检察长或检察委员会行使。《规定》没有明确省级院提请高检院刑事申诉案件异地审查的权限,根据以往惯例和决策程序要求,省级检察院对拟提请高检院异地审查的,也应当由检察长或检察委员会决定。对于申诉人提出申请,经审查拟不予异地审查的,可以由刑事申诉检察部门的检察官或部门负责人、分管检察长在本院司法责任制权力清单确定的权限内作出决定。

3. 申诉人权利保障。《规定》强化了对申诉人权利的保障。具体内容为：一是《规定》第四条明确了申诉人可以向省级检察院和高检院申请刑事申诉案件异地审查的权利。在规定征求意见过程中，有关部门曾建议赋予申诉人对省级院作出的不予异地审查决定可以向高检院申诉的权利。经研究，考虑到《规定》已明确申诉人可以向高检院直接申请的权利，有的专家学者也明确反对赋予申诉人对不予异地审查决定的申诉权，因此没有规定申诉人对省级院不予异地审查决定的申诉权。二是《规定》第七条、第十一条明确检察机关对申诉人的通知义务。对于申诉人就刑事申诉案件提出的异地审查申请，检察机关无论是否作出异地审查决定，都应当将处理结果通知提出异地审查申请的申诉人。决定予以异地审查的，由异地审查的人民检察院负责通知申诉人；决定不予异地审查的，由受理申请的人民检察院负责通知申诉人。《规定》起草过程中，关于不予异地审查情形的通知，曾规定一律由原管辖地省级检察院负责。在高检院检委会审议时，一些委员认为应采用"谁受理谁通知"的原则。根据这一意见，《规定》对申诉人直接向高检院提出申请的，明确由高检院通知申诉人。同时根据具体情况，对通知时间做了不同规定，以便于实践操作。

（四）关于审查处理

《规定》第八条明确了异地审查的省级人民检察院应当依照《人民检察院复查刑事申诉案件规定》立案复查，审查期限自收到异地审查指令之日起重新计算。在第九条至第十一条，对不服人民检察院诉讼终结刑事处理决定的申诉案件和不服人民法院生效刑事判决、裁定的申诉案件复查终结后如何处理，分别作了不同规定：

1. 关于不服人民检察院诉讼终结刑事处理决定的申诉案件的处理。根据《规定》，异地审查的检察机关对不服人民检察院诉讼终结刑事处理决定的申诉案件复查终结后，应当提出复查处理意见，经检察委员会审议决定后，报请最高人民检察院审查。高检院对该复查意见分别以下情况作出处理：（1）同意维持人民检察院原处理决定的，指令管辖地省级人民检察院作出维持的处理决定；（2）同意撤销或者变更人民检察院原处理决定的，指令管辖地省级人民检察院作出撤销或者变更的决定，也可以直接作出撤销或者变更的处理决定；（3）不同意复查处理意见的，应当立案复查并书面通知申诉人、管辖地省级人民检察院和异地审查的省级人民检察院；（4）认为复查意见认定事实不清或者意见不明确、理由不充分的，可以发回异地审查的省级人民检察院重新审查，也可以直接立案复查。

要求复查意见上报前必须经省级检察院检察委员会审议决定，主要是考虑到异地审查的申诉案件一般是有冤错可能的重大案件，且对此类案件已经明确必须立案复查，复查处理意见经检察委员会讨论决定，也体现了更严格的程序要求。

关于此类案件复查终结后，由哪个检察院作出复查决定并出具法律文书问题，经认真研究，《规定》采用由原管辖检察院和其上一级检察院作出处理决定并出具相关法律文书、异地审查的检察院不出具法律文书的方式。主要是考虑到，原作出诉讼终结处理决定的检察院与异地审查的检察院之间，不具有上下级隶属关系，由后者维持、变更或者撤销前者的刑事处理决定，不甚妥当。且大多情况下，刑事申诉复查决定撤销不逮捕、不起诉的后续诉讼活动，需原管辖地的侦查机关配合进行，由原管辖的检察院作出决定并予以协调后续工作，更为方便。征求意见过程中，一些地方检察院曾对这一做法是否违反"谁决定谁负责"司法责任制提出异议。经研究认为，原管辖地检察院出具相关法律文书的行为，是执行上一级人民检察院指令的行为，实质上作出决定的是上一级人民检察院，承担司法责任的也是上一级人民检察院，因此符合司法责任制的规定精神。

2. 关于不服人民法院生效刑事判决、裁定的申诉案件的处理。根据《规定》，对不服人民法院生效刑事判决、裁定的申诉案件，异地审查的省级人民检察院复查终结后，认为需要提出抗诉的，经检察委员会审议决定后提请最高人民检察院抗诉；认为不需要提出抗诉的，经检察委员会审议决定后结案。根据《规定》，无论是否提请抗诉，均需按照《人民检察院复查刑事申诉案件规定》制作刑事申诉复查通知书，在10日以内送达申诉人并抄送管辖地省级人民检察院。不同之处在于，对于提请高检院抗诉的案件，应当在收到不予抗诉通知后制作刑事申诉复查通知书；对不需要提出抗诉的，还需将刑事申诉复查通知书报最高人民检察院。

《规定》起草过程中，一些地方检察院及部分专家学者建议统一赋予异地审查的检察院完整的复查权，包括最后作出决定出具相应法律文书的权力。经研究认为，对不服人民检察院诉讼终结处理决定的申诉案件，不相隶属的检察院之间不宜作出维持、变更和撤销的刑事复查处理决定，因此，异地审查检察院不应享有完整的复查权。对不服人民法院生效刑事裁判的申诉案件，规定异地审查的省级检察院既可提请最高人民检察院抗诉，也可直接作出不予抗诉的决定，其基本享有完整的复查权。但对于中级以下人民法院作出的生效刑事裁判，异地审查的省级检察院认为应当提出抗诉的，仍然需要提请最高人民检察院抗诉。主要是考虑到，没有最高人民法院的指定管辖，异地审查的省级检察院如果直接抗诉，该异地的省高级人民法院并不能受理。如果报请最高人民检察院商请最高人民法院指令异地管辖，最高人民检察院也要对是否需要抗诉进行审查，因此规定由异地审查的省级院提请最高人民检察院抗诉，程序上更为合理、简便。

（五）其他内容

《规定》其他条款对管辖地与复查地省级检察院之间衔接配合、备案审查、解释权及生效时间等问题作了相应规定。一些地方检察院在征求意见过程中建议就相关办案软件进行调整，以与该规定的适用衔接配套。经研究认为，虽然《规定》条文中暂未涉及这一问题，但异地审查案件办理程序与目前统一业务应用软件确实存在不兼容问题，后续工作中将尽快协调案管部门研究解决。

最高人民检察院、国土资源部关于加强协作推进行政公益诉讼促进法治国土建设的意见

(2017年12月27日公布并施行　高检会〔2017〕4号)

各省、自治区、直辖市人民检察院、国土资源主管部门，解放军军事检察院、解放军土地管理局，新疆生产建设兵团人民检察院、国土资源局：

为贯彻落实中央关于检察公益诉讼改革部署，进一步完善检察机关提起公益诉讼制度，促进法治国土建设，最高人民检察院、国土资源部结合工作实际，形成如下协作意见：

一、充分认识行政公益诉讼制度的重大意义

（一）有利于加快推进国家治理体系和治理能力的现代化。探索建立检察机关提起公益诉讼制度是党中央作出的重大决策，是"五位一体"总体布局和"四个全面"战略布局的内在要求。检察机关提起行政公益诉讼弥补了诉讼主体的缺位，促进了行政机关依法履行职责，有效保护了国家利益和社会公共利益。行政公益诉讼制度的确立，对于加强公益保护，促进依法行政，对于健全检察监督体系，强化法律监督职能，对于发展完善中国特色社会主义司法制度，完善国家治理体系，提高治理能力，都具有重要意义。

（二）有利于加快推进生态文明建设和法治国土建设。习近平总书记反复强调，要像保护眼睛一样保护生态环境，像对待生命一样对待生态环境。通过检察机关的外部监督，能够更好地促进各级国土资源主管部门依法行政，更好地保护国土资源和生态环境，重塑外部执法环境、调整内部工作机制、降低廉政风险，全面促进法治国土建设。

二、正确把握行政公益诉讼制度的深刻内涵

（三）保护公共利益是检察机关提起行政公益诉讼制度的核心要义。"公益"是检察机关提起公益诉讼制度设计的出发点，也是制度运行的落脚点。要全面理解、准确把握公益的内涵和外延，明确国土资源领域国家利益和社会公共利益受损的主要表现形式，把重点放在人民群众反映强烈的突出问题上，加强对严重侵害公益行为的监督。

（四）检察机关提起行政公益诉讼是督促之诉、协同之诉。行政机关是保

护国家利益和社会公共利益责任的主要承担者。检察机关不论是提出检察建议还是提起行政公益诉讼，都旨在督促行政机关依法正确履行职责，依法解决侵害公益的突出问题。在保护国家利益和社会公共利益方面，检察机关与行政机关目标一致，要在监督中体现支持，把监督融入支持之中。

三、依法规范行使职权

（五）检察机关审慎行使权力，依法规范监督。检察机关提起行政公益诉讼，实质上是司法权对行政权的制约，敏感而复杂，而且行政管理还具有自身特点和规律。检察机关既要加强监督制约，又要审慎行使权力。要严守检察权边界，严格在法定范围内依法履行职责，依法规范调查取证，坚持合法性审查原则，不自我扩权，不越权解释，确保检察监督在法治轨道上运行。

（六）国土资源主管部门积极作为，依法履行职责。国土资源主管部门要全力配合检察机关开展公益诉讼工作，对于检察机关指出的违法行政行为，依法积极作为，确保公益得到有效保护。严格执行重大决策程序规定及合法性审查制度，公正、文明、规范执法。加强公益诉讼个案剖析和类案研究，研判执法风险点，对问题集中领域进行源头治理，促进规范执法。要按照"谁作为、谁负责"的原则，明确承办原行政行为的业务机构为行政公益诉讼承办机构。接到检察建议书后，国土资源主管部门要立即明确承办机构，由承办机构按照检察建议书的要求组织落实整改；进入诉讼程序的，承办机构要按照《国土资源行政应诉规定》的要求积极参加诉讼，并及时将国土资源管理工作中存在的问题进行梳理和总结，不断规范和改进工作，国土资源法制部门积极配合，提供相关法制保障。

四、充分发挥诉前检察建议功能

（七）检察机关充分发挥诉前程序作用，及时有效保护国家利益和社会公共利益。诉前程序是检察机关提起公益诉讼制度的重要内容，也是检察机关保护公益的法定手段。检察机关提起行政公益诉讼的根本目的是督促行政机关依法履行职责，有效保护国家利益和社会公共利益。各级检察机关要把诉前程序和提起诉讼两个阶段、两种方式放到同等重要的位置，积极通过诉前程序推动国土资源主管部门主动履职纠错，主动保护公益，形成严格执法和公正司法良性互动，共同促进公益损害问题及时有效解决。

（八）国土资源主管部门主动接受监督，积极整改落实。在收到检察建议书后，国土资源主管部门要认真自查，确属履职不到位或存在不作为的，应当积极采取有效措施进行整改，并在规定时间内书面反馈；因客观原因难以在规定期限内整改完毕的，应当制定具体可行整改方案，及时向检察机关说明情况；不存在因违法行政致国家利益和社会公共利益受损情形的，应当及时回复并说明情况。

针对违法行为查处、土地出让、耕地保护、矿产资源开发、矿山地质环境恢复治理等方面问题，要按照是否采取有效措施制止违法行为、是否全面运用行政监管手段、国家利益或者社会公共利益是否得到了有效保护等作为履职尽责的标准，进行认真自查，应当做到：发现并及时制止、责令停止违法行为，全面运用法定措施，要求相关义务主体依法履行法定义务，如果仍然拒不履行的，依照有关规定及时向本级政府、上一级国土资源主管部门及有关部门报告和通报；向有关部门移交依法没收的建筑物或其他设施；依法向有关部门进行移送违法犯罪线索；依法申请法院强制执行等。采取上述措施后，国家利益和社会公共利益仍未得到有效保护的，国土资源主管部门要及时向检察机关说明情况，由检察机关依法处理。

五、准确把握法律监督职能定位，依法参与相关诉讼活动

（九）始终坚持法律监督这个宪法定位。提起诉讼是检察机关提起公益诉讼制度的核心环节，也是法律赋予检察机关保护公益的刚性手段，是检察机关的法定职责。检察机关提出检察建议后，国土资源主管部门未依法履行职责，国家利益和社会公共利益没有得到有效保护的，应当依法向人民法院提起诉讼。诉讼过程中，既要遵循公益诉讼规律，又要遵循法律监督规律，实现两者有机结合。

（十）依法参加行政公益诉讼庭审活动。各级国土资源主管部门，应充分维护自身所享有的权利，依法履行所应承担的义务。要认真做好行政公益诉讼应诉准备工作，根据诉讼类型和具体请求积极应诉答辩，对于纠正违法行政行为一类诉讼，应围绕履职行为是否事实清楚、程序是否合法、依据是否充分予以答辩；对于不作为一类诉讼，应围绕是否属于职责范围、是否已经履职以及履职是否适当进行答辩。对于国家利益或社会公共利益受到损害的情形，在诉讼过程中要继续推动问题整改落实，力争实质解决。对于法院作出的生效判决，国土资源主管部门要严格执行，及时纠正违法行政行为或主动依法履职，防止国家利益或社会公共利益继续受到损害。

六、加强检察机关与国土资源主管部门的协作配合

（十一）建立案件信息共享平台。各级检察机关与国土资源主管部门要探索建立行政检察与行政执法衔接的信息平台，选择部分地方进行试点，有序推

进,共享国土资源领域违法信息、检察机关已办公益诉讼案件信息等数据信息,实现国土资源主管部门发现公益诉讼案件线索及时移送检察机关、检察机关发现国土资源主管部门可能存在履职问题时提前预警、启动公益诉讼程序网上告知等功能。

(十二)建立重大情况通报制度。为切实保护国家利益和社会公共利益,及时处置突发性、普遍性等重大问题,探索建立重大情况通报制度,任何一方获得的涉及国土资源行政执法及公益诉讼的重大舆情,应当及时相互通报,共同研究制定处置办法,回应社会关切。

(十三)建立联合开展专项行动制度。双方开展的涉及对方工作范围的专项行动等,可邀请对方参与,充分发挥检察机关公益监督、刑事司法等职能,充分发挥国土资源主管部门行政执法、勘验检查、卫星遥感等职能和技术优势,形成工作合力,共同促进国土资源领域依法行政工作。

(十四)建立联合培训制度。举办相关培训时,可以为对方预留名额,或邀请对方单位领导或办案骨干介绍情况,定期开展业务交流活动,共同提高行政执法和公益监督能力。

(十五)建立联席会议机制。最高人民检察院与国土资源部建立联席会议制度,双方定期或不定期召开联席会议,共同研讨国土资源领域涉及公益诉讼工作中存在的具体问题,对于达成一致的事项,以会议纪要等形式予以明确,指导和推动行政公益诉讼工作。检察机关对国土资源主管部门存在的系统性、领域性问题,可以集中提出意见建议;国土资源主管部门可以对检察机关执法中出现的问题,提出改进意见建议。

(十六)建立日常联络机制。双方各确定一名联络员,负责两个部门之间的日常联络及文件传输等工作。

七、加强组织领导,协同推进行政公益诉讼和依法行政工作

(十七)认真组织学习。各级检察机关和国土资源主管部门要深刻学习习近平总书记关于建立检察机关提起公益诉讼制度的系列重要指示精神,全面把握党中央重大决策部署和修改后行政诉讼法要求,切实增强政治责任感和历史使命感,全面贯彻落实检察机关提起行政公益诉讼制度,全面推进依法行政,全面保护国家利益和社会公共利益。

(十八)加强组织领导。各级检察机关和国土资源主管部门要强化服务大局意识,积极争取党委领导、人大监督和政府支持。要高度重视检察机关提起行政公益诉讼工作,主要负责人要亲自过问行政公益诉讼工作,为依法行政和

行政公益诉讼工作提供组织保障、人员保障和后勤保障。

各省（区、市）检察机关、国土资源主管部门贯彻落实本意见的情况，请及时向最高人民检察院、国土资源部报告。

最高人民检察院
国土资源部
2017 年 12 月 27 日

最高人民检察院、公安部
关于公安机关办理经济犯罪案件的若干规定

(2018年11月24日公布 2018年1月1日施行 公通字〔2017〕25号)

第一章 总 则

第一条 为了规范公安机关办理经济犯罪案件程序，加强人民检察院的法律监督，保证严格、规范、公正、文明执法，依法惩治经济犯罪，维护社会主义市场经济秩序，保护公民、法人和其他组织的合法权益，依据《中华人民共和国刑事诉讼法》等有关法律、法规和规章，结合工作实际，制定本规定。

第二条 公安机关办理经济犯罪案件，应当坚持惩罚犯罪与保障人权并重、实体公正与程序公正并重、查证犯罪与挽回损失并重，严格区分经济犯罪与经济纠纷的界限，不得滥用职权、玩忽职守。

第三条 公安机关办理经济犯罪案件，应当坚持平等保护公有制经济与非公有制经济，坚持各类市场主体的诉讼地位平等、法律适用平等、法律责任平等，加强对各种所有制经济产权与合法利益的保护。

第四条 公安机关办理经济犯罪案件，应当严格依照法定程序进行，规范使用调查性侦查措施，准确适用限制人身、财产权利的强制性措施。

第五条 公安机关办理经济犯罪案件，应当既坚持严格依法办案，又注意办案方法，慎重选择办案时机和方式，注重保障正常的生产经营活动顺利进行。

第六条 公安机关办理经济犯罪案件，应当坚持以事实为根据、以法律为准绳，同人民检察院、人民法院分工负责、互相配合、互相制约，以保证准确有效地执行法律。

第七条 公安机关、人民检察院应当按照法律规定的证据裁判要求和标准收集、固定、审查、运用证据，没有确实、充分的证据不得认定犯罪事实，严禁刑讯逼供和以威胁、引诱、欺骗以及其他非法方法收集证据，不得强迫任何人证实自己有罪。

第二章 管 辖

第八条 经济犯罪案件由犯罪地的公安机关管辖。如果由犯罪嫌疑人居住地的公安机关管辖更为适宜的,可以由犯罪嫌疑人居住地的公安机关管辖。

犯罪地包括犯罪行为发生地和犯罪结果发生地。犯罪行为发生地,包括犯罪行为的实施地以及预备地、开始地、途经地、结束地等与犯罪行为有关的地点;犯罪行为有连续、持续或者继续状态的,犯罪行为连续、持续或者继续实施的地方都属于犯罪行为发生地。犯罪结果发生地,包括犯罪对象被侵害地、犯罪所得的实际取得地、藏匿地、转移地、使用地、销售地。

居住地包括户籍所在地、经常居住地。户籍所在地与经常居住地不一致的,由经常居住地的公安机关管辖。经常居住地是指公民离开户籍所在地最后连续居住一年以上的地方,但是住院就医的除外。

单位涉嫌经济犯罪的,由犯罪地或者所在地公安机关管辖。所在地是指单位登记的住所地。主要营业地或者主要办事机构所在地与登记的住所地不一致的,主要营业地或者主要办事机构所在地为其所在地。

法律、司法解释或者其他规范性文件对有关经济犯罪案件的管辖作出特别规定的,从其规定。

第九条 非国家工作人员利用职务上的便利实施经济犯罪的,由犯罪嫌疑人工作单位所在地公安机关管辖。如果由犯罪行为实施地或者犯罪嫌疑人居住地的公安机关管辖更为适宜的,也可以由犯罪行为实施地或者犯罪嫌疑人居住地的公安机关管辖。

第十条 上级公安机关必要时可以立案侦查或者组织、指挥、参与侦查下级公安机关管辖的经济犯罪案件。

对重大、疑难、复杂或者跨区域性经济犯罪案件,需要由上级公安机关立案侦查的,下级公安机关可以请求移送上一级公安机关立案侦查。

第十一条 几个公安机关都有权管辖的经济犯罪案件,由最初受理的公安机关管辖。必要时,可以由主要犯罪地的公安机关管辖。对管辖不明确或者有争议的,应当协商管辖;协商不成的,由共同的上级公安机关指定管辖。

主要利用通讯工具、互联网等技术手段实施的经济犯罪案件,由最初发现、受理的公安机关或者主要犯罪地的公安机关管辖。

第十二条 公安机关办理跨区域性涉众型经济犯罪案件,应当坚持统一指挥协调、统一办案要求的原则。

对跨区域性涉众型经济犯罪案件，犯罪地公安机关应当立案侦查，并由一个地方公安机关为主侦查，其他公安机关应当积极协助。必要时，可以并案侦查。

第十三条 上级公安机关指定下级公安机关立案侦查的经济犯罪案件，需要逮捕犯罪嫌疑人的，由侦查该案件的公安机关提请同级人民检察院审查批准；需要移送审查起诉的，由侦查该案件的公安机关移送同级人民检察院审查起诉。

人民检察院受理公安机关移送审查起诉的经济犯罪案件，认为需要依照刑事诉讼法的规定指定审判管辖的，应当协商同级人民法院办理指定管辖有关事宜。

对跨区域性涉众型经济犯罪案件，公安机关指定管辖的，应当事先向同级人民检察院、人民法院通报和协商。

第三章 立案、撤案

第十四条 公安机关对涉嫌经济犯罪线索的报案、控告、举报、自动投案，不论是否有管辖权，都应当接受并登记，由最初受理的公安机关依照法定程序办理，不得以管辖权为由推诿或者拒绝。

经审查，认为有犯罪事实，但不属于其管辖的案件，应当及时移送有管辖权的机关处理。对于不属于其管辖又必须采取紧急措施的，应当先采取紧急措施，再移送主管机关。

第十五条 公安机关接受涉嫌经济犯罪线索的报案、控告、举报、自动投案后，应当立即进行审查，并在七日以内决定是否立案；重大、疑难、复杂线索，经县级以上公安机关负责人批准，立案审查期限可以延长至三十日；特别重大、疑难、复杂或者跨区域性的线索，经上一级公安机关负责人批准，立案审查期限可以再延长三十日。

上级公安机关指定管辖或者书面通知立案的，应当在指定期限以内立案侦查。人民检察院通知立案的，应当在十五日以内立案侦查。

第十六条 公安机关接受行政执法机关移送的涉嫌经济犯罪案件后，移送材料符合相关规定的，应当在三日以内进行审查并决定是否立案，至迟应当在十日以内作出决定。案情重大、疑难、复杂或者跨区域性的，经县级以上公安机关负责人批准，应当在三十日以内决定是否立案。情况特殊的，经上一级公安机关负责人批准，可以再延长三十日作出决定。

第十七条　公安机关经立案审查，同时符合下列条件的，应当立案：

（一）认为有犯罪事实；

（二）涉嫌犯罪数额、结果或者其他情节符合经济犯罪案件的立案追诉标准，需要追究刑事责任；

（三）属于该公安机关管辖。

第十八条　在立案审查中，发现案件事实或者线索不明的，经公安机关办案部门负责人批准，可以依照有关规定采取询问、查询、勘验、鉴定和调取证据材料等不限制被调查对象人身、财产权利的措施。经审查，认为有犯罪事实，需要追究刑事责任的，经县级以上公安机关负责人批准，予以立案。

公安机关立案后，应当采取调查性侦查措施，但是一般不得采取限制人身、财产权利的强制性措施。确有必要采取的，必须严格依照法律规定的条件和程序。严禁在没有证据的情况下，查封、扣押、冻结涉案财物或者拘留、逮捕犯罪嫌疑人。

公安机关立案后，在三十日以内经积极侦查，仍然无法收集到证明有犯罪事实需要对犯罪嫌疑人追究刑事责任的充分证据的，应当立即撤销案件或者终止侦查。重大、疑难、复杂案件，经上一级公安机关负责人批准，可以再延长三十日。

上级公安机关认为不应当立案，责令限期纠正的，或者人民检察院认为不应当立案，通知撤销案件的，公安机关应当及时撤销案件。

第十九条　对有控告人的案件，经审查决定不予立案的，应当在立案审查的期限内制作不予立案通知书，并在三日以内送达控告人。

第二十条　涉嫌经济犯罪的案件与人民法院正在审理或者作出生效裁判文书的民事案件，属于同一法律事实或者有牵连关系，符合下列条件之一的，应当立案：

（一）人民法院在审理民事案件或者执行过程中，发现有经济犯罪嫌疑，裁定不予受理、驳回起诉、中止诉讼、判决驳回诉讼请求或者中止执行生效裁判文书，并将有关材料移送公安机关的；

（二）人民检察院依法通知公安机关立案的；

（三）公安机关认为有证据证明有犯罪事实，需要追究刑事责任，经省级以上公安机关负责人批准的。

有前款第二项、第三项情形的，公安机关立案后，应当严格依照法律规定的条件和程序采取强制措施和侦查措施，并将立案决定书等法律文书及相关案件材料复印件抄送正在审理或者作出生效裁判文书的人民法院并说明立案理由，同时通报与办理民事案件的人民法院同级的人民检察院，必要时可以报告上级公安机关。

在侦查过程中，不得妨碍人民法院民事诉讼活动的正常进行。

第二十一条 公安机关在侦查过程中、人民检察院在审查起诉过程中，发现具有下列情形之一的，应当将立案决定书、起诉意见书等法律文书及相关案件材料复印件抄送正在审理或者作出生效裁判文书的人民法院，由人民法院依法处理：

（一）侦查、审查起诉的经济犯罪案件与人民法院正在审理或者作出生效裁判文书的民事案件属于同一法律事实或者有牵连关系的；

（二）涉案财物已被有关当事人申请执行的。

有前款规定情形的，公安机关、人民检察院应当同时将有关情况通报与办理民事案件的人民法院同级的人民检察院。

公安机关将相关法律文书及案件材料复印件抄送人民法院后一个月以内未收到回复的，必要时，可以报告上级公安机关。

立案侦查、审查起诉的经济犯罪案件与仲裁机构作出仲裁裁决的民事案件属于同一法律事实或者有牵连关系，且人民法院已经受理与该仲裁裁决相关申请的，依照本条第一款至第三款的规定办理。

第二十二条 涉嫌经济犯罪的案件与人民法院正在审理或者作出生效裁判文书以及仲裁机构作出裁决的民事案件有关联但不属同一法律事实的，公安机关可以立案侦查，但是不得以刑事立案为由要求人民法院移送案件、裁定驳回起诉、中止诉讼、判决驳回诉讼请求、中止执行或者撤销判决、裁定，或者要求人民法院撤销仲裁裁决。

第二十三条 人民法院在办理民事案件过程中，认为该案件不属于民事纠纷而有经济犯罪嫌疑需要追究刑事责任，并将涉嫌经济犯罪的线索、材料移送公安机关的，接受案件的公安机关应当立即审查，并在十日以内决定是否立案。公安机关不立案的，应当及时告知人民法院。

第二十四条 人民法院在办理民事案件过程中，发现与民事纠纷虽然不是同一事实但是有关联的经济犯罪线索、材料，并将涉嫌经济犯罪的线索、材料移送公安机关的，接受案件的公安机关应当立即审查，并在十日以内决定是否立案。公安机关不立案的，应当及时告知人民法院。

第二十五条 在侦查过程中，公安机关发现具有下列情形之一的，应当及时撤销案件：

（一）对犯罪嫌疑人解除强制措施之日起十二个月以内，仍然不能移送审查起诉或者依法作其他处理的；

（二）对犯罪嫌疑人未采取强制措施，自立案之日起二年以内，仍然不能移送审查起诉或者依法作其他处理的；

（三）人民检察院通知撤销案件的；

（四）其他符合法律规定的撤销案件情形的。

有前款第一项、第二项情形，但是有证据证明有犯罪事实需要进一步侦查的，经省级以上公安机关负责人批准，可以不撤销案件，继续侦查。

撤销案件后，公安机关应当立即停止侦查活动，并解除相关的侦查措施和强制措施。

撤销案件后，又发现新的事实或者证据，依法需要追究刑事责任的，公安机关应当重新立案侦查。

第二十六条 公安机关接报案件后，报案人、控告人、举报人、被害人及其法定代理人、近亲属查询立案情况的，应当在三日以内告知立案情况并记录在案。对已经立案的，应当告知立案时间、涉嫌罪名、办案单位等情况。

第二十七条 对报案、控告、举报、移送的经济犯罪案件，公安机关作出不予立案决定、撤销案件决定或者逾期未作出是否立案决定有异议的，报案人、控告人、举报人可以申请人民检察院进行立案监督，移送案件的行政执法机关可以建议人民检察院进行立案监督。

人民检察院认为需要公安机关说明不予立案、撤销案件或者逾期未作出是否立案决定的理由的，应当要求公安机关在七日以内说明理由。公安机关应当书面说明理由，连同有关证据材料回复人民检察院。人民检察院认为不予立案或者撤销案件的理由不能成立的，应当通知公安机关立案。人民检察院要求公安机关说明逾期未作出是否立案决定的理由后，公安机关在七日以内既不说明理由又不作出是否立案的决定的，人民检察院应当发出纠正违法通知书予以纠正，经审查案件有关证据材料，认为符合立案条件的，应当通知公安机关立案。

第二十八条 犯罪嫌疑人及其法定代理人、近亲属或者辩护律师对公安机关立案提出异议的，公安机关应当及时受理、认真核查。

有证据证明公安机关可能存在违法介入经济纠纷，或者利用立案实施报复陷害、敲诈勒索以及谋取其他非法利益等违法立案情形的，人民检察院应当要求公安机关书面说明立案的理由。公安机关应当在七日以内书面说明立案的依据和理由，连同有关证据材料回复人民检察院。人民检察院认为立案理由不能成立的，应当通知公安机关撤销案件。

第二十九条 人民检察院发现公安机关在办理经济犯罪案件过程中适用另案处理存在违法或者不当的，可以向公安机关提出书面纠正意见或者检察建议。公安机关应当认真审查，并将结果及时反馈人民检察院。没有采纳的，应当说明理由。

第三十条　依照本规定，报经省级以上公安机关负责人批准立案侦查或者继续侦查的案件，撤销案件时应当经原审批的省级以上公安机关负责人批准。

人民检察院通知撤销案件的，应当立即撤销案件，并报告原审批的省级以上公安机关。

第四章　强制措施

第三十一条　公安机关决定采取强制措施时，应当考虑犯罪嫌疑人涉嫌犯罪情节的轻重程度、有无继续犯罪和逃避或者妨碍侦查的可能性，使所适用的强制措施同犯罪的严重程度、犯罪嫌疑人的社会危险性相适应，依法慎用羁押性强制措施。

采取取保候审、监视居住措施足以防止发生社会危险性的，不得适用羁押性强制措施。

第三十二条　公安机关应当依照法律规定的条件和程序适用取保候审措施。

采取保证金担保方式的，应当综合考虑保证诉讼活动正常进行的需要，犯罪嫌疑人的社会危险性的大小、案件的性质、情节、涉案金额，可能判处刑罚的轻重以及犯罪嫌疑人的经济状况等情况，确定适当的保证金数额。

在取保候审期间，不得中断对经济犯罪案件的侦查。执行取保候审超过三个月的，应当至少每个月讯问一次被取保候审人。

第三十三条　对于被决定采取强制措施并上网追逃的犯罪嫌疑人，经审查发现不构成犯罪或者依法不予追究刑事责任的，应当立即撤销强制措施决定，并按照有关规定，报请省级以上公安机关删除相关信息。

第三十四条　公安机关办理经济犯罪案件应当加强统一审核，依照法律规定的条件和程序逐案逐人审查采取强制措施的合法性和适当性，发现采取强制措施不当的，应当及时撤销或者变更。犯罪嫌疑人在押的，应当立即释放。公安机关释放被逮捕的犯罪嫌疑人或者变更逮捕措施的，应当及时通知作出批准逮捕决定的人民检察院。

犯罪嫌疑人被逮捕后，人民检察院经审查认为不需要继续羁押提出检察建议的，公安机关应当予以调查核实，认为不需要继续羁押的，应当予以释放或者变更强制措施；认为需要继续羁押的，应当说明理由，并在十日以内将处理情况通知人民检察院。

犯罪嫌疑人及其法定代理人、近亲属或者辩护人有权申请人民检察院进行羁押必要性审查。

第五章 侦查取证

第三十五条 公安机关办理经济犯罪案件，应当及时进行侦查，依法全面、客观、及时地收集、调取、固定、审查能够证实犯罪嫌疑人有罪或者无罪、罪重或者罪轻以及与涉案财物有关的各种证据，并防止犯罪嫌疑人逃匿、销毁证据或者转移、隐匿涉案财物。

严禁调取与经济犯罪案件无关的证据材料，不得以侦查犯罪为由滥用侦查措施为他人收集民事诉讼证据。

第三十六条 公安机关办理经济犯罪案件，应当遵守法定程序，遵循有关技术标准，全面、客观、及时地收集、提取电子数据；人民检察院应当围绕真实性、合法性、关联性审查判断电子数据。

依照规定程序通过网络在线提取的电子数据，可以作为证据使用。

第三十七条 公安机关办理经济犯罪案件，需要采取技术侦查措施的，应当严格依照有关法律、规章和规范性文件规定的范围和程序办理。

第三十八条 公安机关办理非法集资、传销以及利用通讯工具、互联网等技术手段实施的经济犯罪案件，确因客观条件的限制无法逐一收集被害人陈述、证人证言等相关证据的，可以结合已收集的言词证据和依法收集并查证属实的物证、书证、视听资料、电子数据等实物证据，综合认定涉案人员人数和涉案资金数额等犯罪事实，做到证据确实、充分。

第三十九条 公安机关办理生产、销售伪劣商品犯罪案件、走私犯罪案件、侵犯知识产权犯罪案件，对同一批次或者同一类型的涉案物品，确因实物数量较大，无法逐一勘验、鉴定、检测、评估的，可以委托或者商请有资格的鉴定机构、专业机构或者行政执法机关依照程序按照一定比例随机抽样勘验、鉴定、检测、评估，并由其制作取样记录和出具相关书面意见。有关抽样勘验、鉴定、检测、评估的结果可以作为该批次或者该类型全部涉案物品的勘验、鉴定、检测、评估结果，但是不符合法定程序，且不能补正或者作出合理解释，可能严重影响案件公正处理的除外。

法律、法规和规范性文件对鉴定机构或者抽样方法另有规定的，从其规定。

第四十条 公安机关办理经济犯罪案件应当与行政执法机关加强联系、密切配合，保证准确有效地执行法律。

公安机关应当根据案件事实、证据和法律规定依法认定案件性质，对案情复杂、疑难，涉及专业性、技术性问题的，可以参考有关行政执法机关的认定意见。

行政执法机关对经济犯罪案件中有关行为性质的认定，不是案件进入刑事诉讼程序的必经程序或者前置条件。法律、法规和规章另有规定的，从其规定。

第四十一条 公安机关办理重大、疑难、复杂的经济犯罪案件，可以听取人民检察院的意见，人民检察院认为确有必要时，可以派员适时介入侦查活动，对收集证据、适用法律提出意见，监督侦查活动是否合法。对人民检察院提出的意见，公安机关应当认真审查，并将结果及时反馈人民检察院。没有采纳的，应当说明理由。

第四十二条 公安机关办理跨区域性的重大经济犯罪案件，应当向人民检察院通报立案侦查情况，人民检察院可以根据通报情况调度办案力量，开展指导协调等工作。需要逮捕犯罪嫌疑人的，公安机关应当提前与人民检察院沟通。

第四十三条 人民检察院在审查逮捕、审查起诉中发现公安机关办案人员以非法方法收集犯罪嫌疑人供述、被害人陈述、证人证言等证据材料的，应当依法排除非法证据并提出纠正意见。需要重新调查取证的，经县级以上公安机关负责人批准，应当另行指派办案人员重新调查取证。必要时，人民检察院也可以自行收集犯罪嫌疑人供述、被害人陈述、证人证言等证据材料。

公安机关发现收集物证、书证不符合法定程序，可能严重影响司法公正的，应当要求办案人员予以补正或者作出合理解释；不能补正或者作出合理解释的，应当依法予以排除，不得作为提请批准逮捕、移送审查起诉的依据。

人民检察院发现收集物证、书证不符合法定程序，可能严重影响司法公正的，应当要求公安机关予以补正或者作出合理解释，不能补正或者作出合理解释的，应当依法予以排除，不得作为批准逮捕、提起公诉的依据。

第四十四条 对民事诉讼中的证据材料，公安机关在立案后应当依照刑事诉讼法以及相关司法解释的规定进行审查或者重新收集。未经查证核实的证据材料，不得作为刑事证据使用。

第四十五条 人民检察院已经作出不起诉决定的案件，公安机关不得针对同一法律事实的同一犯罪嫌疑人继续侦查或者补充侦查，但是有新的事实或者证据的，可以重新立案侦查。

第六章 涉案财物的控制和处置

第四十六条 查封、扣押、冻结以及处置涉案财物，应当依照法律规定的条件和程序进行。除法律法规和规范性文件另有规定以外，公安机关不得在诉讼程序终结之前处置涉案财物。严格区分违法所得、其他涉案财产与合法财产，严格区分企业法人财产与股东个人财产，严格区分犯罪嫌疑人个人财产与家庭成员财产，不得超权限、超范围、超数额、超时限查封、扣押、冻结，并注意保护利害关系人的合法权益。

对涉众型经济犯罪案件，需要追缴、返还涉案财物的，应当坚持统一资产处置原则。公安机关移送审查起诉时，应当将有关涉案财物及其清单随案移送人民检察院。人民检察院提起公诉时，应当将有关涉案财物及其清单一并移送受理案件的人民法院，并提出处理意见。

第四十七条 对依照有关规定可以分割的土地、房屋等涉案不动产，应当只对与案件有关的部分进行查封。

对不可分割的土地、房屋等涉案不动产或者车辆、船舶、航空器以及大型机器、设备等特定动产，可以查封、扣押、冻结犯罪嫌疑人提供的与涉案金额相当的其他财物。犯罪嫌疑人不能提供的，可以予以整体查封。

冻结涉案账户的款项数额，应当与涉案金额相当。

第四十八条 对自动投案时主动提交的涉案财物和权属证书等，公安机关可以先行接收，如实登记并出具接收财物凭证，根据立案和侦查情况决定是否查封、扣押、冻结。

第四十九条 已被依法查封、冻结的涉案财物，公安机关不得重复查封、冻结，但是可以轮候查封、冻结。

已被人民法院采取民事财产保全措施的涉案财物，依照前款规定办理。

第五十条 对不宜查封、扣押、冻结的经营性涉案财物，在保证侦查活动正常进行的同时，可以允许有关当事人继续合理使用，并采取必要的保值保管措施，以减少侦查办案对正常办公和合法生产经营的影响。必要时，可以申请当地政府指定有关部门或者委托有关机构代管。

第五十一条 对查封、扣押、冻结的涉案财物及其孳息，以及作为证据使用的实物，公安机关应当如实登记，妥善保管，随案移送，并与人民检察院及时交接，变更法律手续。

在查封、扣押、冻结涉案财物时，应当收集、固定与涉案财物来源、权属、性质等有关的证据材料并随案移送。对不宜移送或者依法不移送的实物，应当将其清单、照片或者其他证明文件随案移送。

第五十二条 涉嫌犯罪事实查证属实后，对有证据证明权属关系明确的被害人合法财产及其孳息，及时返还不损害其他被害人或者利害关系人的利益、不影响诉讼正常进行的，可以在登记、拍照或者录像、估价后，经县级以上公安机关负责人批准，开具发还清单，在诉讼程序终结之前返还被害人。办案人员应当在案卷中注明返还的理由，将原物照片、清单和被害人的领取手续存卷备查。

具有下列情形之一的，不得在诉讼程序终结之前返还：

（一）涉嫌犯罪事实尚未查清的；

（二）涉案财物及其孳息的权属关系不明确或者存在争议的；

（三）案件需要变更管辖的；

（四）可能损害其他被害人或者利害关系人利益的；

（五）可能影响诉讼程序正常进行的；

（六）其他不宜返还的。

第五十三条　有下列情形之一的，除依照有关法律法规和规范性文件另行处理的以外，应当立即解除对涉案财物的查封、扣押、冻结措施，并及时返还有关当事人：

（一）公安机关决定撤销案件或者对犯罪嫌疑人终止侦查的；

（二）人民检察院通知撤销案件或者作出不起诉决定的；

（三）人民法院作出生效判决、裁定应当返还的。

第五十四条　犯罪分子违法所得的一切财物及其孳息，应当予以追缴或者责令退赔。

发现犯罪嫌疑人将经济犯罪违法所得和其他涉案财物用于清偿债务、转让或者设定其他权利负担，具有下列情形之一的，应当依法查封、扣押、冻结：

（一）他人明知是经济犯罪违法所得和其他涉案财物而接受的；

（二）他人无偿或者以明显低于市场价格取得上述财物的；

（三）他人通过非法债务清偿或者违法犯罪活动取得上述财物的；

（四）他人通过其他恶意方式取得上述财物的。

他人明知是经济犯罪违法所得及其产生的收益，通过虚构债权债务关系、虚假交易等方式予以窝藏、转移、收购、代为销售或者以其他方法掩饰、隐瞒，构成犯罪的，应当依法追究刑事责任。

第五十五条　具有下列情形之一，依照刑法规定应当追缴其违法所得及其他涉案财物的，经县级以上公安机关负责人批准，公安机关应当出具没收违法所得意见书，连同相关证据材料一并移送同级人民检察院：

（一）重大的走私、金融诈骗、洗钱犯罪案件，犯罪嫌疑人逃匿，在通缉一年后不能到案的；

（二）犯罪嫌疑人死亡的；

（三）涉嫌重大走私、金融诈骗、洗钱犯罪的单位被撤销、注销，直接负责的主管人员和其他直接责任人员逃匿、死亡，导致案件无法适用普通刑事诉讼程序审理的。

犯罪嫌疑人死亡，现有证据证明其存在违法所得及其他涉案财物应当予以没收的,公安机关可以继续调查,并依法进行查封、扣押、冻结。

第七章 办案协作

第五十六条 公安机关办理经济犯罪案件,应当加强协作和配合,依法履行协查、协办等职责。

上级公安机关应当加强监督、协调和指导,及时解决跨区域性协作的争议事项。

第五十七条 办理经济犯罪案件需要异地公安机关协作的,委托地公安机关应当对案件的管辖、定性、证据认定以及所采取的侦查措施负责,办理有关的法律文书和手续,并对协作事项承担法律责任。但是协作地公安机关超权限、超范围采取相关措施的,应当承担相应的法律责任。

第五十八条 办理经济犯罪案件需要异地公安机关协作的,由委托地的县级以上公安机关制作办案协作函件和有关法律文书,通过协作地的县级以上公安机关联系有关协作事宜。协作地公安机关接到委托地公安机关请求协作的函件后,应当指定主管业务部门办理。

各省、自治区、直辖市公安机关根据本地实际情况,就需要外省、自治区、直辖市公安机关协助对犯罪嫌疑人采取强制措施或者查封、扣押、冻结涉案财物事项制定相关审批程序。

第五十九条 协作地公安机关应当对委托地公安机关出具的法律文书和手续予以审核,对法律文书和手续完备的,协作地公安机关应当及时无条件予以配合,不得收取任何形式的费用。

第六十条 委托地公安机关派员赴异地公安机关请求协助查询资料、调查取证等事项时,应当出具办案协作函件和有关法律文书。

委托地公安机关认为不需要派员赴异地的,可以将办案协作函件和有关法律文书寄送协作地公安机关,协作地公安机关协查不得超过十五日;案情重大、情况紧急的,协作地公安机关应当在七日以内回复;因特殊情况不能按时回复的,协作地公安机关应当及时向委托地公安机关说明情况。

必要时,委托地公安机关可以将办案协作函件和有关法律文书通过电传、网络等保密手段或者相关工作机制传至协作地公安机关,协作地公安机关应当及时协查。

第六十一条 委托地公安机关派员赴异地公安机关请求协助采取强制措施或者搜查、查封、扣押、冻结涉案财物等事项时,应当持办案协作函件、有关侦查措施或者强制措施的法律文书、工作证件及相关案件材料,与协作地县级以上公安机关联系，协作地公安机关应当派员协助执行。

第六十二条　对不及时采取措施，有可能导致犯罪嫌疑人逃匿，或者有可能转移涉案财物以及重要证据的，委托地公安机关可以商请紧急协作，将办案协作函件和有关法律文书通过电传、网络等保密手段传至协作地县级以上公安机关，协作地公安机关收到协作函件后，应当及时采取措施，落实协作事项。委托地公安机关应当立即派员携带法律文书前往协作地办理有关事宜。

第六十三条　协作地公安机关在协作过程中，发现委托地公安机关明显存在违反法律规定的行为时，应当及时向委托地公安机关提出并报上一级公安机关。跨省协作的，应当通过协作地的省级公安机关通报委托地的省级公安机关，协商处理。未能达成一致意见的，协作地的省级公安机关应当及时报告公安部。

第六十四条　立案地公安机关赴其他省、自治区、直辖市办案，应当按照有关规定呈报上级公安机关审查批准。

第八章　保障诉讼参与人合法权益

第六十五条　公安机关办理经济犯罪案件，应当尊重和保障人权，保障犯罪嫌疑人、被害人和其他诉讼参与人依法享有的辩护权和其他诉讼权利，在职责范围内依法保障律师的执业权利。

第六十六条　辩护律师向公安机关了解犯罪嫌疑人涉嫌的罪名以及现已查明的该罪的主要事实，犯罪嫌疑人被采取、变更、解除强制措施，延长侦查羁押期限、移送审查起诉等案件有关情况的，公安机关应当依法将上述情况告知辩护律师，并记录在案。

第六十七条　辩护律师向公安机关提交与经济犯罪案件有关的申诉、控告等材料的，公安机关应当在执法办案场所予以接收，当面了解有关情况并记录在案。对辩护律师提供的材料，公安机关应当及时依法审查，并在三十日以内予以答复。

第六十八条　被害人、犯罪嫌疑人及其法定代理人、近亲属或者律师对案件管辖有异议，向立案侦查的公安机关提出申诉的，接受申诉的公安机关应当在接到申诉后的七日以内予以答复。

第六十九条　犯罪嫌疑人及其法定代理人、近亲属或者辩护人认为公安机关所采取的强制措施超过法定期限，有权向原批准或者决定的公安机关提出申诉，接受该项申诉的公安机关应当在接到申诉之日起三十日以内审查完毕并作出决定，将结果书面通知申诉人。对超过法定期限的强制措施，应当立即解除或者变更。

第七十条 辩护人、诉讼代理人认为公安机关阻碍其依法行使诉讼权利并向人民检察院申诉或者控告，人民检察院经审查情况属实后通知公安机关予以纠正的，公安机关应当立即纠正，并将监督执行情况书面答复人民检察院。

第七十一条 辩护人、诉讼代理人对公安机关侦查活动有异议的，可以向有关公安机关提出申诉、控告，或者提请人民检察院依法监督。

第九章 执法监督与责任追究

第七十二条 公安机关应当依据《中华人民共和国人民警察法》等有关法律法规和规范性文件的规定，加强对办理经济犯罪案件活动的执法监督和督察工作。

上级公安机关发现下级公安机关存在违反法律和有关规定行为的，应当责令其限期纠正。必要时，上级公安机关可以就其违法行为直接作出相关处理决定。

人民检察院发现公安机关办理经济犯罪案件中存在违法行为的，或者对有关当事人及其辩护律师、诉讼代理人、利害关系人的申诉、控告事项查证属实的，应当通知公安机关予以纠正。

第七十三条 具有下列情形之一的，公安机关应当责令依法纠正，或者直接作出撤销、变更或者纠正决定。对发生执法过错的，应当根据办案人员在办案中各自承担的职责，区分不同情况，分别追究案件审批人、审核人、办案人及其他直接责任人的责任。构成犯罪的，依法追究刑事责任。

（一）越权管辖或者推诿管辖的；
（二）违反规定立案、不予立案或者撤销案件的；
（三）违反规定对犯罪嫌疑人采取强制措施的；
（四）违反规定对财物采取查封、扣押、冻结措施的；
（五）违反规定处置涉案财物的；
（六）拒不履行办案协作职责，或者阻碍异地公安机关依法办案的；
（七）阻碍当事人、辩护人、诉讼代理人依法行使诉讼权利的；
（八）其他应当予以追究责任的。

对于导致国家赔偿的责任人员，应当依据《中华人民共和国国家赔偿法》的有关规定，追偿其部分或者全部赔偿费用。

第七十四条 公安机关在受理、立案、移送以及涉案财物处置等过程中，与人民检察院、人民法院以及仲裁机构发生争议的，应当协商解决。必要时，可以报告上级公安机关协调解决。上级公安机关应当加强监督，依法处理。

人民检察院发现公安机关存在执法不当行为的，可以向公安机关提出书面纠正意见或者检察建议。公安机关应当认真审查，并将结果及时反馈人民检察院。没有采纳的，应当说明理由。

第七十五条　公安机关办理经济犯罪案件应当加强执法安全防范工作，规范执法办案活动，执行执法办案规定，加强执法监督，对执法不当造成严重后果的，依据相关规定追究责任。

第十章　附　则

第七十六条　本规定所称的"经济犯罪案件"，主要是指公安机关经济犯罪侦查部门按照有关规定依法管辖的各种刑事案件，但以资助方式实施的帮助恐怖活动案件，不适用本规定。

公安机关其他办案部门依法管辖刑法分则第三章规定的破坏社会主义市场经济秩序犯罪有关案件的，适用本规定。

第七十七条　本规定所称的"调查性侦查措施"，是指公安机关在办理经济犯罪案件过程中，依照法律规定进行的专门调查工作和有关侦查措施，但是不包括限制犯罪嫌疑人人身、财产权利的强制性措施。

第七十八条　本规定所称的"涉众型经济犯罪案件"，是指基于同一法律事实、利益受损人数众多、可能影响社会秩序稳定的经济犯罪案件，包括但不限于非法吸收公众存款，集资诈骗，组织、领导传销活动，擅自设立金融机构，擅自发行股票、公司企业债券等犯罪。

第七十九条　本规定所称的"跨区域性"，是指涉及两个以上县级行政区域。

第八十条　本规定自2018年1月1日起施行。2005年12月31日发布的《公安机关办理经济犯罪案件的若干规定》（公通字〔2005〕101号）同时废止。本规定发布以前最高人民检察院、公安部制定的关于办理经济犯罪案件的规范性文件与本规定不一致的，适用本规定。

关于《最高人民检察院、公安部关于公安机关办理经济犯罪案件的若干规定》的理解与适用

高峰 万春*

《公安机关办理经济犯罪案件的若干规定》是公安部于2005年12月31日颁布,自2006年6月1日起施行的规范性文件。近年来,随着经济社会快速发展、经济犯罪形势变化以及刑事立法的修订完善,迫切需要公安机关办理经济犯罪案件的程序和规范有所创新和完善提高,施行十年之久的规定亟待更新,因此,最高人民检察院与公安部对其进行了全面修订完善。2017年11月24日,作为具有司法解释性质的规范性文件,《最高人民检察院公安部关于公安机关办理经济犯罪案件的若干规定》(公通字〔2017〕25号,以下简称《规定》)对外公开发布。现就新《规定》的修订意义、过程及其主要内容作一简要阐释。

一、《规定》修订的背景和意义

随着近年来我国经济社会迅猛发展,经济犯罪形势更为复杂严峻,诸如非法集资、传销、合同诈骗、制售假币、侵犯知识产权以及互联网金融、证券期货等领域的犯罪手段不断升级,个别领域的犯罪规模不断扩大,严重破坏社会主义市场经济秩序,侵害群众合法权益,社会危害性极大,社会各界对此反映强烈,群众要求公安机关严打严防严控的希望迫切。可以说,公安机关执法环境已经发生了深刻变化,面临着各种新形势、新任务和新挑战,亟待进一步加强和改进打击经济犯罪工作。在此情况下,原有法律规定与当前执法实践之间的不适应甚至相冲突的现象已经显现,亟待从顶层设计层面加以改变和创新发展,迎来打击经济犯罪工作的新气象、新作为和新局面。特别是随着2012年3月刑事诉讼法的全面修订,全国人大、最高人民法院、最高人民检察院以及中央有关部门出台了一系列规范性文件,直接或间接地对公安机关执法工作作了进一步的规范和完善,相关精神和内容亟待统一到一个法律文件中予以进一步贯彻和落实。

有鉴于此,在充分借鉴当前刑事司法理论成果和执法办案经验的基础上,紧密结合执法工作的实践、规律和特点,适应时代发展和法治进步的要求,最

---

* 作者单位:高峰,公安部经济犯罪侦查局;万春,最高人民检察院法律政策研究室。

高人民检察院与公安部联合修订和会签发布《规定》，进一步严密和细化执法办案程序，健全和完善执法办案依据，以程序的合法来保障和实现实体的公正。实践证明，最高人民检察院与公安部联合修订《规定》，是推进以审判为中心的刑事诉讼制度改革的迫切要求和贯彻公、检、法三机关办理刑事案件分工负责、互相配合、互相制约基本原则的实践需要。在司法实践中，公安机关和检察机关在查明犯罪事实，正确适用法律追究犯罪，实现公平正义方面有着共同的目标。近年来，以审判为中心的刑事诉讼制度改革对公安机关、人民检察院收集、固定、审查、运用证据提出了更严的标准和更高的要求。因此，最高人民检察院与公安部联合修订《规定》，加强公安机关和人民检察院之间的配合和制约，有利于推动和深化公安机关执法规范化建设，有利于提升经济犯罪案件办理质量和效率。

需要注意的是，党的十八大以来，中央先后作出了《关于全面深化改革若干重大问题的决定》《关于全面推进依法治国若干重大问题的决定》《关于完善产权保护制度依法保护产权的意见》，"两高三部"印发《关于推进以审判为中心的刑事诉讼制度改革的意见》，中共中央办公厅、国务院办公厅印发《关于深化公安执法规范化建设的意见》，最高人民检察院和公安部联合修订《规定》是深入贯彻落实上述改革决策部署，积极推进以审判为中心的刑事诉讼制度改革的重要举措，是践行习近平总书记关于"对党忠诚、服务人民、执法公正、纪律严明"总要求，切实尊重和保障人权，持续深化公安机关执法规范化建设的具体措施，是又一项具有深刻意义的法制建设成果，有利于创新执法理念、提高办案质量，有利于规范执法行为、统一执法标准，有利于加强法律监督、避免执法偏差，有利于依法履行职权、确保执法公正，必将对依法惩治经济犯罪，维护国家经济安全和社会主义市场经济秩序，服务法治中国建设，产生积极而深远的影响。

二、《规定》修订的简要过程

2015年4月以来，最高人民检察院与公安部成立研究专班，邀请中国人民公安大学、中国刑警学院、北京警察学院、江西警察学院、山东警察学院等公安院校教师和学者以及北京、河北、安徽、福建、湖北等实务部门专家参与，正式对《规定》进行修订，历时二年多。作为贯彻落实第四次全国经济犯罪侦查工作会议精神的重要举措之一，此项工作2015年5月被纳入公安机关执法权力运行机制改革任务之一，2016年1月被确定为公安机关经侦部门重点工作之一。修订期间，始终坚持以问题为导向，针对执法办案重点环节，分章节、分领域逐项研究论证，广泛深入征求各地公安机关、检察机关和国家有关部门的意见和建议，先后赴上海、江西、广东等地实地调研，多次召开专家论证会等,获得了普遍支持和广泛肯定。新《规定》在充分吸收借鉴当前司法体制改革和现有执法办案规范的优秀成果和成熟经验的基础上,不仅密切关注检法机关相关动态,而且紧盯公安法制改革举措,充分体现了稳定性与创新性相结合、时代性与特殊性相结合、精炼性与实用性相结合的特点和精神,使经侦执法办案重点环节有据可依,既保证刑事诉讼的效率和便捷,又重视对侦查权力的规范和监督,充分体现了其程序正义价值和人权保障价值,进一步提高了经济犯罪侦查工作的法治化水平。2017年11月30日,《规定》正式印发,共计10章,80条,约12000字,其中新增45条,修订35条,合并7条,删除2条。

三、《规定》修订的基本原则

(一) 法定性原则

一般认为,法定性原则是现代刑事诉讼的基本理念,既包括主体法定也包括程序法定,要求侦查权的行使必须得到国家以法律形式的授权,并且侦查行为必须严格遵守法律所设定的程序。正因为侦查活动是一把"双刃剑",它需要以限制或侵犯公民的合法权利为代价,具有主动性、攻击性和扩张性,若不加以规制,极易导致侦查权和侦查措施的滥用。① 因此,公安机关办理经济犯罪案件必须遵循法定性原则,在法律框架之内行事,符合正当法律程序的基本要求。作为现代法治国家人权保障的核心理念之一,正当法律程序的基本要求就在于"非经正当法律程序,不得剥夺任何人的生命、自由或财产"。为此,《规定》第35条规定:"公安机关办理经济犯罪案件,应当及时进行侦查,依法全面、客观、及时地收集、调取、固定、审查能够证实犯罪嫌疑人有罪或者无罪、罪重或者罪轻以及与涉案财物有关的各种证据,并防止犯罪嫌疑人逃匿、销毁证据或者转移、隐匿涉案财物。"当然,正当法律程序对人权的保障功能不仅体现在对个人实体权利的保护,而且体现在对个人程序权利的保护。② 换言之,公安机关办理经济犯罪案件采取和适用侦查措施和强制措施的权限、条件、范围以及操作步骤都应当确定和规范,必须建立"以程序来制约权力"的程序机制。基于此,在侦查取证方面,《规定》第4条规定:"公安机关办理经济犯罪案件,应当严格依照法定程序进行,规范使用调查性侦查措施,准确适用限制人身、财产权利的强制性措施。"在涉案财物方面,《规定》第46条规定:"查封、扣押、冻结以及处置涉案财物,应当依照法律规

---

① 参见吴孟栓、卫跃宁等:《刑事侦查程序》,中国人民公安大学出版社2012年版,第1页。
② 参见沈国琴:《正当法律程序与警察行政权的行使》,载《中国人民公安大学学报》2007年第3期,第88页。

定的条件和程序进行。"

（二）比例性原则

比例性原则又称适当性原则、相应性原则、最小损害原则，基本内涵是要求国家在保护公民个人权利与保护国家、社会公益之间保持一种合理的比例和平衡关系。如表现在侦查行为的规制上，就要求侦查行为的选择与实施应当与所追究的犯罪行为的社会危害性以及犯罪嫌疑的程度相称。[1] 基于此，《规定》严格遵循和落实比例性原则的有关要求，在顶层设计和执法制度上积极贯彻和践行谦抑、审慎、善意、文明、规范的理念精神，尽可能采用人性化执法方式，减少不必要的侵害。在强制措施方面，公安机关所采取的强制措施应当按照强制力大小分为不同梯度，并根据犯罪行为的社会危害性进行配置。[2] 如《规定》第31条规定："公安机关决定采取强制措施时，应当考虑犯罪嫌疑人涉嫌犯罪情节的轻重程度、有无继续犯罪和逃避或者妨碍侦查的可能性，使所适用的强制措施同犯罪的严重程度、犯罪嫌疑人的社会危险性相适应，依法慎用羁押性强制措施。"在涉案财物方面，公安机关查封、扣押、冻结的涉案财物应当与涉案金额大致相当，严格限定和规范涉案财物的查控和追缴范围。如《规定》第47条规定："冻结涉案账户的款项数额，应当与涉案金额相当。"

（三）实践性原则

在研究修订中紧密结合执法工作的实践、规律和特点，适应时代发展和法治进步的要求，对执法办案理念和机制进一步发展创新，补充完善和设置一些新的办案程序，并对有关规定作了进一步的明确和细化。一是适应时代需要，坚持与时俱进。在深化依法治国的时代背景下，在修订中充分贯彻《关于推进以审判为中心的刑事诉讼制度改革的意见》等一系列文件精神，落实深化司法体制改革、公安工作改革的部署，坚持与时俱进，体现时代特色。例如，《规定》第7条规定："公安机关、人民检察院应当按照法律规定的证据裁判要求和标准收集、固定、审查、运用证据，没有确实、充分的证据不得认定犯罪事实，严禁刑讯逼供和以威胁、引诱、欺骗以及其他非法方法收集证据，不得强迫任何人证实自己有罪。"二是适应警种需要，以问题为导向。在积极吸收和借鉴各地公安机关执法规范化建设经验成果的基础上，在修订中充分考虑经侦队伍作为一个新兴警种的特定需要，着力解决地方反映强烈的执法突出问

---

[1] 参见赵旭光著：《刑事侦查的正当性问题研究》，中国法制出版社，2013年第1版，第164页。

[2] 参见高峰、余怿、杨书文：《〈公安机关办理经济犯罪案件的若干规定〉的理解与适用》，载最高人民法院刑事审判第一、二、三、四、五庭主办《中国刑事审判指导案例》（破坏社会主义市场经济秩序罪），法律出版社2009年版，第532页。

题，体现了相关执法工作的特殊性、复杂性和规律性。三是适应基层需要，符合实战要求。作为规范经侦办案的程序性规定和指导性文件，在修订中在兼顾法定性和概括性的前提下，每个条文尽量明确、具体、精炼，避免繁杂、重复、累赘，突出和增强实践性、针对性和可操作性，更多地解决基层办案实际问题。

四、《规定》修订的主要内容

随着司法实践的发展和法律制度的变革，公安机关办理经济犯罪案件既有新问题的涌现，又有老问题的变异，因此，在研究修订中本着追求公平正义，一切从实际出发，注重以问题为导向，有利于提升执法办案效率的精神，着力对案件管辖中的地域管辖、管辖争议、指定管辖，立案撤案中的立案条件、刑民交叉、撤案条件，侦查办案中的强制措施、侦查取证、"两法"衔接和涉案财物处置、涉众型案件办理以及保障诉讼参与人权益等进行了细化、明确和规范。

（一）关于经济犯罪案件的界定

长期以来，无论在法学理论界还是司法实务界，作为一个并非规范性的法律用语，"经济犯罪案件"的内涵和外延始终存在着一定争议。考虑到修订前的《规定》并没有对其作出界定，"经济犯罪案件"到底是指刑法分则第三章规定的破坏社会主义市场经济秩序案件还是指公安机关经侦部门管辖的刑事案件并不明确，可能引发争议。根据公安机关刑事案件的管辖分工，在司法实践中，刑法分则第三章规定的破坏社会主义市场经济秩序案件，不仅由公安机关经侦部门主要负责办理，治安、刑侦和海关缉私等部门也实际参与办理。另外，公安机关经侦部门还负责办理三种侵犯财产犯罪案件和帮助恐怖活动案件。因此，在《规定》"附则"第76条明确了"经济犯罪案件"主要是指公安机关经侦部门按照有关规定依法管辖的各种刑事案件，包括刑法分则第三章破坏社会主义市场经济秩序罪中的部分案件以及刑法分则第五章"侵犯财产罪"中的职务侵占案件、挪用资金案件、挪用特定款物案件，但以资助方式实施的帮助恐怖活动案件，不适用本规定。其中，帮助恐怖活动罪是刑法分则第二章"危害公共安全罪"中的罪名，尽管按照公安机关刑事案件管辖分工的有关规定，以资助方式实施的帮助恐怖活动案件亦由经侦部门管辖，但是对恐怖活动犯罪要体现从严打击的刑事政策，不适用办理经济犯罪的原则和规定，因此规定了"但书"。此外，该条第2款还明确了公安机关其他办案部门依法管辖刑法分则第三章规定的破坏社会主义市场经济秩序犯罪有关案件的，也适用本规定。

（二）关于刑民交叉问题

在司法实践中，公安机关经常遇到民事纠纷与刑事犯罪互涉的问题，特别是在经济犯罪领域，基于经济纠纷与经济犯罪存在千丝万缕的联系，此类问题更为突出。事实上，就同一法律事实引发民事诉讼和刑事立案的情形，已成为当前司法领域备受关注的焦点之一。目前，学术界关于刑民交叉案件的概念和提法较多，比如，"刑民交叉""刑民交错""刑民交织""刑民结合""刑民互涉"等。① 一般认为，所谓刑民交叉案件，又称刑民交织、刑民互涉案件，是指既涉及刑事法律关系，又涉及民事法律关系，且互相之间存在交叉、牵连、影响的关系。② 具体而言，刑民交叉案件主要指民事案件与刑事案件在法律事实、法律主体方面存在完全重合或者部分重合，从而导致案件的刑事、民事两部分在程序处理、责任承担方面的相互交叉和渗透的情形，其中包括民事案件与刑事案件在法律事实上完全重合或者部分重合，在法律主体上完全重合或者部分重合，存在一定牵连关系从而在处理程序上、责任承担上相互影响等诸多情形。简而言之，刑民交叉案件是由于法律事实存在竞合或牵连，导致刑事诉讼和民事诉讼行为在运行时互相影响，甚至形成冲突的案件。这些诉讼行为的冲突只是一种程序表现，其背后暗含着一系列的权力（利）冲突，如诉权与追诉权的冲突、民事裁判权与追诉权的冲突、民事裁判权与刑事裁判权的冲突、两大诉讼之间事实认定和法律定性的冲突、公民私权利的冲突等。③ 正因为法律实体的交叉和诉讼行为的冲突，此类案件情况往往纷繁复杂，其中夹杂着恶意"以刑扰民"或"以民扰刑"等不正常现象，甚至出现"虚假诉讼"等犯罪问题。针对此类案件，一些地方公安机关主要存在着两种不良倾向，一是无理由地强调"刑事优先"，有的公安机关随意发出通知要求人民法院终止审理、终止执行，甚至跨省抓人、扰乱诉讼；二是片面理解不得插手"经济纠纷"，只要人民法院作为民事案件正在审理或者作出裁决的，有的公安机关不加分析地拒绝刑事介入。事实上，如果一概规定只要人民法院作为民事案件正在审理或者作出裁决的，公安机关就不得介入，就有可能造成不法分子恶意提起民事诉讼，逃避刑事责任追究，或者反之以刑事立案为借口，逃避民事债务等情形发生。于是，个别不法分子故意将涉嫌经济犯罪的事件描述成

---

① 参见宋英辉、曹文智：《论刑民交叉案件程序冲突的协调》，载赵秉志主编：《刑事法治发展研究报告》（2014－2015年卷），法律出版社2017年版，第446页。
② 参见何帆：《刑民交叉案件审理的基本思路》，中国法制出版社2007年版，第25页。
③ 参见宋英辉、曹文智：《论刑民交叉案件程序冲突的协调》，载赵秉志主编：《刑事法治发展研究报告》（2014－2015年卷）法律出版社2017年版，第447页。

民事纠纷，向人民法院提起民事诉讼，以此阻滞公安机关开展刑事侦查活动。这种情形在金融犯罪领域尤其严重。① 值得注意的是，近年来天津、河北、浙江、福建、湖北、广东、陕西、甘肃等地的此类案件时有发生，公安机关另行立案侦查、人民法院终审判决有罪的成功案例屡见不鲜。

一般认为，民事诉讼和刑事诉讼是相互独立的诉讼程序，刑事优先于民事或者民事优先于刑事，在法律上没有明确的规定，在理论上没有充分的理据，在实践上也不是一项司法原则。因此，此类案件的处理方式，如果大而化之、一概而论，必然有失偏颇，难以保证公平。现行刑法理论和实务界的观点认为：案件的办理需根据案情进行具体分析：如果民事案件的审理需要借助刑事审判认定的事实，则实行先刑后民；如果民事案件的审理不依赖于刑事的审理，则两者可以并行不悖地同时进行。② 值得注意的是，近年来经济犯罪的风险性、传导性、变异性增强，已经不仅仅是主流性犯罪，而且是风险性犯罪，必须针对纷繁复杂的司法实践和千差万别的具体案件，按照刑民救济可并行、措施应用不对抗、程序进行不冲突、证据效力有差异、证明结果待确定、侦查活动要监督等原则，既要保障公安机关依法独立地行使侦查权，避免放纵犯罪，又要加强人民检察院的法律监督，防止权力滥用。事实上，在确有重大犯罪嫌疑的情形下，公安机关完全可以依法立案侦查，不应当受到不必要的限制。应当澄清的事实是，在《规定》修订之前，对于公安机关是否可以自行决定立案侦查的问题，由于尚存争议，暂未作出明确规定，但我们认为，这并不意味着绝对排除了公安机关自行立案的可能性，在公安机关认为确有犯罪嫌疑的情况下，仍可以协调检法机关，个案操作。③ 值得注意的是，在一事不再理原则中的"一事"实质上是指法律关系的角度，公安机关行使自行立案侦查的权力并未违反一事不再理原则。④ 在民事法律关系虽然经过判决，但是犯罪人与国家刑罚权之间的法律关系尚未确定的情况下，公安机关就应当行使宪

---

① 参见宋阳：《论侦查程序中"刑民交叉"案件的处理》，载《中国人民公安大学学报》2007年第3期，第49页。
② 参见朱庆华、聂怀广：《当前涉银行犯罪刑事司法对策研究》，载《上海检察调研》2017年第2期，第35页。
③ 参见高峰、余怿、杨书文：《〈公安机关办理经济犯罪案件的若干规定〉的理解与适用》，载最高人民法院刑事审判第一、二、三、四、五庭主办：《中国刑事审判指导案例》（破坏社会主义市场经济秩序罪），法律出版社2009年版，第532页。
④ 参见谭堃：《论刑民交叉案件中公安机关的自行立案》，载《经济犯罪侦查研究》2017年第2期，第57页。

法、法律赋予其的侦查权。① 因此，为适应经济社会的发展和犯罪形势的变化，在《规定》修订之后，第20条直接作出明确规定，在检察机关未通知立案、审判机关未移送案件的情况下，公安机关认为有证据证明有犯罪事实，需要追究刑事责任，经省级以上公安机关负责人批准的，可以依法立案侦查。值得注意的是，公安机关完全有权自行决定是否立案侦查，既不能依赖检察机关的书面通知，也不能受到审判机关的移送限制，但是要加强内部的监督制约，因此，提高审批权限的层级控制。事实上，刑事侦查权是法律赋予公安机关的神圣职责，不容剥夺、替代，更不容自行放弃。② 因此，在特定情形下，公安机关另行启动刑事立案侦查程序，完全符合现行刑事立法的精神，适应市场经济的经营、发展、运作的标准和要求，提高了诉讼效率，不仅不会对司法权威造成损害，相反进一步维护了司法尊严，避免犯罪嫌疑人逍遥法外，真正做到不枉不纵。此外，为强化内部监督，避免执法偏差，强调"经省级以上公安机关负责人批准"，当然既包括各省、自治区、直辖市公安厅、局，也包括公安部。其中，一般性的刑民交叉案件，如果只涉及地方人民法院正在审理或作出生效裁判文书的，只需要报经省级公安机关审批决定；特殊性的刑民交叉案件，如果已涉及最高人民法院审理或裁定的，就要报请公安部审批决定。

在此基础上，《规定》并未刻意强调刑事优先或者民事优先，而是秉承刑事民事救济措施平行并进的原则，针对公安机关在立案审查阶段、刑事侦查阶段发现刑民交叉案件系同一法律事实、不同法律事实的，分门别类地明确和细化了其办理程序和操作规则，并强调要加强公安机关和人民法院的沟通协调，接受人民检察院的法律监督。因此《规定》第21条规定："发现具有下列情形之一的，应当将立案决定书、起诉意见书等法律文书及相关案件材料的复印件抄送正在审理或者作出生效裁判文书的人民法院，由人民法院依法处理……"根据诉讼法律的证据规则，在刑民交叉案件中，刑事证据的认定标准远远高于民事证据的标准，这主要缘于根据诉讼证据证明力原理，刑事案件系排他性证据，民事案件系优势性证据，因此，从诉讼功能和证明制度上来看，刑事判决的既判力高于民事判决的既判力，但是，在事实认定上民事裁判对刑事诉讼没有预决效力。因此，《规定》第44条明确："对民事诉讼中的证据材料，公安机关在立案后应当依照《中华人民共和国刑事诉讼法》以及相关司法解释的

---

① 参见谭堃：《论刑民交叉案件中公安机关的自行立案》，载《经济犯罪侦查研究》2017年第2期，第60页。

② 参见宋阳：《论侦查程序中"刑民交叉"案件的处理》，载《中国人民公安大学学报》2007年第3期，第49页。

规定进行审查或者重新收集。未经查证核实的证据材料,不得作为刑事证据使用。"当然,考虑到刑民交叉问题容易引发争议,要特别强调人民检察院的法律监督作用,如果确实发现公安机关不当立案、违法办案或者对申诉、控告查证属实的,应当依法予以纠正。如《规定》第 28 条规定:"有证据证明公安机关可能存在违法介入经济纠纷,或者利用立案实施报复陷害、敲诈勒索以及谋取其他非法利益等违法立案情形的,人民检察院应当要求公安机关书面说明立案的理由。"此外,特别强调在侦查过程中,公安机关不得以刑事立案为由要求人民法院移送案件、驳回起诉、中止诉讼等,甚至擅自干预或者妨碍民事诉讼活动。因此《规定》第 20 条规定:"在侦查过程中,不得妨碍人民法院民事诉讼活动的正常进行。"

当然,我国的司法资源配置、司法成本与司法效率等问题仍然是当前国家、社会和司法机关需要直面的难题,尤其是在刑事立法和制度设计中显示出国家中心和诉讼依赖的特点,偏重于以扩大司法供给满足需求的思路,在强调便利诉讼、降低诉讼成本和简化诉讼程序的同时,对大量存在的轻率诉讼、恶意诉讼、滥用诉权却不加任何限制。在此情况下,当事人基于自身利益的考虑滥用诉讼权利,是产生此类问题不可忽视的现实原因。更有甚者,当事人基于逃避刑事追究或者免除民事责任等企图,也可能故意就经济犯罪案件提起民事诉讼,或者就经济纠纷案件向公安机关提出刑事控告。有鉴于此,第一,要充分考虑到刑法的谦抑性精神,公安机关自然不应当也不可能对所有此类案件一概另行立案侦查,以免插手经济纠纷,而是首先必须综合考虑所谓刑事、民事问题是否属于"同一法律事实",其关联性是否特别密切。第二,属于同一法律事实的案件,要区分该事实引起的刑、民两个法律关系是否存在前提性关系。当一个法律关系的解决是另外一个法律关系解决的前提的时候,就不能囿于"先刑后民"或者"先民后刑",只能先解决前提性的法律关系。① 在实践中,无论因为任何情况或者个案引发争议,一般首先要由发生争议的公检法机关加强沟通协调,统一思想认识,以保证法律适用的准确性和刑事司法的严肃性。简言之,此类案件处理需要公检法机关本着尊重诉讼原理、实现诉讼价值的态度,积极有序加强协调,妥善处理法律关系,寻求最佳解决途径,维护法律的统一和尊严。

(三) 关于立案条件问题

长期以来,公安机关办理经济犯罪案件重点环节尤其受理立案环节的执法

---

① 参见宋阳:《论侦查程序中"刑民交叉"案件的处理》,载《中国人民公安大学学报》2007 年第 3 期,第 51 页。

问题相对突出，该立案的不立案、不该立案的乱立案等问题，社会各界反映十分强烈，已成为执法不规范的源头性因素，甚至老大难问题，严重影响了公安机关的形象。这其中不仅有公安机关警力不足的原因，还有警情意识落后的原因，也有法律规定设置本身的问题。如现有的立案条件相对原则，立案门槛较高，基层不易掌握。考虑到《刑事诉讼法》第107条主要针对"主动发现"情形立案、第110条主要针对"接受报案"情形立案，因此，《规定》第17条、第18条分别对此予以进一步细化和规范，其中第17条主要是对"接受报案"情形进一步细化，重申和强调了认为有犯罪事实、符合立案追诉标准、属于自己管辖等立案条件，第18条主要是对"主动发现"情形进一步细化，明确和规范了立案审查措施、调查性侦查措施、监督制约措施等立案工作。

值得注意的是，2012年《刑事诉讼法》第107条系沿用1996年《刑事诉讼法》第83条的内容，而1996年《刑事诉讼法》第83条系在1979年刑事诉讼法基础上增设的条款。在此之前，我国刑事诉讼法仅赋予了公安机关接受报案、被动立案的权限，但随着经济社会形势的发展和民主法制建设的进步，主动发现、积极立案已成为公安机关不容推卸的法定职责。公安机关和人民检察院是执行法律、打击犯罪的专门机关，对其发现的犯罪事实和犯罪嫌疑人应当立案侦查是不言而喻的，在司法实践中也是如此。为了更好地规范办案机关的立案活动，使立案工作有所遵循，又便于操作，在1996年修改刑事诉讼法时，总结了办案机关在立案方面的实际做法和经验，对来自于不同渠道的案件的立案分别作了具体规定。① 但遗憾的是，法学理论界和司法实务界似乎并未充分认识到案件来源多元化引发的立法修改的现实意义和宣誓精神，一些公安机关乃至司法机关至今仍然停留和徘徊于陈旧的立案理念和窠臼中，相关司法解释和规范性文件亦未对不同立案情形予以细化和规范。有鉴于此，《规定》立足于刑事诉讼法的条文本义和立法精神，以第17条、第18条分别对来自于不同渠道的案件立案问题予以进一步强调和规范，明确了相关立案情形、监督措施和工作机制。

当代社会学研究表明，现代社会进入了风险社会阶段。② 现代社会所产生和面临的一系列风险中，经济风险尤其金融风险是基础性、源头性风险，具有很强的传导性、诱发性和变异性。而在构成经济风险的各种因素中，作为经济领域各种消极因素综合体现和极端反映的经济犯罪，是滋生、诱发、加剧经济

---

① 参见郎胜主编：《中华人民共和国刑事诉讼法释义》，法律出版社2012年版，第254页。
② 参见[德]乌尔里希·贝克：《世界风险社会》，吴英姿译，南京大学出版社2005年版，第102页。

风险的最现实、最直接因素,是经济风险发展演变链条中的关键环节。① 为了有效防控经济风险尤其金融风险及其蔓延传导,充分发挥刑事法律尤其是刑法的积极预防功能,就需要扩大刑事保护范围以应对新的社会挑战。在此情况下,刑法也势必要进行相应的扩张,因此,出现法益保护前置化趋势。在风险社会中,刑法的功能定位由事后打击、以恶制恶的报应手段,变为事先主动出击、积极防范的功利工具。控制和预防风险成为刑法的首要使命。② 正因为如此,在刑事立法上,近年来刑法修正案陆续出台,入罪门槛相对降低,一些新增罪名多系行为犯、情节犯、危险犯,不仅体现补短板防风险的司法政策,还反映了刑法介入前置化的实务倾向。与此相适应,在刑事司法上,刑事立案规范和机制亦应顺势调整,尤其要对"主动发现"立案情形予以细化和调整,进一步重申和确认主观认识标准,完善立案审查措施,扩大打击范围,加快刑事追诉。

在司法实践中,在大数据、云计算、互联网的新时代下,犯罪手段迭代升级,犯罪场景脱实向虚,犯罪形势日益严峻,更是迫切需要公安机关主动发现、主动侦查、主动打击,被动式的打击模式已经与目前经济犯罪形势极不相符,因此,立案理念的更新和变革更是新时代的呼唤和要求。近年来,互联网在逐步改变着人类的生产和生活方式,但是犯罪也如影随形,在当前和今后一个时期,网络犯罪已成席卷全球之势。事实上,不仅互联网空间的新型犯罪层出不穷,而且传统犯罪也在互联网生根发芽,犯罪手段日益月异。③ 在一定意义上说,互联网已从传统的"犯罪工具"逐步演变为"犯罪场景"。特别是利用通讯工具、互联网等技术手段实施的经济犯罪活动持续高发多发,诸如"e租宝"非法集资案、"善心汇"非法传销案以及打击网上盗刷银行卡犯罪"云端2016"集群战役等,严重影响社会稳定,严重威胁金融安全,严重侵害群众利益,极易成为系统性、区域性经济风险集中爆发的导火索。然而,诸如此类非接触式的案件,在信息化技术助长下呈现团伙化作案、网络化犯罪、产业化运作态势,犯罪智能化、虚拟化、产业化特征明显,群众报案少、犯罪线索少、实际成案少,迫切需要以情报导侦为引领,主动发现、深度经营、集约打击。

---

① 参见杨书文:《试议经济犯罪的风险性与经济刑法的扩张化》,载《江西警察学院学报》2017年第5期,第5页。
② 参见劳东燕:《风险社会中的刑法:社会转型与刑法理论的变迁》,北京大学出版社2015年版,第44页。
③ 参见靳高风、王玥、李易尚:《2016年中国犯罪形势分析及2017年预测》,载《中国人民公安大学学报》2017年第2期,第8页。

正是基于经济社会的发展、法律制度的变革和司法实践的需要,结合贯彻落实公安部受立案改革意见精神,《规定》第18条明确规定:"在立案审查中,发现案件事实或者线索不明的,经公安机关办案部门负责人批准,可以依照有关规定采取询问、查询、勘验、鉴定和调取证据材料等不限制被调查对象人身、财产权利的措施。经审查,认为有犯罪事实,需要追究刑事责任的,经县级以上公安机关负责人批准,予以立案。"一般认为,立案与否取决于公安机关主观认识。[1] 因此,在条文适用中,要进一步明确和强调"认为有犯罪事实"的主观认识标准,树立和深化"立案不等于定案、撤案不等于错案"的理念,只要"案件事实相对清楚"或者"犯罪线索相对明确"就符合立案标准,既不要强求有确凿证据证明犯罪事实的发生,也不要苛求必须证明犯罪事实的全部,凡是符合条件的要大胆立案,凡是排除嫌疑的要立即撤案,这适应了基层办案的实际需要,对情报导侦、数据化作战以及案件性质的确定作用重大,不仅可以避免有的公安机关出现畏难情绪,减少搪塞推诿等不作为问题,还可以督促其充分用好用足立案前后的法律武器和各种措施,进而利用云计算、大数据、互联网等信息化手段进行数据化作战,以进一步扩大打击犯罪的规模和成效。

在此基础上,《规定》不仅首先强调要积极使用和广泛适用"调查性侦查措施",还对适用进一步的强制性措施及条件进行了规范和限定,以避免侦查权的滥用和侵犯人权的问题。一般认为,按照谦抑、审慎、善意、文明、规范的理念精神,凡是适用较轻的制裁方法足以抑制某种不法行为、足以保护某种合法权益时,就不必适用较重的制裁方法。因此,第18条第2款强调:"公安机关立案后,应当采取调查性侦查措施,但是一般不得采取限制人身、财产权利的强制性措施。确有必要采取的,必须严格依照法律规定的条件和程序。严禁在没有证据的情况下,查封、扣押、冻结涉案财物或者拘留、逮捕犯罪嫌疑人。"如此规定贯彻落实了宽严相济刑事政策,充分体现了比例原则的精神,坚持慎重介入与主动作为相结合,秉承慎用刑事手段干预社会经济生活的准则,十分注重采取相关措施的轻重衔接和协调统一,根据侦查工作需要逐步采取和升级相应措施并予以严格规范,呈现出一种梯次递进的步骤和关系。换言之,一般案件,应当采取调查性侦查措施,尽量不采取强制性措施;确有必要,可以采取进一步的侦查措施和强制措施,但必须严格依法进行;证据充

---

[1] 参见高峰、余怿、杨书文:《〈公安机关办理经济犯罪案件的若干规定〉的理解与适用》,载最高人民法院刑事审判第一、二、三、四、五庭主办:《中国刑事审判指导案例》(破坏社会主义市场经济秩序罪),法律出版社2009年版,第531页。

分，可以适用查封、扣押、冻结措施或采取拘留、逮捕措施，但必须予以必要的监督。

值得注意的是，在此需要厘清一些专业术语。其中，侦查措施，指的是刑事诉讼法第二编第二章所规定的措施。强制措施，指的是刑事诉讼法第一编第六章所规定的措施。强制性措施，包括拘传、取保候审、监视居住、拘留、逮捕等对人的强制措施以及查封、扣押、冻结等对财物的侦查措施。需要强调的是，"调查性侦查措施"主要渊源于《刑事诉讼法》第106条"侦查"中的"专门调查工作"。事实上，"专门调查工作"，是指侦查机关为收集证据、查明案件事实而采取的各种调查工作，如讯问犯罪嫌疑人、询问证人、勘验、检查、鉴定等活动。[①] 在沿袭习惯用语的情况下，在修订之前，《规定》就已提出，将对人的强制措施和对涉案财物的查封、扣押、冻结等统归为强制性的侦查措施。[②] 修订之后，《规定》进而明确，本规定所称的"调查性侦查措施"，是指公安机关在办理经济犯罪案件过程中，依照法律规定进行的专门调查工作和有关侦查措施，但是不包括限制犯罪嫌疑人人身、财产权利的强制性措施。

此外，考虑到要坚持打击犯罪与保障人权的辩证统一，《规定》又对侦查期限予以明确限定，对撤案问题予以特别规定，对监督制约予以细化规范，第18条第3款明确："公安机关立案后，在三十日以内经积极侦查，仍然无法收集到证明有犯罪事实需要对犯罪嫌疑人追究刑事责任的充分证据的，应当立即撤销案件或者终止侦查。重大、疑难、复杂案件，经上一级公安机关负责人批准，可以再延长三十日。"需要注意的是，在实践中既要解决"不立案"等不作为问题，也要防止"乱立案"等乱作为问题，因此，该条款又从量化侦查期限、细化撤案条件、加强监督制约等角度，专门设置一系列"安全阀"作为限定和制约，以避免出现执法偏差以及不规范问题。此外，对此类案件要积极侦查，力争快侦快结，一般案件在30日以内，重大、疑难、复杂案件最多在60日以内，就要初步查清犯罪事实，掌握更为充分的证据，以取得实质性进展，这样既避免权力滥用和侵犯人权，又避免怠于侦查和拖延时间。期间，上级公安机关和人民检察院对此要依法加强监督力度，并纠正各种执法偏差。

（四）关于撤案条件问题

在以审判为中心的刑事诉讼制度下，公安机关要树立辩证的侦查观，完善

[①] 参见郎胜主编：《中华人民共和国刑事诉讼法释义》，法律出版社2012年版，第251页。

[②] 参见高峰、余怿、杨书文：《〈公安机关办理经济犯罪案件的若干规定〉的理解与适用》，载最高人民法院刑事审判第一、二、三、四、五庭主办：《中国刑事审判指导案例》（破坏社会主义市场经济秩序罪），法律出版社2009年版，第532页。

科学的考评观，进一步坚持和深化立案与撤案并行不悖的理念。事实上，认为有犯罪嫌疑而立案侦查，因排除犯罪嫌疑而撤销案件，完全系常态化的工作和法定化的程序。换言之，撤案虽然否定了立案措施，但是查清了案件事实，肯定了侦查工作，不仅不应当作出否定性的评价，反而恰恰是成效性的结果。针对在司法实践中错误的侦查理念、机械的考评办法和落后的工作机制，不仅要防止人民群众投告无门、公安机关拖延推诿的"有案不立"，更重要的是要防止既不侦查也不撤案的"久拖不决"，因此，在援引和综合现行规定基础上，借鉴《人民检察院刑事诉讼规则（试行）》（高检发释字〔2012〕2号）的有关规定，《规定》第25条进一步补充和细化了撤案的三种情形和特定时限，明确规定："在侦查过程中，公安机关发现具有下列情形之一的，应当及时撤销案件：（一）对犯罪嫌疑人解除强制措施之日起十二个月以内，仍然不能移送审查起诉或者依法作其他处理的；（二）对犯罪嫌疑人未采取强制措施，自立案之日起二年以内，仍然不能移送审查起诉或者依法作其他处理的；（三）人民检察院通知撤销案件的；（四）其他符合法律规定的撤销案件情形的。"值得注意的是，第一项中"十二个月"的时限系延续《规定》修订以前的提法，司法实践证明行之有效。第二项中"二年"的时限系借鉴检察机关自侦案件的做法，各方意见认为确有必要。上述规定主要是针对司法实践中存在的采取或者解除强制措施后，不继续侦查、不作其他处理、不撤案，以致案件久拖不决的"挂案"现象。如此规定，不仅对公安机关侦查办案是一种督促，强化办案单位的责任心和紧迫感，倒逼其积极进行侦查、全面收集证据和提高诉讼效率，也是对当事人权利的一种保护，避免其正常的生产生活长期处于一种不确定状态。值得注意的是，2015年12月最高人民法院、最高人民检察院发布了《关于办理刑事赔偿案件适用法律若干问题的解释》，其中对上述时限的规定已明确为"终止追究刑事责任"的七种情形之一，实际上亦是对公安机关、检察机关相关规定的肯定和重申。

考虑到《规定》强调的撤案情形并非刑事诉讼法规定的法定情形，而是办理经济犯罪案件中需要特别考虑的酌定情形，可能涉及到一些流动性、团伙性、跨区域性犯罪中共同作案的部分犯罪嫌疑人长期潜逃境外、尚未缉捕归案等各种复杂因素，因此《规定》第25条又作出"有前款第一项、第二项情形，但是有证据证明有犯罪事实需要进一步侦查的，经省级以上公安机关负责人批准，可以不撤销案件，继续侦查"的例外性规定。为了保持立案和撤案的协调一致，《规定》第30条又规定："依照本规定，报经省级以上公安机关负责人批准立案侦查或者继续侦查的案件，撤销案件时应当经原审批的省级以上公安机关负责人批准。人民检察院通知撤销案件的，应当立即撤销案件，并报告原审批的省级以上公安机关。"考虑到我国司法实际运行情况，为加强法律监督，减少执法争议，便于实际执行和操作，此条人民检察院作出的撤案通知一般应当层报至与原审批的省级以上公安机关相对应的人民检察院批准为宜，以避免地方保护主义的影响和干扰。此外，针对有的地方撤案以后没有解除边控措施引发信访问题等执法偏差，强调撤案以后应当立即停止所有侦查工作，并解除一切对人的强制措施和对物的查控措施，其中包括但不限于限制或不限制当事人人身权和财产权的各种措施，以保障当事人的人权。值得注意的是，为防止放纵不法活动，又发现新的事实或者证据，当然应当重新立案侦查。在司法实践中，这种"发现"主要指个别类似于媒体报道的"亡者归来"等客观证据重新出现或者在其他案件中"得之桑榆"又发现此案新的线索等特定情形，而并非公安机关针对此案主动摸排等工作。当然，各地公安机关、检察机关要将此类撤案或继续侦查情形纳入执法监督重点，防止以此为由的反复折腾。

（五）关于涉众型案件问题

近年来，以非法集资、非法传销为代表的涉众型经济犯罪案件呈现高发多发频发的态势，涉案地域广、涉及人员多，规模不断扩大，危害日益严重，案发后极易引发群众集访、阻拦交通、围堵公共场所等群体性事件，存在引发系统性、区域性经济风险的重大隐患，严重危害国家经济安全、公共安全、政治安全。鉴于此，为有效遏止非法集资高发蔓延势头，加大防范和处置工作力度，2015年10月国务院印发《关于进一步做好防范和处置非法集资工作的意见》（国发〔2015〕59号），提出了"防打结合、打早打小""突出重点、依法打击""疏堵结合、标本兼治""齐抓共管、形成合力"的监管理念，并进一步明确了防范和处置非法集资的监管职责。特别是提出要坚持"三统两分"工作原则，统一指挥协调、统一办案要求、统一资产处置、分别侦查诉讼、分别落实维稳，加强沟通、协商及跨区域、跨部门协作，妥善处置跨省案件、完善组织协调机制。在总结近年来经验教训的基础上，公安机关进一步完善"统分结合"原则，统一指挥协调、统一办案要求、一地牵头侦办、分别侦查诉讼、分别落实维稳，对依法应当返还涉案财物的案件，坚持统一处置资产，积极开展跨区域指挥、协调和协作，有力推进了涉众型案件的侦办、维稳和处置工作。值得注意的是，在司法实践中，针对涉众型案件，一些地方公安机关分头办理、各个击破的办案思路存在明显的优缺点。其优点在于，可以在各地集中办案力量，快速突破各地的非法集资案件，加快诉讼流程，避免更多的社会问题出现。① 其缺点在于，在实体上，缺乏统筹取证的侦查模式容易引起定性错误；在程序上，各地分头判决的司法模式导致罪责刑不相适应，可能遗漏犯罪事实和犯罪嫌疑人。

在研究修订《规定》过程中，在总结近年来涉众型经济犯罪规律特点和侦查工作经验的基础上，以问题为导向，立足宏观指导，兼顾微观实战，加强调查研究，解决突出问题，为切实提升打击防范涉众型经济犯罪能力提供法律保障和制度支持。因此，《规定》第12条不仅重申"公安机关办理跨区域性涉众型经济犯罪案件，应当坚持统一指挥协调、统一办案要求的原则"，还进一步针对司法实践遇到的问题，强调："对跨区域性涉众型经济犯罪案件，犯罪地公安机关应当立案侦查，并由一个地方公安机关为主侦查，其他公安机关应当积极协助。必要时，可以并案侦查。"毋庸置疑，跨区域涉众型经济犯罪行为发生地、结果发生地以及犯罪嫌疑人居住地公安机关均有管辖权，都应认真受理举报，依法立案侦查，对此责无旁贷，必须主动担当。在司法实践中，对于跨区域涉众型案件，例如，以公司化运作模式的非法集资案件，原则上应当由一个地方公安机关牵头查处主要犯罪嫌疑人（如涉案公司总部）的全部犯罪事实，其他涉案地公安机关分别查处本地犯罪事实以及犯罪嫌疑人（如公司分支机构）或者对本地利益受损人调查取证，协同开展查处，诸如"e租宝"非法集资案等案件就是此类模式。换言之，跨区域涉众型案件主办地的确定，要考虑多种管辖因素，以最有利于查明全案犯罪事实、依法打击犯罪、便于刑事诉讼和涉案财物处置为标准。为避免各地自行其是擅自处置涉案财物以及公检法机关之间产生扯皮争议等问题，第46条又进一步强调："对涉众型经济犯罪案件，需要追缴、返还涉案财物的，应当坚持统一资产处置原则。公安机关移送审查起诉时，应当将有关涉案财物及其清单随案移送人民检察院。人民检察院提起公诉时，应当将有关涉案财物及其清单一并移送受理案件的人民法院，并提出处理意见。"

此外，考虑到涉众型案件并非一个法律专业术语，为准确适用相关条文，避免产生混淆和歧义，《规定》第78条从犯罪事实内在法律关系、涉众、涉稳等"三要素"角度，将其明确定义为基于同一法律事实、利益受损人数众多、可能影响社会秩序稳定的经济犯罪案件，以区别其他类型案件，强调和明确此类案件包括但不限于非法吸收公众存款，集资诈骗，组织、领导传销活动，擅自设立金融机构，擅自发行股票、公司企业债券等犯罪。

---

① 参见蔡炜铀：《新形势下非法集资刑事案件若干问题探析》，载陈国庆主编《刑事司法指南》（总第62集），法律出版社2015年版，第162页。

（六）关于案件管辖问题

针对一些地方公安机关执法办案中存在争抢管辖和推诿管辖等问题，《规定》着重从强化上对下的制约方面，进一步明确和细化了级别管辖、地域管辖、部门管辖、指定管辖以及管辖争议的救济等问题。以地域管辖为例，考虑到近年来在经济犯罪中单位犯罪日益增多和自身特点，《规定》第8条不仅对自然人的居住地作出明确，还对单位的所在地予以解释。

一是指定管辖的快速处理。鉴于目前有关法律法规和司法解释对指定管辖的衔接和操作一直缺乏细化的规定，现有规范比较散乱，公、检、法机关依据各自部门规定，在各自诉讼环节上均可以独立指定管辖，这就导致在侦查、批捕、起诉、审判等各个环节在指定管辖问题上衔接不畅，多头指定、各自为政，甚至还存在着冲突和矛盾。特别是在办理程序上，鉴于实务操作中办理指定管辖经过环节较多、耗费时间较长，如检察机关内部就涉及案管、公诉、侦监等多个部门，公安机关的办案期限经常不够。因此，结合贯彻落实关于"建立刑事案件管辖争议快速处理机制"司法改革项目，《规定》第13条进一步明确上级公安机关指定下级公安机关立案侦查的经济犯罪案件，可以直接向相关人民检察院提请批准逮捕、移送审查起诉。当然，考虑到跨区域性涉众型案件的特殊性和复杂性，在办理指定管辖手续的同时，应当事先向检法机关进行必要的通报和协商，如此规定可以避免检、法机关措手不及，便于其调配力量。

二是特殊类型的案件管辖。针对犯罪主体特殊的非国家工作人员职务犯罪，作案手段特殊的互联网经济犯罪，受害对象特殊的涉众型经济犯罪，根据有关司法解释，《规定》分别作出了细化规定。例如，《规定》第9条明确规定："非国家工作人员利用职务上的便利实施经济犯罪的，由犯罪嫌疑人工作单位所在地公安机关管辖，……也可以由犯罪行为实施地或者犯罪嫌疑人居住地的公安机关管辖。"这主要考虑到非国家工作人员职务犯罪的特殊性，参考最高人民检察院的有关批复精神，从有利于侦查办案角度，兼顾诉讼经济原则，对其单独作出了特别规定。又如《规定》第11条第2款重申强调"主要利用通讯工具、互联网等技术手段实施的经济犯罪案件，由最初发现、受理的公安机关或者主要犯罪地的公安机关管辖"，这适应了科技信息化时代经济社会的快速发展态势，主要针对一些非接触式的案件，体现了刑事诉讼制度改革的全面管辖原则，贯彻落实了公安机关"强化主动进攻、实施遏制战略"的指导思想，以减少和避免少数地方公安机关拖延推诿和群众投告无门现象发生。

三是管辖争议的解决。在实践中，针对管辖不明确或者有争议的案件，一般按照犯罪地优先于犯罪嫌疑人居住地、犯罪行为发生地优先于犯罪结果发生地、犯罪行为实施地优先于其他关联地的排列次序，先协商、后指定、再管辖。因此，《规定》第 11 条第 1 款规定几个公安机关都有权管辖的案件，由最初受理的公安机关管辖，必要时可以由主要犯罪地的公安机关管辖，并强调管辖不明确或者有争议的，按照先协商、后指定的原则处理，这在一定程度上有利于解决管辖争议，防止推诿管辖和争夺管辖问题的发生。

（七）关于侦查取证问题

一是明确了非法集资、传销以及利用通讯工具、互联网等技术手段实施的经济犯罪案件言词证据的收集和认定规则。近年来，一些地方公、检、法机关在办理经济犯罪案件尤其是非法集资案件时，对于言词证据在非法集资刑事案件中的地位以及收集的范围和数量存在着一定的争议。在司法实践中，有的地方公、检、法机关机械要求收集所有集资参与人的言词证据，这一做法既不符合客观现实，又忽视了其他证据的效力，对案件的查处和处置造成了不利影响。鉴于对此问题争议较多，2014 年 3 月，最高人民法院、最高人民检察院、公安部《关于办理非法集资刑事案件适用法律若干问题的意见》（公通字〔2014〕16 号）明确了此类案件言词证据的收集和认定规则。在总结近年来办理此类案件实践经验和一般规律的基础上，《规定》第 38 条进一步扩大了上述规则的适用范围，规定："公安机关办理非法集资、传销以及利用通讯工具、互联网等技术手段实施的经济犯罪案件，确因客观条件的限制无法逐一收集被害人陈述、证人证言等相关证据的，可以结合已收集的言词证据和依法收集并查证属实的物证、书证、视听资料、电子数据等实物证据，综合认定涉案人员人数和涉案资金数额等犯罪事实，做到证据确实、充分。"当然，在适用上述规定时，应当注意把握好言词证据的特点和作用、其他证据的特点和作用以及相关数量之间关系。事实上，言词证据尤其是涉案人证言，其所证实的非法集资参与人数、涉案金额、运行模式等情况应当与依据其他证据认定的犯罪事实相符相称。因此，公安机关应当尽可能收集和调取，使其确实具有一定的代表性，不能怠于工作。如果客观条件不允许，则不应当过于机械，可采取部分收集的方式，结合其他客观性更强的证据材料，综合认定涉案人数和资金数额等犯罪事实，做到证据确实充分。

二是增加了抽样勘验、鉴定、检测、评估的规定。借鉴国家食品药品监管总局、公安部、最高人民法院、最高人民检察院、国务院食品安全办《关于印发食品药品行政执法与刑事司法衔接工作办法的通知》（食药监稽〔2015〕271 号）第 21 条"对同一批次或者同一类型的涉案食品药品，如因数量较大等原因，无法进行全部检验检测，根据办案需要，可以依法进行抽样检验检测"等规定，《规定》第 39 条进一步扩大了案件适用范围，采取列举式表述

"生产、销售伪劣商品犯罪案件、走私犯罪案件、侵犯知识产权犯罪案件",具体抽样方法采取概括式表述"按照一定比例随机抽样勘验、鉴定、检测、评估",其适用对象严格限定,适用条件严格规范,更适应实战需求。

三是明确了除法律、法规和规章另有规定以外行政认定不是案件进入刑事诉讼程序的必经程序或者前置条件。近年来,一些地方公、检、法机关在办理经济犯罪案件尤其是非法集资案件时,要求将行政执法机关对相关行为性质的认定意见作为立案侦查、移送起诉甚至定罪处罚的前置条件和必经程序。这一做法弱化了司法权的独立性,使司法权受制于行政权,大量司法资源消耗在沟通协调上,导致案件查处周期延长、诉讼效率降低。在理论上,在刑事司法中,前置法只是作为司法人员定罪的参考而非必须。同时,基于两者的证明标准和价值追求不同,相较行政处理的高效率,司法更追求公平正义,因而,证明标准更高,司法过程中需要一定的独立判断性。① 在实务上,早在2007年6月,国务院办公厅《对〈禁止传销条例〉中传销查处认定部门解释的函》(国办函〔2007〕65号)明确规定:"工商部门和公安机关在各自的职责范围内都应当对传销行为进行查处,并依照各自职责分别对传销行为予以认定。"此后,2011年12月最高人民法院《关于非法集资刑事案件性质认定的通知》(法〔2011〕262号)作出规定:"行政部门对于非法集资的性质认定,不是非法集资案件进入刑事程序的必经程序。"为一揽子解决相关问题,避免陷入执法误区,《规定》第40条推而广之进一步扩大了适用范围,规范和明确了行政认定的法律地位和实际适用。当然,行政认定是一种辅助机制,十分重要但非必要,既不能完全排除又不能片面依赖,公、检、法机关要从依法公正查处案件的角度,认识和发挥好行政认定的作用。此外,在具体适用时,要注意把握好司法认定与行政认定的关系、把握好认定意见的内容、把握好认定部门的范围。事实上,公、检、法机关完全可以依据有关法律法规对相关行为的性质做出判断和认定,其刑事审查的程序更严、依据更广、标准更高、效力更强,当然如果遇有情况复杂、性质认定疑难的案件时,也确有必要参考行政认定的意见,但是决不能将其作为阻滞刑事诉讼的理由。

四是明确了通过网络在线提取电子数据的证据效力。近年来司法体制改革反复强调要以审判为中心、强化证据意识,《规定》充分体现了以审判为中心的刑事诉讼改革精神,明确非法证据排除的适用和电子数据的效力、民事证据的适用以及重新取证补证等问题。如借鉴2016年9月最高人民法院、最高人

---

① 参见朱庆华、聂怀广:《当前涉银行犯罪刑事司法对策研究》,载《上海检察调研》2017年第2期,第35页。

民检察院、公安部《关于办理刑事案件收集提取和审查判断电子数据若干问题的规定》（法发〔2016〕22号），《规定》第36条第2款重申了："依照规定程序通过网络在线提取的电子数据，可以作为证据使用。"随着现代科技信息化技术的发展，电子数据与网络的关系越来越密切，提取电子数据可以不受空间的限制，并能够保证其真实性和完整性。在实践中，通过网络在线提取电子数据已经成为常见的侦查取证方式，诸如近年来的"e租宝"非法集资案等。因此，对于网络在线提取的电子数据，只要取证人员、设备和过程符合相关技术标准和法定程序，能够保证真实性和完整性，就可以作为刑事证据使用。

（八）关于强制措施问题

长期以来，少数地方公安机关在办理经济犯罪案件中沿袭和习惯于"立案即可抓人"的错误观念和做法，抓人索债的现象时有发生，甚至引发媒体的炒作和社会的关注。实践证明，为了尽量缩小放宽立案所带来的负面影响，把住强制措施环节是关键。① 因此，《规定》在总则和分则中均强调依法慎用羁押性强制措施的理念，严禁将批准刑事立案的条件与采取强制措施的条件相等同，条文设计体现了采取强制措施由轻到重的法定性和比例性原则，特别是结合贯彻公安部关于刑事案件"两统一"工作机制改革意见精神，明确和重申了适用强制措施的统一审核程序，强调要依照法定条件和程序逐案逐人审查采取强制措施的合法性和适当性，主动接受人民检察院的法律监督。

值得注意的是，针对取保候审问题，在总结近年来组织开展取保候审突出问题专项督察工作经验的基础上，《规定》援引和综合现行的各种法律规定，从案件性质、危害大小、罪行轻重以及犯罪嫌疑人经济状况等几个方面进一步明确和细化了保证金数额确定的原则和条件，以避免执法的随意性。如《规定》第32条规定："采取保证金担保方式的，应当综合考虑保证诉讼活动正常进行的需要，犯罪嫌疑人的社会危险性的大小，案件的性质、情节、涉案金额，可能判处刑罚的轻重以及犯罪嫌疑人的经济状况等情况，确定适当的保证金数额。"当然，保证金的具体数额，可以根据案件的具体情况由公安机关自行把握，自然要做到"适当"，以符合社会常识和人之常情。此外，为避免和杜绝少数地方公安机关"以保代侦""保而不侦"甚至"以保代结"等执法不规范现象发生，督促其积极侦查、依法办案，《规定》创设了解决取保候审

---

① 参见高峰、余怿、杨书文：《〈公安机关办理经济犯罪案件的若干规定〉的理解与适用》，载最高人民法院刑事审判第一、二、三、四、五庭主办：《中国刑事审判指导案例》（破坏社会主义市场经济秩序罪），法律出版社2009年版，第532页。

超期问题的程序，明确规定："在取保候审期间，不得中断对经济犯罪案件的侦查。执行取保候审超过三个月的，应当至少每个月讯问一次被取保候审人。"

（九）关于涉案财物问题

近年来，随着经济社会的快速发展，以财产权为侵犯对象的经济犯罪案件已经逐渐超过以人身权为侵犯对象的普通刑事案件，成为多发高发频发的犯罪形态，其中涉案财物种类繁杂、数额巨大、涉及面广，容易成为社会关注的焦点问题。虽然各地公安机关探索适用新技术新手段，创新完善管理机制，然而涉案财产处置争议较多，现有规定相对原则和滞后，仍然需要进一步完善和细化。针对当前侦查阶段提前返还被害人财物，公安机关存在的两难境地：即，如果对扣押的涉案财物，确实需要返还被害人的，不及时返还，可能严重影响被害人利益；一旦提前返还不当，则可能引发争议，尤其是案件不成立时，可能成为行政诉讼被告。① 为此，《规定》第46条在重申和强调"除法律法规和规范性文件另有规定以外，公安机关不得在诉讼程序终结之前处置涉案财物"的基础上，相关条款进一步严格规范和细化涉案财物处置的法律程序，对分割查封、轮候冻结、合理使用以及随案移送、及时返还等问题予以细化规范。

针对在实践中涉案财物控制和处置遇到的一些问题，诸如针对一些不可分割的土地、房屋等涉案不动产或者车辆、船舶、航空器以及大型机器、设备等特定动产，例如，特定车辆之货运火车，只有作为一个整体才具有使用价值和实际效能，贸然查封涉案部分甚至整体查封涉案财物必然殃及其他部分，无法发挥其他部分的价值和效能。基于此，《规定》在延续《公安机关办理刑事案件适用查封、冻结措施有关规定》（公通字〔2013〕30号）立法精神的基础上，进一步明确对便于分割的涉案不动产可以分割查封，对不便分割的涉案财物可以置换查封，体现了比例性的基本原则和人性化的执法方式，其目的是最大限度地降低执法办案的负面影响，尽量保证和促进相关联的不动产或者特定动产的流转、使用以及发挥其应有的价值和效能。因此，《规定》第47条规定："对依照有关规定可以分割的土地、房屋等涉案不动产，应当只对与案件有关的部分进行查封。对不可分割的土地、房屋等涉案不动产或者车辆、船舶、航空器以及大型机器、设备等特定动产，可以查封、扣押、冻结犯罪嫌疑人提供的与涉案金额相当的其他财物。犯罪嫌疑人不能提供的，可以予以整体查封。"

---

① 参见高峰、余怿、杨书文：《〈公安机关办理经济犯罪案件的若干规定〉的理解与适用》，载最高人民法院刑事审判第一、二、三、四、五庭主办：《中国刑事审判指导案例》（破坏社会主义市场经济秩序罪），法律出版社2009年版，第533页。

事实上，在实践中，无论是合法财产、非法财产，还是被追诉人、被害人甚至是第三人的财产，都可能被公权力干预或侵害，成为侦查行为限制或处置的对象。基于此，《规定》深入贯彻落实《关于完善产权保护制度依法保护产权的意见》（中发〔2016〕28号）等文件精神，进一步严格规范各种涉案财物尤其是涉案企业的涉案财产处置的法律程序，加强对各类企业产权的保护，以防止过多或不当适用查封、扣押、冻结措施而侵犯企业的财产权，使宪法规定的保护公私财产的法律理念得以充分的体现。如第46条规定："严格区分违法所得、其他涉案财产与合法财产，严格区分企业法人财产与股东个人财产，严格区分犯罪嫌疑人个人财产与家庭成员财产，不得超权限、超范围、超数额、超时限查封、扣押、冻结，并注意保护利害关系人的合法权益。"

值得注意的是，长期以来，在实践中对犯罪嫌疑人、被告人生命权、自由权的保障广受关注，但是对财产权、住宅权保护的重视程度却仍然不够，各地公安机关在实际适用查封、扣押、冻结等措施中，存在法律规范缺失、侵权问题严重、公民财产权保障机制缺乏等诸多问题，严重影响执法公信力。但是，在刑事诉讼中的财产权保障方面，不能简单地为了控制犯罪而忽视公权力对公民财产权造成的侵害。因此，《规定》进一步细化了查封、扣押、冻结程序，这不仅有利于保证公安机关依法履行法律职责，落实法律赋予职权，还有利于规范刑事执法行为，切实保证办案质量。事实上，侦查程序中的财产权保障问题，不仅涉及被追诉人的财产权保障问题，还涉及国家、被害人以及第三人的财产权保障问题，需要在侦查权与各个群体的财产利益之间进行价值平衡。① 基于此，《规定》承袭《公安机关办理刑事案件适用查封、冻结措施有关规定》（公通字〔2013〕30号）的立法精神，引导公安机关正当适用侦查措施，适度限制刑事侦查权力，平衡社会各方利益关系，尽量采取对企业正常生产经营影响较小的办案方式，甚至允许有关当事人可以有条件使用涉案财物，体现了人性化执法减少不必要侵害的精神。如第50条规定："对不宜查封、扣押、冻结的经营性涉案财物，在保证侦查活动正常进行的同时，可以允许有关当事人继续合理使用，并采取必要的保值保管措施，以减少侦查办案对正常办公和合法生产经营的影响。必要时，可以申请当地政府指定有关部门或者委托有关机构代管。"

（十）关于办案协作问题

近年来，各地公安机关在打击经济犯罪工作中，以深化跨区域警务合作区

---

① 参见闫永黎：《侦查程序与财产权保障》，中国人民公安大学出版社2016年版，第6页。

建设为框架,以多频次高质量发起"集群战役"为抓手,以跨区域高效率开展"网上协作"为载体,以健全相关管理、监督、考核和责任追究机制为保障,创新思路,积极探索,扎实推进经侦部门区域警务协作,全面带动打击和防范经济犯罪整体工作水平,取得了一定成效。考虑到近年来经济犯罪形势日益严峻,大要案件大幅增长,经侦执法规范化建设逐步深入,执法办案日益规范,各地公安机关更加重视和关注执法办案的协作效率问题,因此,《规定》适应我国经济社会和科技信息化的快速发展,删除了原有规定中跨省协作的强制备案要求,明确了可以采用电传、网络等保密手段或者相关工作机制进行协作,体现了放开协作、高效协作、规范协作的精神,进一步提高执法办案效率。在此基础上,修改和缩短了异地协查的工作期限,委托地公安机关认为不需要派员赴异地的,协作地公安机关协查不得超过15日(原规定30日);案情重大、情况紧急的,应当在7日以内回复(原规定15日);因特殊情况不能按时回复的,应当及时说明情况。此外,《规定》进一步健全和完善了协作机制,强化和落实了责任制度,再次强调了"谁办案、谁负责"的原则,不仅重申了委托地公安机关对案件的管辖、定性、证据认定以及所采取的侦查措施负责,还明确协作地公安机关超权限、超范围采取措施的,应当承担相应的法律责任。

(十一)关于保障诉讼参与人合法权益问题

为进一步健全完善中国特色社会主义的律师制度,2015年8月全国律师工作会议胜利召开,2015年9月《关于依法保障律师执业权利的规定》联合发布,2016年6月《关于深化律师制度改革的意见》顺利发布,此后一系列保障诉讼参与人尤其律师权益的文件陆续公布。鉴于在司法实践中律师执业权利面临和出现的问题主要集中在刑事诉讼领域,其中在侦查阶段律师介入仍然存在一些值得关注的问题,因此,《规定》在贯彻相关规定和兼顾各方权益的情况下,就保障犯罪嫌疑人、被害人、律师和其他诉讼参与人合法权益作出了系统规定和明确规范,不仅直面问题、操作性强,而且救济追责、双管齐下,形成了一个比较完整的权益保障体系。如结合打击经济犯罪的司法实践,将容易侵犯犯罪嫌疑人合法权益的环节用严密的程序规定下来,严格控制侦查措施和强制措施的适用;将相关法律、法规及规章中关于犯罪嫌疑人权利的抽象、原则的规定进一步细致化、刚性化,增强可适用性;赋予犯罪嫌疑人更多的程序性权利并畅通其救济渠道,加强对犯罪嫌疑人合法权利的保护,加强其防御和对抗不当侦查行为侵犯的能力。如《规定》第66条保障诉讼参与人的知情权,第67条、第68条和第69条保障被害人、犯罪嫌疑人及其法定代理人、近亲属或者律师对案件管辖、超期羁押以及其他问题提出异议的申诉权等,第

70条保障诉讼参与人的其他权利等,其中特别强调对辩护律师的执法告知以及答复义务,要求在规定的期限必须答复,更具有强有力的授权性、保障性、救济性功能。

五、关于强化检警协作与法律监督

信任与监督、自律与他律辨证统一。信任不能代理监督,要扎紧制度的笼子。因此,《规定》在延续执法监督和责任追究原有规定的基础上,依据人民警察法等有关法律法规和规范性文件,重申和强调了各级公安机关要加强对办理经济犯罪案件活动的执法监督等工作,使针对侵犯公民的人身权、财产权行为的申诉控告等救济程序可操作、具体化,并进一步明确、细化和规范了相关情形确保落实落细,逐步构建自我监督体系,形成发现问题、纠正偏差的有效机制。值得注意的是,按照分工负责、相互配合、相互制约的原则,《规定》对于人民检察院对经济犯罪案件的侦查监督作了系统规定,对于充分发挥人民检察院的法律监督职能作用,推动检察机关法律监督与公安机关内部监督衔接,推动公安机关执法规范化建设,坚定不移支持公安机关依法办案,提升经济犯罪案件的办案质量和效率,实现惩罚犯罪与保障人权相统一将发挥重要作用。其中,在参考司法解释和总结实践经验的基础上,主要对公安机关与检察机关协作配合和监督制约等方面作出了细化规定,明确相应的监督措施和法律责任,相关条款多达25条占《规定》1/3以上的篇幅。

在协作配合上,健全完善了检警协作等工作机制,尤其完善了指定管辖协商机制、建立了特定案件通报制度、强化了诉讼程序之间的衔接,畅通了侦查和检察环节的工作衔接,提高了执法效率,确保了办案质量。一是完善了指定管辖的协商机制。《规定》明确,人民检察院受理公安机关移送审查起诉的经济犯罪案件,认为需要依照刑事诉讼法的规定指定管辖的,应当商同级人民法院办理指定管辖有关事宜。对跨区域性涉众型经济犯罪案件,公安机关指定管辖的,应当事先向同级人民检察院、人民法院通报和协商。二是规范了涉案财物和实物证据的移交。《规定》明确,对查封、扣押、冻结的涉案财物及其孳息,以及作为证据使用的实物,公安机关应当如实登记,妥善保管,随案移送,并与人民检察院及时交接,变更法律手续。三是强化了案件侦办与违法所得没收特别程序之间的衔接。《规定》明确,对重大的走私、金融诈骗、洗钱犯罪案件,犯罪嫌疑人逃匿、在通缉一年后不能到案的,涉嫌上述犯罪的单位被撤销、注销,直接负责的主管人员和其他直接责任人员逃匿、死亡,导致案件无法适用普通刑事诉讼程序审理的,或者经济犯罪案件的犯罪嫌疑人死亡,依照刑法规定应当追缴其违法所得及其他涉案财物的,公安机关应当出具没收违法所得意见书,连同相关证据材料一并移送同级人民检察院。犯罪嫌疑人死亡,现有证据证明其存在违法所得及其他涉案财物应当予以没收的,公安机关可以继续调查,并依法进行查封、扣押、冻结。该规定能够确保犯罪嫌疑人、被告人逃匿、死亡的情况下,人民检察院及时向人民法院提出没收违法所得的申请,依法追缴违法所得。四是建立了刑民交叉案件情况通报制度。《规定》明确,公安机关立案审查、侦查过程中,发现案件与人民法院正在审理或者作出生效裁判文书的民事案件,属于同一法律事实或者有牵连关系,或者涉案财物已被有关当事人申请执行的,应当将有关情况通报与办理民事案件的人民法院同级的人民检察院,以便人民检察院对相关民事案件的审判、执行活动进行监督。五是建立了跨区域性重大经济犯罪案件立案通报制度。《规定》明确,公安机关办理跨区域性的重大经济犯罪案件,应当向人民检察院通报立案侦查情况,人民检察院可以根据通报情况调度办案力量,开展指导协调等工作。需要逮捕犯罪嫌疑人的,公安机关应当提前与人民检察院沟通。该规定能够使人民检察院对办理跨区域性重大经济犯罪案件事先有所准备,及时统一调配人力,确保审查逮捕、审查起诉工作效率。

在监督制约上,明确细化了侦查监督等工作内容,强化了人民检察院对犯罪嫌疑人羁押必要性的审查、对证据收集合法性的审查、对辩护人、诉讼代理人诉讼权利的保障,以及对立案撤案、侦查取证、强制措施、涉案财物等执法活动和办案环节的法律监督。一是强化了人民检察院对犯罪嫌疑人羁押必要性的审查。为进一步减少对经济犯罪嫌疑人不必要的审前羁押,《规定》明确,犯罪嫌疑人被逮捕后,人民检察院经审查认为不需要继续羁押提出检察建议的,公安机关应当予以调查核实,认为不需要继续羁押的,应当予以释放或者变更强制措施,认为需要继续羁押的,应当说明理由,并在10日以内将处理情况通知人民检察院。犯罪嫌疑人及其法定代理人、近亲属或者辩护人有权申请人民检察院进行羁押必要性审查。二是强化了人民检察院对证据收集合法性的审查。为严格落实非法证据排除规则,防范冤假错案的发生,从源头上遏制刑讯逼供、非法取证,防止"带病证据"进入审判阶段,《规定》明确,人民检察院在审查逮捕、审查起诉中发现公安机关办案人员以非法方法收集犯罪嫌疑人供述、被害人陈述、证人证言等证据材料的,应当依法排除非法证据并提出纠正意见。人民检察院发现收集物证、书证不符合法定程序,可能严重影响司法公正的,应当要求公安机关予以补正或者作出合理解释,不能补正或者作出合理解释的,应当依法予以排除,不得作为批准逮捕、提起公诉的依据。三是强化了人民检察院对辩护人、诉讼代理人诉讼权利的保障。《规定》明确,在经济犯罪案件中的辩护人、诉讼代理人认为公安机关阻碍其依法行使诉讼权利并向人民检察院申诉或者控告,人民检察院经审查情况属实后通知公安机关予以纠正的,公安机关应当立即纠正,并将监督执行情况书面答复人民检察院。辩护人、诉讼代理人对公安机关侦查活动有异议的,可以向有关公安机关提出申诉、控告,或者提请人民检察院依法监督。此外,明确规定了公安机关办理重大、疑难、复杂经济犯罪案件应当听取人民检察院意见以及人民检察院派员适时介入的相关制度。《规定》明确,公安机关办理重大、疑难、复杂的经济犯罪案件可以听取人民检察院的意见,人民检察院认为确有必要时可以派员适时介入侦查活动,对收集证据、适用法律提出意见,监督侦查活动是否合法。对人民检察院提出的意见,公安机关应当认真审查,并将结果及时反馈人民检察院。没有采纳的,应当说明理由。

需要强调的是,刑事诉讼法仅仅规定了检察机关对侦查机关的不立案进行监督,而没有规定对立案进行监督。① 但是,在司法实践中,需要注意人民检察院对公安机关的立案监督,既包括对应当立案而不立案的情况进行监督,也包括对不应当立案而立案的情况进行监督。② 特别是考虑到既要防止有的地方消极不作为,又要防止有的地方违法乱作为,甚至可能存在公安机关插手经济纠纷等情况,加强对侦查权力的制约,弥补刑事立法上的缺憾与不足,在研究修订中借鉴 2010 年 7 月最高人民检察院、公安部《关于刑事立案监督有关问题的规定(试行)》(高检会〔2010〕5 号)等有关要求和精神,《规定》切实明确细化了人民检察院对公安机关办理经济犯罪案件的立案监督。一是强化人民检察院对公安机关应当立案而不予立案、撤销案件或者逾期未作出是否立案决定三种情形的监督。明确对报案、控告、举报、移送的经济犯罪案件,公安机关作出不予立案决定、撤销案件决定或者逾期未作出是否立案决定,报案人、控告人、举报人有异议的可以申请人民检察院进行立案监督;移送案件的行政执法机关有异议的可以建议人民检察院进行立案监督。二是强化人民检察院对公安机关不应当立案而立案情形的监督。明确犯罪嫌疑人及其法定代理人、近亲属或者辩护律师对公安机关立案提出异议的,公安机关应当及时受理,认真核查,并主动接受人民检察院的监督。三是强化人民检察院对公安机关适用"另案处理"的监督。为防止随意适用、降格适用甚至违法适用"另案处理",放纵犯罪嫌疑人,明确人民检察院发现公安机关在办理经济犯罪案件过程中适用另案处理存在违法或者不当的,可以向公安机关提出书面纠正意见或检察建议。公安机关应当认真审查,并将结果及时反馈人民检察院。没有采纳的,也应当说明理由。

---

① 参见王敏远等:《刑事诉讼法修改后的司法解释研究》,中国法制出版社 2016 年版,第 144 页。
② 参见王敏远等:《刑事诉讼法修改后的司法解释研究》,中国法制出版社 2016 年版,第 347 页。

此外，为切实体现权力制约，确保监督全覆盖、无死角、常态化，《规定》明确了落实监督意见的保障措施，进一步强化人民检察院对公安机关办理经济犯罪案件中执法不当行为的监督。如第 74 条规定："人民检察院发现公安机关存在执法不当行为的，可以向公安机关提出书面纠正意见或者检察建议。公安机关应当认真审查，并将结果及时反馈人民检察院。"

六、关于加强产权保护

产权制度是社会主义市场经济的基石。党中央、国务院高度重视产权保护工作。2016 年 8 月 30 日，中央全面深化改革领导小组第 27 次会议审议通过《关于完善产权保护制度依法保护产权的意见》，对完善产权保护制度、推进产权保护工作进行了全面部署。2016 年 11 月 4 日中共中央、国务院印发《关于完善产权保护制度依法保护产权的意见》，在社会各界产生了强烈反响。此后，各地方各部门先后制定发布了一系列文件，如 2016 年 11 月 28 日最高人民法院印发《关于充分发挥审判职能作用切实加强产权司法保护的意见》，2017 年 1 月 9 日最高人民检察院印发《关于充分履行检察职能加强产权司法保护的意见》，都反复强调要高度重视产权保护工作，平等保护各类市场主体合法权益，激发市场活力，促进创新发展，加强对各类企业产权的保护。党的十九大报告指出，经济体制改革必须以完善产权制度和要素市场化配置为重点，实现产权有效激励、要素自由流动、价格反应灵活、竞争公平有序、企业优胜劣汰。2017 年 11 月 22 日国务院第 193 次常务会议又对此项工作进行了再强调、再检查、再部署。因此，完善产权保护制度、依法保护产权，是贯彻落实习近平新时代中国特色社会主义思想作出的重大战略部署，是新时代下深化经济体制改革的基础所在，是建设现代化经济体系、加快建设创新型国家的重要保障。

在司法实践中，公安机关作为市场经济秩序的捍卫者，打击和防控经济犯罪的主力军，承担着依法保护产权的重大责任，发挥着不可替代的重要作用。但不可否认的是，个别地方公安机关在执法过程中，因执法理念落后、执法不规范甚至执法过错而侵犯产权的现象确实存在。有鉴于此，公安机关要始终以平等保护作为规范财产关系的基本原则，坚持平等保护公有制经济和非公有制经济，加强对包括民营企业在内的各种所有制经济组织的产权保护力度，努力营造公平、公正、透明、稳定的法治环境。因此，《规定》第 3 条规定："公安机关办理经济犯罪案件，应当坚持平等保护公有制经济与非公有制经济，坚持各类市场主体的诉讼地位平等、法律适用平等、法律责任平等，加强对各种所有制经济产权与合法利益的保护。"值得注意的是，加强产权保护、激发社会活力，不仅是宣誓性的口号和原则，更要有实操性的制度和规范。事实上，贯彻和落实产权保护政策，其根本之策是全面推进依法治国基本方略，首先就是要完善产权保护的立法。因此，《规定》在严格遵循和深入贯彻惩罚犯罪与保护人权并重精神、兼顾刑事司法与产权保护平衡的基础上，从总则上的原则性规定到分则中的查控涉案财物均作出了一系列细化规定，相关条款高达15条占1/6强，以妥善处理维护市场秩序与激发社会活力的关系，审慎把握处理产权和经济纠纷的政策，准确界定经济纠纷与经济犯罪的性质，防范执法不当行为。

在《规定》总则的原则性规定上，例如，在司法实践中，公安机关办理经济犯罪案件要充分考虑非公有制经济特点，严格区分经济纠纷与经济犯罪的界限、企业正当融资与非法集资的界限、民营企业参与国有企业兼并重组中涉及的经济纠纷与恶意侵占国有资产的界限，准确把握经济违法行为入刑标准，准确认定经济纠纷和经济犯罪的性质，防范刑事执法介入经济纠纷，防止选择性司法。因此，总则第2条明确对罪与非罪的认定："公安机关办理经济犯罪案件，应当坚持惩罚犯罪与保障人权并重、实体公正与程序公正并重、查证犯罪与挽回损失并重，严格区分经济犯罪与经济纠纷的界限，不得滥用职权、玩忽职守。"又如，在司法实践中，公安机关坚持在严格依法办案的前提下，既要始终保持打击犯罪的"力度"，又要充分体现文明执法的"温度"，在执法办案中尽可能选择对当事人权益损害较小的措施，努力以较小的成本取得较好的效果，采用人性化执法方式，以减少不必要的侵害。因此，总则第5条细化了对办案方式的要求："公安机关办理经济犯罪案件，应当既坚持严格依法办案，又注意办案方法，慎重选择办案时机和方式，注重保障正常的生产经营活动顺利进行。"

在《规定》分则的细化性要求上，有关章节和多个条款从各个方面切实加大了对有关当事人产权保护的力度。例如，第51条强调了涉案财物产权属性的界定："在查封、扣押、冻结涉案财物时，应当收集、固定与涉案财物来源、权属、性质等有关的证据材料并随案移送。"又如，第53条明确了涉案财物及时返还的情况："有下列情形之一的，除依照有关法律法规和规范性文件另行处理的以外，应当立即解除对涉案财物的查封、扣押、冻结措施，并及时返还有关当事人：（一）公安机关决定撤销案件或者对犯罪嫌疑人终止侦查的；（二）人民检察院通知撤销案件或者作出不起诉决定的；（三）人民法院作出生效判决、裁定应当返还的。"再如第54条细化了涉案财物权利冲突的解决："发现犯罪嫌疑人将经济犯罪违法所得和其他涉案财物用于清偿债务、转让或者设定其他权利负担，具有下列情形之一的，应当依法查封、扣押、冻结……"

最高人民法院关于印发《人民法院办理刑事案件庭前会议规程（试行）》《人民法院办理刑事案件排除非法证据规程（试行）》《人民法院办理刑事案件第一审普通程序法庭调查规程（试行）》的通知

（2017年11月27日公布　2018年1月1日施行　法发〔2017〕31号）

各省、自治区、直辖市高级人民法院，解放军军事法院，新疆维吾尔自治区高级人民法院生产建设兵团分院；全国地方各中级人民法院，各战区、总直属军事法院，新疆生产建设兵团各中级法院：

为贯彻落实最高人民法院、最高人民检察院、公安部、国家安全部、司法部《关于推进以审判为中心的刑事诉讼制度改革的意见》和《关于办理刑事案件严格排除非法证据若干问题的规定》，深入推进以审判为中心的刑事诉讼制度改革，最高人民法院制定了《人民法院办理刑事案件庭前会议规程（试行）》《人民法院办理刑事案件排除非法证据规程（试行）》和《人民法院办理刑事案件第一审普通程序法庭调查规程（试行）》（以下简称"三项规程"），现印发给你们，自2018年1月1日起试行。

为了在司法实践中更好地贯彻执行"三项规程"，现提出以下要求：

一、充分认识"三项规程"的重要意义。推进以审判为中心的刑事诉讼制度改革，是党的十八届四中全会作出的重大改革部署，是坚持严格司法、确保刑事司法公正的现实需要。最高人民法院、最高人民检察院、公安部、国家安全部、司法部先后印发《关于推进以审判为中心的刑事诉讼制度改革的意见》《关于办理刑事案件严格排除非法证据若干问题的规定》，提出改革完善刑事诉讼制度的总体方案。为确保中央改革要求落地见效，优化完善审判特别是庭审程序，最高人民法院在出台《关于全面推进以审判为中心的刑事诉讼制度改革的实施意见》的基础上，制定深化庭审实质化改革的"三项规程"，有助于充分发挥审判特别是庭审在刑事诉讼中的决定性作用，构建更加精密化、规范化、实质化的刑事审判制度。各级人民法院要充分认识制定"三项规程"的重要意义，准确把握改革精神，充分发挥审判程序的职能作用，健全落实证据裁判、非法证据排除、疑罪从无等法律原则和要求，通过法庭审判的程序公正实现案件裁判的实体公正，提升司法公信力。

二、准确把握和执行"三项规程"的试行要求。推进以审判为中心的刑事诉讼制度改革，牵涉政法工作全局，各级人民法院要主动向党委、人大汇报试行工作，密切与其他政法机关的沟通联系，形成改革合力，确保改革稳步推进。要推进案件繁简分流，优化司法资源配置，将有限的司法资源用于审理重大复杂疑难案件，完善刑事案件速裁程序和认罪认罚从宽制度，实现"疑案精审""简案快审"。要以敢于负责、敢于担当的精神，严格落实疑罪从无原则，对定罪证据不足的疑罪案件依法宣告无罪，确保严格执法、公正司法，切实防范冤假错案。在试行期间，各级人民法院包括前期各试点法院要统一贯彻执行"三项规程"的相关规定，不能各行其是。

三、加强对"三项规程"的学习培训工作。最高人民法院在制定"三项规程"过程中，坚持问题导向和目标导向，以中央的改革精神和要求为着眼点，认真总结传统审判经验，充分吸收前期改革成果，注重理念创新和制度创新。根据庭前会议规程，人民法院在庭前会议中可以依法处理可能导致庭审中断的程序性事项，组织控辩双方展示证据，归纳控辩双方争议焦点，明确规范庭前会议与法庭审理的衔接机制。非法证据排除规程重点针对非法证据排除程序适用中存在的启动难、证明难、认定难、排除难等问题，进一步明确人民法院审查和排除非法证据的具体规则和程序。法庭调查规程在总结传统庭审经验基础上，将证据裁判、程序公正、集中审理和诉权保障确立为法庭调查的基本原则，规范开庭讯问、发问程序，落实证人、鉴定人出庭作证制度，完善各类证据的举证、质证、认证规则，确保诉讼证据出示在法庭、案件事实查明在法庭、诉辩意见发表在法庭、裁判结果形成在法庭。各高级人民法院要高度重视，切实督导辖区各级人民法院认真学习"三项规程"，精心组织刑事审判人员参加专项培训，确保每一名办案人员能够深刻领会"三项规程"的精神实质，全面掌握具体内容，以便在具体工作中切实、熟练加以运用。

四、注意总结和推广试行"三项规程"的经验做法。各级人民法院要以贯彻"三项规程"为契机，以提高证人、鉴定人、侦查人员出庭作证率、律师辩护率和当庭宣判率为重点，着力推进庭审制度改革。要采取实地考察、庭审观摩等方式，加强法院之间的沟通交流，共享经验，共同提高。要采取积极稳妥的方法，强化正面宣传报道，营造各方共同推进改革的良好氛围。在贯彻执行过程中遇到的新情况、新问题和探索的新经验、新做法，要认真加以总结，并及时层报最高人民法院。

最高人民法院

2017 年 11 月 27 日

人民法院办理刑事案件庭前会议规程（试行）

为贯彻落实最高人民法院、最高人民检察院、公安部、国家安全部、司法部《关于推进以审判为中心的刑事诉讼制度改革的意见》，完善庭前会议程序，确保法庭集中持续审理，提高庭审质量和效率，根据法律规定，结合司法实际，制定本规程。

第一条 人民法院适用普通程序审理刑事案件，对于证据材料较多、案情疑难复杂、社会影响重大或者控辩双方对事实证据存在较大争议等情形的，可以决定在开庭审理前召开庭前会议。

控辩双方可以申请人民法院召开庭前会议。申请召开庭前会议的，应当说明需要处理的事项。人民法院经审查认为有必要的，应当决定召开庭前会议；决定不召开庭前会议的，应当告知申请人。

被告人及其辩护人在开庭审理前申请排除非法证据，并依照法律规定提供相关线索或者材料的，人民法院应当召开庭前会议。

第二条 庭前会议中，人民法院可以就与审判相关的问题了解情况，听取意见，依法处理回避、出庭证人名单、非法证据排除等可能导致庭审中断的事项，组织控辩双方展示证据，归纳争议焦点，开展附带民事调解。

第三条 庭前会议由承办法官主持，其他合议庭成员也可以主持或者参加庭前会议。根据案件情况，承办法官可以指导法官助理主持庭前会议。

公诉人、辩护人应当参加庭前会议。根据案件情况，被告人可以参加庭前会议；被告人申请参加庭前会议或者申请排除非法证据等情形的，人民法院应当通知被告人到场；有多名被告人的案件，主持人可以根据案件情况确定参加庭前会议的被告人。

被告人申请排除非法证据，但没有辩护人的，人民法院应当通知法律援助机构指派律师为被告人提供帮助。

庭前会议中进行附带民事调解的，人民法院应当通知附带民事诉讼当事人到场。

第四条 被告人不参加庭前会议的，辩护人应当在召开庭前会议前就庭前会议处理事项听取被告人意见。

第五条 庭前会议一般不公开进行。

根据案件情况，庭前会议可以采用视频会议等方式进行。

第六条 根据案件情况，庭前会议可以在开庭审理前多次召开；休庭后，可以在再次开庭前召开庭前会议。

第七条　庭前会议应当在法庭或者其他办案场所召开。被羁押的被告人参加的，可以在看守所办案场所召开。

被告人参加庭前会议，应当有法警在场。

第八条　人民法院应当根据案件情况，综合控辩双方意见，确定庭前会议需要处理的事项，并在召开庭前会议三日前，将会议的时间、地点、人员和事项等通知参会人员。通知情况应当记录在案。

被告人及其辩护人在开庭审理前申请排除非法证据的，人民法院应当在召开庭前会议三日前，将申请书及相关线索或者材料的复制件送交人民检察院。

第九条　庭前会议开始后，主持人应当核实参会人员情况，宣布庭前会议需要处理的事项。

有多名被告人参加庭前会议，涉及事实证据问题的，应当组织各被告人分别参加，防止串供。

第十条　庭前会议中，主持人可以就下列事项向控辩双方了解情况，听取意见：

（一）是否对案件管辖有异议；

（二）是否申请有关人员回避；

（三）是否申请不公开审理；

（四）是否申请排除非法证据；

（五）是否申请提供新的证据材料；

（六）是否申请重新鉴定或者勘验；

（七）是否申请调取在侦查、审查起诉期间公安机关、人民检察院收集但未随案移送的证明被告人无罪或者罪轻的证据材料；

（八）是否申请向证人或有关单位、个人收集、调取证据材料；

（九）是否申请证人、鉴定人、侦查人员、有专门知识的人出庭，是否对出庭人员名单有异议；

（十）与审判相关的其他问题。

对于前款规定中可能导致庭审中断的事项，人民法院应当依法作出处理，在开庭审理前告知处理决定，并说明理由。控辩双方没有新的理由，在庭审中再次提出有关申请或者异议的，法庭应当依法予以驳回。

第十一条　被告人及其辩护人对案件管辖提出异议，应当说明理由。人民法院经审查认为异议成立的，应当依法将案件退回人民检察院或者移送有管辖权的人民法院；认为本院不宜行使管辖权的，可以请求上一级人民法院处理。人民法院经审查认为异议不成立的，应当依法驳回异议。

第十二条 被告人及其辩护人申请审判人员、书记员、翻译人员、鉴定人回避，应当说明理由。人民法院经审查认为申请成立的，应当依法决定有关人员回避；认为申请不成立的，应当依法驳回申请。

被告人及其辩护人申请回避被驳回的，可以在接到决定时申请复议一次。对于不属于刑事诉讼法第二十八条、第二十九条规定情形的，回避申请被驳回后，不得申请复议。

被告人及其辩护人申请检察人员回避的，人民法院应当通知人民检察院。

第十三条 被告人及其辩护人申请不公开审理，人民法院经审查认为案件涉及国家秘密或者个人隐私的，应当准许；认为案件涉及商业秘密的，可以准许。

第十四条 被告人及其辩护人在开庭审理前申请排除非法证据，并依照法律规定提供相关线索或者材料的，人民检察院应当在庭前会议中通过出示有关证据材料等方式，有针对性地对证据收集的合法性作出说明。人民法院可以对有关证据材料进行核实；经控辩双方申请，可以有针对性地播放讯问录音录像。

人民检察院可以撤回有关证据，撤回的证据，没有新的理由，不得在庭审中出示。被告人及其辩护人可以撤回排除非法证据的申请，撤回申请后，没有新的线索或者材料，不得再次对有关证据提出排除申请。

控辩双方在庭前会议中对证据收集的合法性未达成一致意见，人民法院应当开展庭审调查，但公诉人提供的相关证据材料确实、充分，能够排除非法取证情形，且没有新的线索或者材料表明可能存在非法取证的，庭审调查举证、质证可以简化。

第十五条 控辩双方申请重新鉴定或者勘验，应当说明理由。人民法院经审查认为理由成立，有关证据材料可能影响定罪量刑且不能补正的，应当准许。

第十六条 被告人及其辩护人书面申请调取公安机关、人民检察院在侦查、审查起诉期间收集但未随案移送的证明被告人无罪或者罪轻的证据材料，并提供相关线索或者材料的，人民法院应当调取，并通知人民检察院在收到调取决定书后三日内移交。

被告人及其辩护人申请向证人或有关单位、个人收集、调取证据材料，应当说明理由。人民法院经审查认为有关证据材料可能影响定罪量刑的，应当准许；认为有关证据材料与案件无关或者明显重复、没有必要的，可以不予准许。

第十七条 控辩双方申请证人、鉴定人、侦查人员、有专门知识的人出庭，应当说明理由。人民法院经审查认为理由成立的，应当通知有关人员出庭。

控辩双方对出庭证人、鉴定人、侦查人员、有专门知识的人的名单有异议，人民法院经审查认为异议成立的，应当依法作出处理；认为异议不成立的，应当依法驳回。

人民法院通知证人、鉴定人、侦查人员、有专门知识的人等出庭后，应当告知控辩双方协助有关人员到庭。

第十八条 召开庭前会议前，人民检察院应当将全部证据材料移送人民法院。被告人及其辩护人应当将收集的有关被告人不在犯罪现场、未达到刑事责任年龄、属于依法不负刑事责任的精神病人等证明被告人无罪或者依法不负刑事责任的全部证据材料提交人民法院。

人民法院收到控辩双方移送或者提交的证据材料后，应当通知对方查阅、摘抄、复制。

第十九条 庭前会议中，对于控辩双方决定在庭审中出示的证据，人民法院可以组织展示有关证据，听取控辩双方对在案证据的意见，梳理存在争议的证据。

对于控辩双方在庭前会议中没有争议的证据材料，庭审时举证、质证可以简化。

人民法院组织展示证据的，一般应当通知被告人到场，听取被告人意见；被告人不到场的，辩护人应当在召开庭前会议前听取被告人意见。

第二十条 人民法院可以在庭前会议中归纳控辩双方的争议焦点。对控辩双方没有争议或者达成一致意见的事项，可以在庭审中简化审理。

人民法院可以组织控辩双方协商确定庭审的举证顺序、方式等事项，明确法庭调查的方式和重点。协商不成的事项，由人民法院确定。

第二十一条 对于被告人在庭前会议前不认罪，在庭前会议中又认罪的案件，人民法院核实被告人认罪的自愿性和真实性后，可以依法适用速裁程序或者简易程序审理。

第二十二条 人民法院在庭前会议中听取控辩双方对案件事实证据的意见后，对于明显事实不清、证据不足的案件，可以建议人民检察院补充材料或者撤回起诉。建议撤回起诉的案件，人民检察院不同意的，人民法院开庭审理后，没有新的事实和理由，一般不准许撤回起诉。

第二十三条 庭前会议情况应当制作笔录，由参会人员核对后签名。

庭前会议结束后应当制作庭前会议报告，说明庭前会议的基本情况、与审判相关的问题的处理结果、控辩双方的争议焦点以及就相关事项达成的一致意见等。

第二十四条 对于召开庭前会议的案件，在宣读起诉书后，法庭应当宣布庭前会议报告的主要内容；有多起犯罪事实的案件，可以在有关犯罪事实的法庭调查开始前，分别宣布庭前会议报告的相关内容；对庭前会议处理管辖异议、申请回避、申请不公开审理等事项的，法庭可以在告知当事人诉讼权利后宣布庭前会议报告的相关内容。

第二十五条 宣布庭前会议报告后，对于庭前会议中达成一致意见的事项，法庭向控辩双方核实后当庭予以确认；对于未达成一致意见的事项，法庭可以归纳控辩双方争议焦点，听取控辩双方意见，依法作出处理。

控辩双方在庭前会议中就有关事项达成一致意见，在庭审中反悔的，除有正当理由外，法庭一般不再进行处理。

第二十六条 第二审人民法院召开庭前会议的，参照上述规定。

第二十七条 本规程自2018年1月1日起试行。

人民法院办理刑事案件排除非法证据规程（试行）

为贯彻落实最高人民法院、最高人民检察院、公安部、国家安全部、司法部《关于推进以审判为中心的刑事诉讼制度改革的意见》和《关于办理刑事案件严格排除非法证据若干问题的规定》，规范非法证据排除程序，准确惩罚犯罪，切实保障人权，有效防范冤假错案，根据法律规定，结合司法实际，制定本规程。

第一条 采用下列非法方法收集的被告人供述，应当予以排除：

（一）采用殴打、违法使用戒具等暴力方法或者变相肉刑的恶劣手段，使被告人遭受难以忍受的痛苦而违背意愿作出的供述；

（二）采用以暴力或者严重损害本人及其近亲属合法权益等进行威胁的方法，使被告人遭受难以忍受的痛苦而违背意愿作出的供述；

（三）采用非法拘禁等非法限制人身自由的方法收集的被告人供述。

采用刑讯逼供方法使被告人作出供述，之后被告人受该刑讯逼供行为影响而作出的与该供述相同的重复性供述，应当一并排除，但下列情形除外：

（一）侦查期间，根据控告、举报或者自己发现等，侦查机关确认或者不能排除以非法方法收集证据而更换侦查人员，其他侦查人员再次讯问时告知诉讼权利和认罪的法律后果，被告人自愿供述的；

（二）审查逮捕、审查起诉和审判期间，检察人员、审判人员讯问时告知诉讼权利和认罪的法律后果，被告人自愿供述的。

第二条 采用暴力、威胁以及非法限制人身自由等非法方法收集的证人证言、被害人陈述，应当予以排除。

第三条 采用非法搜查、扣押等违反法定程序的方法收集物证、书证，可能严重影响司法公正的，应当予以补正或者作出合理解释；不能补正或者作出合理解释的，对有关证据应当予以排除。

第四条 依法予以排除的非法证据，不得宣读、质证，不得作为定案的根据。

第五条 被告人及其辩护人申请排除非法证据，应当提供相关线索或者材料。"线索"是指内容具体、指向明确的涉嫌非法取证的人员、时间、地点、方式等；"材料"是指能够反映非法取证的伤情照片、体检记录、医院病历、讯问笔录、讯问录音录像或者同监室人员的证言等。

被告人及其辩护人申请排除非法证据，应当向人民法院提交书面申请。被告人书写确有困难的，可以口头提出申请，但应当记录在案，并由被告人签名或者捺印。

第六条 证据收集合法性的举证责任由人民检察院承担。

人民检察院未提供证据，或者提供的证据不能证明证据收集的合法性，经过法庭审理，确认或者不能排除以非法方法收集证据情形的，对有关证据应当予以排除。

第七条 开庭审理前，承办法官应当阅卷，并对证据收集的合法性进行审查：

（一）被告人在侦查、审查起诉阶段是否提出排除非法证据申请；提出申请的，是否提供相关线索或者材料；

（二）侦查机关、人民检察院是否对证据收集的合法性进行调查核实；调查核实的，是否作出调查结论；

（三）对于重大案件，人民检察院驻看守所检察人员在侦查终结前是否核查讯问的合法性，是否对核查过程同步录音录像；进行核查的，是否作出核查结论；

（四）对于人民检察院在审查逮捕、审查起诉阶段排除的非法证据，是否随案移送并写明为依法排除的非法证据。

人民法院对证据收集的合法性进行审查后，认为需要补充证据材料的，应当通知人民检察院在三日内补送。

第八条 人民法院向被告人及其辩护人送达起诉书副本时，应当告知其有权在开庭审理前申请排除非法证据并同时提供相关线索或者材料。上述情况应当记录在案。

被告人申请排除非法证据，但没有辩护人的，人民法院应当通知法律援助机构指派律师为其提供辩护。

第九条 被告人及其辩护人申请排除非法证据，应当在开庭审理前提出，但在庭审期间发现相关线索或者材料等情形除外。

第十条 被告人及其辩护人申请排除非法证据，并提供相关线索或者材料的，人民法院应当召开庭前会议，并在召开庭前会议三日前将申请书和相关线索或者材料的复制件送交人民检察院。

被告人及其辩护人申请排除非法证据，未提供相关线索或者材料的，人民法院应当告知其补充提交。被告人及其辩护人未能补充的，人民法院对申请不予受理，并在开庭审理前告知被告人及其辩护人。上述情况应当记录在案。

第十一条 对于可能判处无期徒刑、死刑或者黑社会性质组织犯罪、严重毒品犯罪等重大案件，被告人在驻看守所检察人员对讯问的合法性进行核查询问时，明确表示侦查阶段没有刑讯逼供等非法取证情形，在审判阶段又提出排除非法证据申请的，应当说明理由。人民法院经审查对证据收集的合法性没有疑问的，可以驳回申请。

驻看守所检察人员在重大案件侦查终结前未对讯问的合法性进行核查询问，或者未对核查询问过程全程同步录音录像，被告人及其辩护人在审判阶段提出排除非法证据申请，提供相关线索或者材料，人民法院对证据收集的合法性有疑问的，应当依法进行调查。

第十二条 在庭前会议中，人民法院对证据收集的合法性进行审查的，一般按照以下步骤进行：

（一）被告人及其辩护人说明排除非法证据的申请及相关线索或者材料；

（二）公诉人提供证明证据收集合法性的证据材料；

（三）控辩双方对证据收集的合法性发表意见；

（四）控辩双方对证据收集的合法性未达成一致意见的，审判人员归纳争议焦点。

第十三条 在庭前会议中，人民检察院应当通过出示有关证据材料等方式，有针对性地对证据收集的合法性作出说明。人民法院可以对有关材料进行核实，经控辩双方申请，可以有针对性地播放讯问录音录像。

第十四条 在庭前会议中，人民检察院可以撤回有关证据。撤回的证据，没有新的理由，不得在庭审中出示。

被告人及其辩护人可以撤回排除非法证据的申请。撤回申请后，没有新的线索或者材料，不得再次对有关证据提出排除申请。

第十五条 控辩双方在庭前会议中对证据收集的合法性达成一致意见的，法庭应当在庭审中向控辩双方核实并当庭予以确认。对于一方在庭审中反悔的，除有正当理由外，法庭一般不再进行审查。

控辩双方在庭前会议中对证据收集的合法性未达成一致意见，人民法院应当在庭审中进行调查，但公诉人提供的相关证据材料确实、充分，能够排除非法取证情形，且没有新的线索或者材料表明可能存在非法取证的，庭审调查举证、质证可以简化。

第十六条 审判人员应当在庭前会议报告中说明证据收集合法性的审查情况，主要包括控辩双方的争议焦点以及就相关事项达成的一致意见等内容。

第十七条 被告人及其辩护人在开庭审理前未申请排除非法证据，在庭审过程中提出申请的，应当说明理由。人民法院经审查，对证据收集的合法性有疑问的，应当进行调查；没有疑问的，应当驳回申请。

人民法院驳回排除非法证据的申请后，被告人及其辩护人没有新的线索或者材料，以相同理由再次提出申请的，人民法院不再审查。

第十八条 人民法院决定对证据收集的合法性进行法庭调查的，应当先行当庭调查。对于被申请排除的证据和其他犯罪事实没有关联等情形，为防止庭审过分迟延，可以先调查其他犯罪事实，再对证据收集的合法性进行调查。

在对证据收集合法性的法庭调查程序结束前，不得对有关证据宣读、质证。

第十九条 法庭决定对证据收集的合法性进行调查的，一般按照以下步骤进行：

（一）召开庭前会议的案件，法庭应当在宣读起诉书后，宣布庭前会议中对证据收集合法性的审查情况，以及控辩双方的争议焦点；

（二）被告人及其辩护人说明排除非法证据的申请及相关线索或者材料；

（三）公诉人出示证明证据收集合法性的证据材料，被告人及其辩护人可以对相关证据进行质证，经审判长准许，公诉人、辩护人可以向出庭的侦查人员或者其他人员发问；

（四）控辩双方对证据收集的合法性进行辩论。

第二十条 公诉人对证据收集的合法性加以证明，可以出示讯问笔录、提讯登记、体检记录、采取强制措施或者侦查措施的法律文书、侦查终结前对讯问合法性的核查材料等证据材料，也可以针对被告人及其辩护人提出异议的讯问时段播放讯问录音录像，提请法庭通知侦查人员或者其他人员出庭说明情况。不得以侦查人员签名并加盖公章的说明材料替代侦查人员出庭。

庭审中，公诉人当庭不能举证或者为提供新的证据需要补充侦查，建议延期审理的，法庭可以同意。

第二十一条 被告人及其辩护人可以出示相关线索或者材料，并申请法庭播放特定讯问时段的讯问录音录像。

被告人及其辩护人向人民法院申请调取侦查机关、人民检察院收集但未提交的讯问录音录像、体检记录等证据材料，人民法院经审查认为该证据材料与证据收集的合法性有关的，应当予以调取；认为与证据收集的合法性无关的，应当决定不予调取，并向被告人及其辩护人说明理由。

被告人及其辩护人申请人民法院通知侦查人员或者其他人员出庭说明情况，人民法院认为确有必要的，可以通知上述人员出庭。

第二十二条 法庭对证据收集的合法性进行调查的，应当重视对讯问录音录像的审查，重点审查以下内容：

（一）讯问录音录像是否依法制作。对于可能判处无期徒刑、死刑的案件或者其他重大犯罪案件，是否对讯问过程进行录音录像；

（二）讯问录音录像是否完整。是否对每一次讯问过程录音录像，录音录像是否全程不间断进行，是否有选择性录制、剪接、删改等情形；

（三）讯问录音录像是否同步制作。录音录像是否自讯问开始时制作，至犯罪嫌疑人核对讯问笔录、签字确认后结束；讯问笔录记载的起止时间是否与讯问录音录像反映的起止时间一致；

（四）讯问录音录像与讯问笔录的内容是否存在差异。对与定罪量刑有关的内容，讯问笔录记载的内容与讯问录音录像是否存在实质性差异，存在实质性差异的，以讯问录音录像为准。

第二十三条　侦查人员或者其他人员出庭的，应当向法庭说明证据收集过程，并就相关情况接受发问。对发问方式不当或者内容与证据收集的合法性无关的，法庭应当制止。

经人民法院通知，侦查人员不出庭说明情况，不能排除以非法方法收集证据情形的，对有关证据应当予以排除。

第二十四条　人民法院对控辩双方提供的证据来源、内容等有疑问的，可以告知控辩双方补充证据或者作出说明；必要时，可以宣布休庭，对证据进行调查核实。法庭调查核实证据，可以通知控辩双方到场，并将核实过程记录在案。

对于控辩双方补充的和法庭庭外调查核实取得的证据，未经当庭出示、质证等法庭调查程序查证属实，不得作为证明证据收集合法性的根据。

第二十五条　人民法院对证据收集的合法性进行调查后，应当当庭作出是否排除有关证据的决定。必要时，可以宣布休庭，由合议庭评议或者提交审判委员会讨论，再次开庭时宣布决定。

第二十六条　经法庭审理，具有下列情形之一的，对有关证据应当予以排除：

（一）确认以非法方法收集证据的；

（二）应当对讯问过程录音录像的案件没有提供讯问录音录像，或者讯问录音录像存在选择性录制、剪接、删改等情形，现有证据不能排除以非法方法收集证据的；

（三）侦查机关除紧急情况外没有在规定的办案场所讯问，现有证据不能排除以非法方法收集证据的；

（四）驻看守所检察人员在重大案件侦查终结前未对讯问合法性进行核查，或者未对核查过程同步录音录像，或者录音录像存在选择性录制、剪接、删改等情形，现有证据不能排除以非法方法收集证据的；

（五）其他不能排除存在以非法方法收集证据的。

第二十七条　人民法院对证人证言、被害人陈述、物证、书证等证据收集合法性的审查、调查程序，参照上述规定。

第二十八条 人民法院对证据收集合法性的审查、调查结论，应当在裁判文书中写明，并说明理由。

第二十九条 人民检察院、被告人及其法定代理人提出抗诉、上诉，对第一审人民法院有关证据收集合法性的审查、调查结论提出异议的，第二审人民法院应当审查。

第三十条 被告人及其辩护人在第一审程序中未提出排除非法证据的申请，在第二审程序中提出申请，有下列情形之一的，第二审人民法院应当审查：

（一）第一审人民法院没有依法告知被告人申请排除非法证据的权利的；

（二）被告人及其辩护人在第一审庭审后发现涉嫌非法取证的相关线索或者材料的。

第三十一条 人民检察院应当在第一审程序中全面出示证明证据收集合法性的证据材料。

人民检察院在第一审程序中未出示证明证据收集合法性的证据，第一审人民法院依法排除有关证据的，人民检察院在第二审程序中不得出示之前未出示的证据，但在第一审程序后发现的除外。

第三十二条 第二审人民法院对证据收集合法性的调查，参照上述第一审程序的规定。

第三十三条 第一审人民法院对被告人及其辩护人排除非法证据的申请未予审查，并以有关证据作为定案的根据，可能影响公正审判的，第二审人民法院应当裁定撤销原判，发回原审人民法院重新审判。

第三十四条 第一审人民法院对依法应当排除的非法证据未予排除的，第二审人民法院可以依法排除相关证据。排除非法证据后，应当按照下列情形分别作出处理：

（一）原判决认定事实和适用法律正确、量刑适当的，应当裁定驳回上诉或者抗诉，维持原判；

（二）原判决认定事实没有错误，但适用法律有错误，或者量刑不当的，应当改判；

（三）原判决事实不清或者证据不足的，可以在查清事实后改判；也可以裁定撤销原判，发回原审人民法院重新审判。

第三十五条 审判监督程序、死刑复核程序中对证据收集合法性的审查、调查，参照上述规定。

第三十六条 本规程自 2018 年 1 月 1 日起试行。

人民法院办理刑事案件第一审普通程序法庭调查规程（试行）

为贯彻落实最高人民法院、最高人民检察院、公安部、国家安全部、司法部《关于推进以审判为中心的刑事诉讼制度改革的意见》，规范法庭调查程序，提高庭审质量和效率，确保诉讼证据出示在法庭、案件事实查明在法庭、诉辩意见发表在法庭、裁判结果形成在法庭，根据法律规定，结合司法实际，制定本规程。

一、一般规定

第一条 法庭应当坚持证据裁判原则。认定案件事实，必须以证据为根据。法庭调查应当以证据调查为中心，法庭认定并依法排除的非法证据，不得宣读、质证。证据未经当庭出示、宣读、辨认、质证等法庭调查程序查证属实，不得作为定案的根据。

第二条 法庭应当坚持程序公正原则。人民检察院依法承担被告人有罪的举证责任，被告人不承担证明自己无罪的责任。法庭应当居中裁判，严格执行法定的审判程序，确保控辩双方在法庭调查环节平等对抗，通过法庭审判的程序公正实现案件裁判的实体公正。

第三条 法庭应当坚持集中审理原则。规范庭前准备程序，避免庭审出现不必要的迟延和中断。承办法官应当在开庭前阅卷，确定法庭审理方案，并向合议庭通报开庭准备情况。召开庭前会议的案件，法庭可以依法处理可能导致庭审中断的事项，组织控辩双方展示证据，归纳控辩双方争议焦点。

第四条 法庭应当坚持诉权保障原则。依法保障当事人和其他诉讼参与人的知情权、陈述权、辩护辩论权、申请权、申诉权，依法保障辩护人发问、质证、辩论辩护等权利，完善便利辩护人参与诉讼的工作机制。

二、宣布开庭和讯问、发问程序

第五条 法庭宣布开庭后，应当告知当事人在法庭审理过程中依法享有的诉讼权利。

对于召开庭前会议的案件，在庭前会议中处理诉讼权利事项的，可以在开庭后告知诉讼权利的环节，一并宣布庭前会议对有关事项的处理结果。

第六条 公诉人宣读起诉书后，对于召开庭前会议的案件，法庭应当宣布庭前会议报告的主要内容。有多起犯罪事实的案件，法庭可以在有关犯罪事实的法庭调查开始前，分别宣布庭前会议报告的相关内容。

对于庭前会议中达成一致意见的事项，法庭可以向控辩双方核实后当庭予以确认；对于未达成一致意见的事项，法庭可以在庭审涉及该事项的环节归纳争议焦点，听取控辩双方意见，依法作出处理。

第七条 公诉人宣读起诉书后，审判长应当询问被告人对起诉书指控的犯罪事实是否有异议，听取被告人的供述和辩解。对于被告人当庭认罪的案件，应当核实被告人认罪的自愿性和真实性，听取其供述和辩解。

在审判长主持下，公诉人可以就起诉书指控的犯罪事实讯问被告人，为防止庭审过分迟延，就证据问题向被告人的讯问可在举证、质证环节进行。经审判长准许，被害人及其法定代理人、诉讼代理人可以就公诉人讯问的犯罪事实补充发问；附带民事诉讼原告人及其法定代理人、诉讼代理人可以就附带民事部分的事实向被告人发问；被告人的法定代理人、辩护人，附带民事诉讼被告人及其法定代理人、诉讼代理人可以在控诉一方就某一问题讯问完毕后向被告人发问。有多名被告人的案件，辩护人对被告人的发问，应当在审判长主持下，先由被告人本人的辩护人进行，再由其他被告人的辩护人进行。

第八条 有多名被告人的案件，对被告人的讯问应当分别进行。

被告人供述之间存在实质性差异的，法庭可以传唤有关被告人到庭对质。审判长可以分别讯问被告人，就供述的实质性差异进行调查核实。经审判长准许，控辩双方可以向被告人讯问、发问。审判长认为有必要的，可以准许被告人之间相互发问。

根据案件审理需要，审判长可以安排被告人与证人、被害人依照前款规定的方式进行对质。

第九条 申请参加庭审的被害人众多，且案件不属于附带民事诉讼范围的，被害人可以推选若干代表人参加或者旁听庭审，人民法院也可以指定若干代表人。

对被告人讯问、发问完毕后，其他证据出示前，在审判长主持下，参加庭审的被害人可以就起诉书指控的犯罪事实作出陈述。经审判长准许，控辩双方可以在被害人陈述后向被害人发问。

第十条 为解决被告人供述和辩解中的疑问，审判人员可以讯问被告人，也可以向被害人、附带民事诉讼当事人发问。

第十一条 有多起犯罪事实的案件，对被告人不认罪的事实，法庭调查一般应当分别进行。

被告人不认罪或者认罪后又反悔的案件，法庭应当对与定罪和量刑有关的事实、证据进行全面调查。

被告人当庭认罪的案件，法庭核实被告人认罪的自愿性和真实性，确认被告人知悉认罪的法律后果后，可以重点围绕量刑事实和其他有争议的问题进行调查。

三、出庭作证程序

第十二条 控辩双方可以申请法庭通知证人、鉴定人、侦查人员和有专门知识的人等出庭。

被害人及其法定代理人、诉讼代理人，附带民事诉讼原告人及其诉讼代理人也可以提出上述申请。

第十三条 控辩双方对证人证言、被害人陈述有异议，申请证人、被害人出庭，人民法院经审查认为证人证言、被害人陈述对案件定罪量刑有重大影响的，应当通知证人、被害人出庭。

控辩双方对鉴定意见有异议，申请鉴定人或者有专门知识的人出庭，人民法院经审查认为有必要的，应当通知鉴定人或者有专门知识的人出庭。

控辩双方对侦破经过、证据来源、证据真实性或者证据收集合法性等有异议，申请侦查人员或者有关人员出庭，人民法院经审查认为有必要的，应当通知侦查人员或者有关人员出庭。

为查明案件事实、调查核实证据，人民法院可以依职权通知上述人员到庭。

人民法院通知证人、被害人、鉴定人、侦查人员、有专门知识的人等出庭的，控辩双方协助有关人员到庭。

第十四条 应当出庭作证的证人，在庭审期间因身患严重疾病等客观原因确实无法出庭的，可以通过视频等方式作证。

证人视频作证的，发问、质证参照证人出庭作证的程序进行。

前款规定适用于被害人、鉴定人、侦查人员。

第十五条 人民法院通知出庭的证人，无正当理由拒不出庭的，可以强制其出庭，但是被告人的配偶、父母、子女除外。

强制证人出庭的，应当由院长签发强制证人出庭令，并由法警执行。必要时，可以商请公安机关协助执行。

第十六条 证人、鉴定人、被害人因出庭作证，本人或者其近亲属的人身安全面临危险的，人民法院应当采取不公开其真实姓名、住址和工作单位等个人信息，或者不暴露其外貌、真实声音等保护措施。

决定对出庭作证的证人、鉴定人、被害人采取不公开个人信息的保护措施的，审判人员应当在开庭前核实其身份，对证人、鉴定人如实作证的保证书不得公开，在判决书、裁定书等法律文书中可以使用化名等代替其个人信息。

审判期间，证人、鉴定人、被害人提出保护请求的，人民法院应当立即审查，确有必要的，应当及时决定采取相应的保护措施。必要时，可以商请公安机关采取专门性保护措施。

第十七条 证人、鉴定人和有专门知识的人出庭作证所支出的交通、住宿、就餐等合理费用，除由控辩双方支付的以外，列入出庭作证补助专项经费，在出庭作证后由人民法院依照规定程序发放。

第十八条　证人、鉴定人出庭，法庭应当当庭核实其身份、与当事人以及本案的关系，审查证人、鉴定人的作证能力、专业资质，并告知其有关作证的权利义务和法律责任。

证人、鉴定人作证前，应当保证向法庭如实提供证言、说明鉴定意见，并在保证书上签名。

第十九条　证人出庭后，先向法庭陈述证言，然后先由举证方发问；发问完毕后，对方也可以发问。根据案件审理需要，也可以先由申请方发问。

控辩双方向证人发问完毕后，可以发表本方对证人证言的质证意见。控辩双方如有新的问题，经审判长准许，可以再行向证人发问。

审判人员认为必要时，可以询问证人。法庭依职权通知证人出庭的情形，审判人员应当主导对证人的询问。经审判长准许，被告人可以向证人发问。

第二十条　向证人发问应当遵循以下规则：
（一）发问内容应当与案件事实有关；
（二）不得采用诱导方式发问；
（三）不得威胁或者误导证人；
（四）不得损害证人人格尊严；
（五）不得泄露证人个人隐私。

第二十一条　控辩一方发问方式不当或者内容与案件事实无关，违反有关发问规则的，对方可以提出异议。对方当庭提出异议的，发问方应当说明发问理由，审判长判明情况予以支持或者驳回；对方未当庭提出异议的，审判长也可以根据情况予以制止。

第二十二条　审判长认为证人当庭陈述的内容与案件事实无关或者明显重复的，可以进行必要的提示。

第二十三条　有多名证人出庭作证的案件，向证人发问应当分别进行。

多名证人出庭作证的，应当在法庭指定的地点等候，不得谈论案情，必要时可以采取隔离等候措施。证人出庭作证后，审判长应当通知法警引导其退庭。证人不得旁听对案件的审理。

被害人没有列为当事人参加法庭审理，仅出庭陈述案件事实的，参照适用前款规定。

第二十四条　证人证言之间存在实质性差异的，法庭可以传唤有关证人到庭对质。

审判长可以分别询问证人，就证言的实质性差异进行调查核实。经审判长准许，控辩双方可以向证人发问。审判长认为有必要的，可以准许证人之间相互发问。

第二十五条 证人出庭作证的，其庭前证言一般不再出示、宣读，但下列情形除外：

（一）证人出庭作证时遗忘或者遗漏庭前证言的关键内容，需要向证人作出必要提示的；

（二）证人的当庭证言与庭前证言存在矛盾，需要证人作出合理解释的。

为核实证据来源、证据真实性等问题，或者帮助证人回忆，经审判长准许，控辩双方可以在询问证人时向其出示物证、书证等证据。

第二十六条 控辩双方可以申请法庭通知有专门知识的人出庭，协助本方就鉴定意见进行质证。有专门知识的人可以与鉴定人同时出庭，在鉴定人作证后向鉴定人发问，并对案件中的专门性问题提出意见。

申请有专门知识的人出庭，应当提供人员名单，并不得超过二人。有多种类鉴定意见的，可以相应增加人数。

第二十七条 对被害人、鉴定人、侦查人员、有专门知识的人的发问，参照适用证人的有关规定。

同一鉴定意见由多名鉴定人作出，有关鉴定人以及对该鉴定意见进行质证的有专门知识的人，可以同时出庭，不受分别发问规则的限制。

四、举证、质证程序

第二十八条 开庭讯问、发问结束后，公诉人先行举证。公诉人举证完毕后，被告人及其辩护人举证。

公诉人出示证据后，经审判长准许，被告人及其辩护人可以有针对性地出示证据予以反驳。

控辩一方举证后，对方可以发表质证意见。必要时，控辩双方可以对争议证据进行多轮质证。

被告人及其辩护人认为公诉人出示的有关证据对本方诉讼主张有利的，可以在发表质证意见时予以认可，或者在发表辩护意见时直接援引有关证据。

第二十九条 控辩双方随案移送或者庭前提交，但没有当庭出示的证据，审判长可以进行必要的提示；对于其中可能影响定罪量刑的关键证据，审判长应当提示控辩双方出示。

对于案件中可能影响定罪量刑的事实、证据存在疑问，控辩双方没有提及的，审判长应当引导控辩双方发表质证意见，并依法调查核实。

第三十条 法庭应当重视对证据收集合法性的审查，对证据收集的合法性有疑问的，应当调查核实证明取证合法性的证据材料。

对于被告人及其辩护人申请排除非法证据，依法提供相关线索或者材料，法庭对证据收集的合法性有疑问，决定进行调查的，一般应当先行当庭调查。

第三十一条 对于可能影响定罪量刑的关键证据和控辩双方存在争议的证据，一般应当单独举证、质证，充分听取质证意见。

对于控辩双方无异议的非关键性证据，举证方可以仅就证据的名称及其证明的事项作出说明，对方可以发表质证意见。

召开庭前会议的案件，举证、质证可以按照庭前会议确定的方式进行。根据案件审理需要，法庭可以对控辩双方的举证、质证方式进行必要的提示。

第三十二条 物证、书证、视听资料、电子数据等证据，应当出示原物、原件。取得原物、原件确有困难的，可以出示照片、录像、副本、复制件等足以反映原物、原件外形和特征以及真实内容的材料，并说明理由。

对于鉴定意见和勘验、检查、辨认、侦查实验等笔录，应当出示原件。

第三十三条 控辩双方出示证据，应当重点围绕与案件事实相关的内容或者控辩双方存在争议的内容进行。

出示证据时，可以借助多媒体设备等方式出示、播放或者演示证据内容。

第三十四条 控辩双方对证人证言、被害人陈述、鉴定意见无异议，有关人员不需要出庭的，或者有关人员因客观原因无法出庭且无法通过视频等方式作证的，可以出示、宣读庭前收集的书面证据材料或者作证过程录音录像。

被告人当庭供述与庭前供述的实质性内容一致的，可以不再出示庭前供述；当庭供述与庭前供述存在实质性差异的，可以出示、宣读庭前供述中存在实质性差异的内容。

第三十五条 采用技术侦查措施收集的证据，应当当庭出示。当庭出示、辨认、质证可能危及有关人员的人身安全，或者可能产生其他严重后果的，应当采取不暴露有关人员身份、不公开技术侦查措施和方法等保护措施。

法庭决定在庭外对技术侦查证据进行核实的，可以召集公诉人和辩护律师到场。在场人员应当履行保密义务。

第三十六条 法庭对证据有疑问的，可以告知控辩双方补充证据或者作出说明；必要时，可以在其他证据调查完毕后宣布休庭，对证据进行调查核实。法庭调查核实证据，可以通知控辩双方到场，并将核实过程记录在案。

对于控辩双方补充的和法庭庭外调查核实取得的证据，应当经过庭审质证才能作为定案的根据。但是，对于不影响定罪量刑的非关键性证据和有利于被告人的量刑证据，经庭外征求意见，控辩双方没有异议的除外。

第三十七条 控辩双方申请出示庭前未移送或提交人民法院的证据，对方提出异议的，申请方应当说明理由，法庭经审查认为理由成立并确有出示必要的，应当准许。

对方提出需要对新的证据作辩护准备的，法庭可以宣布休庭，并确定准备的时间。

第三十八条 法庭审理过程中，控辩双方申请通知新的证人到庭，调取新的证据，申请重新鉴定或者勘验的，应当提供证人的基本信息、证据的存放地点，说明拟证明的案件事实、要求重新鉴定或者勘验的理由。法庭认为有必要的，应当同意，并宣布延期审理；不同意的，应当说明理由并继续审理。

第三十九条 公开审理案件时，控辩双方提出涉及国家秘密、商业秘密或者个人隐私的证据的，法庭应当制止。有关证据确与本案有关的，可以根据具体情况，决定将案件转为不公开审理，或者对相关证据的法庭调查不公开进行。

第四十条 审判期间，公诉人发现案件需要补充侦查，建议延期审理的，法庭可以同意，但建议延期审理不得超过两次。

人民检察院将补充收集的证据移送人民法院的，人民法院应当通知辩护人、诉讼代理人查阅、摘抄、复制。辩护方提出需要对补充收集的证据作辩护准备的，法庭可以宣布休庭，并确定准备的时间。

补充侦查期限届满后，经人民法院通知，人民检察院未建议案件恢复审理，且未说明原因的，人民法院可以决定按人民检察院撤诉处理。

第四十一条 人民法院向人民检察院调取需要调查核实的证据材料，或者根据被告人及其辩护人的申请，向人民检察院调取在侦查、审查起诉期间收集的有关被告人无罪或者罪轻的证据材料，应当通知人民检察院在收到调取证据材料决定书后三日内移交。

第四十二条 法庭除应当审查被告人是否具有法定量刑情节外，还应当根据案件情况审查以下影响量刑的情节：

（一）案件起因；

（二）被害人有无过错及过错程度，是否对矛盾激化负有责任及责任大小；

（三）被告人的近亲属是否协助抓获被告人；

（四）被告人平时表现，有无悔罪态度；

（五）退赃、退赔及赔偿情况；

（六）被告人是否取得被害人或者其近亲属谅解；

（七）影响量刑的其他情节。

第四十三条 审判期间，被告人及其辩护人提出有自首、坦白、立功等法定量刑情节，或者人民法院发现被告人可能有上述法定量刑情节，而人民检察院移送的案卷中没有相关证据材料的，应当通知人民检察院移送。

审判期间，被告人及其辩护人提出新的立功情节，并提供相关线索或者材料的，人民法院可以建议人民检察院补充侦查。

第四十四条 被告人当庭不认罪或者辩护人作无罪辩护的，法庭对定罪事实进行调查后，可以对与量刑有关的事实、证据进行调查。被告人及其辩护人可以当庭发表质证意见，出示证明被告人罪轻或者无罪的证据。被告人及其辩护人参加量刑事实、证据的调查，不影响无罪辩解或者辩护。

五、认证规则

第四十五条 经过控辩双方质证的证据，法庭应当结合控辩双方质证意见，从证据与待证事实的关联程度、证据之间的印证联系、证据自身的真实性程度等方面，综合判断证据能否作为定案的根据。

证据与待证事实没有关联，或者证据自身存在无法解释的疑问，或者证据与待证事实以及其他证据存在无法排除的矛盾的，不得作为定案的根据。

第四十六条 通过勘验、检查、搜查等方式收集的物证、书证等证据，未通过辨认、鉴定等方式确定其与案件事实的关联的，不得作为定案的根据。

法庭对鉴定意见有疑问的，可以重新鉴定。

第四十七条 收集证据的程序、方式不符合法律规定，严重影响证据真实性的，人民法院应当建议人民检察院予以补正或者作出合理解释；不能补正或者作出合理解释的，有关证据不得作为定案的根据。

第四十八条 证人没有出庭作证，其庭前证言真实性无法确认的，不得作为定案的根据。

证人当庭作出的证言与其庭前证言矛盾，证人能够作出合理解释，并与相关证据印证的，应当采信其庭审证言；不能作出合理解释，而其庭前证言与相关证据印证的，可以采信其庭前证言。

第四十九条 经人民法院通知，鉴定人拒不出庭作证的，鉴定意见不得作为定案的根据。

有专门知识的人当庭对鉴定意见提出质疑，鉴定人能够作出合理解释，并与相关证据印证的，应当采信鉴定意见；不能作出合理解释，无法确认鉴定意见可靠性的，有关鉴定意见不能作为定案的根据。

第五十条 被告人的当庭供述与庭前供述、自书材料存在矛盾，被告人能够作出合理解释，并与相关证据印证的，应当采信其当庭供述；不能作出合理解释，而其庭前供述、自书材料与相关证据印证的，可以采信其庭前供述、自书材料。

法庭应当结合讯问录音录像对讯问笔录进行全面审查。讯问笔录记载的内容与讯问录音录像存在实质性差异的，以讯问录音录像为准。

第五十一条 对于控辩双方提出的事实证据争议，法庭应当当庭进行审查，经审查后作出处理的，应当当庭说明理由，并在裁判文书中写明；需要庭后评议作出处理的，应当在裁判文书中说明理由。

第五十二条 法庭认定被告人有罪，必须达到犯罪事实清楚，证据确实、充分，对于定罪事实应当综合全案证据排除合理怀疑。定罪证据不足的案件，不能认定被告人有罪，应当作出证据不足、指控的犯罪不能成立的无罪判决。定罪证据确实、充分，量刑证据存疑的，应当作出有利于被告人的认定。

第五十三条 本规程自 2018 年 1 月 1 日起试行。

最高人民检察院
人民检察院案件质量评查工作规定（试行）

（2017年12月7日最高人民检察院第十二届检察委员会第七十一次会议通过　2017年12月25日公布　2018年1月1日施行
高检发案管字〔2017〕7号）

第一章　总　则

第一条　为落实检察官办案责任制，加强对检察官司法办案的监督管理，规范司法行为，提高办案质量和效率，提升司法公信力，努力让人民群众在每一个司法案件中感受到公平正义，根据法律和有关规定，结合检察工作实际，制定本规定。

第二条　本规定所称案件质量评查，是指对人民检察院已经办结的案件，依照法律和有关规定，对办理质量进行检查、评定的业务管理活动。

对正在办理的案件，依照《人民检察院案件流程监控工作规定（试行）》开展同步、动态监督。

第三条　案件质量评查工作应当坚持统一组织与分工负责相结合，问题导向与正向激励相结合，监督管理与服务司法办案相结合，人工评查与智能辅助相结合，主观过错与客观行为相一致。

第四条　案件质量评查结果应当作为评价检察官办案业绩和能力、水平的重要依据，纳入业绩考核评价体系，并记入司法业绩档案。

第五条　最高人民检察院依托统一业务应用系统，研制案件质量评查智能辅助系统，将相关评查程序和标准嵌入系统，为全国检察机关利用现代信息技术辅助开展案件质量评查提供技术支持。

案件质量评查工作应当以网上评查为主、网下评查为辅。对于依照规定未在统一业务应用系统运行的案件和有关材料，可以调阅纸质材料进行评查。调阅涉及国家秘密或者重大敏感问题的材料，应当报经本院检察长或者有批准权的上级人民检察院批准。

第二章　评查工作的组织、计划与执行

第六条　案件质量评查工作应当在检察长的统一领导下，由案件管理部门、办案部门依照本规定第十五条的分工组织开展。

上级人民检察院应当加强对下级人民检察院案件质量评查工作的组织领导，可以在本地区检察机关范围内统一调配评查工作力量，组织开展交叉评查，对下级人民检察院案件质量评查工作进行监督检查，并通报检查结果。

下级人民检察院应当每年向上一级人民检察院报告本地案件质量评查工作情况，具体报告工作由案件管理部门承担。

第七条　各级人民检察院应当根据相关规定、上级工作部署和本地检察工作实际，研究制定评查工作年度计划。

评查工作年度计划由案件管理部门会同办案部门以及政工人事、监察等部门研究起草，经检察长或者检察委员会审定后执行。

案件管理部门负责评查工作年度计划的执行督办工作，并及时汇总评查工作情况，向检察长或者检察委员会报告。

第八条　各级人民检察院入额的检察官均具有担任评查员的资格和责任，应当服从统一安排调配，按照要求承担和完成所分配的案件质量评查任务，评查工作情况纳入评查检察官的办案业绩考核范围。所在部门和评查组织部门应当提供相关保障。

检察官助理可以协助检察官开展案件质量评查工作。

第九条　检察官和检察官助理参加评查活动的，应当严格遵守相关规定，保守国家秘密、商业秘密和工作秘密。

第十条　对本人参与办理、审核审批的案件以及其他与本人或者近亲属有利害关系的案件，参与评查的检察官和检察官助理应当回避。

第三章　评查的种类、内容、标准与结果等次

第十一条　各级人民检察院应当运用案件质量评查智能辅助系统对所办理的全部案件进行智能检查、自动比对，并根据系统自动检查情况和工作需要，综合运用常规抽查、重点评查、专项评查等方式开展人工评查。

第十二条　对于本院办理的案件，应当以独任检察官和检察官办案组为单元，随机选取一定数量或者比例的案件进行常规抽查，每位检察官每年被抽查的案件数不少于本人当年办案量的百分之五，且最低不少于二件。

对于下级人民检察院检察长、副检察长、检察委员会专职委员办理的案件，上级人民检察院可以进行常规抽查。

对于常规抽查的案件，应当对每个案件确定具体评查结论，并形成评查情况综合报告，全面反映常规抽查情况，提出相应的工作意见、建议。

常规抽查应当在每年业绩考核工作开始前完成。

第十三条　对于本院或者下级人民检察院办理的下列案件，应当作为重点评查案件，逐案进行评查：

（一）批准或者决定逮捕后作不起诉处理，或者提起公诉后又撤回起诉，或者人民法院判决无罪、免予刑事处罚的案件；

（二）在流程监控等管理活动中发现存在严重程序违规、不当干预、缺少制约程序等问题的案件；

（三）案件质量评查智能辅助系统提示可能存在重大问题或者与类案偏离度较大的案件；

（四）最高人民检察院、省级人民检察院确定的其他需要重点评查的案件。

对于重点评查的案件，应当深入分析、检查是否存在有关问题，并形成评查情况个案报告。

重点评查应当在案件办结后或者发现问题之日起三个月内完成。

第十四条　对于本院或者下级人民检察院办理的特定类型案件或者案件的特定环节、特定问题，应当每年至少开展一次专项评查。

对于专项评查的案件，应当对有关情况进行深度分析研究，并形成评查情况专项报告。

专项评查应当在每年十月底前完成。

第十五条　常规抽查、重点评查由案件管理部门组织开展，经检察长批准，也可以由相关办案部门组织开展。

专项评查由相关办案部门组织开展，也可以由案件管理部门单独或者会同办案部门组织开展。

各办案部门应当负责对本部门、本业务条线案件办理工作的日常监督管理，对案件质量的评查实现日常化、制度化。

第十六条　开展案件质量评查，应当着重从证据采信、事实认定、法律适用、办案程序、文书制作和使用、释法说理、办案效果、落实司法责任制等方面进行检查、评定。

第十七条　开展案件质量评查，应当依据下列标准，客观、公正、全面地评价办案质量：

（一）证据采信与排除符合法律规定，证明标准达到法律要求；

（二）认定事实清楚；

（三）适用法律正确；

（四）办案程序合法、规范；

（五）文书使用正确、规范，文书制作基本要素完整，说理充分；

（六）开展以案释法及时、有效；

（七）办案的法律效果、政治效果、社会效果有机统一；

（八）符合检察机关司法责任制关于办案组织、案件分配、办案权限、文书签发、监督管理等方面的相关规定；

（九）符合其他相关规定。

第十八条　对于常规抽查、重点评查和专项评查案件，应当确定评查结果等次。

评查结果等次分为优质案件、合格案件、瑕疵案件和不合格案件。

第十九条　评查结果等次应当依照下列标准认定：

（一）优质案件：认定事实清楚，适用法律正确，办案程序合法、规范，文书使用和制作正确、规范，说理充分，案件办理的法律效果、政治效果、社会效果突出；

（二）合格案件：符合实体正确、程序合法、文书规范等基本要求，案件办理效果良好；

（三）瑕疵案件：在实体、程序、文书或者办理效果等方面存在瑕疵，但处理结论正确；

（四）不合格案件：认定事实错误或者事实不清造成处理结果错误，或者适用法律不当造成处理结果错误，或者办案程序严重违法损害相关人员权利或造成处理结果错误。

第四章　评查的程序与结果运用

第二十条　案件质量评查按照下列程序进行：

（一）选取被评查案件；

（二）调阅相关材料，向办案人员等了解相关情况；

（三）提出评查意见；

（四）检察长或者检察委员会审定评查结果；

（五）反馈评查结果。

评查组织部门可以邀请人大代表、政协委员、特约检察员、人民监督员对评查工作提出意见建议，向他们通报相关情况。

第二十一条 对于拟认定为瑕疵案件或者不合格案件的，应当听取被评查单位、办案人员的意见。被评查单位、办案人员提出异议的，评查组织部门应当及时审核处理，认为异议成立的，应当接受并修改评查意见；认为异议不成立的，应当说明理由并将评查意见和认为异议不成立的理由一并报请检察长决定；必要时，可以提请检察委员会讨论决定。

第二十二条 案件质量评查结果经检察长或者检察委员会决定后，评查组织部门应当在五日以内将评查结果送被评查单位，同时分送院领导和其他办案、政工人事、监察等部门。

第二十三条 对评查结果认定的具体问题，能够补正的，办案人员、办案单位应当及时补正，并在三十日以内书面反馈评查组织部门。

对评查中发现的普遍性、倾向性问题，评查组织部门可以开展讲评培训、在一定范围内通报评查结果，协调相关部门建立健全长效机制。

经评查，认为案件存在严重错误需要纠正原处理结论的，应当报请检察长或者检察委员会决定启动法定程序予以纠正。

第二十四条 经评查，发现办案人员故意违反法律法规或者有重大过失行为，需要追究司法责任的，应当移送本院监察部门依照相关规定处理。

评查发现的优秀典型案例、法律文书，以及办案业绩突出的单位、个人，办案单位、政工人事等部门可以按照相关规定给予表彰奖励。

第二十五条 地方人民检察院应当建立和完善案件质量评查结果纳入业绩考核评价的工作衔接机制。对案件被评定为不合格，并且经相关部门依照程序认定应当承担司法责任的人员，该年度考核不得被评定为优秀和称职。

第二十六条 评查人员应当在职责范围内对评查工作质量负责，并承担相应的司法责任。

评查人员在评查工作中拒不服从工作安排或者不负责任、徇私舞弊、弄虚作假、泄露秘密以及有其他违反纪律情形的，应当视情节给予批评教育、组织处理或者纪律处分。

第五章 附 则

第二十七条 省级人民检察院可以根据本规定，结合本地实际情况，制定案件质量评查工作实施细则，并报最高人民检察院案件管理办公室备案。

第二十八条 本规定由最高人民检察院负责解释。

第二十九条 本规定自2018年1月1日起试行。

×××人民检察院
案件质量评查结果通知书

××检案管（或相关部门）评查〔 〕 号

（部门或某人民检察院）：

（评查组织部门）于_____年_____月组织对你院（部门）_____（检察官、检察官办案组）办理的_____案进行了质量评查，经检察长（或者检察委员会）审查确认，评查结果等次为_____，现将评查结果通知你院（部门）。

对于附件所列的问题，请及时核查整改，并在收到本通知书后三十日以内将整改情况书面回复我办（处、科）。

附件：案件质量评查问题清单

评查组织部门（盖章）
年 月 日

附件

_____案质量评查问题清单

序号	问题描述	依　据
1		
2		
3		
4		
5		
6		
7		
8		
9		
10		

人民检察院案件质量评查结果通知书制作说明

一、本文书依据《人民检察院案件质量评查工作规定（试行）》第二十二条的规定制作。在案件质量评查结果确认后，及时向本院办案部门或者下级人民检察院发送本通知书。本通知书应当附问题清单，列明依据。

二、本文书向办理被评查案件的本院办案部门或者下级人民检察院发送。

三、本文书一式二份，一份存档备查，一份送本院办案部门或者下级人民检察院。

四、评查组织部门不是案件管理部门的，应当将本通知书及其附件抄送案件管理部门。

最高人民检察院办公厅
2017 年 12 月 27 日印发

《人民检察院案件质量评查工作规定（试行）》的理解与适用[*]

董桂文　石献智[**]

2017年12月，最高人民检察院印发《人民检察院案件质量评查工作规定（试行）》（以下简称《规定》），自2018年1月1日起试行。为便于理解与适用，现将《规定》的制定背景、起草思路及主要问题作一介绍。

一、起草背景和过程

案件质量评查，是指对已经办结的案件，以法律和有关规定为标准，对办理质量进行检查、评定的业务管理活动。党的十八大以来，中央对全面深化司法体制改革作出部署，将司法责任制作为改革的重点内容之一，以完善法官、检察官责任制为抓手，明确法官、检察官办案的权力和责任。同时，为防止权力滥用，要求加强和规范对司法活动的监督。习近平总书记强调指出，要紧紧牵住司法责任制改革这个牛鼻子，凡是进入法官、检察官员额的，对案件质量终身负责。法官、检察官要有审案判案的权力，也要加强对他们的监督制约，把司法权关进制度的笼子。中央政法委领导多次强调，实行司法责任制，不是不要监管，而是改革监管内容、方法，从微观的个案审批、文书签发向宏观的全院、全员、全过程的案件质量效率监管转变。要加强对法官检察官履职的监督制约，健全案件质量评估、司法业绩考核等制度机制，提高管理监督科学化水平。

为落实中央要求，最高人民检察院2015年出台《关于完善人民检察院司法责任制的若干意见》，在突出检察官办案主体地位的同时，明确提出加强监督制约，健全检察管理与监督机制，建立办案质量评价机制，以常规抽查、重点评查、专项评查等方式对办案质量进行专业评价。因此，建立健全案件质量评查机制，是落实中央改革部署、完善司法责任制、加强检察机关内部监督管理、促进规范司法、提高办案质量效率、提升检察公信力的重要举措。

最高人民检察院党组对建立案件质量评查制度非常重视，曹建明检察长多次在全国检察长会议、大检察官专题研讨班等讲话中要求加快制定案件质量评

---

[*] 转引自《人民检察》2018年第3期。
[**] 作者单位：最高人民检察院案件管理办公室。

查工作规定，全面推进案后评查。全国检察机关近年来积极探索开展这项工作，积累了丰富经验，在落实办案责任、保障司法责任制方面取得了明显成效，但也不同程度地存在着做法不一致、发展不平衡等问题，各地迫切希望最高人民检察院出台相关规定，为更加扎实有序地开展评查工作提供统一规范。按照最高人民检察院党组和领导要求，我们组织专门力量，广泛调研，反复征求地方检察机关和相关部门意见，数易其稿，形成案件质量评查工作规定审议稿。2017年12月，《规定》经最高人民检察院检委会审议通过，自2018年1月1日起试行。

二、指导思想和基本思路

研究起草《规定》的指导思想是：按照党的十九大报告提出的深化司法体制综合配套改革、全面落实司法责任制、努力让人民群众在每一个司法案件中感受到公平正义的要求，积极适应司法责任制改革后检察工作面临的新形势新任务，着力解决案件评查工作发展不平衡不深入的问题，努力构建符合检察工作实际的案件评查制度，推动评查工作向科学化、规范化、信息化方向发展，充分发挥其在落实司法责任制、促进公正司法、提高办案质量和效率方面的作用，满足人民群众日益增长的对公平正义的新需求。

围绕这个指导思想，我们在起草时重点把握以下几点：

一是贯彻落实司法责任制改革要求。按照完善检察机关司法责任制的改革要求，针对检察办案组织变化，强化对以独任检察官和检察官办案组为单元的办案质量评查，同时做好与检察官业绩考核、司法业绩档案、司法责任追究等制度的协调衔接，把司法责任制改革的要求贯穿到案件质量评查工作之中。

二是突出重点、注重实效。合理确定评查的范围、内容，把评查重点放在影响司法公信力的问题上，对一般性的程序问题主要在流程监控环节予以解决，突出案后评查对案件实体等重要问题的关注，以有效发挥案件质量评查的实际作用。

三是力求公正权威、简便快捷。优化评查程序，严格评查结果认定，同时充分运用信息化手段开展评查，最大限度地减轻评查负担，提升评查工作的公正性、权威性，使评查工作更好地服务于司法办案。

四是把顶层设计与基层探索结合起来，为探索创新留有空间。根据实际需要，在对评查基本问题作出统一规定，以引领、规范各级检察机关开展工作。同时，考虑到各地情况差异较大，许多问题还需要探索实践，在具体规定上又为探索创新留有空间。

三、主要内容及相关问题说明

《规定》共五章29条，包括总则，评查工作的组织、计划与执行，评查的种类、内容、标准与结果等次，评查的程序与结果运用等。

（一）关于总则性规定

《规定》第一章明确了案件质量评查的定义与范围、评查工作要求、地位和作用、评查的方式等。

1. 明确评查的对象范围是检察机关已经办结的案件而非正在办理的案件。这主要是考虑到，对于正在办理的案件，可以依照流程监控等有关规定对程序性问题进行监督，而评查活动涉及对案件事实认定、证据采信、法律适用等实体问题的核查评价，为防止评查时对正在办理的案件带来不必要的影响，将评查的对象界定为已经办结的案件。

2. 明确评查工作的基本要求。《规定》第3条提出了评查工作应当做到几个结合，主要是强调评查工作应当坚持全面性，不能偏重一个方面而忽略另一方面，如不能只强调统一组织而不谈分工负责，不能只重视问题发现而忽视正向激励。文件中有多个条文体现和贯彻了这几项要求，后文具体说明。

3. 明确评查工作应当与落实司法责任制相衔接。案件质量评查是落实司法责任制的重要保障机制，为此，《规定》第4条明确要求，评查结果应当作为评价检察官办案业绩和能力、水平的重要依据，纳入业绩考核评价体系。并在第16条、第17中明确将案件办理是否符合司法责任制关于办案组织、案件分配、办案权限、文书签发等方面的相关规定作为评查的主要内容和标准。

4. 明确提出应当充分运用信息技术辅助开展案件评查。信息化建设是推动检察工作科学发展和提高检察公信力的重要引擎。检察机关近年来非常重视利用大数据等手段，搭建检察机关信息化平台，相继研发并部署使用统一业务应用系统、电子卷宗系统、案件信息公开系统等，助推检察工作快速发展。在文件制定过程中，时任最高人民检察院曹建明检察长等院领导明确指出，要善于运用办案大数据、人工智能等现代信息技术，对所办理的案件进行全面评查，要将司法办案中容易发生的问题，整合进智能系统，对案件进行自动评查，实现评查的普遍化、客观化、智能化。为此，《规定》第5条提出研制案件质量评查智能辅助系统，为检察机关利用现代信息技术辅助开展评查提供技术支持。考虑到实践中有部分案件依照有关规定未在统一业务应用系统上办理，本条第2款在规定以网上评查为主、网下评查为辅的同时，规定了可以调阅纸质材料进行线下评查。

（二）关于评查工作的组织、计划与执行

《规定》第二章明确了评查的组织、计划与执行，这是对第3条评查工作应当坚持统一组织领导与分工负责相结合要求的具体落实，是保障评查工作有效、有序开展的组织保证。

1. 明确评查工作的组织领导与分工负责。《规定》第 6 条第 1 款指出，评查工作应当在检察长统一领导下，由案件管理部门、办案部门分工组织开展。检察长统一领导是检察机关的领导体制，此处进一步重申，是强调评查工作作为检察工作整体的一部分，不同部门之间的开展评查应当做好统筹协调，案管部门、办案部门依照规定分工组织、各司其职。第 2 款、第 3 款基于上下级检察机关之间的领导与监督指导关系，强调要加强上级检察院对下级检察院评查工作的组织领导，上级院在本地区可以统一调配评查力量，组织开展交叉评查和监督检查；下级检察院则应当向上级检察院报告年度评查工作情况。

起草过程中，有的建议明确规定各级检察院应当设立案件质量评查工作领导小组，以加强对评查工作的统一领导。实践中，确实有一些地方成立了评查工作领导小组，负责组织领导和统筹谋划评查相关工作。但也有意见提出，不宜硬性规定必须成立某种机构，只要明确评查工作在检察长统一领导下、由相关部门组织开展即可，不成立专门机构不影响工作开展。经研究，《规定》对成立评查领导机构未作规定，但也未禁止地方根据实际设立类似机构。

2. 明确由案件管理部门会同办案等部门共同制定评查工作年度计划并由案管部门督促落实。为了保障评查工作有序开展，提高评查的针对性，同时也防止各部门之间开展评查工作互不通气、互不协调，造成多头评查、重复评查的情况，《规定》第 7 条要求各级院应当结合上级工作部署和本地检察工作实际，研究制定评查工作年度计划。案件管理部门作为评查工作的主要组织者、协调者，负责牵头会同办案部门、政工部门、监察部门等共同研究起草评查计划。需要说明的是，不论是拟以院名义还是拟以案管部门、办案部门名义开展的评查，都需要列入本院的评查年度计划，报经检察长或者检委会审定后执行。

为了增强计划的执行力，明确规定案管部门负责对评查计划的执行情况进行督办、汇总，并向检察长或者检委会报告。

（三）关于评查人员的选任及工作要求

评查人员的素质、能力，直接影响到评查活动所能取得的效果，《规定》第 8 条至第 10 条明确了评查人员的选任和管理方面的内容。

1. 明确入额检察官均有担任评查员的资格和责任。案件评查是对检察官已办结案件的核查评价，这就要求评查人员必须具有过硬的政治、业务素质，以保证评查的公正性、权威性。在研究过程中，有的建议从政治素养、业务能力等方面规定担任评查员的选任条件，但另有意见提出，凡是入额的检察官，均是经过特定程序选任出来的合格的办案人员，都应该有资格担任评查员。而且,案件质量评查是检察机关的一项重要业务工作,入额的检察官也有义务有责任承担一定的评查任务,并作为其办案业绩,对评查结果承担相应的责任。为此,《规定》第8条第1款要求,入额的检察官均具有担任评查员的资格和责任,应当服从统一安排调配,按照要求承担和完成所分配的案件质量评查任务,纳入办案业绩考核范围。第26条规定,评查人员应当在职责范围内对评查工作质量负责,并承担相应的司法责任。起草过程中,有的建议明确规定各地应当建立案件质量评查人才库。经研究,考虑到入额检察官都是评查人员的选任范围,因此,对评查人才库未作规定,但并不禁止各地根据实际建立相关制度。

2. 明确了检察官助理可以参加评查工作。评查活动涉及事项多,工作任务重。推行司法责任制改革后,员额检察官的数量相对较少,而一些检察官助理本身业务能力很强,原来也具有办案资格,只是囿于名额限制未能入额。为了缓解参加评查工作的员额检察官数量不足的压力,可以充分发挥这部分检察官助理的作用,允许他们参加评查活动,根据检察官的指派和安排,协助开展相关工作,检察官对其工作承担相应责任。

3. 明确了评查人员的保密义务和回避制度。评查活动需要对整个办案过程、案件材料进行审阅,会涉及许多涉密内容。根据有关要求,《规定》第9条明确要求参加评查的检察官、检察官助理应当严格遵守相关保密规定。另外,评查活动涉及对办案活动的评价和对检察官的业绩考核,根据各方面的意见,第10条明确了评查的回避制度,对本人参与办理、审核审批的案件以及其他与本人、近亲属有利害关系的案件,参与评查的检察官、检察官助理应当回避,不再参与相关评查工作。

(四)关于评查种类及具体要求

《规定》第三章规定了评查的种类、内容、标准与结果等次。

1. 明确了人工评查与智能辅助相结合的具体方式。第11条是对总则中关于人工评查与智能辅助相结合要求的具体落实,这里有两层意思:一是,各级检察院要运用案件评查的智能辅助系统对案件进行智能化的、自动化的评查,范围是所办理的全部案件。目前,全国性的评查智能辅助系统尚未建设完成,我们将进一步加大工作力度,广泛征求意见,组织全国相关方面的专家能手,尽快完成系统研发部署工作。二是,各级检察院可以运用常规抽查、重点评查、专项评查等方式开展人工评查,范围是部分案件。人工评查的这三种方式是《关于完善人民检察院司法责任制的若干意见》明确提出的,《规定》与其保持一致。

2. 明确了常规抽查的对象要求、数量要求、时间要求、工作内容要求等。

根据《规定》第 12 条，常规抽查的对象是检察官办理的案件，抽查的数量是不少于本人当年办案量的百分之五，最低不少于二件；对于检察长、副检察长、检察委员会专职委员办理的案件，考虑到评查的效果和力度，可以由上级人民检察院进行常规抽查，这也符合中央政法委提出的完善院领导办案情况由上级院考核、部门领导办案情况由本院考核机制的精神。评查结束后，应当确定评查结论，形成评查报告，提出意见建议。鉴于评查情况要纳入检察官的业绩考核之中，《规定》要求常规抽查须在每年业绩考核工作开始前完成，但这并不意味着常规抽查只能在年底进行。实践中，许多地方将常规抽查作为日常工作的一部分，按照同期办案量的相应比例定期进行评查，既减轻了年底的工作压力，又将评查工作融入日常、抓在经常，充分发挥评查活动对办案质量的常态化制度化促进作用。

3. 对重点评查的情形、时间、工作内容等作出规范。《规定》第 13 条明确了作为重点案件进行评查的几种情形：一是有可能出现问题的案件，如批捕后决定不起诉，或者提起公诉后又撤回起诉或者被法院判决无罪、免予刑事处罚，此种情形案件的前后处理结果存在矛盾，理应作为重点评查案件进行检查评定、查找分析原因；二是已经发现存在严重问题的案件，如在流程监控等管理活动中已经发现案件存在严重程序违规、不当干预、缺少制约程序等问题，或者评查智能辅助系统在自动检查过程中提示可能存在重大问题，对这类案件作为重点评查案件进行评查，以突出问题导向。关于"缺少程序制约"，这是起草过程中根据征求意见情况增加的，对其如何理解和把握，我们可以通过举例的方式来说明。在办案过程中，有些办案活动会有前后相应的诉讼阶段、诉讼环节进行监督制约，比如，批捕活动有起诉或审判阶段对批捕决定是否正确进行监督制约，起诉活动有审判阶段对起诉决定是否正确进行监督制约。但有些活动，明显缺少前后诉讼环节的制约，如侦监部门应当进行立案监督而未监督，公诉部门应当对法院审判活动进行抗诉而未抗诉，并没有来自其他诉讼阶段、其他机关的监督制约，公安机关、法院很少会主动要求检察机关对其履行立案监督、审判监督职责，像这样的案件，可以说是缺少程序制约，这种情形下如果发现可能存在重大问题嫌疑的，可以进行重点评查。三是最高人民检察院、省级人民检察院确定的其他案件。除上述两种情形之外，最高人民检察院和省级院可以根据情况，确定需要重点评查的其他案件。凡是被列为重点评查案件的，应当逢案必查，深入分析、检查是否存在问题，并在案件办结后或者发现问题之日起 3 个月内完成。

4. 对专项评查的对象、时间、工作内容提出要求。《规定》第 14 条提出，可以针对特定类型的案件、特定的问题，确定特定的主题来开展专项评查，对办案情况进行深度分析研究。专项评查的优点在于比较灵活，可以结合工作大局、专项工作部署或者整体的司法办案态势来开展。专项评查应当每年至少开展一次。

5. 明确了组织开展评查的责任部门。根据《人民检察院刑事诉讼规则（试行）》第668条的规定，案件管理部门作为检察机关内部专司监督管理职责的部门，基本职责之一就是对案件开展案后评查。与司法责任制改革相适应，常规抽查、重点评查是对办案活动的一种常态化管理活动，因此，将其作为日常的监管工作、由案件管理部门组织开展较为适宜。专项评查往往是对特定类型案件、特定问题而开展的集中评查，有很强的特殊性、针对性，因此，可以根据工作需要灵活确定组织开展的部门。为此，《规定》第15条明确提出，常规抽查、重点评查由案件管理部门组织开展，经检察长批准，也可以由相关办案部门组织开展。专项评查由相关办案部门组织开展，也可以由案件管理部门单独或者会同办案部门组织开展。这样规定，既明确了各部门的评查责任，又充分发挥各部门尤其是办案部门的工作积极性和专业优势。

（五）关于评查内容和标准

《规定》第16条明确了案件评查的主要内容。起草过程中，有的建议将办案风险评估、涉案财物处理、统一业务应用系统使用、案件信息公开等规定为评查内容。经研究认为，如果将类似的各种事项都一一列举，既影响文件的简洁性，而且也难免会挂一漏万，不利于突出评查重点，如果确实需要评查这些事项，将其看作办案程序之中的问题也是可以解决的。

第17条明确了案件评查的基本标准，这些基本标准大都是法律、司法解释中已经作出的规定或者提出的要求，此处作了简要重申。在起草过程中，有的建议针对不同类型案件制定具体的评查标准，以方便各地对照评查和打分。经研究认为，具体评查标准涉及各业务条线和各办案类型，内容多、差异大，需要丰富的经验积累，所需时间较长。根据工作需要，第一步先出台评查工作规定，待条件成熟时再会同相关办案部门，在总结经验的基础上，研究制定各类案件的具体评查标准。

（六）关于评查结果等次及标准

《规定》第18条、第19条明确了评查的结果等次和认定标准：一是《规定》划分为优质案件、合格案件、瑕疵案件和不合格案件四个档次来确定评查结果等次，没有采用具体打分的模式。实践中，一些地方的评查结果是采用加分或者扣分的模式进行，考虑到全国各地的情况差别太大，不宜统一规定各地都采用打分模式，因此，《规定》只规定了四个档次，但并未禁止各地在制定细则时,将四个档次的模式再细化为打分模式来区分评查结果等次。二是在确定优质案件、不合格案件时,既要实事求是,又要正确理解和设立认定标准,在条件的把握上要相对更严格一些。如果评查的案件出现了大量不合格案件,或者评出来的大都是优质案件,就失去了评查的意义和价值。三是在认定合格案件、瑕疵案件时,要注意从问题的数量和严重程度上来把握,《规定》确立的合格案件的标准是符合实体、程序、文书等方面的基本要求,不能把这个"基本要求"无限拔高,把一些细枝末节的、非基本要求的问题全部认定为瑕疵甚至不合格。

(七) 关于评查程序

《规定》第20条至第22条规定了案件评查的程序,在理解适用时需要把握以下几点:一是评查程序要简洁可行。起草过程中,我们本着案件质量评查程序要设计科学、简便易行、不能把评查搞成二次办案的思路,在确定评查流程时尽量做到简洁明确,各地在设计具体评查程序时也要做到既规范有效,又简便好用,不能过于机械繁琐。二是要保障被评查单位、办案人员的异议权。评查结果等次特别是瑕疵案件、不合格案件,对办案单位、办案人员的声誉、业绩、责任等都会产生深刻的负面影响。为此,《规定》要求,拟认定为瑕疵案件或者不合格案件的,必须听取被评查单位、办案人员的意见。其提出异议的,评查组织部门应当及时审核处理。认为异议成立的,应当接受并修改评查意见;认为异议不成立的,应当说明理由并报请检察长或者检察委员会讨论决定。三是关于邀请人大代表、政协委员、特约检察员、人民监督员参与评查。起草过程中,一些地方和部门建议可以邀请人大代表、政协委员等参与评查活动,以提升评查的社会效果。为此,《规定》提出,可以邀请人大代表、政协委员、特约检察员、人民监督员对评查工作提出意见建议,向他们通报相关情况。

(八) 关于评查结果运用

评查结果能否充分运用、如何合理有效运用,直接关系到评查的作用能否实现,是评查制度存在价值的保障。《规定》从多个方面明确了评查结果的运用:一是明确评查结果运用于解决评查所发现的问题,促进建章立制。发现问题、解决问题是评查结果最直接、最基本的运用。《规定》第23条提出了三种问题情形的处理:第一种是对于能够补正的问题,应当及时补正。实践中,有些办案中存在的问题,虽然案件已经办结了,但仍然需要办案人员继续完成相关工作,这类问题就属于能够补正的,比如,未及时处理涉案财物、未及时向当事人送达文书、未及时公开案件信息等。第二种是对于普遍性、倾向性问题，评查组织部门可以在一定范围内开展讲评培训、通报评查结果，协调相关部门建立健全长效机制等，以扩大评查结果影响，既可以督促直接办案人员改进工作，又有利于警示其他办案人员发生同类问题。第三种是对于认为存在严重错误需要纠正原处理结论的，需要报请检察长或者检察委员会决定启动法定程序予以纠正。这里的问题不是一般性的问题，不能通过补正等方式解决，而是需要对原来的处理结论进行纠正。而修改案件结论、纠正错案，是很严肃的事情，应当严格按照检察机关已有的制度机制，报请检察长或者检委会决定是否由有权的部门依照相应程序进行，不能由评查组织部门直接启动纠正程序。

二是明确评查结果运用于司法责任追究。案件质量评查作为落实司法责任制的重要制度保障，评查结果必然要运用于司法责任的认定上。案件评查组织部门有权处理的仅是对案件办理问题的认定，如果评查中发现有涉及对检察人员的问题认定的，应当交由相关部门来处理。根据《关于完善人民检察院司法责任制的若干意见》，对检察人员司法过错行为的检举控告，由人民检察院监察机构受理。监察机构经调查后认为应当追究检察官故意违反法律法规或重大过失司法责任的，应当依照程序移送检察官惩戒委员会审议处理。为此，《规定》第24条第1款规定，经评查发现需要追究办案人员司法责任的，移送本院监察部门处理。

三是明确评查结果运用于表扬先进、正面激励。为落实"问题导向与正面激励相结合"的要求，第24条第2款明确对于评查所发现的优秀典型案例、法律文书以及业绩突出的单位、个人，可以给予相应的表扬和荣誉，以激励大家对办好案、办优质案的重视与自觉。当然，表彰奖励要符合规定，防止违规设奖。

四是明确评查结果运用于业绩考核和公务员年度考核。《规定》第4条明确应当将评查结果纳入业绩考核，第25条对如何纳入作了进一步要求，将制度细化的权力和责任赋予地方，明确规定地方检察院应当建立和完善案件评查结果纳入业绩考核的工作衔接机制。同时明确指出，对案件被评定为不合格并且被认定应当承担司法责任的人员，该年度考核不得被评定为优秀和称职。这主要是考虑到不合格案件和司法责任的认定标准与程序都非常严格，所办案件一旦被认定不合格且应承担司法责任，性质上较为严重，年终考评不宜再被评定为优秀和称职。

(九) 关于制定实施细则

司法责任制改革、案件管理工作、案件质量评查，这些都是伴随检察工作发展而出现的新情况、新事物，目前来说还处于不断探索和发展阶段。各地在具体实践中,已经创造和正在创造着宝贵的经验,应当为探索创新留有一定的空间,这也是我们起草时遵循的思路之一。因此,我们在对评查主要问题作出规范的同时,对一些问题规定得较为概括,各地在贯彻落实时,可以结合本地实际,制定具体的实施细则。

最高人民法院、最高人民检察院、公安部、司法部关于依法严厉打击黑恶势力违法犯罪的通告

(2018年2月2日公布并施行)

黑恶势力是经济社会健康发展的毒瘤,是人民群众深恶痛绝的顽疾,必须坚决依法予以打击。为切实保障广大人民群众合法权益,维护社会和谐稳定,按照中共中央、国务院《关于开展扫黑除恶专项斗争的通知》精神,依据《中华人民共和国刑法》、《中华人民共和国刑事诉讼法》及有关规定,现就依法严厉打击黑恶势力违法犯罪相关事项通告如下:

一、凡是实施黑恶势力违法犯罪以及包庇、纵容黑社会性质组织的人员,必须立即停止一切违法犯罪活动。自本通告发布之日起至2018年3月1日,主动投案自首、如实供述自己罪行的,可以依法从轻或者减轻处罚。在此规定期限内拒不投案自首、继续为非作恶的,将依法从严惩处。对于为黑恶势力违法犯罪人员充当"保护伞"的国家机关工作人员,将坚决依法依纪查处,不管涉及谁,都要一查到底、绝不姑息。

二、黑恶势力犯罪人员的亲友应当积极规劝其尽快投案自首,经亲友规劝、陪同投案的,或者亲友主动报案后将犯罪人员送去投案的,视为自动投案。窝藏、包庇黑恶势力犯罪人员或者帮助洗钱、毁灭、伪造证据以及掩饰、隐瞒犯罪所得、犯罪所得收益的,将依法追究刑事责任。黑恶势力犯罪人员到案后有检举、揭发他人犯罪并经查证属实,以及提供侦破其他案件的重要线索并经查证属实,或者协助司法机关抓获其他犯罪嫌疑人的,可以依法从轻或者减轻处罚;有重大立功表现的,可以依法减轻或者免除处罚。黑恶势力犯罪人员积极配合侦查、起诉、审判工作,在查明黑社会性质组织的组织结构和组织者、领导者的地位作用,组织实施的重大犯罪事实,追缴、没收赃款赃物,打击"保护伞"等方面提供重要线索和证据,经查证属实的,可以根据案件具体情况,依法从轻、减轻或者免除处罚。

三、全国政法战线要贯彻落实党的十九大精神,在各级党委的统一领导下,充分发挥社会治安综合治理优势,推动各部门各司其职、齐抓共管,形成工作合力。要以"零容忍"态度,坚决依法从严惩治,对黑恶势力违法犯罪

重拳出击，侦办一批群众深恶痛绝的涉黑涉恶案件，整治一批涉黑涉恶重点地区，惩治一批涉黑涉恶违法犯罪分子，确保在春节前后取得积极成效，为扫黑除恶专项斗争奠定坚实基础，不断增强人民获得感、幸福感、安全感。

四、扫黑除恶是一场人民战争，必须依靠人民群众的积极参与。欢迎广大群众积极举报涉黑涉恶犯罪和"村霸"等突出问题，对在打击黑恶势力违法犯罪、铲除黑恶势力滋生土壤、深挖黑恶势力"保护伞"中发挥重要作用的，予以奖励。政法机关将依法保护举报人的个人信息及安全。

全国扫黑除恶举报网站：www.12389.gov.cn；举报信箱：北京市邮政19001号信箱；举报电话：010-12389。

本通告自发布之日起施行。

2018年2月2日

最高人民检察院
关于全面加强未成年人国家司法救助工作的意见

(2018年2月27日)

为进一步加强未成年人司法保护，深入推进检察机关国家司法救助工作，根据《中华人民共和国未成年人保护法》和中央政法委、财政部、最高人民法院、最高人民检察院、公安部、司法部《关于建立完善国家司法救助制度的意见（试行）》《最高人民检察院关于贯彻实施〈关于建立完善国家司法救助制度的意见（试行）〉的若干意见》《人民检察院国家司法救助工作细则（试行）》，结合检察工作实际，现就全面加强未成年人国家司法救助工作，提出如下意见：

一、充分认识未成年人国家司法救助工作的重要意义

未成年人是祖国的未来，未成年人的健康成长直接关系到亿万家庭对美好生活的向往，关系到国家的富强和民族的复兴，关系到新时代社会主义现代化强国的全面建成。保护未成年人，既是全社会的共同责任，也是检察机关的重要职责。近年来，对未成年人的司法保护取得长足进展，但未成年人及其家庭因案返贫致困情况仍然存在，甚至出现生活无着、学业难继等问题，严重损害了未成年人合法权益，妨害了未成年人健康成长。对此，各地检察机关积极开展国家司法救助工作，及时帮扶司法过程中陷入困境的未成年人，取得明显成效，收到良好效果。各级检察机关要充分总结经验，进一步提高认识，切实增强开展未成年人国家司法救助工作的责任感和自觉性，以救助工作精细化、救助对象精准化、救助效果最优化为目标，突出未成年人保护重点，全面履行办案机关的司法责任，采取更加有力的措施，不断提升未成年人国家司法救助工作水平，在司法工作中充分反映党和政府的民生关怀，切实体现人民司法的温度、温情和温暖，帮助未成年人走出生活困境，迈上健康快乐成长的人生道路。

二、牢固树立特殊保护、及时救助的理念

未成年人身心未臻成熟，个体应变能力和心理承受能力较弱，容易受到不法侵害且往往造成严重后果。检察机关办理案件时，对特定案件中符合条件的未成年人，应当依职权及时开展国家司法救助工作，根据未成年人身心特点和

未来发展需要，给予特殊、优先和全面保护。既立足于帮助未成年人尽快摆脱当前生活困境，也应着力改善未成年人的身心状况、家庭教养和社会环境，促进未成年人健康成长。既立足于帮助未成年人恢复正常生活学习，也应尊重未成年人的人格尊严、名誉权和隐私权等合法权利，避免造成"二次伤害"。既立足于发挥检察机关自身职能作用，也应充分连通其他相关部门和组织，调动社会各方面积极性，形成未成年人社会保护工作合力。

三、明确救助对象，实现救助范围全覆盖

对下列未成年人，案件管辖地检察机关应当给予救助：

（一）受到犯罪侵害致使身体出现伤残或者心理遭受严重创伤，因不能及时获得有效赔偿，造成生活困难的。

（二）受到犯罪侵害急需救治，其家庭无力承担医疗救治费用的。

（三）抚养人受到犯罪侵害致死，因不能及时获得有效赔偿，造成生活困难的。

（四）家庭财产受到犯罪侵害遭受重大损失，因不能及时获得有效赔偿，且未获得合理补偿、救助，造成生活困难的。

（五）因举报、作证受到打击报复，致使身体受到伤害或者家庭财产遭受重大损失，因不能及时获得有效赔偿，造成生活困难的。

（六）追索抚育费，因被执行人没有履行能力，造成生活困难的。

（七）因道路交通事故等民事侵权行为造成人身伤害，无法通过诉讼获得有效赔偿，造成生活困难的。

（八）其他因案件造成生活困难，认为需要救助的。

四、合理确定救助标准，确保救助金专款专用

检察机关决定对未成年人支付救助金的，应当根据未成年人家庭的经济状况，综合考虑其学习成长所需的合理费用，以案件管辖地所在省、自治区、直辖市上一年度职工月平均工资为基准确定救助金，一般不超过三十六个月的工资总额。对身体重伤或者严重残疾、家庭生活特别困难的未成年人，以及需要长期进行心理治疗或者身体康复的未成年人，可以突破救助限额，并依照有关规定报批。相关法律文书需要向社会公开的，应当隐去未成年人及其法定代理人、监护人的身份信息。

要加强对救助金使用情况的监督，必要时可以采用分期发放、第三方代管等救助金使用监管模式，确保救助金用作未成年人必需的合理支出。对截留、侵占、私分或者挪用救助金的单位和个人，严格依纪依法追究责任，并追回救助金。

五、积极开展多元方式救助，提升救助工作实效

未成年人健康快乐成长，既需要物质帮助，也需要精神抚慰和心理疏导；既需要解决生活面临的急迫困难，也需要安排好未来学习成长。检察机关在开展未成年人国家司法救助工作中，要增强对未成年人的特殊、优先保护意识，避免"给钱了事"的简单化做法，针对未成年人的具体情况，依托有关单位，借助专业力量，因人施策，精准帮扶，切实突出长远救助效果。

对下列因案件陷入困境的未成年人，检察机关可以给予相应方式帮助：

（一）对遭受性侵害、监护侵害以及其他身体伤害的，进行心理安抚和疏导；对出现心理创伤或者精神损害的，实施心理治疗。

（二）对没有监护人、监护人没有监护能力或者原监护人被撤销资格的，协助开展生活安置、提供临时照料、指定监护人等相关工作。

（三）对未完成义务教育而失学辍学的，帮助重返学校；对因经济困难可能导致失学辍学的，推动落实相关学生资助政策；对需要转学的，协调办理相关手续。

（四）对因身体伤残出现就医、康复困难的，帮助落实医疗、康复机构，促进身体康复。

（五）对因身体伤害或者财产损失提起附带民事诉讼的，帮助获得法律援助；对单独提起民事诉讼的，协调减免相关诉讼费用。

（六）对适龄未成年人有劳动、创业等意愿但缺乏必要技能的，协调有关部门提供技能培训等帮助。

（七）对符合社会救助条件的，给予政策咨询、帮扶转介，帮助协调其户籍所在地有关部门按规定纳入相关社会救助范围。

（八）认为合理、有效的其他方式。

六、主动开展救助工作，落实内部职责分工

国家司法救助工作是检察机关的重要职能，对未成年人进行司法保护是检察机关的应尽职责，开展好未成年人国家司法救助工作，需要各级检察机关、检察机关各相关职能部门和广大检察人员积极参与，群策群力，有效合作，共同推进。

刑事申诉检察部门负责受理、审查救助申请、提出救助审查意见和发放救助金等有关工作，未成年人检察工作部门负责给予其他方式救助等有关工作。侦查监督、公诉、刑事执行检察、民事行政检察、控告检察等办案部门要增强依职权主动救助意识，全面掌握未成年人受害情况和生活困难情况，对需要支付救助金的，及时交由刑事申诉检察部门按规定办理；对需要给予其他方式帮

助的，及时交由未成年人检察工作部门按规定办理，或者通知未成年人检察工作部门介入。

刑事申诉检察部门和未成年人检察工作部门要注意加强沟通联系和协作配合，保障相关救助措施尽快落实到位。

七、积极调动各方力量，构建外部合作机制

检察机关开展未成年人国家司法救助工作，要坚持党委政法委统一领导，加强与法院、公安、司法行政部门的衔接，争取教育、民政、财政、人力资源和社会保障、卫计委等部门支持，对接共青团、妇联、关工委、工会、律协等群团组织和学校、医院、社区等相关单位，引导社会组织尤其是未成年人保护组织、公益慈善组织、社会工作服务机构、志愿者队伍等社会力量，搭建形成党委领导、政府支持、各有关方面积极参与的未成年人国家司法救助支持体系。

要主动运用相关公益项目和利用公共志愿服务平台，充分发挥其资源丰富、方法灵活、形式多样的优势，进一步拓展未成年人国家司法救助工作的深度和广度。

要坚持政府主导、社会广泛参与的救助资金筹措方式，不断加大筹措力度，拓宽来源渠道，积极鼓励爱心企业、爱心人士捐助救助资金。接受、使用捐助资金，应当向捐助人反馈救助的具体对象和救助金额，确保资金使用的透明度和公正性。

八、加强组织领导，健康有序推进救助工作

各级检察机关要以高度的政治责任感，加强和改善对未成年人国家司法救助工作的领导，精心组织、周密部署、抓好落实，努力形成各相关部门分工明确、衔接有序、紧密配合、协同推进的工作格局。上级检察机关要切实履行对本地区未成年人国家司法救助工作的组织、指导职责，加强对下级检察机关开展救助工作的督导，全面掌握救助工作进展情况，及时解决问题，总结推广经验，着力提升本地区未成年人国家司法救助工作水平。要加强宣传引导，展示典型案例和积极成效，努力创造全社会关注、关心和关爱未成年人国家司法救助工作的良好氛围。

最高人民法院、最高人民检察院关于检察公益诉讼案件适用法律若干问题的解释

(2018年2月23日由最高人民法院审判委员会第1734次会议、2018年2月11日由最高人民检察院第十二届检察委员会第73次会议通过 2018年3月1日公布 2018年3月2日施行 法释〔2018〕6号)

一、一般规定

第一条 为正确适用《中华人民共和国民事诉讼法》《中华人民共和国行政诉讼法》关于人民检察院提起公益诉讼制度的规定，结合审判、检察工作实际，制定本解释。

第二条 人民法院、人民检察院办理公益诉讼案件主要任务是充分发挥司法审判、法律监督职能作用，维护宪法法律权威，维护社会公平正义，维护国家利益和社会公共利益，督促适格主体依法行使公益诉权，促进依法行政、严格执法。

第三条 人民法院、人民检察院办理公益诉讼案件，应当遵守宪法法律规定，遵循诉讼制度的原则，遵循审判权、检察权运行规律。

第四条 人民检察院以公益诉讼起诉人身份提起公益诉讼，依照民事诉讼法、行政诉讼法享有相应的诉讼权利，履行相应的诉讼义务，但法律、司法解释另有规定的除外。

第五条 市（分、州）人民检察院提起的第一审民事公益诉讼案件，由侵权行为地或者被告住所地中级人民法院管辖。

基层人民检察院提起的第一审行政公益诉讼案件，由被诉行政机关所在地基层人民法院管辖。

第六条 人民检察院办理公益诉讼案件，可以向有关行政机关以及其他组织、公民调查收集证据材料；有关行政机关以及其他组织、公民应当配合；需要采取证据保全措施的，依照民事诉讼法、行政诉讼法相关规定办理。

第七条 人民法院审理人民检察院提起的第一审公益诉讼案件，可以适用人民陪审制。

第八条 人民法院开庭审理人民检察院提起的公益诉讼案件，应当在开庭

三日前向人民检察院送达出庭通知书。

人民检察院应当派员出庭，并应当自收到人民法院出庭通知书之日起三日内向人民法院提交派员出庭通知书。派员出庭通知书应当写明出庭人员的姓名、法律职务以及出庭履行的具体职责。

第九条 出庭检察人员履行以下职责：

（一）宣读公益诉讼起诉书；

（二）对人民检察院调查收集的证据予以出示和说明，对相关证据进行质证；

（三）参加法庭调查，进行辩论并发表意见；

（四）依法从事其他诉讼活动。

第十条 人民检察院不服人民法院第一审判决、裁定的，可以向上一级人民法院提起上诉。

第十一条 人民法院审理第二审案件，由提起公益诉讼的人民检察院派员出庭，上一级人民检察院也可以派员参加。

第十二条 人民检察院提起公益诉讼案件判决、裁定发生法律效力，被告不履行的，人民法院应当移送执行。

二、民事公益诉讼

第十三条 人民检察院在履行职责中发现破坏生态环境和资源保护、食品药品安全领域侵害众多消费者合法权益等损害社会公共利益的行为，拟提起公益诉讼的，应当依法公告，公告期间为三十日。

公告期满，法律规定的机关和有关组织不提起诉讼的，人民检察院可以向人民法院提起诉讼。

第十四条 人民检察院提起民事公益诉讼应当提交下列材料：

（一）民事公益诉讼起诉书，并按照被告人数提出副本；

（二）被告的行为已经损害社会公共利益的初步证明材料；

（三）检察机关已经履行公告程序的证明材料。

第十五条 人民检察院依据民事诉讼法第五十五条第二款的规定提起民事公益诉讼，符合民事诉讼法第一百一十九条第二项、第三项、第四项及本解释规定的起诉条件的，人民法院应当登记立案。

第十六条 人民检察院提起的民事公益诉讼案件中，被告以反诉方式提出诉讼请求的，人民法院不予受理。

第十七条 人民法院受理人民检察院提起的民事公益诉讼案件后，应当在立案之日起五日内将起诉书副本送达被告。

人民检察院已履行诉前公告程序的，人民法院立案后不再进行公告。

第十八条 人民法院认为人民检察院提出的诉讼请求不足以保护社会公共

利益的，可以向其释明变更或者增加停止侵害、恢复原状等诉讼请求。

第十九条 民事公益诉讼案件审理过程中，人民检察院诉讼请求全部实现而撤回起诉的，人民法院应予准许。

第二十条 人民检察院对破坏生态环境和资源保护、食品药品安全领域侵害众多消费者合法权益等损害社会公共利益的犯罪行为提起刑事公诉时，可以向人民法院一并提起附带民事公益诉讼，由人民法院同一审判组织审理。

人民检察院提起的刑事附带民事公益诉讼案件由审理刑事案件的人民法院管辖。

三、行政公益诉讼

第二十一条 人民检察院在履行职责中发现生态环境和资源保护、食品药品安全、国有财产保护、国有土地使用权出让等领域负有监督管理职责的行政机关违法行使职权或者不作为，致使国家利益或者社会公共利益受到侵害的，应当向行政机关提出检察建议，督促其依法履行职责。

行政机关应当在收到检察建议书之日起两个月内依法履行职责，并书面回复人民检察院。出现国家利益或者社会公共利益损害继续扩大等紧急情形的，行政机关应当在十五日内书面回复。

行政机关不依法履行职责的，人民检察院依法向人民法院提起诉讼。

第二十二条 人民检察院提起行政公益诉讼应当提交下列材料：

（一）行政公益诉讼起诉书，并按照被告人数提出副本；

（二）被告违法行使职权或者不作为，致使国家利益或者社会公共利益受到侵害的证明材料；

（三）检察机关已经履行诉前程序，行政机关仍不依法履行职责或者纠正违法行为的证明材料。

第二十三条 人民检察院依据行政诉讼法第二十五条第四款的规定提起行政公益诉讼，符合行政诉讼法第四十九条第二项、第三项、第四项及本解释规定的起诉条件的，人民法院应当登记立案。

第二十四条 在行政公益诉讼案件审理过程中，被告纠正违法行为或者依法履行职责而使人民检察院的诉讼请求全部实现，人民检察院撤回起诉的，人民法院应当裁定准许；人民检察院变更诉讼请求，请求确认原行政行为违法的，人民法院应当判决确认违法。

第二十五条 人民法院区分下列情形作出行政公益诉讼判决：

（一）被诉行政行为具有行政诉讼法第七十四条、第七十五条规定情形之一的，判决确认违法或者确认无效，并可以同时判决责令行政机关采取补救措施；

（二）被诉行政行为具有行政诉讼法第七十条规定情形之一的，判决撤销或者部分撤销，并可以判决被诉行政机关重新作出行政行为；

（三）被诉行政机关不履行法定职责的，判决在一定期限内履行；

（四）被诉行政机关作出的行政处罚明显不当，或者其他行政行为涉及对款额的确定、认定确有错误的，判决予以变更；

（五）被诉行政行为证据确凿，适用法律、法规正确，符合法定程序，未超越职权，未滥用职权，无明显不当，或者人民检察院诉请被诉行政机关履行法定职责理由不成立的，判决驳回诉讼请求。

人民法院可以将判决结果告知被诉行政机关所属的人民政府或者其他相关的职能部门。

四、附则

第二十六条　本解释未规定的其他事项，适用民事诉讼法、行政诉讼法以及相关司法解释的规定。

第二十七条　本解释自 2018 年 3 月 2 日起施行。

最高人民法院、最高人民检察院之前发布的司法解释和规范性文件与本解释不一致的，以本解释为准。

最高人民法院、最高人民检察院关于涉以压缩气体为动力的枪支、气枪铅弹刑事案件定罪量刑问题的批复

(2018年1月25日由最高人民法院审判委员会第1732次会议、2018年3月2日由最高人民检察院第十二届检察委员会第七十四次会议通过 2018年3月8日公布 2018年3月30日施行 法释〔2018〕8号)

各省、自治区、直辖市高级人民法院、人民检察院，解放军军事法院、军事检察院，新疆维吾尔自治区高级人民法院生产建设兵团分院、新疆生产建设兵团人民检察院：

近来，部分高级人民法院、省级人民检察院就如何对非法制造、买卖、运输、邮寄、储存、持有、私藏、走私以压缩气体为动力的枪支、气枪铅弹（用铅、铅合金或者其他金属加工的气枪弹）行为定罪量刑的问题提出请示。经研究，批复如下：

一、对于非法制造、买卖、运输、邮寄、储存、持有、私藏、走私以压缩气体为动力且枪口比动能较低的枪支的行为，在决定是否追究刑事责任以及如何裁量刑罚时，不仅应当考虑涉案枪支的数量，而且应当充分考虑涉案枪支的外观、材质、发射物、购买场所和渠道、价格、用途、致伤力大小、是否易于通过改制提升致伤力，以及行为人的主观认知、动机目的、一贯表现、违法所得、是否规避调查等情节，综合评估社会危害性，坚持主客观相统一，确保罪责刑相适应。

二、对于非法制造、买卖、运输、邮寄、储存、持有、私藏、走私气枪铅弹的行为，在决定是否追究刑事责任以及如何裁量刑罚时，应当综合考虑气枪铅弹的数量、用途以及行为人的动机目的、一贯表现、违法所得、是否规避调查等情节，综合评估社会危害性，确保罪责刑相适应。

此复。

二、指导性案例

最高人民检察院
关于印发最高人民检察院
第九批指导性案例的通知

(2017年10月10日最高人民检察院第十二届检察委员会第七十次会议通过　2017年10月12日公布　高检发研字〔2017〕10号）

各省、自治区、直辖市人民检察院，解放军军事检察院，新疆生产建设兵团人民检察院：

经2017年10月10日最高人民检察院第十二届检察委员会第七十次会议决定，现将李丙龙破坏计算机信息系统案等六件指导性案例（检例第33－38号）作为第九批指导性案例发布，供参照适用。

最高人民检察院
2017年10月12日

检例第 33 号

李丙龙破坏计算机信息系统案

【关键词】 破坏计算机信息系统　劫持域名

【基本案情】

被告人李丙龙，男，1991 年 8 月生，个体工商户。

被告人李丙龙为牟取非法利益，预谋以修改大型互联网网站域名解析指向的方法，劫持互联网流量访问相关赌博网站，获取境外赌博网站广告推广流量提成。2014 年 10 月 20 日，李丙龙冒充某知名网站工作人员，采取伪造该网站公司营业执照等方式，骗取该网站注册服务提供商信任，获取网站域名解析服务管理权限。10 月 21 日，李丙龙通过其在域名解析服务网站平台注册的账号，利用该平台相关功能自动生成了该知名网站二级子域名部分 DNS（域名系统）解析列表，修改该网站子域名的 IP 指向，使其连接至自己租用境外虚拟服务器建立的赌博网站广告发布页面。当日 19 时许，李丙龙对该网站域名解析服务器指向的修改生效，致使该网站不能正常运行。23 时许，该知名网站经技术排查恢复了网站正常运行。11 月 25 日，李丙龙被公安机关抓获。至案发时，李丙龙未及获利。

经司法鉴定，该知名网站共有 559 万有效用户，其中邮箱系统有 36 万有效用户。按日均电脑客户端访问量计算，10 月 7 日至 10 月 20 日邮箱系统日均访问量达 12.3 万。李丙龙的行为造成该知名网站 10 月 21 日 19 时至 23 时长达四小时左右无法正常发挥其服务功能，案发当日仅邮件系统电脑客户端访问量就从 12.3 万减少至 4.43 万。

【诉讼过程和结果】

本案由上海市徐汇区人民检察院于 2015 年 4 月 9 日以被告人李丙龙犯破坏计算机信息系统罪向上海市徐汇区人民法院提起公诉。11 月 4 日，徐汇区人民法院作出判决，认定李丙龙的行为构成破坏计算机信息系统罪。根据《最高人民法院、最高人民检察院关于办理危害计算机信息系统安全刑事案件应用法律若干问题的解释》第四条规定，李丙龙的行为符合"造成为五万以上用户提供服务的计算机信息系统不能正常运行累计一小时以上""后果特别严重"的情形。结合量刑情节，判处李丙龙有期徒刑五年。一审宣判后，被告人未上诉，判决已生效。

【要旨】

以修改域名解析服务器指向的方式劫持域名,造成计算机信息系统不能正常运行,是破坏计算机信息系统的行为。

【指导意义】

修改域名解析服务器指向,强制用户偏离目标网站或网页进入指定网站或网页,是典型的域名劫持行为。行为人使用恶意代码修改目标网站域名解析服务器,目标网站域名被恶意解析到其他 IP 地址,无法正常发挥网站服务功能,这种行为实质是对计算机信息系统功能的修改、干扰,符合刑法第二百八十六条第一款"对计算机信息系统功能进行删除、修改、增加、干扰"的规定。根据《最高人民法院、最高人民检察院关于办理危害计算机信息系统安全刑事案件应用法律若干问题的解释》第四条的规定,造成为一万以上用户提供服务的计算机信息系统不能正常运行累计一小时以上的,属于"后果严重",应以破坏计算机信息系统罪论处;造成为五万以上用户提供服务的计算机信息系统不能正常运行累计一小时以上的,属于"后果特别严重"。

认定遭受破坏的计算机信息系统服务用户数,可以根据计算机信息系统的功能和使用特点,结合网站注册用户、浏览用户等具体情况,作出客观判断。

【相关法律规定】

《中华人民共和国刑法》

第二百八十六条 违反国家规定,对计算机信息系统功能进行删除、修改、增加、干扰,造成计算机信息系统不能正常运行,后果严重的,处五年以下有期徒刑或者拘役;后果特别严重的,处五年以上有期徒刑。

《最高人民法院、最高人民检察院关于办理危害计算机信息系统安全刑事案件应用法律若干问题的解释》

第四条 破坏计算机信息系统功能、数据或者应用程序,具有下列情形之一的,应当认定为刑法第二百八十六条第一款和第二款规定的"后果严重":

……

(四)造成为一百台以上计算机信息系统提供域名解析、身份认证、计费等基础服务或者为一万以上用户提供服务的计算机信息系统不能正常运行累计一小时以上的;

……

实施前款规定行为,具有下列情形之一的,应当认定为破坏计算机信息系统"后果特别严重":

……

(二)造成为五百台以上计算机信息系统提供域名解析、身份认证、计费等基础服务或者为五万以上用户提供服务的计算机信息系统不能正常运行累计一小时以上的；

......

检例第 34 号

李骏杰等破坏计算机信息系统案

【关键词】 破坏计算机信息系统　删改购物评价　购物网站评价系统

【基本案情】

被告人李骏杰，男，1985 年 7 月生，原系浙江杭州某网络公司员工。

被告人胡榕，男，1975 年 1 月生，原系江西省九江市公安局民警。

被告人黄福权，男，1987 年 9 月生，务工。

被告人董伟，男，1983 年 5 月生，无业。

被告人王凤昭，女，1988 年 11 月生，务工。

2011 年 5 月至 2012 年 12 月，被告人李骏杰在工作单位及自己家中，单独或伙同他人通过聊天软件联系需要修改中差评的某购物网站卖家，并从被告人黄福权等处购买发表中差评的该购物网站买家信息 300 余条。李骏杰冒用买家身份，骗取客服审核通过后重置账号密码，登录该购物网站内部评价系统，删改买家的中差评 347 个，获利 9 万余元。

经查：被告人胡榕利用职务之便，将获取的公民个人信息分别出售给被告人黄福权、董伟、王凤昭。

2012 年 12 月 11 日，被告人李骏杰被公安机关抓获归案。此后，因涉嫌出售公民个人信息、非法获取公民个人信息，被告人胡榕、黄福权、董伟、王凤昭等人也被公安机关先后抓获。

【诉讼过程和结果】

本案由浙江省杭州市滨江区人民检察院于 2014 年 3 月 24 日以被告人李骏杰犯破坏计算机信息系统罪、被告人胡榕犯出售公民个人信息罪、被告人黄福权等人犯非法获取公民个人信息罪，向浙江省杭州市滨江区人民法院提起公诉。2015 年 1 月 12 日，杭州市滨江区人民法院作出判决，认定被告人李骏杰的行为构成破坏计算机信息系统罪，判处有期徒刑五年；被告人胡榕的行为构成出售公民个人信息罪，判处有期徒刑十个月，并处罚金人民币二万元；被告人黄福权、董伟、王凤昭的行为构成非法获取公民个人信息罪，分别判处有期徒刑、拘役，并处罚金。一审宣判后，被告人董伟提出上诉。杭州市中级人民法院二审裁定驳回上诉，维持原判。判决已生效。

【要旨】

冒用购物网站买家身份进入网站内部评价系统删改购物评价，属于对计算机信息系统内存储数据进行修改操作，应当认定为破坏计算机信息系统的行为。

【指导意义】

购物网站评价系统是对店铺销量、买家评价等多方面因素进行综合计算分值的系统，其内部储存的数据直接影响到搜索流量分配、推荐排名、营销活动报名资格、同类商品在消费者购买比较时的公平性等。买家在购买商品后，根据用户体验对所购商品分别给出好评、中评、差评三种不同评价。所有的评价都是以数据形式存储于买家评价系统之中，成为整个购物网站计算机信息系统整体数据的重要组成部分。

侵入评价系统删改购物评价，其实质是对计算机信息系统内存储的数据进行删除、修改操作的行为。这种行为危害到计算机信息系统数据采集和流量分配体系运行，使网站注册商户及其商品、服务的搜索受到影响，导致网站商品、服务评价功能无法正常运作，侵害了购物网站所属公司的信息系统安全和消费者的知情权。行为人因删除、修改某购物网站中差评数据违法所得25000元以上，构成破坏计算机信息系统罪，属于"后果特别严重"的情形，应当依法判处五年以上有期徒刑。

【相关法律规定】

《中华人民共和国刑法》

第二百八十六条 违反国家规定，对计算机信息系统功能进行删除、修改、增加、干扰，造成计算机信息系统不能正常运行，后果严重的，处五年以下有期徒刑或者拘役；后果特别严重的，处五年以上有期徒刑。

违反国家规定，对计算机信息系统中存储、处理或者传输的数据和应用程序进行删除、修改、增加的操作，后果严重的，依照前款的规定处罚。

《最高人民法院、最高人民检察院关于办理危害计算机信息系统安全刑事案件应用法律若干问题的解释》

第四条 破坏计算机信息系统功能、数据或者应用程序，具有下列情形之一的，应当认定为刑法第二百八十六条第一款和第二款规定的"后果严重"：

……

（三）违法所得五千元以上或者造成经济损失一万元以上的；

……

实施前款规定行为，具有下列情形之一的，应当认定为破坏计算机信息系统"后果特别严重"：

（一）数量或者数额达到前款第（一）项至第（三）项规定标准五倍以上的；

……

《计算机信息网络国际联网安全保护管理办法》

第六条 任何单位和个人不得从事下列危害计算机信息网络安全的活动：

（一）未经允许，进入计算机信息网络或者使用计算机信息网络资源的；

（二）未经允许，对计算机信息网络功能进行删除、修改或者增加的；

（三）未经允许，对计算机信息网络中存储、处理或者传输的数据和应用程序进行删除、修改或者增加的；

（四）故意制作、传播计算机病毒等破坏性程序的；

（五）其他危害计算机信息网络安全的。

检例第 35 号

曾兴亮、王玉生破坏计算机信息系统案

【关键词】破坏计算机信息系统　智能手机终端　远程锁定

【基本案情】

被告人曾兴亮，男，1997 年 8 月生，农民。

被告人王玉生，男，1992 年 2 月生，农民。

2016 年 10 月至 11 月，被告人曾兴亮与王玉生结伙或者单独使用聊天社交软件，冒充年轻女性与被害人聊天，谎称自己的苹果手机因故障无法登录"iCloud"（云存储），请被害人代为登录，诱骗被害人先注销其苹果手机上原有的 ID，再使用被告人提供的 ID 及密码登录。随后，曾、王二人立即在电脑上使用新的 ID 及密码登录苹果官方网站，利用苹果手机相关功能将被害人的手机设置修改，并使用"密码保护问题"修改该 ID 的密码，从而远程锁定被害人的苹果手机。曾、王二人再在其个人电脑上，用网络聊天软件与被害人联系，以解锁为条件索要钱财。采用这种方式，曾兴亮单独或合伙作案共 21 起，涉及苹果手机 22 部，锁定苹果手机 21 部，索得人民币合计 7290 元；王玉生参与作案 12 起，涉及苹果手机 12 部，锁定苹果手机 11 部，索得人民币合计 4750 元。2016 年 11 月 24 日，二人被公安机关抓获。

【诉讼过程和结果】

本案由江苏省海安县人民检察院于 2016 年 12 月 23 日以被告人曾兴亮、王玉生犯破坏计算机信息系统罪向海安县人民法院提起公诉。2017 年 1 月 20 日，海安县人民法院作出判决，认定被告人曾兴亮、王玉生的行为构成破坏计算机信息系统罪,分别判处有期徒刑一年三个月、有期徒刑六个月。一审宣判后,二被告人未上诉,判决已生效。

【要旨】

智能手机终端,应当认定为刑法保护的计算机信息系统。锁定智能手机导致不能使用的行为,可认定为破坏计算机信息系统。

【指导意义】

计算机信息系统包括计算机、网络设备、通信设备、自动化控制设备等。智能手机和计算机一样,使用独立的操作系统、独立的运行空间,可以由用户自行安装软件等程序,并可以通过移动通讯网络实现无线网络接入,应当认定为刑法上的"计算机信息系统"。

行为人通过修改被害人手机的登录密码,远程锁定被害人的智能手机设备,使之成为无法开机的"僵尸机",属于对计算机信息系统功能进行修改、干扰的行为。造成10台以上智能手机系统不能正常运行,符合刑法第二百八十六条破坏计算机信息系统罪构成要件中"对计算机信息系统功能进行修改、干扰""后果严重"的情形,构成破坏计算机信息系统罪。

行为人采用非法手段锁定手机后以解锁为条件,索要钱财,在数额较大或多次敲诈的情况下,其目的行为又构成敲诈勒索罪。在这类犯罪案件中,手段行为构成的破坏计算机信息系统罪与目的行为构成的敲诈勒索罪之间成立牵连犯。牵连犯应当从一重罪处断。破坏计算机信息系统罪后果严重的情况下,法定刑为五年以下有期徒刑或者拘役;敲诈勒索罪在数额较大的情况下,法定刑为三年以下有期徒刑、拘役或管制,并处或者单处罚金。本案应以重罪即破坏计算机信息系统罪论处。

【相关法律规定】

《中华人民共和国刑法》

第二百八十六条 违反国家规定,对计算机信息系统功能进行删除、修改、增加、干扰,造成计算机信息系统不能正常运行,后果严重的,处五年以下有期徒刑或者拘役;后果特别严重的,处五年以上有期徒刑。

第二百七十四条 敲诈勒索公私财物,数额较大或者多次敲诈勒索的,处三年以下有期徒刑、拘役或者管制,并处或者单处罚金;数额巨大或者有其他严重情节的,处三年以上十年以下有期徒刑,并处罚金;数额特别巨大或者有其他特别严重情节的,处十年以上有期徒刑,并处罚金。

《最高人民法院、最高人民检察院关于办理危害计算机信息系统安全刑事案件应用法律若干问题的解释》

第十一条 本解释所称"计算机信息系统"和"计算机系统",是指具备自动处理数据功能的系统,包括计算机、网络设备、通信设备、自动化控制设备等。

......

《最高人民法院、最高人民检察院关于办理敲诈勒索刑事案件适用法律若干问题的解释》

第一条 敲诈勒索公私财物价值二千元至五千元以上、三万元至十万元以上、三十万元至五十万元以上的,应当分别认定为刑法第二百七十四条规定的"数额较大"、"数额巨大"、"数额特别巨大"。

各省、自治区、直辖市高级人民法院、人民检察院可以根据本地区经济发展状况和社会治安状况,在前款规定的数额幅度内,共同研究确定本地区执行的具体数额标准,报最高人民法院、最高人民检察院批准。

《江苏省高级人民法院、江苏省人民检察院、江苏省公安厅关于我省执行敲诈勒索公私财物"数额较大"、"数额巨大"、"数额特别巨大"标准的意见》

根据《最高人民法院、最高人民检察院关于办理敲诈勒索刑事案件适用法律若干问题的解释》的规定,结合我省经济发展和社会治安实际状况,确定我省执行刑法第第二百七十四条规定的敲诈勒索公私财物"数额较大"、"数额巨大"、"数额特别巨大"标准如下:

一、敲诈勒索公私财物价值人民币四千元以上的,为"数额较大";

二、敲诈勒索公私财物价值人民币六万元以上的,为"数额巨大";

......

检例第 36 号

卫梦龙、龚旭、薛东东非法获取计算机信息系统数据案

【关键词】非法获取计算机信息系统数据　超出授权范围登录　侵入计算机信息系统

【基本案情】

被告人卫梦龙,男,1987 年 10 月生,原系北京某公司经理。

被告人龚旭,女,1983 年 9 月生,原系北京某大型网络公司运营规划管理部员工。

被告人薛东东,男,1989 年 12 月生,无固定职业。

被告人卫梦龙曾于 2012 年至 2014 年在北京某大型网络公司工作，被告人龚旭供职于该大型网络公司运营规划管理部，两人原系同事。被告人薛东东系卫梦龙商业合作伙伴。

因工作需要，龚旭拥有登录该大型网络公司内部管理开发系统的账号、密码、Token 令牌（计算机身份认证令牌），具有查看工作范围内相关数据信息的权限。但该大型网络公司禁止员工私自在内部管理开发系统查看、下载非工作范围内的电子数据信息。

2016 年 6 月至 9 月，经事先合谋，龚旭向卫梦龙提供自己所掌握的该大型网络公司内部管理开发系统账号、密码、Token 令牌。卫梦龙利用龚旭提供的账号、密码、Token 令牌，违反规定多次在异地登录该大型网络公司内部管理开发系统，查询、下载该计算机信息系统中储存的电子数据。后卫梦龙将非法获取的电子数据交由薛东东通过互联网出售牟利，违法所得共计 37000 元。

【诉讼过程和结果】

本案由北京市海淀区人民检察院于 2017 年 2 月 9 日以被告人卫梦龙、龚旭、薛东东犯非法获取计算机信息系统数据罪，向北京市海淀区人民法院提起公诉。6 月 6 日，北京市海淀区人民法院作出判决，认定被告人卫梦龙、龚旭、薛东东的行为构成非法获取计算机信息系统数据罪，情节特别严重。判处卫梦龙有期徒刑四年，并处罚金人民币四万元；判处龚旭有期徒刑三年九个月，并处罚金人民币四万元；判处薛东东有期徒刑四年，并处罚金人民币四万元。一审宣判后，三被告人未上诉，判决已生效。

【要旨】

超出授权范围使用账号、密码登录计算机信息系统，属于侵入计算机信息系统的行为；侵入计算机信息系统后下载其储存的数据，可以认定为非法获取计算机信息系统数据。

【指导意义】

非法获取计算机信息系统数据罪中的"侵入"，是指违背被害人意愿、非法进入计算机信息系统的行为。其表现形式既包括采用技术手段破坏系统防护进入计算机信息系统，也包括未取得被害人授权擅自进入计算机信息系统，还包括超出被害人授权范围进入计算机信息系统。

本案中，被告人龚旭将自己因工作需要掌握的本公司账号、密码、Token令牌等交由卫梦龙登录该公司管理开发系统获取数据，虽不属于通过技术手段侵入计算机信息系统，但内外勾结擅自登录公司内部管理开发系统下载数据，明显超出正常授权范围。超出授权范围使用账号、密码、Token 令牌登录系统，也属于侵入计算机信息系统的行为。行为人违反《计算机信息系统安全保护条例》第七条、《计算机信息网络国际联网安全保护管理办法》第六条第一项等国家规定，实施了非法侵入并下载获取计算机信息系统中存储的数据的行为，构成非法获取计算机信息系统数据罪。按照2011年《最高人民法院、最高人民检察院关于办理危害计算机信息系统安全刑事案件应用法律若干问题的解释》规定，构成犯罪，违法所得二万五千元以上，应当认定为"情节特别严重"，处三年以上七年以下有期徒刑，并处罚金。

【相关法律规定】

《中华人民共和国刑法》

第二百八十五条 违反国家规定，侵入国家事务、国防建设、尖端科学技术领域的计算机信息系统的，处三年以下有期徒刑或者拘役。

违反国家规定，侵入前款规定以外的计算机信息系统或者采用其他技术手段，获取该计算机信息系统中存储、处理或者传输的数据，或者对该计算机信息系统实施非法控制，情节严重的，处三年以下有期徒刑或者拘役，并处或者单处罚金；情节特别严重的，处三年以上七年以下有期徒刑，并处罚金。

《最高人民法院、最高人民检察院关于办理危害计算机信息系统安全刑事案件应用法律若干问题的解释》

第一条 非法获取计算机信息系统数据或者非法控制计算机信息系统，具有下列情形之一的，应当认定为刑法第二百八十五条第二款规定的"情节严重"：

……

（四）违法所得五千元以上或者造成经济损失一万元以上的；

……

实施前款规定行为，具有下列情形之一的，应当认定为刑法第二百八十五条第二款规定的"情节特别严重"：

（一）数量或者数额达到前款第（一）项至第（四）项规定标准五倍以上的；

……

《中华人民共和国计算机信息系统安全保护条例》

第七条 任何组织或者个人，不得利用计算机信息系统从事危害国家利益、集体利益和公民合法利益的活动，不得危害计算机信息系统的安全。

《计算机信息网络国际联网安全保护管理办法》

第六条 任何单位和个人不得从事下列危害计算机信息网络安全的活动：

（一）未经允许，进入计算机信息网络或者使用计算机信息网络资源的；

（二）未经允许，对计算机信息网络功能进行删除、修改或者增加的；

（三）未经允许，对计算机信息网络中存储、处理或者传输的数据和应用程序进行删除、修改或者增加的；

（四）故意制作、传播计算机病毒等破坏性程序的；

（五）其他危害计算机信息网络安全的。

检例第 37 号

张四毛盗窃案

【关键词】 盗窃　网络域名　财产属性　域名价值

【基本案情】

被告人张四毛，男，1989 年 7 月生，无业。

2009 年 5 月，被害人陈某在大连市西岗区登录网络域名注册网站，以人民币 11.85 万元竞拍取得 "www.8.cc" 域名，并交由域名维护公司维护。

被告人张四毛预谋窃取陈某拥有的域名 "www.8.cc"，其先利用技术手段破解该域名所绑定的邮箱密码，后将该网络域名转移绑定到自己的邮箱上。2010 年 8 月 6 日，张四毛将该域名从原有的维护公司转移到自己在另一网络公司申请的 ID 上，又于 2011 年 3 月 16 日将该网络域名再次转移到张四毛冒用 "龙嫦" 身份申请的 ID 上，并更换绑定邮箱。2011 年 6 月，张四毛在网上域名交易平台将网络域名 "www.8.cc" 以人民币 12.5 万元出售给李某。2015 年 9 月 29 日，张四毛被公安机关抓获。

【诉讼过程和结果】

本案由辽宁省大连市西岗区人民检察院于 2016 年 3 月 22 日以被告人张四毛犯盗窃罪向大连市西岗区人民法院提起公诉。2016 年 5 月 5 日，大连市西岗区人民法院作出判决，认定被告人张四毛的行为构成盗窃罪，判处有期徒刑四年七个月，并处罚金人民币五万元。一审宣判后，当事人未上诉，判决已生效。

【要旨】

网络域名具备法律意义上的财产属性，盗窃网络域名可以认定为盗窃行为。

【指导意义】

网络域名是网络用户进入门户网站的一种便捷途径，是吸引网络用户进入其网站的窗口。网络域名注册人注册了某域名后，该域名将不能再被其他人申请注册并使用，因此网络域名具有专属性和唯一性。网络域名属稀缺资源，其所有人可以对域名行使出售、变更、注销、抛弃等处分权利。网络域名具有市场交换价值，所有人可以以货币形式进行交易。通过合法途径获得的网络域名，其注册人利益受法律承认和保护。本案中，行为人利用技术手段，通过变更网络域名绑定邮箱及注册 ID，实现了对域名的非法占有，并使原所有人丧失了对网络域名的合法占有和控制，其目的是非法获取网络域名的财产价值，其行为给网络域名的所有人带来直接的经济损失。该行为符合以非法占有为目的窃取他人财产利益的盗窃罪本质属性，应以盗窃罪论处。对于网络域名的价值，当前可综合考虑网络域名的购入价、销赃价、域名升值潜力、市场热度等综合认定。

【相关法律规定】

《中华人民共和国刑法》

第二百六十四条 盗窃公私财物，数额较大的，或者多次盗窃、入户盗窃、携带凶器盗窃、扒窃的，处三年以下有期徒刑、拘役或者管制，并处或者单处罚金；数额巨大或者有其他严重情节的，处三年以上十年以下有期徒刑，并处罚金；数额特别巨大或者有其他特别严重情节的，处十年以上有期徒刑或者无期徒刑，并处罚金或者没收财产。

《中国互联网络域名管理办法》

第二十八条 域名注册申请者应当提交真实、准确、完整的域名注册信息，并与域名注册服务机构签订用户注册协议。

域名注册完成后，域名注册申请者即成为其注册域名的持有者。

第二十九条 域名持有者应当遵守国家有关互联网络的法律、行政法规和规章。

因持有或使用域名而侵害他人合法权益的责任，由域名持有者承担。

第三十条 注册域名应当按期缴纳域名运行费用。域名注册管理机构应当制定具体的域名运行费用收费办法，并报信息产业部备案。

检例第 38 号

董亮等四人诈骗案

【关键词】 诈骗　自我交易　打车软件　骗取补贴

【基本案情】

被告人董亮，男，1981 年 9 月生，无固定职业。

被告人谈申贤，男，1984 年 7 月生，无固定职业。

被告人高炯，男，1974年12月生，无固定职业。

被告人宋瑞华，女，1977年4月生，原系上海杨浦火车站员工。

2015年，某网约车平台注册登记司机董亮、谈申贤、高炯、宋瑞华，分别用购买、租赁未实名登记的手机号注册网约车乘客端，并在乘客端账户内预充打车费一二十元。随后，他们各自虚构用车订单，并用本人或其实际控制的其他司机端账户接单，发起较短距离用车需求，后又故意变更目的地延长乘车距离，致使应付车费大幅提高。由于乘客端账户预存打车费较少，无法支付全额车费。网约车公司为提升市场占有率，按照内部规定，在这种情况下由公司垫付车费，同样给予司机承接订单的补贴。四被告人采用这一手段，分别非法获取网约车公司垫付车费及公司给予司机承接订单的补贴。董亮获取40664.94元，谈申贤获取14211.99元，高炯获取38943.01元，宋瑞华获取6627.43元。

【诉讼过程和结果】

本案由上海市普陀区人民检察院于2016年4月1日以被告人董亮、谈申贤、高炯、宋瑞华犯诈骗罪向上海市普陀区人民法院提起公诉。2016年4月18日，上海市普陀区人民法院作出判决，认定被告人董亮、谈申贤、高炯、宋瑞华的行为构成诈骗罪，综合考虑四被告人到案后能如实供述自己的罪行，依法可从轻处罚，四被告人家属均已代为全额退赔赃款，可酌情从轻处罚，分别判处被告人董亮有期徒刑一年，并处罚金人民币一千元；被告人谈申贤有期徒刑十个月，并处罚金人民币一千元；被告人高炯有期徒刑一年，并处罚金人民币一千元；被告人宋瑞华有期徒刑八个月，并处罚金人民币一千元；四被告人所得赃款依法发还被害单位。一审宣判后，四被告人未上诉，判决已生效。

【要旨】

以非法占有为目的，采用自我交易方式，虚构提供服务事实，骗取互联网公司垫付费用及订单补贴，数额较大的行为，应认定为诈骗罪。

【指导意义】

当前，网络约车、网络订餐等互联网经济新形态发展迅速。一些互联网公司为抢占市场，以提供订单补贴的形式吸引客户参与。某些不法分子采取违法手段，骗取互联网公司给予的补贴，数额较大的，可以构成诈骗罪。

在网络约车中，行为人以非法占有为目的，通过网约车平台与网约车公司进行交流，发出虚构的用车需求，使网约车公司误认为是符合公司补贴规则的订单，基于错误认识，给予行为人垫付车费及订单补贴的行为，符合诈骗罪的本质特征，是一种新型诈骗罪的表现形式。

【相关法律规定】

《中华人民共和国刑法》

第二百六十六条 诈骗公私财物，数额较大的，处三年以下有期徒刑、拘役或者管制，并处或者单处罚金；数额巨大或者有其他严重情节的，处三年以上十年以下有期徒刑，并处罚金；数额特别巨大或者有其他特别严重情节的，处十年以上有期徒刑或者无期徒刑，并处罚金或者没收财产。本法另有规定的，依照规定。

关于《最高人民检察院第九批指导性案例》的解读

万 春 缐 杰 张 杰[*]

当今社会已经进入互联网时代,以移动互联网、大数据、云计算和人工智能为代表的现代科技在给生产生活带来许多便利的同时,也给社会治理带来许多新问题。当前,网络犯罪已成为第一大犯罪类型,占犯罪总数近 1/3,并且每年以近 30% 幅度上升。一些传统犯罪也利用计算机网络技术不断升级,给人民群众安全带来严重威胁。为加大对网络犯罪的打击力度,最高人民检察院法律政策研究室经充分调研论证,围绕计算机网络犯罪主题制发了第九批指导性案例,现就指导性案例制发意义、特征及涉及的相关法律适用问题作一些解读。

一、围绕计算机网络犯罪主题制发指导性案例的意义

随着网络信息技术不断演进,互联网对经济社会发展渗透、融合、驱动作用日益显现,与之同时,计算机网络犯罪对经济社会发展的破坏性也不断增大。网络犯罪隐蔽性、智能型和产业化、链条化特点明显。围绕计算机网络犯罪制发指导性案例,具有重要意义。

一是有利于规范和指导检察机关准确适用法律。计算机网络犯罪属于新类型犯罪,犯罪手法比较新颖,网络技术的发展较快,法律具有概括性和原则性,导致在司法实践中对打击此类犯罪存在一些法律适用方面的新情况新问题。以指导性案例的方式提炼司法实践中可行的法律适用规则,有利于指导广大检察人员提高法律适用能力,准确打击此类新型犯罪。

二是能够推进检察机关更好地服务和保障"互联网+"经济健康发展。随着"互联网+"战略上升为国家战略,以电子商务为基础的新兴产业和新兴业态得到迅速发展。现实生活中,网约车、网约餐饮服务等已经进入千家万户,在给人们生活带来极大便利的同时,也导致不法分子利用规则漏洞进行犯罪的现象明显增多,对新兴产业和新兴业态带来较大危害。以指导性案例的方式指导法律适用,能够促使检察机关更好地为"互联网+"经济保驾护航。

三是有助于指导检察机关不断加大打击遏制计算机网络犯罪高发态势。中国互联网络信息中心发布的第 40 次《中国互联网络发展状况统计报告》显

---

[*] 作者单位:最高人民检察院法律政策研究室。

示,截至2017年6月,中国网民规模达7.51亿,其中10-39岁青少年群体占整体的72.1%。制发该批指导性案例,凸显加大对计算机网络犯罪的打击力度,有利于以案释法,强化对广大网民的法治教育,引导民众树立网络法治意识,规范网络行为,实现预防计算机网络犯罪的良好社会效果。

二、第九批指导性案例的特征

2017年6月初,经充分调研,并多次召开检察系统论证会、专家论证会,广泛听取各界意见建议后,最高人民检察院法律政策研究室围绕计算机网络犯罪制发了第九批共6件指导性案例,经最高人民检察院案例指导工作委员会讨论和最高人民检察院检察委员会审议后正式发布。这批指导性案例具有以下几个显著的特点:

一是针对互联网犯罪中常见多发亟须解决的问题。近年来,互联网犯罪逐渐成为中常见多发犯罪形态,一些犯罪如何定性亟须统一认识。在充分调研,听取各方面意见建议后,第九批指导性案例选取了互联网犯罪中常见的,具有典型性和代表性的犯罪,以指导性案例的形式予以明确。如李骏杰破坏计算机信息系统案中,有关删除网络购物差评的行为,随着电商经济的发展,这种行为逐渐多发见见。其危害性在于直接破坏网上交易公平公正,直接损坏大型购物网站数据管理,易造成人们消费财产损失。对这一行为,第九批指导性案例在听取意见后,明确此类行为在后果严重的情况下,应以破坏计算机信息系统罪论处。

二是着眼服务保障"互联网+"经济发展。近年来,中央部署实施"互联网+"经济发展新战略。一大批互联网企业站在了高速发展的风口上。网约车、网约餐饮等一批新兴企业推动、引领"互联网+"经济发展。与此同时,针对新型"互联网+"经济发展的犯罪也不断滋生,成为制约影响新兴企业发展的重大隐患。为体现检察机关对经济发展新业态的鲜明保护,第九批指导性案例选取了董亮等四人诈骗案等案例,明确表明检察机关斩断伸向新兴互联网企业黑手的坚决态度。

三是注重阐明明确相关法律司法解释精神。计算机犯罪手法、形态变化极快。刑法及相关司法解释制定后,立法精神及法律、司法解释具体含义亟待明确。为及时明确法律及司法解释的精神,第九批指导性案例选取了曾兴亮、王玉生破坏计算机信息系统案,明确了法律中的"计算机信息系统"包括智能手机操作系统;选取了卫梦龙等非法获取计算机信息系统数据案,明确了《刑法》第二百八十五条的非法获取计算机信息系统数据罪中的"侵入",包括超出授权范围进入计算机信息系统的行为。

四是坚持凝聚共识指导实践审慎稳妥的原则。计算机犯罪中新问题很多,其中一些问题，实务界和理论界都还存在较大争论。第九批指导性案例坚持充分调研，多方论证，广泛听取意见建议。在研究案例时，注意收集其他各地类似案例，对起诉判决情况反复研究，寻求共识。对一些能够获得广泛认可的问题，以案例的形式予以明确。对争议较大的问题，暂不归纳提出。例如，张四毛盗窃一案，第九批指导性案例明确了域名具有财产属性，盗窃域名可构成盗窃罪。但对于游戏币、游戏中的武器等虚拟财产，目前争议还较大，第九批指导性案例暂时未涉及这一问题。又如，李丙龙破坏计算机信息系统一案，第九批指导性案例对能够形成共识的域名劫持行为定性问题进行了说明，但对如何认定域名劫持后，受影响的计算机信息系统用户数的统计认定问题，第九批指导性案例采取了谨慎表述。

三、第九批指导性案例涉及的相关法律问题

第九批指导性案例包括李丙龙破坏计算机信息系统案等六件案例，明确了域名劫持等网络违法犯罪行为的法律定性。依据《最高人民检察院关于案例指导工作的规定》第三条的规定："人民检察院参照指导性案例办理案件，可以引述相关指导性案例作为释法说理根据。"对于最高人民检察院发布的指导性案例，各级人民检察院在办理类似案件时要参照适用。

（一）李丙龙破坏计算机信息系统案

被告人李丙龙，男，1991年8月生，个体工商户。被告人李丙龙为牟取非法利益，预谋以修改大型互联网网站域名解析指向的方法，劫持互联网流量访问相关赌博网站，获取境外赌博网站广告推广流量提成。2014年10月20日，李丙龙冒充某知名网站工作人员，采取伪造该网站公司营业执照等方式，骗取该网站注册服务提供商信任，获取网站域名解析服务管理权限。10月21日，李丙龙通过其在域名解析服务网站平台注册的账号，利用该平台相关功能自动生成了该知名网站二级子域名部分DNS（域名系统）解析列表，修改该网站子域名的IP指向，使其连接至自己租用境外虚拟服务器建立的赌博网站广告发布页面。当日19时许，李丙龙对该网站域名解析服务器指向的修改生效，致使该网站不能正常运行。23时许，该知名网站经技术排查恢复了网站正常运行。11月25日，李丙龙被公安机关抓获。至案发时，李丙龙未及获利。经司法鉴定，该知名网站共有559万有效用户，其中邮箱系统有36万有效用户。按日均电脑客户端访问量计算，10月7日至10月20日邮箱系统日均访问量达12.3万次。李丙龙的行为造成该知名网站10月21日19时至23时长达四小时左右无法正常发挥其服务功能，案发当日仅邮件系统电脑客户端访问量就从12.3万次减少至4.43万次。本案由上海市徐汇区人民检察院于

2015年4月9日以被告人李丙龙犯破坏计算机信息系统罪向上海市徐汇区人民法院提起公诉。11月4日，徐汇区人民法院作出判决，认定李丙龙的行为构成破坏计算机信息系统罪。根据《最高人民法院、最高人民检察院关于办理危害计算机信息系统安全刑事案件应用法律若干问题的解释》第四条规定，李丙龙的行为符合"造成为五万以上用户提供服务的计算机信息系统不能正常运行累计一小时以上""后果特别严重"的情形。结合量刑情节，判处李丙龙有期徒刑五年。一审宣判后，被告人李丙龙提出上诉，经上海市第一中级人民法院终审裁定，维持原判。

该案的起诉和判决，明确了修改域名解析服务器指向，强制用户偏离目标网站或网页进入指定网站或网页，造成计算机信息系统不能正常运行的域名劫持行为，属于破坏计算机信息系统。

通常认为，域名劫持，是指通过DNS劫持、植入插件等手段，强制用户偏离目标网站或网页而进入指定网站或网页的行为。域名劫持是一种针对DNS解析的常见劫持方式。正常情况下，用户在浏览器输入网址，向网络运营商发出一个HTTP请求，后者会通过域名解析，提供网络服务器的IP地址，将用户导向预定的网站或网页。但在域名解析被劫持的情况下，目标域名被恶意解析到其他IP地址，用户被迫进入其他网站或网页，因而无法正常上网。

李丙龙一案中，被告人李丙龙为牟取非法利益，以修改大型互联网网站域名解析指向的方法，劫持互联网流量访问相关赌博网站，获取境外赌博网站广告推广流量提成，导致某知名网站不能正常运行，访问量锐减。这种修改域名解析服务器指向，强制用户偏离目标网站或网页进入指定网站或网页，是典型的域名劫持行为。行为人使用恶意代码修改目标网站域名解析服务器，目标网站域名被恶意解析到其他IP地址，无法正常发挥网站服务功能，这种行为实质是对计算机信息系统功能的修改、干扰，符合《刑法》第二百八十六条第一款"对计算机信息系统功能进行删除、修改、增加、干扰"的规定，应以破坏计算机信息系统罪论处。

该案中，对于域名劫持用户数的认定问题，是一个争议较大的问题，检察院起诉及法院判决时，是根据独立IP用户来计算用户数量，但在论证过程中，有专家提出，根据独立IP用户来计算用户数量，不太符合现实，也不太符合技术实际。经综合考虑，对独立用户数的认定，指导性案例采取了较为概括谨慎的表述，指出："认定遭受破坏的计算机信息系统服务用户数，可以根据计算机信息系统的功能和使用特点，结合网站注册用户、浏览用户等具体情况，作出客观判断。"

（二）李骏杰等破坏计算机信息系统案

被告人李骏杰，男，1985年7月生，原系浙江杭州某网络公司员工。2011年5月至2012年12月，被告人李骏杰在工作单位及自己家中，单独或伙同他人通过聊天软件联系需要修改中差评的某购物网站卖家，并从被告人黄福权（男，1987年9月生，务工）等处购买发表中差评的该购物网站买家信息300余条。李骏杰冒用买家身份，骗取客服审核通过后重置账号密码，登录该购物网站内部评价系统，删改买家的中差评347个，获利9万余元。

经查：被告人胡榕（男，1975年1月生，原系江西省九江市公安局民警）利用职务之便，将获取的公民个人信息分别出售给被告人黄福权、董伟、王凤昭。2012年12月11日，被告人李骏杰被公安机关抓获归案。此后，因涉嫌出售公民个人信息、非法获取公民个人信息，被告人胡榕、黄福权、董伟、王凤昭等人也被公安机关先后抓获。

本案由浙江省杭州市滨江区人民检察院于2014年3月24日以被告人李骏杰犯破坏计算机信息系统罪、被告人胡榕犯出售公民个人信息罪、被告人黄福权等人犯非法获取公民个人信息罪，向浙江省杭州市滨江区人民法院提起公诉。2015年1月12日，杭州市滨江区人民法院作出判决，认定被告人李骏杰的行为构成破坏计算机信息系统罪，判处有期徒刑五年；被告人胡榕的行为构成出售公民个人信息罪，判处有期徒刑十个月，并处罚金人民币二万元；被告人黄福权、董伟、王凤昭的行为构成非法获取公民个人信息罪，分别判处有期徒刑、拘役，并处罚金。一审宣判后，被告人董伟提出上诉。杭州市中级人民法院二审裁定驳回上诉，维持原判。判决已生效。

李骏杰一案的起诉和判决，明确了冒用购物网站买家身份进入网站内部评价系统删改购物评价，属于对计算机信息系统内存储数据进行修改操作，应当认定为破坏计算机信息系统的行为。

购物网站评价系统是对店铺销量、买家评价等多方面因素进行综合计算分值的系统，其内部储存的数据直接影响到搜索流量分配、推荐排名、营销活动报名资格、同类商品在消费者购买比较时的公平性等。买家在购买商品后，根据用户体验对所购商品分别给出好评、中评、差评三种不同评价。所有的评价都是以数据形式存储于买家评价系统之中，成为整个购物网站计算机信息系统整体数据的重要组成部分。

李骏杰一案说明，侵入评价系统删改购物评价，其实质是对计算机信息系统内存储的数据进行删除、修改操作的行为。这种行为危害到计算机信息系统数据采集和流量分配体系运行，使网站注册商户及其商品、服务的搜索受到影响，导致网站商品、服务评价功能无法正常运作，侵害了购物网站所属公司的信息系统安全和消费者的知情权。

同时，该案中，被告人李骏杰冒用买家身份，骗取客服审核通过后重置账号密码，登录该购物网站内部评价系统，删改买家的中差评 347 个，获利 9 万余元。根据《最高人民法院、最高人民检察院关于办理危害计算机信息系统安全刑事案件应用法律若干问题的解释》第四条："破坏计算机信息系统功能、数据或者应用程序，具有下列情形之一的，应当认定为刑法第二百八十六条第一款和第二款规定的'后果严重'：……（三）违法所得五千元以上或者造成经济损失一万元以上的；……"及"实施前款规定行为，具有下列情形之一的，应当认定为破坏计算机信息系统'后果特别严重'（一）数量或者数额达到前款第（一）项至第（三）项规定标准五倍以上的；"的规定，属于构成破坏计算机信息系统罪，属于"后果特别严重"的情形，应当依法判处五年以上有期徒刑。

（三）曾兴亮、王玉生破坏计算机信息系统案

被告人曾兴亮，男，1997 年 8 月生，农民。被告人王玉生，男，1992 年 2 月生，农民。2016 年 10 月至 11 月，被告人曾兴亮与王玉生结伙或者单独使用聊天社交软件，冒充年轻女性与被害人聊天，谎称自己的苹果手机因故障无法登录"iCloud"（云存储），请被害人代为登录，诱骗被害人先注销其苹果手机上原有的 ID，再使用被告人提供的 ID 及密码登录。随后，曾、王二人立即在电脑上使用新的 ID 及密码登录苹果官方网站，利用苹果手机相关功能将被害人的手机设置修改，并使用"密码保护问题"修改该 ID 的密码，从而远程锁定被害人的苹果手机。曾、王二人再在其个人电脑上，用网络聊天软件与被害人联系，以解锁为条件索要钱财。采用这种方式，曾兴亮单独或合伙作案共 21 起，涉及苹果手机 22 部，锁定苹果手机 21 部，索得人民币合计 7290 元；王玉生参与作案 12 起，涉及苹果手机 12 部，锁定苹果手机 11 部，索得人民币合计 4750 元。2016 年 11 月 24 日，二人被公安机关抓获。本案由江苏省海安县人民检察院于 2016 年 12 月 23 日以被告人曾兴亮、王玉生犯破坏计算机信息系统罪向海安县人民法院提起公诉。2017 年 1 月 20 日，海安县人民法院作出判决，认定被告人曾兴亮、王玉生的行为构成破坏计算机信息系统罪，分别判处有期徒刑一年三个月、有期徒刑六个月。一审宣判后，二被告人未上诉，判决已生效。

曾兴亮、王玉生破坏计算机信息系统案明确了智能手机终端应当认定为刑法保护的计算机信息系统，锁定智能手机导致不能使用的行为，可认定为破坏计算机信息系统的行为；同时，也明确了行为人采用非法手段锁定手机后以解锁为条件索要钱财，在数额较大或多次敲诈的情况下，其目的行为又构成敲诈

勒索罪，应当作为牵连犯从一重罪处断，以重罪即破坏计算机信息系统罪论处。

计算机信息系统包括计算机、网络设备、通信设备、自动化控制设备等。智能手机和计算机一样，使用独立的操作系统、独立的运行空间，可以由用户自行安装软件等程序，并可以通过移动通讯网络实现无线网络接入，应当认定为刑法上的"计算机信息系统"。

行为人通过修改被害人手机的登录密码，远程锁定被害人的智能手机设备，使之成为无法开机的"僵尸机"，属于对计算机信息系统功能进行修改、干扰的行为。造成10台以上智能手机系统不能正常运行，符合刑法第二百八十六条破坏计算机信息系统罪构成要件中"对计算机信息系统功能进行修改、干扰""后果严重"的情形，构成破坏计算机信息系统罪。行为人采用非法手段锁定手机后以解锁为条件，索要钱财，在数额较大或多次敲诈的情况下，其目的行为又构成敲诈勒索罪。在这类犯罪案件中，手段行为构成的破坏计算机信息系统罪与目的行为构成的敲诈勒索罪之间成立牵连犯。牵连犯应当从一重罪处断。破坏计算机信息系统罪后果严重的情况下，法定刑为五年以下有期徒刑或者拘役；敲诈勒索罪在数额较大的情况下，法定刑为三年以下有期徒刑、拘役或管制，并处或者单处罚金。本案应以重罪即破坏计算机信息系统罪论处。

（四）卫梦龙、龚旭、薛东东非法获取计算机信息系统数据案

被告人卫梦龙，男，1987年10月生，原系北京某公司经理。被告人龚旭，女，1983年9月生，原系北京某大型网络公司运营规划管理部员工。被告人薛东东，男，1989年12月生，无固定职业。被告人卫梦龙曾于2012年至2014年在北京某大型网络公司工作，被告人龚旭供职于该大型网络公司运营规划管理部，两人原系同事。被告人薛东东系卫梦龙商业合作伙伴。

因工作需要，龚旭拥有登录该大型网络公司内部管理开发系统的账号、密码、Token令牌（计算机身份认证令牌），具有查看工作范围内相关数据信息的权限。但该大型网络公司禁止员工私自在内部管理开发系统查看、下载非工作范围内的电子数据信息。

2016年6月至9月，经事先合谋，龚旭向卫梦龙提供自己所掌握的该大型网络公司内部管理开发系统账号、密码、Token令牌。卫梦龙利用龚旭提供的账号、密码、Token令牌，违反规定多次在异地登录该大型网络公司内部管理开发系统，查询、下载该计算机信息系统中储存的电子数据。后卫梦龙将非法获取的电子数据交由薛东东通过互联网出售牟利，违法所得共计37000元。

本案由北京市海淀区人民检察院于2017年2月9日以被告人卫梦龙、龚

旭、薛东东犯非法获取计算机信息系统数据罪，向北京市海淀区人民法院提起公诉。6月6日，北京市海淀区人民法院作出判决，认定被告人卫梦龙、龚旭、薛东东的行为构成非法获取计算机信息系统数据罪，情节特别严重。判处卫梦龙有期徒刑四年，并处罚金人民币四万元；判处龚旭有期徒刑三年九个月，并处罚金人民币四万元；判处薛东东有期徒刑四年，并处罚金人民币四万元。一审宣判后，三被告人未上诉，判决已生效。

该案明确了超出授权范围使用账号、密码登录计算机信息系统属于侵入计算机信息系统的行为；侵入计算机信息系统后下载其储存的数据可以认定为非法获取计算机信息系统数据。

非法获取计算机信息系统数据罪中的"侵入"，是指违背被害人意愿、非法进入计算机信息系统的行为。其表现形式既包括采用技术手段破坏系统防护进入计算机信息系统，也包括未取得被害人授权擅自进入计算机信息系统，还包括超出被害人授权范围进入计算机信息系统。

本案中，被告人龚旭将自己因工作需要掌握的本公司账号、密码、Token令牌等交由卫梦龙登录该公司管理开发系统获取数据，虽不属于通过技术手段侵入计算机信息系统，但内外勾结擅自登录公司内部管理开发系统下载数据，明显超出正常授权范围。超出授权范围使用账号、密码、Token令牌登录系统，也属于侵入计算机信息系统的行为。行为人违反《计算机信息系统安全保护条例》第七条、《计算机信息网络国际联网安全保护管理办法》第六条第一项等国家规定，实施了非法侵入并下载获取计算机信息系统中存储的数据的行为，构成非法获取计算机信息系统数据罪。按照2011年《最高人民法院、最高人民检察院关于办理危害计算机信息系统安全刑事案件应用法律若干问题的解释》规定，构成犯罪，违法所得二万五千元以上，应当认定为"情节特别严重"，处三年以上七年以下有期徒刑，并处罚金。

（五）张四毛盗窃案

被告人张四毛，男，1989年7月生，无业。2009年5月，被害人陈某在大连市西岗区登录网络域名注册网站，以人民币11.85万元竞拍取得"www.8.cc"域名，并交由域名维护公司维护。

被告人张四毛预谋窃取陈某拥有的域名"www.8.cc"，其先利用技术手段破解该域名所绑定的邮箱密码，后将该网络域名转移绑定到自己的邮箱上。2010年8月6日，张四毛将该域名从原有的维护公司转移到自己在另一网络公司申请的ID上，又于2011年3月16日将该网络域名再次转移到张四毛冒用"龙嫦"身份申请的ID上，并更换绑定邮箱。2011年6月，张四毛在网上域名交易平台将网络域名"www.8.cc"以人民币12.5万元出售给李某。2015

年9月29日，张四毛被公安机关抓获。

本案由辽宁省大连市西岗区人民检察院于2016年3月22日以被告人张四毛犯盗窃罪向大连市西岗区人民法院提起公诉。2016年5月5日，大连市西岗区人民法院作出判决，认定被告人张四毛的行为构成盗窃罪，判处有期徒刑四年七个月，并处罚金人民币五万元。一审宣判后，当事人未上诉，判决已生效。

该案指导意义在于明确了网络域名具备法律意义上的财产属性，盗窃网络域名可以认定为盗窃行为。网络域名是网络用户进入门户网站的一种便捷途径，是吸引网络用户进入其网站的窗口。网络域名注册人注册了某域名后，该域名将不能再被其他人申请注册并使用，因此网络域名具有专属性和唯一性。网络域名属稀缺资源，其所有人可以对域名行使出售、变更、注销、抛弃等处分权利。网络域名具有市场交换价值，所有人可以以货币形式进行交易。通过合法途径获得的网络域名，其注册人利益受法律承认和保护。本案中，行为人利用技术手段，通过变更网络域名绑定邮箱及注册ID，实现了对域名的非法占有，并使原所有人丧失了对网络域名的合法占有和控制，其目的是为了非法获取网络域名的财产价值，其行为给网络域名的所有人带来直接的经济损失。该行为符合以非法占有为目的窃取他人财产利益的盗窃罪本质属性，应以盗窃罪论处。对于网络域名的价值，当前可综合考虑网络域名的购入价、销赃价、域名升值潜力、市场热度等综合认定。值得注意的是，当前理论界和实务界对网络虚拟财产的法律性质还有不同看法。张四毛案明确了域名的财产属性，我们认为，网络域名不能等同视为网络空间游戏装备、游戏币之类的虚拟财产。可以认为，网络域名是一种类似知识产权的新型民事权利，明确域名的财产属性，并不意味着对网络空间游戏装备、游戏币之类的虚拟财产法律性质的确定，而是仅仅明确域名的性质。当前，涉及网络域名的犯罪较为常见多发，且呈上升趋势，明确网络域名的财产属性，对实践具有较大的指导意义。至于网络空间游戏装备、游戏币之类的虚拟财产的法律性质，第九批指导性案例暂不涉及。

（六）董亮等四人诈骗案

被告人董亮，男，1981年9月生，无固定职业。被告人谈申贤，男，1984年7月生，无固定职业。被告人高炯，男，1974年12月生，无固定职业。被告人宋瑞华，女，1977年4月生，原系上海杨浦火车站员工。

2015年，某网约车平台注册登记司机董亮、谈申贤、高炯、宋瑞华，分别用购买、租赁未实名登记的手机号注册网约车乘客端，并在乘客端账户内预充打车费一二十元。随后，他们各自虚构用车订单，并用本人或其实际控制的其他司机端账户接单,发起较短距离用车需求,后又故意变更目的地延长乘车距离,致使应付车费大幅提高。由于乘客端账户预存打车费较少,无法支付全额车费。网约车公司为提升市场占有率,按照内部规定,在这种情况下由公司垫付车费,同样给予司机承接订单的补贴。四被告人采用这一手段,分别非法获取网约车公司垫付车费及公司给予司机承接订单的补贴。董亮获取40664.94元,谈申贤获取14211.99元,高炯获取38943.01元,宋瑞华获取6627.43元。

本案由上海市普陀区人民检察院于2016年4月1日以被告人董亮、谈申贤、高炯、宋瑞华犯诈骗罪向上海市普陀区人民法院提起公诉。2016年4月18日,上海市普陀区人民法院作出判决,认定被告人董亮、谈申贤、高炯、宋瑞华的行为构成诈骗罪,综合考虑四被告人到案后能如实供述自己的罪行,依法可从轻处罚,四被告人家属均已代为全额退赔赃款,可酌情从轻处罚,分别判处被告人董亮有期徒刑一年,并处罚金人民币一千元;被告人谈申贤有期徒刑十个月,并处罚金人民币一千元;被告人高炯有期徒刑一年,并处罚金人民币一千元;被告人宋瑞华有期徒刑八个月,并处罚金人民币一千元;四被告人所得赃款依法发还被害单位。一审宣判后,四被告人未上诉,判决已生效。

当前,网络约车、网络订餐等互联网经济新形态发展迅速。一些互联网公司为抢占市场,以提供订单补贴的形式吸引客户参与。某些不法分子采取违法手段,骗取互联网公司给予的补贴,数额较大的,可以构成诈骗罪。在网络约车中,行为人以非法占有为目的,通过网约车平台与网约车公司进行交流,发出虚构的用车需求,使网约车公司误认为是符合公司补贴规则的订单,基于错误认识,给予行为人垫付车费及订单补贴的行为,符合诈骗罪的本质特征,是一种新型诈骗罪的表现形式。该案明确了以牟利为目的,采用自我交易方式,虚构提供服务事实,骗取互联网公司垫付费用及订单补贴数额较大的行为应认定为诈骗罪。

图书在版编目（CIP）数据

最高人民检察院司法解释指导性案例理解与适用.2017／最高人民检察院法律政策研究室编著.—北京：中国检察出版社，2018.4

ISBN 978－7－5102－2089－0

Ⅰ.①最… Ⅱ.①最… Ⅲ.法律解释－研究－中国②案例－中国③法律适用－中国 Ⅳ.①DD920.5

中国版本图书馆 CIP 数据核字（2018）第 058824 号

最高人民检察院司法解释指导性案例理解与适用（2017）
最高人民检察院法律政策研究室　编著

出版发行：	中国检察出版社
社　　址：	北京市石景山区香山南路 109 号（100144）
网　　址：	中国检察出版社（www.zgjccbs.com）
编辑电话：	（010）86423753
发行电话：	（010）86423726　86423727　86423728
经　　销：	新华书店
印　　刷：	北京玺诚印务有限公司
开　　本：	710 mm×960 mm　16 开
印　　张：	28.5
字　　数：	519 千字
版　　次：	2018 年 4 月第一版　2018 年 12 月第五次印刷
书　　号：	ISBN 978－7－5102－2089－0
定　　价：	89.00 元

检察版图书，版权所有，侵权必究
如遇图书印装质量问题本社负责调换